The Coddling of the American Mind

How Good Intentions and Bad Ideas Are Setting Up a Generation for Failure

グレッグ・ルキアノフ＋
ジョナサン・ハイト
Greg Lukianoff and Jonathan Haidt
西川由紀子［訳］

傷つきやすいアメリカの大学生たち

大学と若者をダメにする「善意」と「誤った信念」の正体

草思社

The Coddling of the American Mind

How Good Intentions and Bad Ideas Are Setting Up a Generation for Failure
by
Greg Lukianoff and Jonathan Haidt

傷つきやすいアメリカの大学生たち

大学と若者をダメにする「善意」と「誤った信念」の正体

目　次

かわいい子には旅をさせ、人生の厳しさを体験させよ。

古くからの知恵、起源不明

油断すると、自らの思考が最大の敵以上の害となる。しかし、ひとたび思考を支配できるようになれば、その恩恵は計り知れず、父母の助けよりも大きなものとなる。

ブッダ、『法句経』

善と悪を分け隔てる境界線は、すべての人間の中にある。

ソルジェニーツィン、『収容所群島』

はじめに

3つのエセ真理を広める神

知恵とそうではないものについて書かれた本書は、２０１６年に私たち（グレッグとジョン）がギリシャに旅したところから生まれた。私たちはそれまでにも、アメリカの大学で広まっている考え方で、学生たちをだめにし、充実した人生を切り開こうとする彼らの意欲を損なっていると考えられるものについて文章を発表していた。要するに、学生たちの聡明さを失わせている考え方だ。そこで、これらの恐ろしい考えに警鐘を鳴らす本を書こうと思い立った私たちは、まずは自分たちも知恵の探求に出てみようと考えた。キャンパスを仕事場としている私たちは、ここ最近、〈ミソポノスの知恵〉への言及をたびたび耳にしていた。ミソポノスはオリンポス山（テッサリア地方にあるギリシャ最高峰の山）の北斜面にある洞窟で暮らし、コアレモス（ギリシャ神話で愚かさの神）信仰の古来の儀式を続けている現代版の賢人だ。

アテネまで飛行機で行き、そこから列車に5時間揺られてオリンポス山の麓にあるリトホロという町に着いた。翌日、日の出とともに出発し、ギリシャ人が神との対話を求めて何千年来歩いてきた山道を登り始めた。急勾配のくねくねと曲がったコースを歩くこと6時間、正午に分岐点に到達した。標識には「ミソポノスはこちら」と右向きの矢印が書かれている。左に折れるメインコースはひどく険しく、細い渓谷へと延び、いつ岩が崩落してもおかしくなさそうだった。

これとは対照的に、ミソポノスへの道は平坦かつ歩きやすそうで、なんともありがたかった。マツやモミの気持ちのよい木立を通り抜け、深い渓谷にかかった木造の頑丈そうな歩行者用の橋を渡ると、大きな洞窟の入り口に出た。

洞窟の中に入ると、異様な光景が目に入った。ミソポノスと彼の助手たちは、サンドイッチ店で見かけるような番号札システムを使っており、私たちの他にも知恵を求めに来た人たちが列をつくっていたのだ。私たちも番号札を取り、偉人との謁見代として100ユーロを支払い、必須のお清めの儀式を行い、待った。

順番が来て、洞窟の裏にある薄暗い空洞に案内された。岩の壁からぶくぶくと水が湧き出て、バードバス（小鳥の水浴び用の水盤で、庭のオーナメントにも使われる）を思わせる大きな大理石の白い鉢にしたたり落ちている。鉢のそばには、快適そうな椅子に腰掛けるミソポノスがいた。高級家具バーカラウンジャー社製の、アンティークのリクライニングチェアではないだろうか。ミソポノスは英語を話せるとは聞いていたが、「お入りなさい。何を求めているのか申せ」とロング・アイランド訛り（「o」の音を「aw」に変える特徴がある）のある流暢なアメリカ英語で迎え入れられ、面食らった。

ジョンが切り出す。「賢者様、私たちは知恵を求めてやって参りました。この世で最も深遠かつ大いなる真理とは何でしょうか？」

もっと具体的に伝えた方がよいのではと思ったグレッグがつけ加える。「実は私たちは知恵に関する本を執筆していまして、対象は10代から20代前半の若者、親ならびに教育者です。そこで、貴殿の慧眼《けいがん》を拝借し、それに従えば若い人たちが生涯にわたり知恵を育んでいけるような金言を、できれば

「3つほど頂戴できないかと思いまして」

ミソポノスは目を閉じて黙っている。2分ほどして、ようやく目を開けて言った。

「これはコアレモスの泉です。女神アテナほど有名ではありませんが、コアレモスも知恵の神様。アテナばかりが注目されていますが、コアレモスもなかなかのものです。知恵をお望みとのこと、では私から3つの知恵を授けましょう」

すると、アラバスター（大理石に似た細かい粒子の白い半透明の石）の小ぶりの杯に鉢の水を満たし、私たちに手渡した。2人とも飲み、杯をお返しした。

「第1の真理」ミソポノスが言う。「困難な経験は人を弱くする（What doesn't kill you makes you weaker.）」（直訳すると「私を殺さないものは、私をいっそう弱くする」）。すなわち、苦痛を避け、不快感を避け、嫌な思いをしそうな経験はすべて避けよ」

ジョンは驚いた。彼には、古来の知恵を現代心理学の観点で考察した『しあわせ仮説：古代の知恵と現代科学の知恵』（藤澤隆史ほか訳、新曜社）という著書があり、ミソポノスの言葉とは真逆の知恵について、丸々1章を割いて検証したことがあるのだ。「困難な経験は人を強くする（What doesn't kill me makes me stronger.）」（直訳すると「私を殺さないものは、私をいっそう強くする」）、フリードリヒ・ニーチェの言葉として有名な知恵だ。[*1]

これは何かの間違いだろう、そう思ったジョンは「失礼ですが、聖下」と言い、「本当に〈弱くする〉で合ってますか？　といいますのも、古くからの知恵の多くは、苦痛や挫折、トラウマ的体験もが人を強くすると述べています」

「私は〈弱くする〉と言いましたか？」ミソポノスが聞き返す。「ちょっとお待ちなさい……弱くと強く、どっちだったかな？」両目をギュッとつぶって考え込むミソポノス。目を開くと言った。「そうです、〈弱くする〉で合ってます。嫌な経験など恐ろしい、誰が望むというのです？　あなた方も嫌な経験がしたくて、はるばるここまでやって来たのですか？　もちろん違いますね。苦痛を味わいたいですか？　このあたりの山々にいる多くの賢人は1日12時間地べたに座り続けていますが、何が起きると思いますか？　血行不良と腰痛です。身体の痛みを抱えていながら、どんな知恵を授けられるというのでしょう？　私は20年前にこの椅子を手に入れました。快適に座ることに何か問題があるとでも？」明らかに苛立った声で「もうよいな」と畳み掛ける。

「失礼しました」ジョンはおとなしく応じた。

ミソポノスが再び杯を満たし、私たちが飲む。「第2の真理」とミソポノス。「常に自分の感情を信じよ。決して疑ってはならない」

たじろいだのはグレッグだった。彼が長年実践してきた認知行動療法は、これと真逆の考えに基づいている。つまり、感情だけに従うと誤った方向に導かれやすいため、感情を疑い、現実を歪んでとらえることから自分を解放できてこそ心の健康が得られると。だが、とっさの否定的反応を抑えることを身につけていたグレッグは、口を挟まなかった。

ミソポノスが杯を満たし、私たちはもう一度飲む。「第3の真理。人生とは善人と悪人の闘いである」

とても信じられず、私たちは顔を見合わせた。さすがのグレッグも黙っていられない。「偉大なるコアレモスの使徒よ」と呼びかけ、ためらいがちに言った。「もう少しご説明いただけませんか？」

「善い人もいれば」私たちが聞こえていないと思ったのか、ミソポノスはおもむろに声を張り上げて

「悪い人もいる」と言った。鋭い眼差しでこちらを見ると、一呼吸置いた。「この世にはあまたの悪が存在するが、それらはどこから来るのか？」私たちの答えを待っているのか、ミソポノスは少し間を置いたが、こちらは絶句していた。「悪人からです！」業を煮やしたミソポノスが言う。「悪人と闘うかどうかはあなた方、この世の善人たちにかかっています。善や徳を賭けた戦士にならなければなりません。悪い人や間違った人がいれば、非難の声を上げるのです！　正しい人たち同士で手を組み、悪人どもがそのやり方を変えるまで恥じ入らせるのです」

ジョンが訊く。「でも、相手もこちらに同じ思いを持つのではありませんか？　どうすれば自分たちが正しくて、相手が間違っているとわかるのですか？」

ミソポノスが厳しい口調で返す。「あなたたちは今日、何1つ学んでないようですね？　自分の感情を信じよ。自分が正しいと感じますか？　それとも間違っていると感じますか？　もういいでしょう。出ていきなさい」

ミソポノスなどこの世にいない。[*2] 私たちは、この3つの恐ろしい考えを見いだすため、実際にギリシャを訪れたわけではない。その必要はなかった。というのも、大学のキャンパス、高校、それに多くの家庭で目にできるからだ。このようなエセ真理がはっきり教えられることはほぼない。むしろ、善かれと思って若者たちに課せられる規則、実践、基準を通して伝えられている。

これは、近年、広範囲に及んでいるらしい3つの〈大いなるエセ真理〉について書いた本だ。

1. 脆弱《ぜいじゃく》性のエセ真理：困難な経験は人を弱くする。
2. 感情的決めつけのエセ真理：常に自分の感情を信じよ。
3. 味方か敵かのエセ真理：人生は善人と悪人の闘いである。

真実でないものについては数多くの意見があるものの、〈大いなるエセ真理〉と分類されるには、次の3つの条件を満たさなければならない。

1. 古来の知恵（多くの文化圏の知恵文学（人生や社会の諸問題に解を与え、かつ宇宙や世界の秩序を教えようとする文学）に広く見られる考え方）に矛盾する。
2. 幸福に関する現代の心理学研究に矛盾する。
3. その思想を受け容れる個人およびコミュニティに支障をきたす。

3つの〈大いなるエセ真理〉——および、これらを利用する施策ならびに政治運動——が、若者や大学、より広くは進歩主義《リベラル》の民主主義にどれほどの問題を引き起こしているかを明らかにしていきたい。いくつか具体例を挙げよう。この数年で、10代の若者の間で、不安症、うつ病、自殺率が急増している。キャンパス文化が思想的に均質化され、研究者が真理を探究する能力や、学生が幅広い思想家から学ぶ能力が低下している。極端に右寄りもしくは左寄りの思想を持つ過激論者が急増し、お互いがこれまでにないほど憎しみ合っている。党派心をあらわにした激情がソーシャルメディア（S

NS）上で繰り広げられ、〈コールアウト・カルチャー〉（大勢の前で相手の誤りやミスを徹底的に糾弾する行為）をつくり上げている。善意から何か発言しようとも、他の誰かがそれを意地悪く解釈すれば、おおっぴらに恥をかかせられる。新しいSNSプラットフォームとそこからの発信により、人は不愉快な現実から逃げ出して、自分の存在を確かめられる守られた場所へとこもることができるようになった。しかしそこは、自分たちが最も恐れているものが反対側の人間による悪事であることを確認し、その恐れを増幅する場所でもある。不和や分裂の種蒔きに余念がない過激派やネット荒らしがいるからだ。

3つの〈大いなるエセ真理〉は多くのキャンパスで花開くこととなったが、その根本原因は、大学以前の教育や子どもの頃の経験にある。今やそれが、キャンパスから企業社会に広がり、国政をも含む公的空間に及ぼうとしている。さらにアメリカ国内のみならず、英語圏の大学へも飛び火している。[*3]〈大いなるエセ真理〉は万人にとって悪しきもので、若者、教育、民主主義に関心があるすべての人が憂慮すべき風潮である。

なぜこの本を書こうと思い立ったか

2014年5月、私たち（グレッグとジョン）はニューヨークのグリニッジ・ビレッジで昼食を共にし、グレッグがここ1、2年頭を悩ませてきた不可解な事象について語り合っていた。グレッグはアメリカ合衆国憲法修正第1条（表現の自由、報道の自由、集会の自由などを妨げる法制定を禁止するもの）を専門とする弁護士で、2001年からは「教育における個人の権利財団（FIRE）」[*4]の代表を務め、キャンパスにおける学問の自由ならびに言論の自由のために尽力している。ＦＩＲＥは超党派の非営利団体で、米国内のキャンパスにおける権利、言論の自由、適正手続き（デュー・プロセス）、学問の自由を守る活動を行っている。

グレッグのこれまでのキャリアでは、キャンパスでの検閲（表現行為や表現物を検査し、不適当と判断されると発表を禁止すること）を求める声はだいたいが大学関係者から上がり、学生たちは常に〈言論の自由〉を支持する側で、現に要求もしてきた。しかし今、何かが変わろうとしている。一部のキャンパスで、言葉が〈危険の源〉とみなされつつあるのだ。２０１３年の秋、グレッグは精神的苦痛を「引き起こしかねない」内容を教科から取り除いてほしいと求める学生の声を耳にするようになった。２０１４年春には、『ニュー・リパブリック』誌[*5]や『ニューヨーク・タイムズ』紙[*6]がこの風潮を取り上げた記事を掲載している。さらにグレッグは、学生が講演者の思想を不愉快と感じる場合に、大学職員に講演キャンセルを要求する圧力が強まっていることに気がついた。キャンセルが実現しないと、学生らは次第に「妨害者の拒否権（heckler's veto）」（講演者を黙らせようとする妨害者が、相当激しい混乱をもたらし、講演を続けられないようにする行為）を行使するようになった――他の学生たちを講演会に出席させない、講演者の話を聞かせないなどの方法で抗議するのだ。だがグレッグが最も懸念し、ジョンと語り合いたかったのは、教科の内容や講演者に対して示されるこうした反応が正当化されていることだった。

ここ数年、大学側がスピーチコード（大学が教職員や学生たちに課す言説に関するガイドライン。第10章参照）を創設して、人種差別的または性差別的と考えられる言説を制限する動きが見られる。しかも、スピーチコードや講演キャンセルに医学的な理由づけがされるようになっている。というのも、学生たちが、ある種の講演――本や授業の内容までも――が自分たちの機能する能力を妨げると主張し始めているのだ。精神的苦痛が「引き起こされる」、または「危険」と感じる授業を受けると、自分たちのメンタルが脅かされる、だからこれらから庇護してほしいと。

具体例を挙げよう。コロンビア大学の「コア・カリキュラム（全学部生向け一般教養課程の一部）」に、〈西洋文学と哲学の名作〉という科目がある。[*7] オウィディウス、ホメロス、ダンテ、アウグスティヌス、モンテーニュ、ウルフなどの作品を取り上げる授業で、大学側いわく「人生の経験に関する最も難解な問い」に取り組むことが狙いだ。だが2015年、4人の学部生が学生新聞に寄稿し、学生たちは「教室で安全を感じる必要がある」のに『ウェスタン・キャノン』（米国の文学研究者ハロルド・ブルームによる西洋の正典の中核をなす26名の作家の作品を考察した作品。94年刊行）のテキスト」には「排除と抑圧の歴史ならびに物語」が含まれ、「学生に精神的苦痛をもたらし、傷つけかねない内容は、私たちのアイデンティティを軽視している」と主張した。こうしたテキストを読んで議論するのは感情的に困難なため、教員は事前に〈トリガー警告〉を発し、精神的苦痛を味わった学生には支援を提供すべきと述べた学生もいた[*8]（トリガー警告とは、教員が授業内で扱う内容に学生が苦痛を感じるおそれがある旨を口頭または筆記で注意喚起することをいう）。学生たちの寄稿文は、少しニュアンスは違うものの、文学正典を多様化すべきとの重要な指摘ともいえる。しかし、文学作品への感想を話し合うのに、〈安全か危険か〉という枠組みは有用だろうか？ そんな枠組みがあることが、学生の古典文学に対する見方を変え、脅威の感情やストレス反応をもたらしはしないだろうか？ その枠組みがなければ、〈不愉快〉や〈嫌い〉で済んでいただろうに。

もちろん、学生らによる積極行動主義（社会的・政治的変化をもたらすために特定の思想に基づいて行動を起こすこと。アクティビズム）は、今に始まったことではない。学生たちは自分たちの学びの環境を改善すべく、何十年にもわたり精力的に活動してきた。例えば、90年代のいわゆる「カノンの戦い」（推薦読書リストに「亡くなった白人男性の名前」が主流を占めていることに異議を唱え、女性や有色人種の作家を加えようとした運動）では、教員たちと力を合わせて闘った。[*9] 60〜70年代の学生たちも、講演者をキャンパスに入らせないようにしたり、講演を聴けなくしたりしたことがあった。例えば、複数の大学で起きた、ハーバード大学の生態学教授エドワード・オズボーン・ウィルソンへの抗議活動がある。その理由は、進化によって人の行動がかたちづくられてきたとする教授の思想は、既存の男女の役割や不平等を正当化すると一部の学生が考えたためだった（抗議デモを通知する看板で、学生たちに「音の鳴るものを持参」するよう呼びかけた）。[*10] ただしこうした運動は、学生が自分たちの健康を心配して起こしたわけではない。悪しき思想の持ち主と考えられる人たちを阻止しようとしたが（今日と同じように）、当時は渦中の講演者が来校する、または彼らの思想に触れることで大学コミュニティに属する人たちが傷つくという言い方はしなかった。教授や職員に対し、特定の人々の存在を遮断することで学生を守ってほしいと要求することはなかった。

ところが昨今は、「学生は脆弱である」が前提となっている。自分はそうではないと考える学生でも、他の学生には危険があるので保護が必要と考えがちだ。「精神的苦痛を引き起こす」とレッテルを貼る講演や文章と出会うことでよりたくましくなれるとは、はなから期待していないのだ（これが、脆弱性のエセ真理：困難な経験は人を弱くするである）。

うつ病の発作に苦しんだ過去を持つグレッグにとって、これは由々しき事態だった。うつ病の治療法を探し求める中で、彼は——世界中の何百万人とともに——認知行動療法（ＣＢＴ）が最も効果が高いと知った。認知行動療法では、自分が「認知の歪み」に入っていると認めることを教わる。認知の歪みには例えば、「破局化」（この問題に答えられなかったら単位をもらえない。そしたら退学させられ、仕事にも就けなくなる……）や、「ネガティブ・フィルタリング」（称賛の声に気づきながらも、否定的な反応にばかり目を向ける）などがある。このように歪んだ、非理性的な思考パターンに陥ってしまうのが、うつ病や不安障害の顕著な特徴だ。何も、学生は本格的な身の危険にさらされたことがないとか、彼らが不正義に対して声を上げるのは認知の歪みが原因だなどと言いたいわけではない。私たちが言わんとしているのは、今どきの学生たちはこれまでの世代と比べて、真の問題に反応しているときでも、それらをより脅威的に見せようとする思考パターンに陥りやすく、それがかえって問題を解決しにくくしているという点だ。認知行動療法の初期の研究でも、このような思考を止められるようになれば、大抵のうつ病や不安症状はおさまるとの重要な発見がなされている。そのためグレッグは、一部の学生がキャンパスでの講演に示している反応は、自身のうつ病治療で否定することを学んだのとまったく同じ歪んだ思考ではないかと気づき、頭を抱えた。学生たちはこんな悪しき思考習慣をどこで学んだのか？　こうした認知の歪みが学生をより不安にし、気分を沈ませているのではないだろうか？

　もちろん、キャンパス事情も70年代以降いろいろと変化している。昔と比べると最近の大学生ははるかに多様で、大学生になるまでに、さまざまなレベルで偏見、貧しさ、心の傷、精神疾患に直面している。教育する側はそうした違いを考慮し、これまでの前提を見直し、インクルーシブ（包摂的）なコミュニティづくりに励む必要がある。だが、そのベストな方策とは？　最も深刻な壁にぶつかってきた学生に焦点を合わせるならば、最優先すべきは、そうした学生が感情を害するおそれがある講演者、本、思想から守ってやることなのか？　たとえ善意からであろうと、そんなふうに大事にされてばかりいると、学生たちに逆効果にならないだろうか？

学生たちは皆、大学卒業後に世界と向き合う心構えができていなければならない。最も大きな変化を遂げる者——見知らぬ土地で自分をよそ者だと感じるおそれがある——は、とりわけ懸命に学び、準備に励まねばならない。彼らは同じ土俵で競うわけではない。人生は公平ではないのだ。しかし大学というのは、不愉快なものやあからさまに敵意に満ちたものも含めて、多様な人々や思想と向き合える、この世で最高の環境ではないのか。高度な設備、有能なトレーナー、万が一のためにセラピストまで待機している、究極の〈知のジム〉である。

しかし自分たちを脆弱な存在と見るのなら、学生たちはそんなジムに近づこうとしないだろう、とグレッグは懸念した。リングでスパーリング（ボクシングの実戦形式で行う練習）してみたらと誘われても、腕を磨こうとしない。そんなトレーニングをしたって傷つくだけと（善意の）人から言われたからといってチャンスの場を避けたなら、それこそすべての当事者にとって悲劇である。嫌いな思想を前にして自分たちは脆弱だと信じ込んでいるのは、それこそ自己充足的予言（self-fulfilling prophecy）（誤った判断や思い込みが新たな行動を引き起こし、思い込みが現実化すること。予言の自己成就とも。アメリカの社会学者R・K・マートンが提唱）となろう。自分たちはそんなことには対処できないと思い込むようになり、そうした思い込みに従って行動し、嫌いな思想にさらされることを避けていれば、いずれ彼らは本当に対応できなくなる。たとえ大学内で「知の安全」という幻想をつくり出せても、卒業すればもっと極端な考えをする人たちと遭遇するのは避けられないため、さらに大きな不安や対立と向き合うこととなろう。

グレッグは、個人的そして専門的経験をもとに、次のような仮説を立てた。学生たちが言論からの保護を要求するようになったのは、彼らが認知行動療法では矯正の対象となる〈認知の歪み〉を無意識に身につけてしまったためだと。つまり、多くの大学生が歪んだ思考をするようになっているために、脆くて不安で容易に傷つく人間になる可能性を高めていると。

グレッグはこの仮説について、認知行動療法が持つ力や、認知行動療法が古来の知恵とぴったり合うことについて幅広く執筆してきた社会心理学者のジョンと話し合いたいと考えた。[*11] ジョンはすぐに、グレッグの見立てに可能性を見いだした。というのも、ニューヨーク大学経営大学院で教授をしているジョンも、この「脆弱な学生モデル」の最初の徴候を目にするようになっていたのだ。ジョンの研究テーマは道徳心理学で、2冊目の著書『社会はなぜ左と右にわかれるのか：対立を超えるための道徳心理学』（高橋洋訳、紀伊國屋書店）は、さまざまな道徳的文化（著書では「道徳マトリックス」と呼んでいる）、とりわけ政治的左派・右派のそれを理解しやすく解説した作品だ。

ジョンが用いた「マトリックス」という言葉は、ウィリアム・ギブスンの1984年のSF小説『ニューロマンサー』（黒丸尚訳、早川書房）に登場する（映画『マトリックス』はこの作品をもとに制作された）。ギブスンは、インターネットのようにすべての人々を結びつける未来的ネットワークを想像して「マトリックス」と命名、そこでは「合意による幻覚（consensual hallucinations）」がつくられるとした。ジョンはこれを、道徳的文化を考えるのにうってつけの方法だと考えた。1つの集団は、個々人が互いに関わり合うことで「合意による道徳マトリックス」をつくり出し、やがて外部の人間には理解できないやり方で行動するようになる。大学の一部の小集団の中でも新しい道徳マトリックスが形成されつつあり、それが今後拡大するのは必至だろう、と当時の私たちは考えた（SNSというのは、つながった人たちの間で、この「合意による幻覚」が驚くほどのスピードで広がる仕組みになっている——キャンパス内外、政治的左派・右派にかかわらず）。

　この謎解きをしたいというグレッグに、ジョンはぜひ協力しようと応じた。私たちはグレッグのアイデアについて考察し、それをもとにここ1、2年の間にキャンパスで起きた数々の出来事ならびに風潮を解説する記事を共同執筆し、「Arguing Towards Misery: How Campuses Teach Cognitive Distortions（苦難に向かう主張：キャンパスで認知の歪みを教える方法）」というタイトルで『アトランティック』誌に送った。すると、記事を気に入ってくれた編集者のドン・ペックが論拠の強化をサポートしてくれ、さらには「The Coddling of the American Mind（アメリカン・マインドの甘やかし）」（1987年刊行の哲学者アラン・ブルームの著書『アメリカン・マインドの終焉』（原題：The Closing of the American Mind）を踏まえたタイトル。当時のアメリカの大学の状況を批判する内容で、ベストセラーとなった本）という、より簡潔で挑発的なタイトルをつけた。

　この記事では、多くの親、幼稚園から高校までの教師、教授、大学職員が、知らず知らずのうちに、不安症やうつ病に苦しむ人たちにありがちな思考習慣を学生たちに教えてしまっていると説いた。学生たちが言葉、本、講演者に対して恐怖や怒りを持って反応するようになっているのは、危険を大げさに表現すること、二分法的思考をすること、真っ先に起こる感情的反応を増幅させること、その他いくつもの認知の歪み（詳しくは本書で解説する）をするよう教えられたからではないかと示唆した。そうした思考パターンが、学生の心の健康をもろに損ない、彼らの知的な成長に支障をきたす——ときに、まわりの人たちの成長をも妨げる。一部の大学では防御的な自己検閲（社会心理学の用語で、周囲の反応によって自分の意見の表明を控えること）の文化が生まれているらしく、それは、「コールアウト」している学生たちや彼らが擁護している集団メンバーへの配慮が足りないとみなされれば、些細なことであってもすぐにコールアウトしたり恥をかかせたりする学生たちの存在が一因となっているのだろう。私たちが報復的防衛性（vindictive protectiveness）と呼ぶこうした態度によって、学生たちはクリティカル・シンキング（批判的思考）や、礼節を持って異議を唱えるといった重要スキルを実践できるはずのオープンな議論をしにくくなっていると論じた。

記事が『アトランティック』のウェブサイトに掲載されたのが2015年8月11日、記事が掲載された雑誌が店頭に並んだのはその約1週間後だった。多くの批判が寄せられるだろうと覚悟していた。しかし、キャンパス内外、そして政治志向を問わず、大勢の人がこの風潮に気がついていたらしく、圧倒的に肯定的な反応が寄せられた。『アトランティック』のウェブサイトでこれまでに最も読まれた記事ベスト5に入り、当時のオバマ大統領も、数週間後に行われたスピーチでこの記事に言及し、視点の多様性の大切さを説くくだりで、「学生は甘やかされ、さまざまな視座から保護されるべきではない」と語った。[*12]

10月頃には、記事に関連したメディア出演も一段落し、私たちはそれぞれ他の仕事に戻ろうとしていた。その数カ月から数年内に、学界のみならず国全体がひっくり返ることになろうとは、この時点では知る由もなかった。2016年になると、〈大いなるエセ真理〉とこれに関連した動きが、イギリス、[*13]カナダ、オーストラリア[*14]の大学にまで広がっていることが明らかとなった。そこでその年の秋、私たちは記事で提起した論点について、いま一度しっかり考え直してみようと思い立ち、この本の執筆を決めた。

原書が刊行された2018年までの3年間の激動

2018年初頭の今振り返ると、記事を発表した頃からの状況の激変ぶりには心底驚かされる。人種間の正義を求めた勢いのある運動はそれまでにもあったが、警察が丸腰の黒人男性を死に追いやる場面をとらえた動画が出回るたび、その勢いは増した。2015年秋には、人種問題をめぐる抗議活動が、ミズーリ大学やイェール大学を筆頭に、国内各地の多くのキャンパスで勃発し[15]、過去数十年、キャンパスでは目にしたことのない規模となった。

この間、大量殺人事件も立て続けに起きた。ヨーロッパや中東各地で大規模なテロ攻撃が発生し[16]、アメリカでもカリフォルニア州サンバーナーディーノでイスラム過激派テロ組織ISISによる銃乱射事件が起き、14名の死者と20名を超える負傷者を出した[17]。ISISによる攻撃はフロリダ州オーランドのナイトクラブでも発生、死者49名というアメリカの犯罪史上最悪の事件となった[18]。しかしこの数字も、16カ月後にあっさり塗り替えられた。ラスベガスの屋外コンサート会場めがけて男が自動小銃を連射、58名が死亡、851名の負傷者を出した[19]。

さらに2016年は、大統領選でもかなり奇妙な出来事が起きた。政治経験ゼロで、さまざまな集団の怒りを買い、当選の見込みなしとされていたドナルド・トランプが、共和党予備選だけでなく大統領選をも制したのだ。彼の大統領就任に抗議し、全米各地で何百万もの人々が集まり、党派間の憎しみは深まり、各種報道も核戦争についての大統領の最新のつぶやきやコメントばかりを追うようになった。

2017年春は、キャンパスでの抗議行動に再び注目が集まった。ミドルベリー大学で暴動が起き、カリフォルニア大学バークレー校では自称「アンチ・ファシスト」たちがキャンパスや周辺エリアに数十万ドル相当の被害をもたらし、学生を含む多くの負傷者を出すという、ここ数十年で見たことのない規模に発展した。その6カ月後には、バージニア大学の構内を、ネオナチやクー・クラックス・クランなどの白人至上主義者がたいまつを手にデモ行進。その翌日には、白人の国粋主義者が抗議デモに反対する人たちの集団に車で突っ込み、1名が死亡、大勢の負傷者を出した。そして、この年を締めくくったのが #MeToo 運動だ。多くの女性が性的不正行為や性暴力を受けた実体験を告白、男性が強権力を握っている業界ではよくある話だと判明した。

年齢や政治志向にかかわらず、ほとんど誰もが不安だ、憂鬱だ、激怒していると主張しかねない状況がある。これでは、キャンパスの混乱、ならびに「安全性」を要求する風潮が強まっている説明にはならないだろうか。『アトランティック』誌の記事で私たちが提起した論点に戻ってみよう。

原書タイトルの「甘やかし」に込めた意味

原書タイトルにつけた「甘やかす（coddling）」という単語には、実はずっと煮えきらない思いがあった。今どきの子どもたちは過保護に育てられ、甘やかされ、怠けているという、この単語が持つニュアンスが気に入らなかったのだ。というのも、それは正確ではないから。今日の若者――少なくとも一流大学を目指す者たち――には、よい成績をおさめなければ、課外活動で数々の実績を挙げなければという大きな圧力がかかっている。また、10代の若者は皆、SNS上で新たなかたちのいじめ、侮辱、仲間内の競争にさらされている。グローバリゼーション、自動化、人工知能の到来で経済のあり方が再構築され、多くの労働者の賃金が伸び悩む中、若者たちの経済的な見通しには不透明さがつきまとう。つまり、子どもたちの大半は、気楽でやりたい放題の子ども時代を送っているわけではないのだ。本書で解説していくように、最近は大人たちが子どもを守ろうとしてやりすぎる傾向にあり、その行きすぎた行動が弊害をもたらしている可能性がある。「coddle」という単語を辞書で調べると、「極端または過度の心配または親切心を持って扱う」というように、過保護の意味合いが強調されている。[*20] そこで、大人や学校のやり方にも非があることを示すため、「善意からの愚かな考えが生んだ傷つき世代」という副題をつけた。本書で伝えたいのは、まさにこの点だ。善かれと思ってする過保護——小学校でのピーナッツ持ち込み禁止から、キャンパスでのスピーチコードまで——が、効を奏するどころか弊害となってしまっているのだ。

　しかし過保護というのは、私たちが社会の発展に伴う問題（problems of progress）と呼ぶ、もっと大きな風潮の一側面でしかない。これは、優れた社会変化によってもたらされる悪い結果を指す言葉だ。例えば、現在の経済システムは大量の食糧を安価に生産できるという点では素晴らしいが、裏を返せば肥満を横行させている。人とすぐに無料でつながり連絡を取り合えるのは結構だが、このいつでもつながっている状態が若者の心の健康にダメージを与えているおそれがある。冷蔵庫に抗うつ薬にエアコン、蛇口をひねればお湯や水がすぐに使える……人類が誕生した頃の、祖先の生活にあった身体的困難のほとんどを私たちは免れている、これはまったくもって素晴らしいことだ。人類にとって快適さや安全性はなんともありがたいものだが、そこには代償もある。快適さが増した新たな環境に適応していくにつれ、我慢できないと感じる不快感や危険度の基準が下がっていくのだ。曽祖父母たちの基準からすれば、私たちのほぼ全員が甘やかされているといえる。どの世代も自分たちの後の世代を、元気がなく、不機嫌で、逆境に弱いとみなしがちだ。こうした世代による変化は現実的には前向きな進歩を示しているにせよ、古い世代の言い分にも一理あるのかもしれない。

繰り返しになるが、学生、そして一般の若者たちが直面している問題はそれほど深刻ではないとか、「彼らの思い込みに過ぎない」と言っているのではない。私たちが言わんとしているのは、人が頭の中で選択したことは、実際の問題がその人にどう影響するのかを決めるということだ。私たちの主張はどこまでも現実的なもので、道徳論などではない。アイデンティティ、育った環境、政治的信念が何であろうと、ミソポノスの助言の真逆を実践すれば、より幸せに、健やかに、たくましく生きられ、人生の目標を達成しやすくなるだろう。要するに、安全でないと感じるものすべてを取り除くまたは回避するのではなく挑戦を求める、常に自分のとっさの感情を信じるのではなく認知の歪みから脱却する、味方か敵かという安易な倫理観で相手を最悪だと決め込むのではなく他者に寛大な眼差しを向け、微妙な差異をすすんで受け容れよということだ。

本書の概要

本書で語るストーリーは、決して生易しいものではない。ヒーロー的存在は何人か登場するが、これぞという悪者はいない。むしろ、社会の風潮や力が合わさることで起きた「犯罪」をめぐる、社会科学の探偵物語のようなものだ。キャンパスで驚くべき事態が発生し始めたのが2013〜2014年、その奇妙さと頻度を増していったのが2015〜2017年だ。第1部では議論の下準備として、2013年以降、多くのキャンパスで急速に広がっている「安心感」という新たな文化を理解するのに必要な知的ツールを提供する。これにより、3つの〈大いなるエセ真理〉が見分けられるようになるだろう。また、認知行動療法の主要概念を解説し、いかに認知行動療法がクリティカル・シンキングを鍛え、〈大いなるエセ真理〉によってもたらされる悪影響を打ち消せるかを示す。

第2部では〈大いなるエセ真理〉が実際に稼働することで、相手を黙らせ、畏縮させ、ときに暴力沙汰を起こし、教育や研究の場を提供するという大学の使命が果たしにくくなっている現状を詳しく見る。また、〈講演は暴力〉という新たに広まりつつある考え方を考察し、このような思考が学生たちの心の健康に悪影響を与えている理由を明らかにする。さらに、魔女狩りやモラル・パニックの研究、大学を大混乱に陥らせる条件なども取り上げる。

第3部では謎解きに挑む。2013〜2017年にかけて多くのキャンパスの状況が急速に変化していった理由を、6つの論題から明らかにする。1．米国内の政治において政治的二極化と党派間の敵対意識が高まり、キャンパスでのヘイトクライムや嫌がらせ行為が増えていること。2．不安症やうつ病に苦しむ10代の若者が増え、多くの学生が庇護を望み、〈大いなるエセ真理〉を受け容れやすくなっていること。3．子育てのあり方が変化し、子どもを取り巻く環境の安全性は一段と高まっているが、逆に、子どもたちの恐怖心が強まっていること。4．自立した大人になるために必要な自由遊びや、大人の監視がないところでリスクを取る行為が減っていること。5．大学の官僚主義的な体質が強まり、学生を守ってやらなければという使命感が高まっていること。6．正義に必要とされるものについての考えが変わってきているのに合わせて、正義を求める情熱が高まっていること。これら6つの傾向がすべての人に等しく影響するわけではないが、この数年で、アメリカのキャンパスで交差し、相互に影響し合っているのは確かだ。

第4部では助言をしたい。より賢く、よりたくましく、より自立した子どもを育てるために、親や教師は具体的にどんな行動を取ればよいのか。そして、大学の教授、職員、学生が自分たちの大学環境を改善し、テクノロジー優勢のこの時代を生きていく上での適応方法を提案する。

2014年、アメリカのキャンパスで起きている事象を理解しようと調査に乗り出した私たちだが、本書で論じるストーリーは当初の目的をはるかに超えるものとなった。多くの大学が正常に機能しなくなり、信用をがた落ちさせ、ミレニアル世代の次の世代が大学を卒業して実社会に出ようとしている、この奇妙で不安定な時代を語ったストーリーだ。だが最後は、期待を持って明るく締めくくりたい。本書で解説する諸問題は一時的なものかもしれず、私たちは修復可能と信じている。歴史を振り返れば、健康、繁栄、自由に関するほとんどの対策は、進歩に向かって軌道を描いてきた。[*21] 上記6つの論題を理解し、3つの〈大いなるエセ真理〉から脱却できれば、進歩に向かうスピードを多少なりとも上げていけるだろう。

第1部
3つのエセ真理とその弊害

第1章 ―― 脆弱性のエセ真理：困難な経験は人を弱くする

天が重大な任務をある人に与えようとするとき、まずはその人の精神を苦しめ、その筋骨を酷使し、その肉体を飢え苦しませ、困窮に陥らせ、その行動の行く手を妨げるもの。これは、その人の知力を刺激し、真の姿を強固にし、今までできなかったものができるようになるためである。

孟子、紀元前４世紀*1

ピーナッツアレルギーのパラドックス

２００９年８月、マックス・ハイト（３歳）はバージニア州シャーロッツビルで幼稚園の初登園日を迎えた。しかし彼が学士号取得までの18年に及ぶ旅路の第一歩を踏み出すその前に、彼の両親ジョンとジェーンは必須のオリエンテーションに出席し、先生から規則や一連の手続きについて説明を受けなければならなかった。説明に割かれた時間から察するに、最も重要な規則は〈ナッツの持ち込み禁止〉だった。ピーナッツアレルギーの子どもに危険だからと、ナッツを含むものを一切園内に持ち込んではならないというのだ。そもそもピーナッツはマメ科の植物で木の実ではないのだが、木の実アレルギーの子どももいるため、ピーナッツもピーナッツバターもひっくるめて、すべてのナッツおよびナッツ製品を禁止にするという。そして、さらなる安全を期し、ナッツの加工工場で製造されたものもすべて禁止にするというので、ドライフルーツ系やその他の軽食もだめということだ。

次から次へと禁止アイテムが増え、時間も刻々と過ぎていく。ジョンは集まった親たちの参考になればと、こんな質問をした。「皆さんのお子さんの中にナッツアレルギーはいらっしゃいますか？　具体的に何のアレルギーかわかれば、全員で何なりと予防策を取りたいと思います。でも、もしどなたも該当されないなら、もう少し規則を緩めて、例えばピーナッツだけを禁止にするなどはいかがでしょう？」

見るからにムッとした先生が、さっと前に進み出た。他の親の答えを阻止し、この場ではおよしください、と言った。他の方を不愉快にさせないでください。アレルギーのお子さんがいようといなかろうと、これが園の規則なのです。

幼稚園がこれほど用心深くなるのも無理はない。90年代半ばまで、ピーナッツアレルギーのアメリカ人の子どもはめずらしく、ある調査によると8歳以下の子ども1000人中アレルギー反応が出たのは4人だけだった（生徒数約100人のマックスの幼稚園だと、おそらく1人も該当しなかっただろう）。[*2] それが2008年に実施された同調査では、同じ調査方法にもかかわらず、1000人中14人にアレルギー反応が出て、その割合は3倍以上となったのだ（マックスの幼稚園だと、該当者は1〜2人か）。なぜ子どもたちが突如ピーナッツに過敏になったのかは誰にもわからなかったが、合理的かつ同情的な対応が取られるようになったのは明らかだった。今の子どもたちは弱いから、ピーナッツ、ピーナッツ製品、ナッツ類と接触したものすべてから守ってやらねばと。まあ、いいだろう。ランチを用意する親が多少不便を感じる以外は、特に支障もないはずだった。

だが、大きな支障があった。[3] ピーナッツアレルギーの子どもが急増している理由はまさに、90年代に親や先生が子どもたちをピーナッツに触れさせないようにしたためだと判明したのだ。[4] ２０１５年2月、正式な研究が発表された。[5]「幼児期からピーナッツを含む食品を習慣的に摂取すれば、アレルギー性免疫反応ではなく防御免疫反応が引き出される」との仮説に基づいて実施されたＬＥＡＰ(Learning Early About Peanut Allergy)（食品アレルギー研究教育機関（ＦＡＲＥ）が実施した研究）という研究だ。[6] 重度の湿疹がある、または他のアレルギー検査で陽性反応が出たためピーナッツアレルギーの発症リスクが高い６４０人の幼児(生後4~11カ月)の親を募り、親の半数にはリスクの高い子ども向けの標準的なアドバイス、すなわちピーナッツやピーナッツ製品への接触を一切断つ、に従ってもらった。残り半数には、ピーナッツバターとパフコーン（コーンミールを使ったお菓子）を使ったスナックフードを配布し、最低週に3回子どもに与えてもらった。研究者たちは各家庭のその後の状況を慎重に追跡し、子どもが5歳になった時点でピーナッツアレルギーの検査を実施した。

すると、驚く結果が出た。ピーナッツから「守られて」いたグループでアレルギー反応が出た子どもは17%だったのに対し、あえてピーナッツ製品を与えてきたグループではたった3%だったのだ。研究者の1人が取材で述べている。「この数十年、アレルギー専門医は乳幼児の食品アレルギー予防には、ピーナッツなどアレルギー誘発性食品の摂取を避けるよう助言してきました。しかし今回の結果を踏まえると、それは誤りで、むしろ食品アレルギーの増加に加担してきたと考えられます[7]」

これで、よく理解できる。免疫系は進化工学の奇跡である。つまり、子どもが直面する病原菌や寄生虫をすべて予想することなどできないため——特に、人間のような移動性の雑食性の種では——、幼い頃の経験から急速に学習するよう（自然淘汰《とうた》によって）「設計」されているのだ。複雑適応系（多くの要素が複雑に絡み合って成り立っているシステムである「複雑系」の中でも、変化する能力と経験から学ぶ「適応的」なもの）[*8]である免疫系は、環境の変化に合わせて順応・進化できる動的システムと定義することができる。真の脅威（のどの感染症を引き起こす連鎖球菌など）には免疫反応を起こしつつ、真の脅威とならないもの（ピーナッツタンパク質など）は無視する能力を高めていくには、多岐にわたる食品、細菌、さらには寄生虫にさらされる必要がある。ワクチンも同じ理屈だ。子ども用のワクチンというのは、この世の脅威を減らすものではなく（「幼稚園では病原菌禁止！」）、子どもたちをあえて少量の脅威にさらすことで、より健康にする。そうやって子どもの免疫系に、今後同じような脅威が襲ってきたときに回避する方法を学ばせているのだ。

　これは、国がより豊かに、より清潔になるにつれてアレルギー率が上昇するのはなぜなのか——社会の発展に伴う問題の他の例——についての有力な説となっている衛生仮説（乳幼児期の衛生環境が免疫系の発達に影響を与えてアレルギーになりやすいかどうかを決めるとする、イギリスの疫学者ストラカンが提唱した概念）[*9]の論理的根拠である。発達心理学者のアリソン・ゴプニックが、この仮説と本書の使命とを結びつけて、簡潔に説明してくれた。

> まわりの環境はどんどん清潔になり、抗生物質も手に入り、屋外での遊びも激減し……今の子どもは昔の子どものように病原菌にさらされていません。そのため、実際には脅威とならない物質にも過剰反応する免疫系がつくられ、アレルギーを引き起こしやすくなっているのです。これと同じで、子どもをありとあらゆる危険から守り抜こうとすると、まったく危険性のない状況にも

大げさに恐怖心を示すようになり、１人の大人として生きていく力をいつかは獲得しなければならないのに、なかなか身につけられないのです（強調は筆者による）[*10]

ここで行き着くのが、ミソポノスの〈大いなるエセ真理〉の１つ目、脆弱性のエセ真理：困難な経験は人を弱くするだ。もちろん、これのもととなっているニーチェの名言――「困難な経験が人を強くする」――も、文字どおり解釈すれば完全に正しいわけではない。命を奪わないまでも、永久的なダメージを被ったり、衰弱させられたりする場合もあるからだ。しかし、失敗や侮辱、苦痛を感じる経験をしても長期的なダメージを受けるだけと子どもに教え込むことは、それ自体が有害である。人間には身体的および精神的な試練およびストレス要因が必要で、それがないと衰退してしまう。筋肉や関節を鍛えるにもストレス要因が必要で、休ませてばかりいると筋肉は痩せ衰え、関節の可動域は狭まり、心臓や肺の機能も低下し、血栓がつくられる。宇宙飛行士も重力が一切かからなければ、筋力低下や変型性関節症に見舞われるだろう。

困難に学び適応し成長する力＝反脆弱性

ストレス要因、リスク、少量の痛みを回避する弊害について、ナシーム・ニコラス・タレブほど素晴らしい解説を示した者はいない。レバノン生まれの統計学者、金融トレーダー、そして知の巨人として知られ、現在はニューヨーク大学でリスク工学の教授を務めている。２００７年に出版されたべストセラー『ブラック・スワン：不確実性とリスクの本質』（望月衛訳、ダイヤモンド社）で、タレブは多くの人がリスクの解釈を誤っていると主張した。複雑系においては予想外の問題が起きることはほぼ避けられないのに、人は過去の経験をもとにリスクを見積もることに固執する。過去の経験から、白鳥はすべて白いと思い込んでいれば、まったく予期していなかった出来事が起きたときにはブラック・スワンのように見えるだろう、とタレブは説く（金融システムの脆弱性を「ブラック・スワン」的な事象ととらえたタレブは、2008年の世界金融危機を予言した数少ない1人だった）。

その後に発表した著書『反脆弱性：不確実な世界を生き延びる唯一の考え方』（望月衛ほか訳、ダイヤモンド社）では、システムや人というのは、不可避な人生のブラック・スワンを乗り越えることで、免疫系のようにより強くなっていくと論じた。タレブは物事を3種類に分類せよと言う。まずは、磁器の紅茶カップのように脆弱（fragile）なもの。簡単に壊れ、ひとりでに回復しないため、優しく扱い、幼児の手の届かないところで保管する必要がある。次に、衝撃に耐えられる頑健（resilient）なもの。普通、親は幼児にプラスチック製のコップを使わせるが、それは何度床に落としても割れないから。もちろん、コップにとって落下はよくないことだが。この頑健を意味する「レジリエンス」という言葉は乱用され気味ではあるが、タレブはその先に目を向け、3つ目の反脆弱性（antifragile）のものを認識しなさいと言う。経済や政治における重要システムの多くは、学習、適応、成長するために、人間の免疫系と同じで、ストレス要因や試練を必要としている。こうした反脆弱性のシステムは、挑んでくるものや活発な反応を迫るものがないと、硬直し、軟弱で、非効率になる。タレブいわく、筋肉や骨、そして子どもたちは反脆弱性である。

１カ月も寝たきりでいると……ストレス要因がなくなり、筋肉は痩せ衰え、複雑なシステムは弱体化し、停止することもある。現代の構造化された世界のほとんどは、トップダウン型の政策やからくりによって私たちを傷つけてきた……それはまさに、システムの反脆弱性への侮辱である。これは現代の悲劇だ。神経質すぎるほど過保護にする親のように、手を差し伸べようとする者たちが、実は最も有害となっている場合がある。（強調は筆者による）*11

本の冒頭でタレブが描く詩的なイメージは、すべての親に響くのではないだろうか。風はろうそくの火を吹き消すが、かがり火は燃え上がらせると指摘し、私たちにろうそくの火のようになるな、子どもをろうそくの火に変えてはならないと忠告する。「かがり火となり、風が吹くのを願え」と。*12

反脆弱性の概念が理解できれば、子どもを過保護にすることがいかに愚かであるかがよくわかる。生きていく上でリスクやストレス要因は当然の避けられないものなのだから、子どもたちがそうした経験から学び、成長し、持ち前の反脆弱性の能力を伸ばしてやることが親や教師の務めであるべきだ。「かわいい子には旅をさせ、人生の厳しさを体験させよ（Prepare the child for the road, not the road for the child.）」という古くからのことわざがあるが、近頃は、その真逆のこと、すなわち子どもの気分を害するおそれがあるものすべてを取り除こうとしている。そうすることで、ピーナッツアレルギーの過ちを繰り返しているとは気づかずに……。動揺させてはいけないと、さまざまな経験から子どもを守ろうとしてばかりいると、いざ保護の傘が外れたときに、そうした事象に対処できない人間になってしまうだろう。「危険を感じる」状態から守ってやらねばという、強迫観念まがいの昨今の風潮は、10代の若者の間で急増しているうつ病、不安症、自殺の、いくつかある原因の1つだと私たちは見ている。詳しくは第7章で解説する。

「危険」や「トラウマ」という言葉の意味の拡大

20世紀において「安全（safety）」という語が意味するのは、概して〈身の安全（physical safety）〉だった。特に20世紀後半にかけてのアメリカは、子どもたちの身体的な安全性を大幅に向上させるという大きな偉業を成し遂げた。集団訴訟、調査ジャーナリストや消費者運動家らの尽力（自動車産業の実態をすっぱ抜いたラルフ・ネーダーの書籍『どんなスピードでも自動車は危険だ』など）、そして国民の常識が後押しとなって、危険性の高い製品や習慣が日常生活から姿を消していった。チャイルドシートの使用を義務づける法律も、1978～1985年の間に全50州で通過。家庭や保育所では、窒息のおそれがあるものや先端が尖ったものが次々と取り除かれ、子どもの安全性への配慮が一気にすすんだ。その結果、子どもの死亡率は急激に低下した。[*13] もちろん、これは非常に素晴らしいことだ。ただし、別の側面から見ると、われわれは身体の安全性に過剰なまでに神経を尖らせてきたのかもしれない（先に引用したアリソン・ゴプニックによる論考のタイトルは「Should We Let Toddlers Play With Saws and Knives?（幼児をのこぎりやナイフで遊ばせるべきか？）」[*14] で、ゴプニックは、「そうすべきだろう」と述べている）。

それが21世紀に入ると、次第に、一部のキャンパスで「安全」の意味合いが、いわゆる「コンセプト・クリープ」（概念の指し示す範囲が少しずつ拡大していくことをいい、後述の心理学者ニック・ハスラムが提唱）の過程をたどり、「感情の安全（emotional safety）」をも意味するようになった。例えば、オーバリン大学が２０１４年に作成した全教職員向けガイドラインには、「学生の安全への配慮を示す」ためにトリガー警告を発するよう促している。[*15] しかし、後続の文言を見ると、大学側の本心が学生たちの感情（feelings）への配慮にあったことは明らかだ。というのも、学生それぞれが望む代名詞で呼びかけるように（「he」や「she」と呼ばれたくない学生には「zhe」や「they」を使うなど）としながらも、その理由は相手に敬意を示すためでも、慎重に対応すべきだからでもなく、教員が誤った代名詞を用いると「教室内での学生らの安全を妨げる、または低下させる」ためとあり、安全と感情が一緒くたにされているのだ。ジェンダーを特定しない代名詞を希望できると言われたのに教員がその呼び方をしなかったら、学生ががっかりするか気を悪くする可能性はある。だが、だからといって安全でなくなるだろうか。教員が誤った代名詞を使うと、その学生は教室内で危険にさらされるというのか。もちろん、教員は学生たちの感情に留意しなければならない。しかし学校側から常々、他者の発言を自分にとって〈安全か危険か〉という尺度で評価するよう指示されたなら、学生たち、ひいては授業のあり方をも変えてしまうのではないだろうか。

オーバリン大学が「安全」という語をどういう意味合いで使ったのかを理解するために、オーストラリアの心理学者ニック・ハスラムが２０１６年に発表した論文「Concept Creep: Psychology's Expanding Concepts of Harm and Pathology（コンセプト・クリープ：心理学における危険と病状の拡大する概念）」を紐解いてみたい。[*16] ハスラムは臨床心理学や社会心理学において鍵となるさまざまな概念――虐待、いじめ、トラウマ、偏見など――を取り上げ、それらの用いられ方が80年代以降にどう変化してきたかを考察した。すると、これらの概念の意味する範囲が、２つの方向に拡大していることを発見した。すなわち、それほど深刻でない状況にも徐々に適用されるようになる「下向き」への広がりと、概念的に関連する新しい現象をも包含するようになる「外向き」の広がりだ。

　具体的に「トラウマ」という語を見てみよう。精神医学の代表的な解説書『精神疾患の診断・統計マニュアル』（ＤＳＭ）[17]の初版および第2版では、精神科医は「トラウマ」という語を、身体的ダメージを引き起こす物理作用を言い表すときにだけ用いている。今でいう外傷性脳損傷のような場合だ。ところが１９８０年の改訂版（ＤＳＭⅢ）では、「心的外傷後ストレス障害（ＰＴＳＤ）」を精神疾患と認めており、身体的ではない外傷性負傷の初例となっている。ＰＴＳＤは常軌を逸した恐ろしい体験によって引き起こされる疾患だが、その体験がＰＴＳＤと診断されるレベルにあるかどうかについては、厳しい基準が（現在でも）設けられている。つまり、「ひどい苦痛を伴う症状をほぼすべての人に引き起こし」、「人が普通に体験する範疇を超えている」ものがトラウマ的な出来事とみなされる。[18]改訂版でも、その出来事は主観的基準ではかられず、多くの人に深刻な反応を引き起こすものという点が強調されている。戦争、レイプ、拷問などがこれに該当し、離婚や死別（配偶者の自然死など）は、たとえ予期せぬものであっても人が生きていく中ではよくあることなので、対象とならない。後者ももちろん悲しくて心痛む体験だが、トラウマと同じものではないとされた。「トラウマ」に該当しない状況の人でも、カウンセリングが助けになる人もいるかもしれない。しかし大抵の人は、治療を目的とした介入なしに立ち直る。[19]それどころか、トラウマ的経験をした人たちであっても、その多くは医療処置なしに全快している。[20]

ところが2000年代初期までに、治療共同体（薬物依存や精神疾患などの生きづらさを抱えた人たちが共に暮らし、回復に向けて対話のある共同体をつくり上げ、人間性の発達を促進するプログラムとして世界各地で取り入れられている）の一部で「トラウマ」の概念が下向きに拡大し、「身体的または感情的に傷ついたものとして個人が体験し、（中略）個人の機能、ならびに精神的、身体的、社会的、感情的、あるいはスピリチュアル的な健康に持続的な悪影響を及ぼす」ならどんなものでもよしとされるようになった[*21]。つまり、トラウマか否かを判断する上で、「傷ついた」との主観的体験が大きな意味を持つようになったのだ。その結果、「トラウマ」という語が、精神疾患の専門家だけでなく、彼らの元を訪れる相談者や患者にも広く使われるようになった。そこには、ますます多くの大学生の姿があった。

ハスラムが調査したほとんどの概念に、トラウマと同様、主観的基準への移行という重要な変化が起きていた[*22]。何がトラウマやいじめ、虐待にあたるのかを判断するのは他の誰かではない。当事者がそう感じるなら、その感情を信じればよいのだと。ある出来事が精神的苦痛だった（または、いじめられた、虐待された）と訴える人がいれば、彼または彼女の個人的な判断だけで十分な根拠とみなされるようになっていった。精神疾患と診断される学生が急ピッチで増加しているのであれば（第7章で解説する）、大学コミュニティとして学生たちを守る必要性も急激に高まっているというわけだ。

討論会のために用意された「セーフスペース」

2015年3月、ブラウン大学の学生たちがセーフスペースを設置した件について、ジュディス・シュレヴィッツが書いたエッセイが『ニューヨーク・タイムズ』紙に掲載された。それまで、学問的な文脈で「セーフスペース」という語を聞いたことのあるアメリカ人はほぼいなかっただろう。[*23] ブラウン大学の学生たちは、近く予定されていた2人のフェミニスト論者、ウェンディ・マッケロイとジェシカ・ヴァレンテによる討論会の準備をすすめていた。講演のテーマは「レイプ文化」で、「一般社会の受け止め方が性暴力や虐待の常態化または軽視につながっている」とする考え方だ。[*24] ヴァレンテはじめこの考えの擁護派は、アメリカの文化には女性蔑視が広まっている、そんな世界では性的暴行が軽度の犯罪とみなされてしまうと主張する。今のような #MeToo 運動の時代にあっては、性的虐待がいかに一般的に起きているかは多くの人が知るところだ。でもだからといってレイプ文化があると言えるのか？　まさしく討論にふさわしいテーマだ。

一方のマッケロイは、〈アメリカはレイプ文化の国〉との考えに反対の立場で、その根拠として、アメリカと、レイプが広まり黙認されている国々とを比較する（例として、アフガニスタンの一部地域では「女性は自分の意思に反して結婚させられ、男性の名誉のために殺害され、レイプされる。さらには、レイプされた罪で逮捕され、家族からも疎外される」とし、「それこそがレイプ文化だ」と主張する）。[*25] 自身も性暴力を経験しているマッケロイは、ブラウン大学の観衆の前で、10代の頃に強姦されたこと、大人になってからも恋人に激しく殴られ、片目を失明したことを語った。それでも彼女は、アメリカ人女性たちにレイプ文化の国に生きていると語るのは事実に反し、役に立たないと考えている。

だが、ブラウン大学の学生の中に、〈アメリカはレイプ文化の国〉と信じ込んでいる者がいたらどうだろうか？　マッケロイはその考えに挑むことを許されるべきなのか？　そんなことをしたら学生は危険にさらされるというのか？　ある学生はシュレヴィッツに「あんな講演者を連れてくるなんて、学生たちの経験を間違っていると言っているようなもの」で「有害だ」と語った。[*26] その理屈はこうだ。学生の中には〈アメリカはレイプ文化の国〉と考える者がいて、中には性的暴行に遭った実体験からその考えに至った者たちもいる。なのに、討論会でマッケロイがアメリカはレイプ文化の国ではないと語れば、自分たちの考えの根拠となっている個人的体験を「正しくない」と言われているようなものと解釈されかねない。確かに彼女たちにとっては、マッケロイの意見は聞くに堪えないかもしれない。だが、感情的な苦痛を感じたからといって、それは危険にさらされているしると解釈してよいのだろうか？

そんな被害者を出さないため、先述の学生は他の学生らと一緒に、マッケロイの登壇キャンセルを働きかけた。その際、「安全」という概念が拡大して〈感情の快適さ〉を意味するようになったと説明した。[*27] 結果、キャンセルには至らなかったが、ブラウン大学のクリスティナ・パクソン学長はこの要求に応じるかたちで、自身はマッケロイの考えに同意していないことを表明し、大学としては、レイプ文化について（マッケロイと）反対の意見を主とした（討論なしの）講演会を同時開催するので、希望する学生は〈アメリカはレイプ文化の国〉とする話を聞くことができ、自分と異なる意見と向き合う必要はない、と発表した。[*28]

しかし、この臨時開催の講演会だけでは、問題の完全解決には至らなかった。なぜなら、メインの討論会に出席した学生は、依然、マッケロイがキャンパス内にいることが「引き金となり」、（学生は反脆弱性ではなく脆弱性であることを前提として）精神的苦痛を味わうおそれがあるから。そこで、先述の学生が他の学生たちと協力して設置したのが「セーフスペース」だ。トラウマ体験を思い出してしまった者たちが静養し、サポートを受けられる場所である。部屋にはクッキー、塗り絵本、シャボン玉、粘土セット、ヒーリングミュージック、枕、毛布、子犬が元気に走り回る映像などが用意された。トラウマ対処法の訓練を受けたとされる学生やスタッフまで待機していた。しかし、脅威は個人的なつらい記憶が呼び起こされるだけではなかった。学生たちの信念に対する脅威でもあったのだ。セーフスペースを求めてやって来たある学生はこう語った。「自分が大切にしてきた考えに反する数々の見解に、攻めたてられた気分がしました」[*29]

シュレヴィッツの記事に対する世間一般の反応は、信じられない、というものだった。学生たちがなぜ思想から「安全」でいたがるのか、多くのアメリカ人は（そしておそらくブラウン大学の多くの学生も）理解できなかった。講演会に行かなければ済む話ではないのか？　しかし、脆弱な学生モデル――多くの大学生はタレブが定義するところの〈脆弱〉であるという考え――が理解できれば、コミュニティのメンバー全員が力を合わせて、過去のトラウマを想起させるものから仲間たちを守ろうとするのも納得できる。ブラウン大学コミュニティに属する全構成員が団結し、脅威となる講演者がキャンパスに足を踏み入れないよう学長（ないしは他の誰か）に要求すべきなのだ。学生たちは、自分もしくは他の学生たちを脆弱なろうそくの火とみなすなら、キャンパス内を風が吹かない空間にしたいと考えるのだろう。学長が守ってくれないのなら、自分たちで団結して互いの面倒を見る必要がある。そうした考えがプラスの原動力となって、セーフスペースの設置につながったようだ。

ところが、若者たちはろうそくの火を揺らめかせてなどいない。彼らは反脆弱性であって、それは暴力の被害者であっても、ＰＴＳＤに苦しむ者であっても同じだ。「（心的）外傷後成長」に関する研究では、トラウマ的な経験をしたほとんどの人が、その後ある意味で、より強く、より良い人間になれたと感じているとの結果が示されている。[30] 何も、若者を潜在的トラウマから守るのを止めよということではない。人間の本質、ならびにトラウマ体験やそこからの回復のダイナミクスを根本的に誤解しているから、安全イズムのような文化が出現するのだ。暴力を耐え抜いてきた人たちが、日常生活に織り込まれているトラウマ体験を想起させるものに慣れていくことは極めて大切である。[31] 苦痛を思い起こさせるものを避けるのは、ＰＴＳＤの症状であって治療ではない。ハーバード大学心理学部で臨床実習局長を務めるリチャード・マクナリーは言う。

> トリガー警告はトラウマ体験を想起させるものを回避しようとするもので、治療に逆行しています。回避したところでPTSDの症状は変わりません。授業の内容がきっかけで激しい感情的反応があったのなら、それは自分の心の健康を優先しなさいとの信号です。医学的エビデンスに基づいた認知行動療法を受け、PTSDの克服に努めるべきです。認知行動療法では、段階的かつ体系的に、トラウマとなっている記憶にあえてさらすということを、苦痛を引き起こす力が弱まるまで続けます。[32]

認知行動療法の治療では、セラピストは患者が動揺を覚えるものにあえて触れさせ（想像する、写真を見るなど少しずつ始める）、恐怖心を起こさせ、刺激に慣れさせていく。実際、不安感を呼び起こすのは、回復に向けたとても大切な過程なので、セラピストによっては、こうした暴露療法を受けている間は、抗不安薬の服用を中断するよう指示しているくらいだ。[*33]

学生が本当にPTSDに悩まされているのなら、しかるべき治療が必要である。なのに、友人や教員らが善かれと思って、つらい経験を想起させるものを隠そうとする、または、つらい体験を思い出させるものに出くわすかもしれないとしきりに注意を発すれば、当事者の回復を妨げている可能性がある。「安全」という概念が、身の危険と感情面での苦痛を同等に扱うところまで拡大するようになった文化は、たくましく健全な人間となるために必要な、日常生活に埋め込まれている経験そのものからも、組織的に互いを守ることを人々に促す文化である。

これが、安全イズムについて語る際に私たちが伝えたいことだ。もちろん安全は素晴らしいもので、他者を危険から守ろうとするのは道徳にかなっている。だが、善も度がすぎると悪になりうる。[*34]「安全イズム」とは、安全であることが強烈な価値を持つ文化や信念体系を指し、そうなると、人々は他の現実的かつ道徳的な問題による必要があっても、安全について妥協することをしなくなる。危険をもたらす可能性がどれだけ低く、些細なものであっても、「安全」が他の何ものをも凌駕《りょうが》する。安全イズムの文化で育つ子どもは、「感情的に安全」でいるよう教えられ、考えられるすべての危険から守られるため、脆弱性を強め、頑健性《レジリエンス》を失う。それがきっかけとなって、大人はさらに守ってやろうとする。すると子どもたちはさらに脆弱性を強め、頑健性を失う……という悪循環に陥るだろう。その結果、子どもたちをピーナッツに触れさせないようにしたのと似たような事態が起きるおそれがある。「治療」とされていたことが実は病の根本原因で、かなりの逆効果を招いていたと判明するのだ。

iGen（＝Z世代）とともに安全イズムが広まった

安全イズムへの熱中が最も顕著なのは、2013年頃に大学に入学してきた世代だ。長年、社会学者やマーケティング担当者は、（おおよそ）1982〜1998年ないしは2000年の間に生まれたすべての人を含めて「ミレニアル世代」としていた。しかし、サンディエゴ州立大学の心理学教授で、世代論の第一人者ジーン・トゥウェンジは、1995年生まれあたりで、突如、はっきりとした断絶が見られることを発見した。彼女は、1995年以降に生まれた人たちを「インターネット世代（internet Generation）」を略して「iGen（アイジェン）」と呼ぶ（「Z世代」と呼ぶ人もいる）。iGenは、ミレニアル世代の同年齢よりも、不安症やうつ病の罹患率、および自殺率がはるかに高い事実をトゥウェンジは示している。確かに、何かが起きている。何かが、90年代後半生まれの子どもたちの体験を変えたのだ。トゥウェンジが着目するのは、2007年にiPhoneが世に出てからのSNSの急成長だ。2011年頃には、10代の若者のほとんどが数分おきにSNSをチェックできる環境にあり、実際に多くの若者がそうしていた。

トゥウェンジが示すデータおよび主張については第7章で詳しく解説するので、ここでは2点だけ取り上げる。1点目は、iGenは、トゥウェンジいわく「安全であることに夢中」で、彼らがいう安全には「感情の安全」が含まれることだ。*35「感情の安全」を重視するあまり、「車の事故や性暴力だけでなく、自分と意見を異にする人たちからも安全であるべき」と考える者がたくさんいる。*36

iGenについて注目したい2点目は、そもそも私たちが『アトランティック』誌の記事を書くに至ったキャンパスの風潮――特に、セーフスペースの設置やトリガー警告の要求――が広がりを見せ始めたのは、iGenが入学しだした2013年あたりからという事実だ。そして、最後のミレニアル世代が卒業し[*37]、iGenに取って代わられたその後の4年間で、安全性や検閲を求める声が急速に高まった。よって、本書はミレニアル世代を語るものではない。ミレニアル世代は、キャンパスの昨今の風潮を彼らに帰す人も多いため、濡れ衣を着せられている側だ。本書のテーマは、ミレニアル世代が去っていく中で諸大学に広まっていった、講演や安全性へのこれまでとは大きく異なる受け止め方だ。iGenに非があると言っているのではない。私たちが言いたいのは、今日の大学生は、子どものことを最優先に考えるが、子どもたちが反脆弱性を伸ばす自由は与えてこなかった親や教師に育てられたということだ。

まとめ

◇子どもというのは、多くの他の複雑適応系のように、反脆弱性である。子どもの脳がまわりの環境に合うように自らを設定するには、その環境からさまざまなインプットを得る必要がある。また、免疫系のように、試練やストレス要因に（適度に、年齢に合った方法で）さらされないと、たくましく有能な大人に成長できず、自分の考えや道徳的信念に挑む人々ないし思想に生産的に関われなくなる。

◇ときとして、コンセプト・クリープが起こる。1980年代以降、〈トラウマ〉や〈安全〉といった概念が拡大し、正当な心理学研究に根ざさない場面でも用いられるようになっている。あらゆる年齢の子ども――大学生を含む――を過保護にすることを正当化する際にも使われている。その結果、言葉や思想によって危険にさらされたくないと、セーフスペースやトリガー警告を要求する大学生が出現している。

◇安全イズムとは、安全に固執することをいう。安全を脅かすもの（現実のものも想像上のものも含む）を取り除くことに夢中になり、他の現実的かつ道徳的な問題による合理的な必要性があっても、安全について妥協しなくなる。反脆弱性の精神に必要な経験を奪い去るため、より脆弱で、不安感に苛《さいな》まれ、被害者意識の強い若者を生む。

第2章——感情的決めつけのエセ真理：常に自分の感情を信じよ

私たちを怖がらせ動揺させるものは、外部の出来事それ自体ではない。私たちがそれらをどう考えるかだ。私たちをかき乱すものは物事ではなく、私たちがその意味をどう解釈するかだ。

エピクトテス、紀元１～２世紀[*1]

自分の感情を過信すると不安は増幅する

あなたが大学2年生だと仮定しよう。季節は真冬、ここ最近は気分がふさぎ、不安も感じる。臨床心理士にかかることに悪いイメージは持っていないので、気持ちが楽になればと大学のカウンセリングサービスを利用することにした。

初対面のセラピストに向かい合って席に着いたあなたは、最近どんな気分で過ごしているかを話す。するとセラピストが「なるほど！　人は大きな危険にさらされると、大きな不安を感じるんですよ。ときどき大きな不安を感じるのですか？」と訊いてくる。

不安を感じるのは大きな危険にさらされているからと知ったあなたは、今まさに不安が高まる。はい、と答えると、セラピストが「それは大変！　あなたは、非常に大きな危険にさらされていますね」

と返す。

混乱したあなたは、一瞬黙り込む。これまでの経験では、セラピストというものはこちらが抱えている不安を疑う手助けをするもので、不安を増幅する人ではなかった。セラピストが重ねて尋ねる。

「これまでの人生で、ひどく不愉快な思いや困難を感じた経験はありますか？　というのも、人は大きな精神的ショックを受けると、自分が壊れてしまったようになり、その状態が一生続くおそれもあるんです。あらかじめ注意しておいた方がよいかと思いまして」

セラピストはメモ帳から軽く顔を上げると、こう言った。「あなたが大きな危険にさらされていることはわかりました。では、どうすればそこから身を隠せるかを話し合いましょう」。あなたの不安はさらに高まり、こんなセラピストに相談するなんてとんでもない間違いだったと思い知る。

「常に自分の感情を信じよ」とミソポノスは言った。賢明かつ違和感のない格言に聞こえるかもしれない。これのアレンジ版を、やたらと感傷的な小説やポピュラー心理学の導師などから見聞きしたことがあるだろう。しかし、〈大いなるエセ真理〉の2つ目――感情的決めつけのエセ真理――は、古来の知恵の多くと完全に矛盾している。本章の冒頭でギリシャのストア派哲学者エピクトテスの言葉を紹介したが、引用するのはブッダでも（「人生は心によってつくり出される」[2]）、シェークスピアでも（「物事によいも悪いもない。考え方によってよくも悪くもなる」[3]）、ミルトンでも（「心というものは、それ自身が独自の世界。地獄を天国に、天国を地獄に変えうるものだ」[4]）よかったのだ。

もしくは、524年に死刑執行を待っていたボエティウスの物語でもよかった。ボエティウスは古代ローマ末期に成功を極め、元老院議員および学者として数々の要職に就いたが、東ゴート王国のテオドリック王への反逆罪で投獄される。獄中で書いた『哲学の慰め』の中で、女性の姿をした哲学の化身（Lady Philosophy）との（架空の）出会いについて描写している。ある夜、この女性がボエティウスのもとを訪れ、認知行動療法（ＣＢＴ）のセッションに相当することを行う。彼女はまず、運命の逆転に落ち込み、怯え、苦しむボエティウスを優しくたしなめてから、彼が考え方を変え、否定的感情を止めるよう手助けする。運命とは移ろいやすいもの、これまでに享受してきたものに感謝しなさいと導く。妻、子どもたち、父親、家族が皆元気なこと、自分の人生より彼らの存在が大事であるととらえ直しなさいと。練習を重ねるたびに、ボエティウスは自分が置かれている状況を新たな視点から見られるようになる。感情を支配していたものが弱まり、この女性が与えてくれた究極の教訓、「あなたがそう思わない限り、惨めなことなど何もない。かたや、あなたが満足しない限り、幸福をもたらすものなど何もない」を受け容れる心の準備が整っていく[*5]。

　多くの社会における賢者たちが、感情は抑えがたいもので、常に信頼できるものではないとの洞察を与えてきた。感情というのは往々にして、現実を歪め、私たちの洞察力を奪い、いたずらに人間関係をだめにする。幸福、成熟、悟りを得るには、〈感情的決めつけのエセ真理〉をはねつけ、自分の感情を疑うことを習得しなければならない。感情自体はリアルなもので、私たちの意識が見逃している真実に気づかせてくれることもあるが、私たちを惑わせる場合があるのだ。

　ジョンは著書『しあわせ仮説：古代の知恵と現代科学の知恵』の中で、ブッダやその他の賢人を引き合いに出し、心はいくつかの部分に分かれていて、それらがときに衝突するという事実を、大きな象とその背中に座る小さな象使いに例えて解説した。象使いが表しているのが意識、つまり「制御的」処理をする部分――心の意識的な部分を満たし、ある程度自分でコントロールできる言語ベースの思考――だ。そして、象が表しているのが、心の中に入ってくるそれ以外のものすべて。その大部分は私たちの意識の外にあり、直感、無意識と呼ばれ、「自動的」処理をしている。自動的処理の結果、意識下に入ってくることもあるが、心の中に入ってくるもののほぼすべては直接制御ができない。[*6]象使いは自分が象を操っていると考えがちだが、実は象の方がはるかに強い存在で、両者の間で衝突が起きれば象が勝つ傾向にある、との事実をうまくとらえた比喩である。これまでの心理学研究を再考察したジョンは、象使いは普通、象がすることや考えていることを後から理由をつけて非常にうまく正当化してしまうという点で、象の主人というよりも、むしろ召し使いのような機能を果たしていることを示した。

〈感情的決めつけ（emotional reasoning）〉という認知の歪みは、象使いが今起きている事象について何が真実かを確かめることなく、象の敏感な心の状態に沿うように解釈すれば必ず起こるものだ。このとき象使いは、弁護士あるいは報道官のようにふるまうことになって、象があらかじめ定めた結論を正当化および弁明するが、何が真実なのかを調べる――もしくは知りたがる――ことはしなくなる。

普段は文句も言わず、自らの務めを果たす象使いだが、象に言い返す（talk back）能力を多少は兼ね備えている。特に、論理的というよりも直感的な象の言葉を話せるようになると有利だ。象使いがある状況への解釈を変えると、象も新しい視点で物事を見るようになる。新しい感情を抱いた象は、新しい方向へすすんでみようと思うだろう。ボエティウスはこの「言葉を返す（talking back）」プロセスを描くために、女性の姿をした哲学の化身を著書に登場させ、認知行動療法で学ぶ自問の問いかけをさせた。女性からの問いに答えていく中で、ボエティウスは自らの人生を新しい視点でとらえられるようになる。突如、家族への愛を実感し、皆が安全でいることへの感謝の念に包まれる。解釈の方法を変えると感情が変化し、それがさらにボエティウスの考えを変えていった。

この「言葉を返す」作業を日常的に行えば、ますます簡単にできるようになる。やがて、象使いはよりすぐれたトレーナーになり、象はよりすぐれた訓練を受けられるだろう。両者が調和して働くようになる、それこそが認知行動療法の威力であり、有望な所以である。

うつの治療に効果を発揮する認知行動療法

認知行動療法は、ペンシルベニア大学の精神科医アーロン・ベックによって１９６０年代に開発された。フロイト理論が主流だった当時の精神医学では、うつ病とそれがもたらす歪んだ思考はより深い問題が表面化したものととらえられ、子ども時代の解決していない葛藤にまでさかのぼって考えるのが一般的なアプローチだった。うつ病を治療するには根底にある問題を解消する必要があるため、何年もかかると考えられていた。しかしベックは、ある人が持つ〈思考〉と、それと共に起こる〈感情〉との間に密接なつながりを見いだした。自分の患者たちを診ていると、ある種のフィードバックループ（フィードバックを繰り返すことで、結果が増幅されていくこと）に陥る傾向があると気づいたのだ。つまり、非理性的な悲観的思考によって、強烈なマイナス感情が引き起こされ、それによって患者は決めつけに走り、悲観的思考を裏づける根拠を見つけようとしていると。「何をやってもうまくいかない」「世界は暗い」「将来に希望なんてない」というのがベックが認めたよくある思考パターンで、これらをうつ病における「認知の３徴候（cognitive triad）」と呼んだ。

こうした考えの１つや２つを瞬間的に体験する人はたくさんいる。しかし、うつ病になる人は、長い間ずっと変わりなく、これら３通りの思考をする心理構造を持つ傾向にある。心理学者はこの構造をスキーマと呼ぶ。スキーマは、長い時間かけて蓄積される思考や行動のパターンを指し、人々はこれを用いて、情報を迅速かつ楽々と処理し、世界と対話している。スキーマは象の心の奥底にあり、象が象使いを導く手段の１つとなっている。うつ病になる人は、自身や人生でたどってきた道について、とことん無気力になってしまうようなスキーマを持っているのだ。

ベックによる偉大な発見は、人を無気力にさせている悲観的思考と悲観的感情のフィードバック連鎖を断ち切るのは可能だということだ。こうした思考をしていることを本人に確認させ、その思考と矛盾する事実を考えさせる。すると、一時的であれ、悲観的感情から解放される。そして、悲観的感情から解放されると、悲観的思考を疑ってかかることに前向きになれる。ただし、これを実践するには多少のスキルが必要となる――うつ病の人は、認知の３徴候を信じる根拠を見いだすのが非常に得意だ。それに、時間もかかる――人を無気力にさせるスキーマは、優れた洞察をもってしても、すぐに解体できるものではない（だからこそ、瞬間的な気づきから得られる洞察は、あっけなく色褪せる）。だが、訓練すればベックが考案した手法を習得することは可能で、無意識に沸き起こる自動思考を疑ってかかることを、自分一人で、日常的にできるようになる。数週間、数カ月と繰り返すうち、自分のスキーマを変えることも、もっと役に立つ思考習慣をつくり出すこともできる（「大抵の試練は大丈夫」または「私には信頼できる友人がいる」などと考えられるようになる）。認知行動療法では、何年もかけて、自分の子ども時代について話し合う必要はないのだ。

認知行動療法の有効性は、圧倒的なエビデンスによって示されている。[*7] 不安障害や、軽度から中程度のうつ症状を和らげるプロザック（イーライリリー社が1988年に米国で発売した抗うつ剤）や同類の薬と同じくらいの効果があり、[*8] その効果は持続し、副作用はない、というのが一般的な知見だ。さらには、不安症やうつ病だけでなく、拒食症、過食症、強迫性障害、怒り、夫婦間の不和、ストレス絡みの不調などにも効果があるとされている。[*9] 簡単に実践できる認知行動療法は、すでに広く用いられ、有効性が実証され、心理療法として最も研究がすすんでいる。[*10] 安全かつ効果的との有力なエビデンスが得られている治療なのだ。

次の一覧は、認知行動療法により認識できるようになる認知の歪みでも、最もよく見られる9つのパターンだ。こうした歪んだ思考パターンこそ、グレッグがキャンパスで気づき始めたものだ。だから彼はジョンを昼食に誘い、それがきっかけで私たちは『アトランティック』誌の記事を書き、本書が生まれたというわけだ（認知の歪みの一覧は、認知行動療法の専門家や実践者によって異なる。次の9つは、ロバート・レイフィー、スティーブン・ホランド、ラタ・マギンの共著『Treatment Plans and Interventions for Depression and Anxiety Disorders（うつ病と不安障害のための治療計画と介入）』に掲載されているもっと長い一覧から抜粋した。認知行動療法の詳細――効果ならびに実践方法――については巻末の付録1を参照）。

感情的決めつけ：自分の感情に任せて現実を解釈する。「気分が沈む。だから、結婚生活もうまくいかないのだ」

破局化：最悪の結果ばかりに目を向け、そうなるに違いないと考える。「これに失敗したら大変なことになるだろうな」

過度な一般化：1回起きただけの出来事から、それが毎回起こると悲観的に考える。「私がするといつもこうなってしまう。何度やってもだめだろう」

二分法的思考：（白か黒かの思考、オール・オア・ナッシング思考、二元的思考とも呼ばれる）：出来事や人々を全部かゼロかで考える。「全員に拒否された」または「すべて時間の無駄だった」

心の読みすぎ：十分な根拠もないのに、他者が考えていることを自分はわかっていると思い込む。「彼は私を負け犬と思っている」

レッテル貼り：自分や他者に対して否定的な特性を与える（二分法的思考によるところが大きい）。「私は望ましくない」または「彼は卑しいやつだ」

否定的フィルター：ネガティブな面にばかり目を向け、ポジティブな面を見ようとしない。「ほら、あの人たちは皆私を嫌っている」

よいことの無効化：自分や他者が経験したポジティブなことは大したものではないと主張し、否定的な判断を持ち続ける。「妻はそうするものだ――だから妻が私に親切にしても意味がない」または「あんな成功は簡単に成し遂げられるもので、あまり意味がない」

非難：自分の否定的な感情の原因は他者にあると考え、自分を変えようとしない。「私がこう感じるのは彼女のせい」または「私が抱えている問題はすべて両親のせい[*11]」

この一覧に目を通すと、常日頃からこういう思考をしている人が、いかにして適応性に欠けた考えを中心としたスキーマを発達させ、それが社会のさまざまな状況を現実的に、適応性を持って解釈するのを妨げるかがよくわかる。

誰でもときどきはこうした歪んだ思考をすることがあるので、認知行動療法はすべての人の役に立つ。〈非難〉や〈二分法的思考〉を少し減らし、意見が衝突する責任はお互いにあると認め合えれば、私たちの人間関係はより良いものにならないだろうか？　歩み寄りを難しくする〈過度な一般化〉や〈レッテル貼り〉を減らせば、もっと生産的な政治討論ができるのではないだろうか？　何も、すべての人がセラピストについて、認知行動療法の治療を受けよと提案しているのではない。認知行動療法に出会ったグレッグがそもそも実感したのは、認知の歪みを認識し、その抑制方法を身につけることは、すべての人が養うべき、素晴らしい知的習慣であるということだった。

認知の歪みの学びが特に重要なのが、キャンパスである。ゼミのクラスを受けるとしよう。クラスには、〈感情的決めつけ〉、〈過度な一般化〉、〈二分法的思考〉、短絡的な〈レッテル貼り〉を日常的にする学生が何人かいる。これらの認知の歪みはいずれも学びに支障をきたすため――歪んだ思考をしている学生本人にも、同じクラスの他の学生にも――、教授は穏やかに思考の歪みを正してやる必要がある。例えば、ある小説の一節に気分を害された1人の学生が、その小説の作家と人口統計学的な特性（性別、年齢、人種、民族などの客観的に判別できる特徴分類）が同じ他の作家たちにも同じようなたくらみがあるはずだと〈過度な一般化〉をしたなら、他の学生たちは意見を異にしていても、皆の前で発言しようとしないだろう。このような場合、教授ができることというのは、この学生に一連の質問をし、自分の主張を裏づける根拠を文章で示すよう諭し、別の解釈を考えさせることだ。時間はかかるが、よい大学教育というのは、すべての学生のクリティカル・シンキング（批判的思考）の能力を伸ばすものであるべきだ。

「クリティカル・シンキング」の概念について、広く一般に受け容れられている定義はないが、多くの場合、自分の主張を信頼できる根拠と適切な方法で結びつけようと努めること、が含まれる[12]——これは学問の基礎であり、認知行動療法の本質でもある（クリティカル・シンキングは、「フェイクニュース」を見分け、これを無視するのにも有用だ）。よって、学者が「きみは、私の主張の間違いを示す説得力あるエビデンスを示した。それでも私は、自分の主張が正しいと感じるので、考えを変えるつもりはありません」と言うのは許されない。学者たるもの、反証となるエビデンスの誤りを証明、あるいは甘受できない場合は、自分の主張を撤回すべきである。さもないと、同僚たちからの尊敬を失うこととなる。エビデンスや論証の基準を分かち合い、お互いが優れた推論に責任を負ったコミュニティ内で学者同士が挑み合うときこそ、主張に磨きがかかり、理論に微妙な差異が加わり、真理の理解が深まるのだ。

しかし、教授たちの中に、先述の一覧にあるような認知の歪みを学生に促す者がいたら、何が起きるだろうか？

悪意ない言葉を糾弾「マイクロアグレッション」

一部の教授（および一部の大学職員）は、いかにして学生に認知の歪みに似た思考習慣を促すのか。その典型例となるのが「マイクロアグレッション（microaggression）」の促進だ。マイクロアグレッションとは、コロンビア大学ティーチャーズカレッジのデラルド・ウィン・スー教授が２００７年に執筆した記事[*13]で広まった概念で、スーと数名の同僚によって、「意図的か否かにかかわらず、日々のありふれた言葉、行動、または環境面での屈辱的な扱い（environmental indignities）（マイノリティの人たちが喜んで迎え入れられていないと感じる環境面での制約。例えば、トランスジェンダーの人たちがトイレやロッカールームを使用する際にどちらの性別を使うべきか明確でないなど）で、有色人種に向けて、彼ら彼女らを軽視し、敵対的、軽蔑的、否定的なメッセージを伝えること」と定義されている（最初は有色人種に用いられたが、今ではもっと広い意味合いで使われている）。

歴史的に排除されてきた集団では、多くの人たちが今でも、偏見や先入観による行為に直面している。ときに、人は明らかに差別的な発言をする。話し手が敵意や蔑視をむき出しにしている場合、それを攻撃（aggression）と呼ぶのが妥当だ。しかし、その行為がちょっとした、とらえにくいものである場合は、「マイクロアグレッション」という語がよりふさわしいだろう。しかし、攻撃が意味するものは、意図していないものや偶発的なものではない。たまたま誰かとぶつかって、こちらに悪気は一切なかったとしたら、それは攻撃ではない。相手がそれを攻撃と誤解するおそれはあるが。

しかしスーは、マイクロアグレッションに「意図していない」侮辱も含め、その侮辱は完全に聞き手側の解釈によると定義したため、誤解を招いた。人々が〈感情的決めつけ〉をすることを助長したのだ――まずは自分の感情ありきで、その感情を正当化するために、誰かが自分に攻撃を働いたと結論づけやすくなる。そうした感情が正しい結論を示す場合もあるので、まわりの人が自分に敵意や侮辱的な思いを持っていないか知ろうとするのは大切だ。しかし、他者について最悪の事態を想定することから始め、相手の行動をできる限り意地悪く解釈しようとするのは、決してよい考えではない。これは認知の歪みの〈心の読みすぎ〉で、習慣的かつ悪いやり方で行うと、絶望感や不安感をもたらしやすく、人間関係をどんどんとだめにする。

スーの元の論文には、マイクロアグレッションの多くの例が挙げられている。中には、1人の人間がさまざまな集団に対して否定的な固定観念を持つことを示すものもある。例えば、黒人がそばを通るとハンドバッグを握りしめる白人女性、有色人種を無視して白人の乗客を乗せるタクシー運転手、黒人に向かって「発音がいいわね」と褒める白人などだ。こうした経験を何度もしてきた人が、偏見や否定的な固定観念があるからそうした行動に及ぶのだと考えるのも無理はないだろう。[*14]

ただし、スーが挙げた例の多くは、必ずしも話者が集団に敵意を感じている、または否定的な固定観念を持っていることを示唆していない。彼が挙げているマイクロアグレッションの例には、白人がアジア系アメリカ人に向かって「母国語」の単語を教えてと頼む、白人が「アメリカは人種のるつぼだ」または「その仕事は、最も適格な人がやるべきだと思う」と言う、などというものもある。だがすべては、受け手がそれを侮辱または軽視されたと解釈することもできうるというまでだ。スーは次のように解説している。アジア系アメリカ人が母国語の単語を教えてと言われれば、「きみは外国人」と断定されたと解釈しうる。ラテン系の学生は「人種のるつぼ」のコメントを、「優勢な文化への同化／受容」を強制されていると解釈しうる。黒人の学生は「最も適格な人」の発言を、「有色人種は、その人種のために不当に優遇されている」と言われていると解釈しうる。

確かに、こうした日常的な質問や発言を、小さな攻撃、非難、排除の行為と解釈することは可能だ――まさにそうである場合もある。しかし、他の解釈も可能だ。もっとはっきり言えば、こうした類いのことを〈攻撃〉と解釈するようにと学生たちに教えるべきなのか？　受け手である学生が一瞬でも不快感を覚えたなら、その感情を受け容れ、自分はマイクロアグレッションの被害者とレッテルを貼るべきなのか？　それとも、事実を踏まえてもっと寛大な解釈ができるかもと自分自身に問いかける方がよいのか？　寛大な解釈といっても、受け手が何もできないわけではなく、むしろ、いろいろな建設的な反応ができるようになるのだ。例えば、「悪気があって言ったんじゃないとは思うけど、人によっては……な意味に取るかもしれないよ」と相手に言ってあげることもできるだろう。このアプローチであれば、傷ついたと感じても反応が返しやすい。被害者意識にとらわれるのではなく、自らが物語の主人公になれるのだ。人とのやりとりがポジティブな結果をもたらす可能性もはるかに高まる。私たちは皆、自分の話し方にもっと配慮すべきだ。しかし、悪意のない人のことを、やみくもに偏見を持った狭量な人とみなすのは不当である。そんなことでは、人々は有益な意見を聞き入れようとしなくなり、さまざまな違いを超えて他者と関わることへの関心を失うおそれもある。[*15]

ところがスーの論理だと、認知行動療法それ自体がマイクロアグレッションになりうる。なぜなら、感情を引き起こしている前提なり仮定を疑ってかかる必要があるからだ。スーが例に挙げるのは、セラピストが相談者に「あなたの問題は人種差別が原因だと本当に思うのですか？」と質問する場面だ。

セラピストの意図次第では、こうした質問はモラルに欠け、相談者をひどく侮辱するものになる。でもセラピストの意図が、相談者が自分の感情に言葉を返し、解釈の根拠となるものを探し、出来事を現実的に評価できるよう手助けすることで、それが曖昧さだらけのこの世界で最も効果的な役割を果たすなら、その質問は十分その場にふさわしい、前向きなものとなる。いろんな解釈が可能な対話に、より敵意を向けるよう教え、より感情を害するよう教え、より否定的な感情を抱くよう教え、そして最初の解釈を疑ってかかる必要はないと教えるなど、愚かだと言う他なく、優れた心理療法が目指すものにも反している。

　ブルッキングス研究所（1916年設立の米国のシンクタンク）の学者シャディ・ハミドは『アトランティック』誌の記事の中で、起こり得るマイクロアグレッションへの対処法について書いている。「アラブ人でイスラム教徒の私は、『どちらからいらしたのですか？』――普通、その意味するところは『どこの国から来ましたか？』だ――と聞かれたり、『ここで生まれたのですか？』と聞かれたりすることがしょっちゅうあります。でもだいたいは、それで不愉快な気持ちになることはありません」。[*16] ハミドが述べるように、「アイデンティタリアン（白人ナショナリストを中心とした新しい右翼勢力。ヨーロッパ人としての自覚を強調し、反移民、反EU、反グローバリズムを掲げ、ヨーロッパ文化の保全を目指す）の時代にあって、感情を害する物事へのハードルがかなり低くなり、民主的な議論がしづらくなっている――人々は〈偏見を持った人〉や〈無神経な人〉というレッテルを貼られるのを恐れ、本当の意見を言いたがらなくなっている」。

　ハミドの指摘は、大学でのコミュニティづくりに重要な意味を持つ。学生には自分の考えを隠さず、互いにのびのびと交流してほしい、と私たちは考えている。あなたがアメリカのとある大学で、新入生対象のオリエンテーションの担当者になったとしよう。学生たちは人種、民族、宗教、社会経済的な背景もさまざま、実に多種多様だ。アジア、アフリカ、ヨーロッパ、ラテンアメリカからの留学生の姿もあり、英語がおぼつかない者たちもいる。英単語やアメリカ的習慣の微妙なニュアンスを理解できない者も多く、発言する際の単語選びもよく間違う。自閉症スペクトラムの学生もいて、微妙な社会的合図を理解するのが難しい。[*17]

これほど多様な人間が集まったキャンパスでは、日々、何百もの誤解が生じるだろうし、不快感を覚える可能性もほぼ無限にある。学生たちができるだけ豊かで有益な方法で交流できるよう、あなたにできることは何だろうか？　マイクロアグレッションの１日講習会を開催し、マイクロアグレッションの発生現場を目にしたら都度報告してもらうのか？　講習会と合わせて〈偏見対応チーム（Bias Response Team）〉を立ち上げ、偏見行為に関する報告の調査にあたらせるのか？[*18]　もしくは、全学生向けに、多様性ある社会における礼儀正しいふるまい、偶然であれ不注意からであれ、相手を不快にする言動を避けるよう助言するのか？　合わせて１日研修を開催し、疑わしきは罰せずの精神を取り入れ、他者の行為をなるべく感情的反応を抑えて解釈するようトレーニングを行うのか？

より広く、マイクロアグレッションの概念が露呈するのは、[*19]「意図(intent)」から「インパクト(impact)」への移行という、キャンパスにおける重大な道徳的変化だ。心理学者たちが長年研究してきた道徳的判断においては、罪の意識を判断する上では〈意図〉のあるなしが重要な位置を占めていたし、[*20]人は普通、その行為が意図したものであれば道義的責任があると考える。例えば、ボブがマリアに毒を盛ろうとして、失敗したとしよう。たとえマリアに何の〈インパクト〉をもたらさなくても、ボブは深刻な罪を犯したことになる（ボブは殺人未遂で有罪となる）。逆に、ピーナッツバター入りのサンドイッチを食べたマリアが（合意の上で）ボブにキスをして、図らずもボブを死なせた場合、ボブに重度のピーナッツアレルギーがあることをマリアが知らなかったのなら、マリアは罪を犯したことにはならない。

人種差別、性差別、同性愛者に対する嫌悪感、その他の偏見に関連した概念を、ほとんどの人たちはこんなふうに――〈意図〉に注目して――理解している。あなたが、帰属している集団に基づいて他者を毛嫌いし、不幸を願い、危害を与えようと〈意図〉するなら、あなたは偏見にとらわれた人となる。たとえ、あなたの言うことなすことが、期せずしてその集団メンバーを助けるものであってもだ。逆に、あなたが偶然した発言や行動を、ある集団のメンバーが不愉快に感じたとしよう。帰属している集団に基づいた嫌悪感や悪意があなたにないのなら、偏見にとらわれた人とはならない。たとえ、無神経でまずいことを口にし、謝罪がふさわしいようなケースでもだ。失言をしたからと言って、その人は悪者や攻撃者にはならない。

しかし一部の活動家たちは、偏見とは〈インパクト〉（彼らの定義によるインパクト）に関する問題でしかなく、〈意図〉は必要ですらないと言う。あるアイデンティティ集団の一員が、他者の行為に不快感または苦しみを感じたとする。〈意図〉よりも〈インパクト〉を重視するのなら、その他者は偏見のある行為を働いたことになる。EverydayFeminism.com のエッセイで解説されているように、「結局のところ、私たちの行動が周囲の人々の疎外や抑圧をさらに強めるようなインパクトを与えるのであれば、私たちの行動の意図は本当に重要だといえるでしょうか？」[*21]

さまざまなアイデンティティ集団のメンバーたちが、その集団に帰属しているがために繰り返し侮辱的な扱いを受けているなら、それが偏見のある行為であることは疑いの余地がない。たとえ攻撃する側に悪意がなくても、無知で教養のない問いかけが、相手にとっては負担で、耐えがたいものとなりうる。コメディアンでダイバーシティ（多様性）の教育活動にも精力的なカリス・フォスターは黒人女性で、結婚相手は白人男性だ。彼女は、夫がバイク事故で瀕死の状態となり緊急治療室に搬送されたときに、とりわけ困難な経験をした。病院スタッフたちは彼に病歴を尋ねるが、彼の意識は朦朧《もうろう》としている。フォスターが代わりに答えようとしても、誰も耳を貸そうとしない。「人生で初めて透明人間になったようでした」とフォスター。彼女いわく、医者は彼女を冷たい目で一瞥すると、ようやく尋ねてきた——そっけない口調で——患者さんとはどんなご関係ですかと。それから、夫の処置がすすめられたが、白人ばかりの他のスタッフたちは、同じ質問を似たようなトーンで尋ねてきた。それが続いてついにフォスターは泣きそうになった。「質問がまずいんじゃないんです」彼女が語ってくれた。「法律でも、病院の規定でも、必須とされている質問ですから。私がドキッとさせられたのは、そのトーンです」。彼女はそのときの思いを、はっきり覚えている。「こんな人種差別主義者のたわごとに、マジで今つき合わなくちゃなんないの？　夫の命が危険にさらされてるときに?!」その後の顛末について、次のように書いている。

カッとなって、病院スタッフに怒鳴りつけてやりたかった。「私たちは21世紀を生きてるのよ！これが異人種間結婚ってやつよ！」って。でも、こんな過度のストレスがかかった状況だからこそ、自分が感情に駆られていること、医者や看護師に人種差別主義者のレッテルを貼ろうとしていることもわかってました。彼らが何を思っているかもお見通し、と決め込んでいました。普段の私ならそんなふうには考えません。必死の思いでしたが、深呼吸をして、私が教えている〈CAREモデル〉[22]（Conscious Empathy, Active Listening, Responsible Reactions and Environmental Awareness（意識的共感、積極的傾聴、責任ある反応、環境への意識）の略）を実践したんです。この人たちは夫の命を救うために全力を尽くしてくれているんだ、緊張感あふれる状況が私の解釈に影響しているのかもしれない、常に話ができる状態をキープしておかないと、と自分に言い聞かせました。すると、特に行動を変えた覚えはないのに、状況が変わっていったんです。突如として、医者が私にX線写真を見せ、自分たちが何をやろうとしているのかを説明し、その場にいた1人は部屋から出ていってコーヒーを買ってきてくれて、お金も受け取ろうとしない。そのときに悟りました、私が味わったのは人種差別ではなかった、私が黒人で夫が白人だからといって悪意を向けられたわけではなかったのだと。彼らはただ、私たちの関係性をしっかり把握するため、夫婦とはどんな見た目かという標準設定を変更する必要があったのです。[23]

病院スタッフの心ない対応について、「一歩離れて見ることをしなかったら、私はただでさえ恐ろしい事態をさらに悪くしていたかも知れません」とフォスターは私たちに語った。緊急治療室での一件の後——今では夫も元気だ——フォスターは病院スタッフの配慮に欠けた対応や意識の欠如について、病院の運営側に話をした。すると、運営者からは対策を考えますと言って、謝罪があったという。

大学の新入生たちに、お互いに思いやりを持って交流するようにと教えることは極めて重要である。

「ポリティカル・コレクトネス（political correctness）」はある意味では冷やかされてもいるが、その取り組みの狙いは、自尊心を傷つけられたと解釈されかねない言葉の使用を控えることで、礼儀正しく、相手を尊重したやりとりを促すものだ。[24] それなのに、学生たちに〈意図〉は重要ではないと教えたなら、さらには感情を害する物事を探し出すよう促し（さらなる負のインパクトを味わわせ）たなら、またさらに、自分たちが不愉快と感じる発言や行動をする人は誰であれ偏見の行為を働いた「攻撃者」だと伝えたなら、学生たちの被害者意識、怒り、無力感を助長することになるだろう。学生たちは世界を――そして自分たちの大学までも――状況の改善が見込めない、敵意がみなぎる場とみなすだろう。

常に怒りや集団間の軋轢《あつれき》がある環境をつくりたいなら、これは効果的な方法である。学生にできるだけ不寛容な解釈をするよう教えれば、ほぼ誰もがなくしたいと思っている排除や抑圧の感情を生むであろう。さらに厄介なのが、こうした環境は、〈外側のローカス・オブ・コントロール（統制の所在）〉を促すおそれがあることだ。「ローカス・オブ・コントロール」とは行動主義心理学（心理学の対象は意識よりも行動であるとする現代心理学につながる方法論。１９１０年代に始まった）の時代からの概念である。行動主義の心理学者は、動物（人間を含む）は自身の行動によって自分が欲するものが手に入れられる（すなわち、結果を得るためのコントロールが自己の「内側」にある）と期待するよう訓練可能だと考えた。これは裏を返せば、動物は自分がしたことは何の結果ももたらさない（すなわち、結果を得るためのコントロールはすべて自己の「外側」にある）と期待するようにも訓練可能だということだ。[25] 多くの研究からも明らかになっているのは、〈内側のローカス・オブ・コントロール〉を持つことが、より大きな健康、幸福、費やした努力、学校での好成績、仕事での成功につながることだ。[*26]〈内側のローカス・オブ・コントロール〉がさまざまな逆境による苦しみを和らげることもわかっている。[*27]

「不快」を理由とする講演キャンセルが横行

〈感情的決めつけ〉がキャンパスで顕在化する別の方法が、「講演キャンセル（disinvitation）」だ。講演者が一部の学生を不愉快にする、調子を悪くする、または怒りを感じさせるなら、その講演者はその学生たちに「危険」をもたらすため、この講演者の大学からの締め出しが正当化される、というのがよくある理屈だ。講演者を招請した組織に学生が圧力をかける、学長や学部長などに招請を取り消すよう嘆願する、が一般的な例だ。[*28] 講演者がキャンパスに現れたなら、（暗黙的または明示的に）脅しがかけられる。講演会の開催を阻止すべく、大勢が一斉に大声を上げて混乱をもたらし、建物の入り口を封鎖し、出席しようとする者たちに「この恥知らずめ！」[*29]などと罵りの言葉を浴びせ、会場の外から扉や窓をバンバン叩き、講堂を抗議者たちで埋め尽くして講演者が話せなくなるまで声をそろえて叫ぶ、などの方法が採られる。

講演者がキャンパス内に存在するだけで「危険」という考えが広まるにつれて、講演者の招請を取り消させようとする取り組みがますます一般的になっていった。グレッグが代表を務めるＦＩＲＥでは、２０００年以降に計画された講演キャンセル数を追跡しており、現在３７９件がデータベースに登録されている。そのうち約46％が目的を実現させ、招請がキャンセルされる、または講演会が中止されている。開催された講演の約3分の1が、程度の差はあれど、抗議者によって混乱がもたらされている。講演キャンセル計画の大半は、政治的左派または右派のどちらかから起こされたと明確に分類できる。図2－1にあるように、2000〜2009年に起きた講演キャンセル計画は、右派からと左派からと同じくらいの割合だったが、[30] 2009年からはその差が開き始め、2013年からさらに差が拡大している。ちょうどグレッグが、キャンパスの変化に気づき始めた頃だ。

この変化の一因は、一部のキャンパスで保守系団体が扇動的な人物を招請するようになったことにある。特に、マイロ・ヤノプルスの存在は大きい。本人が「穏やかな怒り（mild rage）」と呼ぶ、扇動的行為の名人だ。ヤノプルスは「荒らし（troll）」（SNS上で注目を浴びるため、他のユーザーの怒りを買う投稿をする人）を自称し、2017年に開催した自身の講演ツアーも「荒らし屋マイロの大学ツアー」と名づけた。[31] 荒らし屋が登場して久しいが、荒らし屋と抗議者が対立する構図が一般的になったのは2016年からだ。

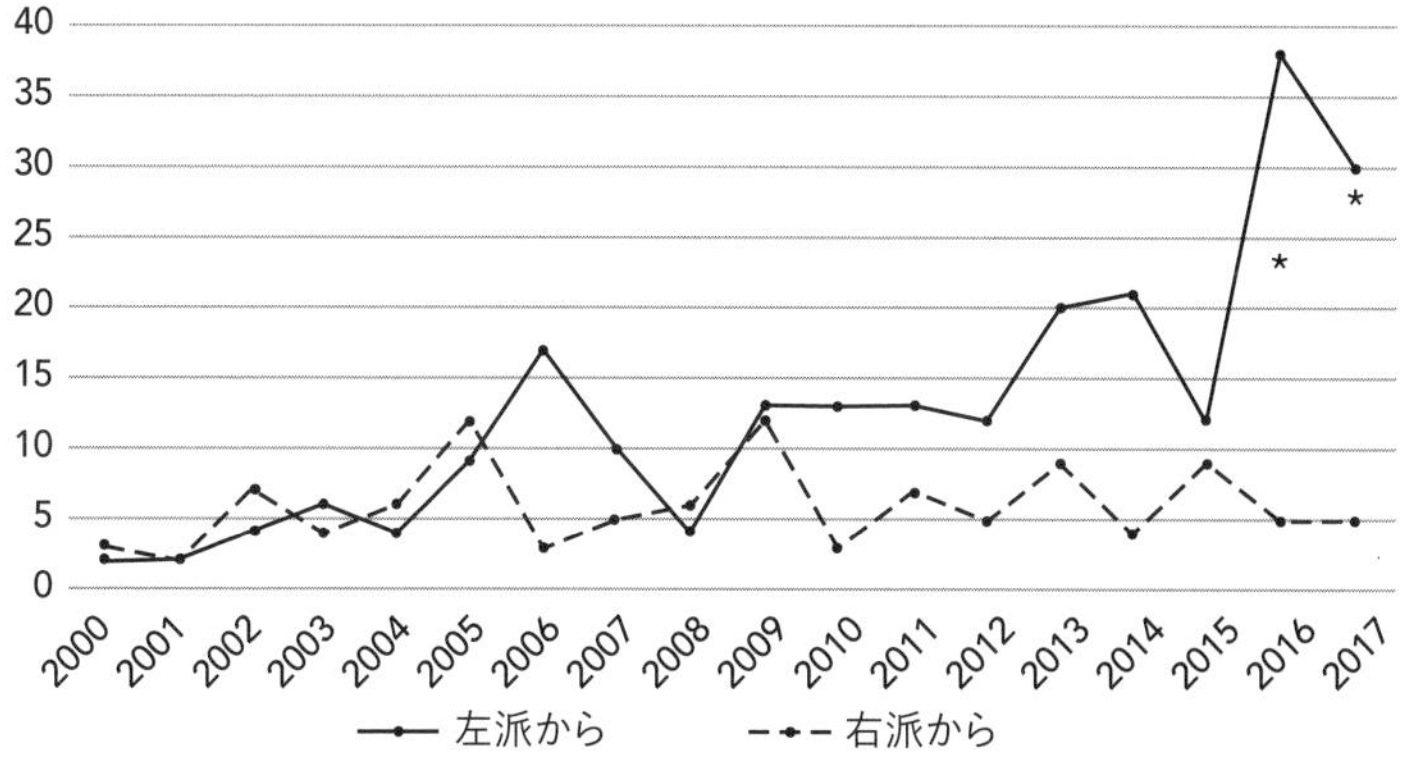

図 2-1　2000 年以降の年別講演キャンセル計画（年別・発生元別）。実線が政治的左派の人々や集団から起きたもの、点線が右派からのもの。＊印はマイロ・ヤノプルスに関するデータを省いた場合の実線の位置を示す。（出典：FIRE）

図２－１にある＊印は、ヤノプルスの講演キャンセル17件を含まなかった場合の左派からの講演キャンセル計画数を示している。[＊32] ２０１３〜２０１４年、左派から講演キャンセルを突きつけられた講演者の多くは本格派の思想家や政治家で、保守系政治ジャーナリストのジョージ・ウィル、国際通貨基金専務理事クリスティーヌ・ラガルドなどの名前がある。中には元国務長官のマデレーン・オルブライト、コメディアンのビル・マー、元司法長官のエリック・ホルダーなど、明らかに左寄りの人たちもいる。

２０１３年頃から多くのキャンパスで何かが変わり始め、[＊33] 大学生は「攻撃的な」思想にさらされるべきではないとの考えが、今やキャンパスの多数派を占める。２０１７年、大学生の58％が「攻撃的で受け容れられない思想にさらされない大学コミュニティの一員であることが大切」と回答している。[＊34]〈とても進歩主義《リベラル》〉の学生63％がこの意見を支持したが、これは決して左派に限った見方ではなく、〈とても保守派〉の学生の約半数（45％）もこの意見を支持した。

大学は一部の学生が不愉快と感じる思想からすべての学生を守るべきであるという考えは、ソクラテスの遺産の否定である。アテネの民の「厄介者（gadfly）」を自称したソクラテスは、刺激し、かき乱し、疑問を呈することで同胞を挑発し、自分たちの意見を熟考させ、擁護できないものは見直させることが自身の務めと考えた。[＊35]

マサチューセッツ州のウィリアムズ大学で、左寄りのアフリカ系アメリカ人の学生ザカリー・ウッドが「不快な学び（Uncomfortable Learning）」という連続講演会を企画したのは、まさしくこの精神だった。ソクラテスのごとく、学生たちに本来なら出会うことのない思想にあえて触れさせ、より良い思考ができる人になってもらいたい、というのがウッドの考えだった。２０１５年10月、フェミニズムの保守的批評家で、伝統的な性的役割の提唱者スザンヌ・ヴェンカー[*36]に講演を依頼した。共催者のマシュー・ヘネシーは次のように語った。

私たちが（ヴェンカーを）選んだのは、大勢のアメリカ人が彼女の意見は説得力があると考え、賛成してもいるからです。興味深いがわかりにくい考えに、これほど多くのアメリカ人が賛同する理由が理解できれば、その考え方に異議を唱え、ひいては自分たちの言動や考え方への理解も深まるだろうと考えたのです。[*37]

しかし、ウィリアムズ大学の学生からは猛烈な反発が起こり、最終的にウッドとヘネシーは講演会の中止を決めた。ある学生はFacebookに次の投稿をした。

「対話」や「反対側（の意見）」という名の下に、女性蔑視で、白人至上主義の男性の権利活動家をキャンパスに連れてこようものなら、学生に精神的、社会的、心理的、身体的危害を与えるだけでなく、強烈なイデオロギーをまき散らし、黒色や褐色の肌をした（トランスジェンダーの）女性たちを抹殺しているも同然……ザカリー・ウッド、あなたは自らの手を彼らの血の中に突っ込んでいることを知りなさい。[*38]

この反応こそ、認知の歪みの〈破局化〉、〈レッテル貼り〉、〈過度な一般化〉、〈二分法的思考〉に他ならない。講演会の中止決定を通知する際にウッド自身が述べているように、〈感情的決めつけ〉の模範例でもある。

大きな論議を呼んでいる講演者を招請する考えを支持しただけで、手を血で汚すようなものとまで言ってしまう。これは、自分たちを不愉快にする人をキャンパス内に入れてしまうと、自分たちだけでなく、自分たちと同じ考えを持つ人たちも不愉快にさせるから、との信念を示している。*39

1人の学生が「不快感を覚えた」と言えば、講演中止の十分な理由となるのか？　たくさんの学生が言えばよいのか？　教員たちが不愉快を訴えた場合はどうなる？

それは、教育の目的をどう考えるか次第である。1978～1993年にシカゴ大学学長を務めたハンナ・ホルボーン・グレイは、「教育は人々を心地良くさせるものではない。人々に考えさせるものだ」との理念を示している。*40 これは、ザカリー・ウッドの信念でもあった。グレイの理念に照らし合わせると、ウッドやソクラテスによる挑発と、ヤノプルスのそれとは区別できる。だが残念ながら、ウィリアムズ大学学長はグレイとは異なる信念を持っていたらしく、論議を呼んでいるまた別の講演者の招請を自ら中止した。*41 この行為によって、「不快な学び」は矛盾語法とするミソポノスの格言に暗に賛成したこととなる。大学の門扉に、「教育は人々に考えさせることを目的としてはならない。教育は人々を心地良くさせるものである」と書かれた標識を掲げたのも同然だった。

まとめ

◇世界で言い伝えられている数々の知恵の中で、最も普遍的な心理的洞察の1つに、エピクテトスの「私たちを怖がらせ動揺させるものは、外部の出来事それ自体ではない。私たちがそれらをどう考えるかだ」がある。

◇認知行動療法は、認知の歪みを明らかにし、習慣的な思考パターンを変えられる、誰もが学べる心理療法だ。認知行動療法を実践することで、象使い（制御的処理）が象（自動的処理）を訓練しやすくなり、その結果、クリティカル・シンキング能力が伸び、心の健康も改善される。

◇〈感情的決めつけ〉は、認知の歪みの中でも最も一般的だ。これを減らすことができれば、大抵の人はより幸せに、より有意義に生きられる。

◇「マイクロアグレッション」という用語は、有色人種（およびその他の人々）に日常的に向けられる、そっけない軽蔑や侮辱に関する考え方を指す。小さな攻撃は実際にあるものなので、用語としては役立つ。しかしその定義では、偶発的なものや意図していないものも含まれるため、「アグレッション（攻撃）」と呼ぶと、誤解を招く。「マイクロアグレッション」のレンズを通して物事を見ると、味わった苦しみや、それに続いて起こる対立を増幅するおそれがある（他方で、意図的な敵意や偏見に「微小（マイクロ）」なものなどない）。

◇学生にマイクロアグレッションを教える学校は、他者の行為をできるだけ不寛容に解釈するよう促している。〈感情的決めつけ〉やその他の認知の歪みを促し、不信感や対立を深めた状況をつくり出している。

◇カリス・フォスターは共感性を用いることで、マイクロアグレッションとも解釈できる行為を、評価し直した。(無神経ではあるが)悪意のない誤解だったと解釈した途端、その場にいたすべての人たちに、より良い結果がもたらされた。

◇この数年で、「講演キャンセル」の取り組みが増加している。渦中の講演者が学生たちを傷つけかねないから、との主張で正当化されることが多い。しかし、不快感と危険は別物だ。学生、教授、そして大学職員は反脆弱性の概念を理解し、ハンナ・ホルボーン・グレイの理念「教育は人々を心地良くさせるものではない。人々に考えさせるものだ」を肝に銘じるべきだ。

第3章 ―― 味方か敵かのエセ真理：人生は善人と悪人の闘いである

道徳二元論では善と悪を本能的に判断し、そのどちらかを選ばなければならない。しかし、私が病的二元論（pathological dualism）と呼ぶものでは、人類そのものを根源的に、申し分なくよいものと、救いがたいほど悪いものに分けて考える。あなたもそのどちらかである。

ラビ・ロード・ジョナサン・サックス、『Not in God's Name（神に誓わずして）』[*1]

言葉尻をとらえて教員を糾弾、辞職へ追い込む

抗議行動とはいつでも、不当行為が行われていることを主張するものである。共に抗議しようと集団が結成されると、何が間違っているのか、誰に非があるのか、状況を改善するには何をすべきか、メンバー同志で物語を組み立てる。しかし、常に現実は物語よりずっと複雑であるため、不当なほどに悪者扱いされる人、またはもてはやされる人が出てくることが多い。２０１５年10月、ロサンゼルス近郊のクレアモント・マッケナ大学で、１つの事例が起きた。

オリビアという学生――両親は彼女が生まれる前に、メキシコからカリフォルニアに移住した――が、学生向け刊行物のエッセイで、日頃感じている疎外感や排除されている感覚について書いた。[*2] 同

大学内で働く人たちの中で、ラテン系アメリカ人のほとんどが肉体労働者（管理人や庭師を含む）で、事務員や専門的なスタッフはごく少数との事実に気づいたオリビアは、心を痛めた。自分は人種の割当枠（racial quota）を満たすために入学を認められたのだ、この大学には標準的または典型的な人物像があって自分はそれに当てはまらない、「そもそもここのキャンパス環境ならびに組織文化は、西側、白人、シスヘテロノーマティブで、上流から上位中流階級の価値観に根ざしている」と書き立てた（「シスヘテロノーマティブ」とは、異性愛を標準とし、他者をトランスジェンダーやゲイではないと人々が思い込んでいる社会を指す）。*3

オリビアは、この文面を「全職員」宛てにメールした。これを受け、学生部長のマリー・スペルマンは2日後、個人的に返信を送った。これがそのメール全文だ。

オリビア――

記事の執筆ならびに共有、ありがとうございます。大学コミュニティとして、取り組むべきことがたくさんあります。この問題について、別途、私とお話ししませんか？　あなたの指摘は、私にとっても学生部のスタッフにとっても重要です。私たちは、学生の皆さん、とりわけクレアモント・マッケナ大学の型（mold）にはまらない人たちのお役に立てるよう取り組んでいます。

ぜひ、お話しできればと思います。

よろしくお願いします。

学生部長スペルマン[4]

このスペルマンの返信をどう感じるだろうか。冷酷？　それとも親切？　オリビアを思い、話を聞いて力になれたらと申し出ている、多くの読者はそう思うだろうか。だがオリビアは、スペルマンが用いた「型」という言葉に気分を害した。オリビア（とその他の有色人種の学生）はその型にはまっていない、それゆえクレアモント・マッケナ大学に属していないと言わんばかりだと、最も寛容でない方法で解釈したようだ。だが、それがスペルマンの意図でなかったことは明らかだ。オリビア自身もこの大学には模範的なアイデンティティやタイプがあり、それには自分は合致しないと主張していたし、スペルマンが後に釈明したように、「型」という言葉はオリビアへの共感を示すためにあえて使ったもので、なぜなら他の学生たちとの会話の中で、その学生たちは自分が大学になじめないという感覚を彼女に伝える際に、この言葉を使っていたからだった。[5]

自分を部外者のように感じている学生は、「型」という言葉を目にするだけで、瞬時に否定的な思いを抱くのだろう。では、そうしたとっさに抱く感情をどうすればよいのか。哲学および修辞学には〈寛容の原理（the principle of charity）〉という概念があり、人は他者の発言を最悪または最も無礼な方法ではなく、最善かつ最も理にかなったかたちで解釈すべきとされている。もしオリビアが相手の意図を汲んで判断するよう教えられていたなら、第2章でカリス・フォスターが実践したように、この状況で〈寛容の原理〉を使えていただろう。オリビアと同じ状況にある学生が、自分の最初の反応に疑問を持ち、根拠となるものを探し、疑わしきは罰せずを習慣にしていれば、とっさの感情はやり過ごし、学生の不安にどう力になれるかを知りたがっている学生部長からの誘いに応じただろう。

だが、そうはならなかった。それどころか、オリビアはスペルマンからの返信を自分の Facebook ページに投稿し（受信から約2週間後）、「私はその素晴らしきクレアモント・マッケナ大学の型にはまっていません！　シェアはご自由に」とコメントした。彼女の友人たちがこのメール文をシェアしたところ、キャンパスで抗議が巻き起こった。[6]デモ行進や抗議運動が繰り広げられ、多様性の教育を義務づけよと学長に訴え、スペルマンの辞職を要求した。スペルマンが辞職するまで何も食べないと誓い、ハンガーストライキを始めた学生も2人いた。[7] YouTube にアップされている動画には、学生たちが輪になり、1時間以上にわたって――ハンドマイクを使い――同じ輪にいて、耳を傾けていたスペルマンや他の職員たちに対し、不満をぶつけている。[8]スペルマンは返信の「表現がまずかった」と謝り、自分の「意図は、記事に書かれていた感覚や体験を確認し、サポートすることにあった」と群衆の前で語った。[9]しかし、学生たちは彼女の謝罪を受け容れなかった。一時は、ある女性がスペルマンは今この抗議の最中にも「眠り込んでいた」[10]と厳しく非難し（学生からは歓声が上がった）、無礼だと言った。だが、現場の動画を見れば、スペルマンが眠っていないのは明らかで、涙をこらえていただけだった。

大学はスペルマンを解雇こそしなかったが、上層部が公然と彼女への支持を表明することもなかった。[11]学生たちの怒りはますますエスカレートし――SNSで拡散された後、全国放送の報道番組でも取り上げられた――スペルマンは自ら辞職した。[*12]

このの事態が起きている頃、１通のメールをめぐる衝突がイェール大学でも繰り広げられていた。[*13] イェール大学チャイルド・スタディ・センターの非常勤講師で、シリマンカレッジ（イェール大学の全寮制カレッジの1つ）の副校長を務めるエリカ・クリスタキスが、大学の異文化対策委員会が行ったように、ハロウィーン衣装として適切なものとそうでないものについて大学側が学生に指導するのは妥当なことなのか、と疑問を呈するメールを学生宛てに出した。[*14] クリスタキスは、「他人を傷つけない、感情を害さないようにする精神」は称えつつも、「学生の脆弱性を助長する傾向の強まりには、潜在的な犠牲が伴う」と憂えた。[*15] 大学が「学生を暗黙のうちに統制する」ことへの懸念を表明し、大人として、自分たちで基準を設け、互いの意見の相違に対応できるかどうかやってみてくださいと呼びかけた。「お互いに語り合うのです」と彼女は書いた。「言論の自由、および気分を害するものに耐える能力こそ、自由で開かれた社会の証しです」

このメールが、一部の学生たちの怒りに火をつけた。クリスタキスは人種差別主義的な衣装を支持している、と解釈したのだ。[*16] 数日後、１５０名近くの学生が、クリスタキスの自宅があるシリマンカレッジ構内の中庭に現れ、「家はバレてるぞ」などのメッセージをチョークで書いた。エリカの夫ニコラス・クリスタキスは、シリマンカレッジの校長だ（この一件以来、呼び名はmaster（校長）から「head of college（カレッジ代表）」に変更された）。彼が中庭に出ていくと、学生たちは妻のメールへの謝罪と否定を要求した。[*17] ニコラスは学生たちの声に耳を傾け、対話し、苦しみを与えたことを数回謝ったが、妻のメールや、メールで述べられた意見の否定は拒否した。[*18] 学生たちはクリスタキス夫妻を、「人種差別主義者」で「無礼」で「人間性を奪い」、「危険な空間をつくり」、「暴力」を容認していると責め立てた。悪態をつき、「話を聞け」、学生の名前もろくに覚えていないのかとまくし立てた。笑うな、身をかがめるな、大げさなジェスチャーを使うな、そして職を失ってしまえとも言った。しまいには、ネット上で拡散されたシーンで、[19]ある学生が金切り声で叫んだ。「誰があんたなんか雇ったの？　辞職すべきよ！　知的な場づくりなんて嘘！　自分たちの家が欲しいだけでしょ……ここで生活する資格なんてない！　もううんざり！」[20]

翌日、イェール大学の学長は、学生たちの苦しみを認め、「事態改善の措置を取る」と約束するメールを送信した。[21]しかし、中庭での騒動から数週間が経っても、クリスタキス夫妻への支持は口にせず、その頃には、夫妻に対する人々の姿勢は確固たるものとなっていた。夫妻の解雇を要望する声は高まり、[22]エリカは教える仕事を離れ、[23]ニコラスは年度末まで長期有給休暇を取った。そして学年度末、夫妻はそろって、シリマンカレッジの職を辞した。多くの教授が内々では大きな支えになってくれたが、公然と夫妻を擁護または支持しなかったのは、「リスクが大きすぎる」と考え、報復を恐れたからだろう、とエリカは後に打ち明けた。[24]

ディーン・スペルマンとエリカ・クリスタキス、両人の意図は明らかに学生を助けることだったのに、学生たちがこんなにも激しく反応したのはなぜなのか？　もちろん、それぞれの学校に背景事情があった。人種差別絡みの出来事や、その他の事由から、一部の学生たちは大学側に苛立ちを感じていたのだ。[25]だから、今回の抗議行動は、２人のＥメールに対してだけではなかったのだ。しかし、私たちが把握している限り、そうした背景にスペルマンやクリスタキスは関与していない。それなのに、なぜ学生たちは、メールをこれほどまでに深刻に受け止め、送信者の解雇まで求めたのか？　それはまるで、独自の精神的プロトタイプを持つ学生たちがいるかのようだ。そのスキーマは、世界は被害者と抑圧者から構成されるとするもので、すべての人がそのどちらかの領域に割り当てられるのだ。

人間は簡単に味方と敵に分かれてしまう

社会心理学でよく知られた一連の実験に、最小条件集団パラダイム（minimal group paradigm）と呼ばれるものがある。開発したのはポーランドの心理学者ヘンリ・タジフェルだ。第二次世界大戦中にフランス軍に従軍し、ドイツで戦争捕虜になった彼は、ポーランドにいた家族全員がナチスに殺害されるなど、当時のヨーロッパでユダヤ人として生きた経験から、人はどういう条件下で外集団のメンバーを差別するようになるのかを理解したいと考えた。そこで60年代、彼は一連の実験を行った。いずれの実験も、最初に被験者を2つの集団に分ける。分け方の基準は、コイン投げなどとるに足らない恣意的なものだ。たとえばある実験では、被験者に1枚の紙に書かれた小さな黒丸の数を予想させた。実際にどう予想したかにかかわらず、半数の人は多く予測したと言われて「過大評価」グループに、残り半数の人は少なく予測したと言われて「過小評価」グループに分けられた。次に、被験者はポイントやお金を、自分以外のすべての被験者に配るよう求められる。被験者たちが識別できるのは、どちらの集団に属しているかだけだ。すると、集団間の違いをどれだけ些細な、または「最小(minimal)」にしても、被験者は与えられたものを集団内のメンバーに有利になるよう配る傾向があることを、タジフェルは明らかにした。[*26]

後年、さまざまな手法で実験が行われたが、結論は同じだった。[*27] 神経科学者のデビッド・イーグルマンは、他人の手が〈針で刺される〉映像と〈綿棒でタッチされる〉映像を被験者に見せ、機能的磁気共鳴画像（fMRI）によって脳を調べた。〈針で刺される〉映像の場合、その手に被験者と同じ宗教の識別ラベルがついていると、異なる宗教の識別ラベルがついている場合より、脳の痛みをつかさどる部分がより大きな動きを見せた。今度は、被験者がMRI装置に入る直前に、（コイン投げなどで）無作為な集団をつくり、〈針で刺される〉映像の手に、被験者と同じ集団メンバーであることを示す識別ラベルをつけた。すると、今さっきまで存在すらしていなかった集団にもかかわらず、被験者の脳はより大きな動きを見せた。[*28] 私たち人間は、「他者」とみなす人たちにはあまり共感を示さない生き物なのだ。

つまり、人間の心にはそもそも、〈トライバリズム（部族意識）〉が備わっているのだ。人類の進化とは、各集団内で個々人が競争するだけでなく、集団と集団が――ときに暴力的に――競争する物語でもある。われわれは皆、そうした競争にうまく勝ってきた集団に属する人々の子孫なのだ。トライバリズムとは、集団間の争いに備えて結束するという、人間が進化の過程で得てきた特性で、[*29]「部族スイッチ」[*30]がオンになると集団への結束がいっそう強まり、集団の道徳マトリックスを受け容れ、擁護し、自ら考えることを止める。道徳心理学（moral psychology）の基本原則に「道徳は人々を結びつけると同時に盲目にする」があり、[*31] これは「味方（us）」と「敵（them）」の戦いで集団の態勢を整えるには、使える策略だ。部族モードに入ると、自分たちの物語に異議を唱える主張ないし情報に対しては、理性を欠くようになるらしい。こうして集団内でまとまるのは、いたく気持ちのいいものだ——大学のアメリカンフットボールの試合で起こる、部族まがいの、首を傾げたくなるような行為からもよくわかる。

しかし、トライバリズムが備わっているからと言って、部族的に生きる必要はない。人間の心には、進化したたくさんの認知「ツール」が含まれている。常時、それらすべてを使っているわけではなく、必要に応じて道具箱から出して使っている。特定の条件下によって、トライバリズムは強まったり弱まったり、オフになったりする。集団間の対立（現実的または感覚的）が起きると、すぐさまトライバリズムが強まり、他の人がどの集団に属しているかの合図にとても敏感になる。裏切り者は罰せられ、敵と交わるのも許されない。それに対し、平和や繁栄がもたらされている条件下では、トライバリズムが弱まるのが通例で[*32]、他の人がどの集団に属すのかを見張る必要はなく、集団の一員としての期待に応えなくてはとプレッシャーを感じる必要もない。あるコミュニティがうまく全員の部族回路を弱められれば、各人が自らの選択で生きられる余地が生まれ、人々と思想が創造的に混ざり合う自由度も広がる。

では、集団間の違いが些細なものでも恣意的なものでもなく、その違いが重要視されないどころか強調される場合、大学などのコミュニティ（近頃はだんだん高校も含まれるようになっている）[*33]はどうなるのだろうか？ 学生に他者——そして自分たち——を、人種やジェンダー、その他の社会的に重要な指標によって定められた異質な集団に属するメンバーとみなすよう指導し、集団同士は常に地位や資源をめぐるゼロサム的な争い（一方が利益を得たら、もう一方は同じだけの損をし、全体の利害はプラスマイナスゼロになること）を繰り広げていると語ったなら、何が起きるだろうか？

アイデンティティ政治のあり方は2種類ある

「アイデンティティ政治（identity politics）」は議論を呼ぶ言葉だが、その基本的な意味はシンプルだ。ブルッキングス研究所の学者ジョナサン・ラウシュは「政治活動のために、党、イデオロギー、金銭的な利害とは対照的に、人種、ジェンダー、性的指向といった集団特性を中心に組織化し、人々が結集すること」と定義する。彼は、「アメリカでは、この類いの結集は、新しくも、異例でも、非アメリカ的でも、非合法でも、悪ふざけでも、特に左寄りなわけでもない」と指摘している。[*34] 政治とは、自分たちの目標を実現すべく、集団同士が同盟を組むことに他ならない。牧場経営者、ワイン愛好家、自由至上主義者《リバタリアン》が、自分たちの利益を促すために組織化するのが正常な政治であるなら、女性、アフリカ系アメリカ人、同性愛者たちが組織化するのも正常な政治であるべきだ。

しかし、どのようにアイデンティティを動員するかで、極めて大きな違いが生まれる――集団が成功する可能性を高めるためなのか、運動に関わる人々の幸福のためなのか、国家のためなのか。アイデンティティを動員する方法の1つには、包括的な〈共通の人間性（common-humanity）〉を強く訴える中で、一部の仲間の尊厳や権利が特定の集団に属しているために否定されていると主張するというものがありうる。また別の動員の方法としては、太古からのトライバリズムを増幅させて、共通の敵となるある集団への共有された憎しみのもとに人々を束ねるというものもありうる。

共通の人間性を訴えるアイデンティティ政治

私たちが共通の人間性を訴えるアイデンティティ政治（common-humanity identity politics）と呼ぶものを具現化してみせたのが、マーティン・ルーサー・キング・ジュニア牧師だ。彼は、全米各地で何世紀にもわたって続く人種差別という大きな傷の治療に努めた。それらは南部の州の法律に成文化され、全国各地の風習、習慣、制度に体系化されてきた。状況が徐々に変わるのを気長に待つだけでは満足できなかったのだ。公民権運動とは、アフリカ系アメリカ人が先導し、そこに他の者たちが加わった政治運動だ。彼らは力を合わせ、非暴力の抗議、市民的不服従、不買運動、洗練された広報戦略を展開することで、頭の固い議員たちに政治的圧力をかけ、国全体としての精神を変えようと奮闘した。

キング牧師の真髄は、宗教や愛国心といった求心力ある言葉を用い、アメリカ人として共有する倫理観やアイデンティティに訴求したことにある。〈家族〉という比喩をたびたび使い、人種や宗教に関係なく、すべての人々を「兄弟」や「姉妹」と呼んだ。愛や赦しの必要性を語り、イエス・キリストの言葉に耳を傾け、多くの文化に古くから伝わる知恵を唱えた。「愛は、敵を友人に変えることのできる唯一の力である」[*35]「闇で闇を追い払うことはできない。光のみがそれをなしうる。憎しみが憎しみを追い払うことはできない。ただ愛のみがそれをなしうる」[*36]。（ブッダの言葉「怨みに報いるに怨みを以てしたならば、ついに怨みの息《や》むことがない。怨みをすててこそ息む。これは永遠の真理である」に匹敵する）[*37]

キング牧師の最も有名なスピーチでは、社会学者が〈アメリカの市民宗教〉（無宗派の疑似宗教的な信仰が米国内に存在するとする社会学理論で、共通の価値観を持つことで社会的・文化的統合を強化できるとされた）と呼ぶ言いまわしや図像が使われていた。[*38] アメリカ人の中には、合衆国憲法や建国の父について語る際に疑似宗教的な言葉、枠組み、物語を用いる者たちがいるが、キング牧師もそれを実践した。リンカーン記念堂の階段に立った彼は宣言した。「われわれの共和国の建築家たちが合衆国憲法と独立宣言に崇高な言葉を書き記したとき、彼らは約束手形に署名したのだ[*39]」。キング牧師は、アメリカの市民宗教が持つ道義的な力をすべて、公民権運動の目標に向けさせたのだ。

今日も明日もいろいろな困難や挫折に直面しているが、それでもなお私には夢がある。それは、アメリカの夢に深く根ざした夢である。私には夢がある。それは、いつの日かこの国が立ち上がり、その信条「私たちはこれらの真理を自明のことと考える。すなわち、すべての人間は平等に造られている」の真の意味を貫くことである。[*40]

キング牧師は、自身の運動はアメリカを破壊するのではなく、アメリカを修復し、再結成させるものだと明確に示すアプローチを取った。[*41] 包摂的で、共通の人間性に訴えかけるこのアプローチは、黒人の同性愛者で、米国聖公会の司祭、公民権活動家でもあったパウリ・マレーの言葉にもはっきり表れている。マレーは１９６５年に55歳でイェール・ロー・スクールの法学博士号を取得、現在、イェール大学には彼女の名を冠した全寮制カレッジがある。[*42] １９４５年、マレーはこう書いている。

私は前向きで、人々を受け容れるやり方で差別を壊すつもりです……兄弟が私をのけ者にする円を描くなら、私は全員が入れる大きな円を描きます。兄弟がちっぽけな集団の特権のために声を上げるなら、私は人類すべての権利を大声で呼びかけます。*43

この、共通の人間性に訴えかける高尚なアプローチは、同性婚法の推進運動においても大きな役割を果たした。2012年、複数の州選挙で同性婚法が勝ち取られ、最高裁判所が同性婚を国の法律に定める道を切り開いた。選挙戦で大きな影響力を振るった広告が、キング牧師の愛や共有する道徳的価値観に訴えかける手法を使ったのだ。道徳的感情の高揚を味わいたいなら、YouTube で「Mainers United for Marriage」と検索してほしい。短い動画では、消防士、共和党員、キリスト教徒などが、宗教や愛国心などの道徳原則を訴え、自分たちの息子が／娘が／同僚が、愛する人と結婚できるようになってほしい理由を語っている。その1つでは、米国聖公会の司祭と妻がこんなやりとりをしている。*44

夫：息子のハルはイラクで小隊を指揮していました。
妻：帰国した彼から、話があると言われました。「お母さん、お父さん、僕はゲイなんだ」
夫：受け容れるには時間がかかりました。でも息子を愛し、誇りに思っています。
妻：46年に及ぶ結婚生活が、私たち夫婦の礎です。
夫：同性愛カップルには、シビル・ユニオン（異性間の婚姻と同等の法的権利を同性カップルに認める制度で、当該州でのみ効力がある）で事足りると思っていました。

妻：でも結婚は心からの約束です。シビル・ユニオンでは代わりになりません。
夫：息子は国民の自由のために戦ってくれました。自由に結婚できるべきです。

これが、人の心をつかみ、票を獲得する方法である。象（直感的かつ感情的処理）と象使い（理性）の両方に訴求しなければならない。*45 その点をよく理解していたキング牧師とマレーは、敵対者に恥をかかせたり、悪者扱いしたりするのではなく、敵対者を人間らしく扱い、共通の人間性を粘り強く訴えかけた。

共通の敵を持つアイデンティティ政治

〈共通の人間性を訴えるアイデンティティ政治〉は今なお多くのキャンパスで見られるものの、近年急増しているのは、複数の集団を結集して共通の敵と闘う、これとはまったく異なるかたちのアイデンティティ政治だ。「私は兄弟に反対だ。私と兄弟は従兄弟に反対だ。私と兄弟と従兄弟は世界に反対だ」というベドウィン族（アラブ系の遊牧民族）の古いことわざに言い表されている、社会心理学の強力な構造をアクティブにする。*46 自分たちの部族を大きくし、士気を高める効果的な方法として、共通の敵をつくるのだ。

昨今のキャンパス事情の理解が本書の目的のため、ここからはキャンパス左派のアイデンティティ政治に焦点を絞りたい。しかし、キャンパスで見られる最近の事態は、右派からの挑発によるものが多く、そのほとんどがキャンパス外（そこでは右派も、左派と同様にアイデンティティ政治に尽力している）

からもたらされていることを指摘しておく（詳しくは第6章で解説する）。

〈共通の敵を持つアイデンティティ政治〉の恐ろしさをこれでもかと見せつけたのは、第三帝国（1933〜1945年、ナチス政権下のドイツを指す）の統率および拡大のために、ユダヤ人を共通の敵に仕立て上げたアドルフ・ヒトラーだ。

そして、現代の様相で最も恐ろしいものの1つが、一部のアメリカ人（およびヨーロッパ人）——主に若い白人男性だ——が、ネオナチ（ユダヤ人大量虐殺の歴史を正当化する勢力）の思想や象徴をあからさまに信奉していることだ。彼らや、その他の白人ナショナリスト集団は、ユダヤ人だけでなく、黒人、フェミニスト、「ソーシャル・ジャスティス・ウォリアー（Social Justice Warriors：SJW）」（フェミニズム、人権、文化多様性など、社会進歩的な考え方を広めようとする、社会正義の戦士）たちを共通の敵として結集している。こうした右翼の過激派集団がキャンパス政治に大きな役割を果たすことは、2016年以前はなかったと思われるが、2017年になるとその多くが、荒らしやオンライン・ハラスメント（インターネット上で行われる嫌がらせ、中傷、侮辱、脅迫、ストーキングなど）の手法を編み出し、キャンパス事情に影響力を振るうようになった。詳しくは第6章で解説する。

キャンパスの左寄りのアイデンティティ政治に関して、最近、大きな注目を集めた事例がある。2017年12月、テキサス州立大学のラテン系の学生が、学内で発行されている学生運営の独立系新聞に、「YOUR DNA IS AN ABOMINATION（大嫌いなDNA）」と題したエッセイを書いた。[*47] 冒頭部分には、こう書かれている。

> これまでに出会ったすべての白人——大学教授、仲間、恋人、友人、警察官など——について考えると、「まとも」と思える人間は、せいぜい10人くらいだろう。

この学生は、「白人性（whiteness）」は「人種差別的な権力構造を絶滅させないために使われる構成概念だ」と主張し、「『白人性』とそれに付属するすべてのものの解体を目指した絶え間なきイデオロギーの闘いで、勝つのは私たちだ」と断言した。エッセイの最後には、こうも書かれている。

存在論的に言って、白人の死はすべての人たちの解放を意味するだろう……そのときまで覚えておけ。私が、存在すべきでないおまえたちを憎んでいることを。おまえたちは、この地球上の支配的装置であり、その空間では、他のすべての文化がおまえたちと触れた途端に死んでしまう。

右翼系ウェブサイトは、このエッセイを白人に対する大量虐殺を呼びかけるもの、と解釈した。正確に言うと、書き手が訴えたのは文化的な大量虐殺、つまり、アメリカにおける白人支配、および「白人性」という文化の終焉と思われるのだが。いずれにせよ、またたく間に激しい反発が、キャンパス内でもキャンパス外からも起きた。[*48] 新聞編集部には、抗議の手紙、編集部の退陣要求、殺害の脅しまでもが寄せられ、学生新聞への資金援助の打ち切りを求める嘆願書には、2000人以上が署名した（FIREとしては、新聞編集部の憲法修正第1条の権利を擁護した）。[*49] 学生編集者たちはすぐに謝罪し、[*50] 記事を撤回し、この書き手をやめさせた。大学学長は、このエッセイを「人種差別主義者の意見」と呼び、編集者たちに「掲載内容については良識ある判断をするように」と忠告した。[*51]

権力構造の解体を訴える中で、この書き手は一部の学問分野でよく使われる用語や概念を用いた。

その主たる論法はまさに、マルクス主義者たちが社会的・政治的分析に用いるアプローチそのものだったのだ。つまり、状況を主に権力の観点から分析する手法だ。集団は権力のために闘う。この枠組みにおいては、ある集団が他の集団よりも権力を握っているとみなされると、そこには道徳的な対立極性が生まれる。力を持っている集団が〈悪〉で、抑圧されている集団が〈善〉となるのである。本章の冒頭で引用したラビ・サックスが、〈病的二元論〉と表現したものの1つのかたちだ。

19世紀の産業革命期に執筆活動を行ったカール・マルクスは、資本家（生産手段の所有者）とプロレタリアート（賃金労働者階級）など、経済的階級間の対立に焦点を置いた。このマルクス主義の手法は、集団間の争いの解釈にも使える。今日のキャンパス事情を理解する上で、最も重要なマルクス主義の思想家の1人に、ヘルベルト・マルクーゼ（1898—1979）がいる。ドイツ人の哲学者・社会学者で、ナチスの迫害から逃れ、アメリカの複数の大学で教授を務めた人物だ。彼の著作が大きな影響力を持った60～70年代はちょうど、アメリカの左翼が「新左翼」として台頭し、焦点をこれまでの労働者対資本から、公民権、女性の権利、平等や正義を促すその他の社会運動へと移しつつあった。こうした運動は、進歩主義者が発展を望み、保守主義者は既存の秩序を守りたがる、左派対右派の次元を持つものが多かった。マルクーゼは、こうした左派と右派の対立をマルクス主義の観点から分析した。

「抑圧的寛容（Repressive Tolerance）」と題した1965年の論文で、マルクーゼは〈寛容〉と〈言論の自由〉が社会に利益をもたらすのは、完全な平等（absolute equality）というほぼ存在したことのない特別な条件下のみと主張した。集団間に力の格差がある場合、〈寛容〉が力を与えるのはすでに力を持つ者たちだけで、教育、メディア、通信チャンネルなどの組織を支配しやすくなる、と考えた。

よって、無差別な寛容（indiscriminate tolerance）は「抑圧的」であり、政治的目標の実現を阻み、力の弱い者たちの声を抑えつけると論じた。

　無差別な寛容が不公平であるなら、必要となるのは差別的な寛容である。弱き者に有利に働き、強き者を抑制するものが真の「解放する寛容（liberating tolerance）」、というのがマルクーゼの主張だ。では、誰が弱き者で、誰が強き者となるのか？　１９６５年の論文でマルクーゼは、弱き者は政治的左派を、強き者は政治的右派を指すと述べている。当時、政権を握っていたのは民主党だったにもかかわらず、実業界や軍隊、ならびに権力を振るい、富を抱え込み、社会変化の阻止に励んでいると考えられる既得権を〈右派〉とし、[*52]学生、知識人、あらゆる種類の少数派を〈左派〉とした。マルクーゼの見解では、両者の間に道徳的な等価性はない。右派は戦争を推進し、左派は平和を支持する。右派は「憎しみ」の党で、左派は「人類」の党、と考えた。[*53]

　この枠組み――右派が力を持ち（そのため抑圧的）、左派は弱い（そのため抑圧されている）――を認める者なら、無差別な寛容は悪しきもの、との主張を容易に受け容れられるだろう。これに代わる解放する寛容は、「右派が起こす運動への不寛容と、左派が起こす運動への寛容を意味する」とマルクーゼは説いた。[*54]

　自分の主張が民主主義の精神、ならびに左派の無差別の伝統を侵害するように見えることは、マルクーゼ自身も認めていた。しかし、彼は、社会の多数派が抑圧されている場合は、「抑圧と教化」を用いて、「反体制的な多数派」がしかるべき力を獲得できるようにすることは当然である、と主張した。今日、一部のキャンパスで起きている事態を予見させるような恐ろしい一節で、マルクーゼは説いている。真の民主主義に必要なのは、保守的な理念や、マルクーゼが攻撃的または差別的と考える政策の支持者たちの基本的権利を否定すること、そして、思想の真の自由に必要なのは、教授が学生たちに思想を吹き込むことだと。

反体制的な多数派が展開するための道は、あらゆるものが閉ざされるべきではない。もし、組織的な抑圧や教化によって道が閉ざされたなら、再びその道を開くためには明らかに非民主的手段が必要となるだろう。それには、次のような対象の言論および集会を容認しないことも含まれる。すなわち、攻撃的な政策や軍備、排外主義、人種や宗教を理由とした差別を助長する団体や運動、あるいは公共サービスや社会保障、医療などの拡充に反対する団体や運動である。さらに、思想の自由を回復するためには、教育機関における指導や慣行に対して新たな厳格な制限が必要になるかもしれない。教育機関は、その方法や概念そのものによって、心を既存の言説や行動の世界の中に囲い込む役割を果たしているのである。[*55]

マルクーゼ的革命が最終的に目指すものは、平等ではなく、権力の逆転だ。１９６５年、彼は次のような理念を示している。

公民権を持たない者たちが公民権を行使するには、その行使を妨げる者たちの公民権の取り消しが前提となっていること、そして、『地に呪われたる者』（植民地主義に抵抗したフランツ・ファノンの１９６１年の著書）の解放とは、昔の主人だけでなく新しい主人の抑圧を前提としていることは、もう明らかにすべきだ。[*56]

テキサス州立大学でエッセイを書いた学生は、マルクーゼの著書を読んではいなかったかもしれないが、どういうわけか、マルクーゼ的世界観を持つようになっていたのだ。マルクーゼは新左翼の「父」として知られ、その思想は60〜70年代の学生世代に受け容れられた。その世代が高齢の教授となっている今日、マルクーゼの考えはなお広く提供されているのだ。とはいえ、「抑圧的寛容」の論文発表から50年もの歳月が経ち、当時は公民権が与えられていなかった集団にも公民権を拡大させるという大きな進歩を遂げた国で、しかも右派が実権を握っているとは言えない教育システムにおいて、なぜこの構想が注目され続けているのか？　1965年当時に多くの人を納得させたマルクーゼの主張は、昨今のキャンパスでも通用する思想なのだろうか？

現代的マルクーゼ理論――白人男性は「悪」

「抑圧的寛容」の発表から数十年、キャンパスでは人文科学系や社会科学系を中心にさまざまな理論や方法論が打ち出され、社会を集団間の権力関係のレンズで分析する手法が提供された（脱構築主義、ポスト構造主義、ポストモダニズム、批判理論など）。私たちは、そのうちの1つの理論に注目したい。なぜなら、その思想や用語は、今日のキャンパス運動家たちの会話にもよく登場するからだ。インターセクショナリティ（交差性）と呼ばれるその手法を発展させたのは、カリフォルニア大学ロサンゼルス校の法律学教授キンバリー・ウィリアムズ・クレンショーだ（現在はコロンビア大学にて、インターセクショナリティと社会政策研究センターの代表を務める）。[*57] １９８９年に発表した論文でクレンショーは、アメリカの黒人女性の経験は、黒人の経験、および女性の経験をまとめただけでは把握しきれないと指摘した。[*58] ゼネラルモーターズ社（ＧＭ）の訴訟事例を分析し、企業側は十分な数の黒人（男性が多数派の工場の仕事）と十分な数の女性（白人が多数派の事務の仕事）を雇用したと説明したが、黒人女性はそこから抜け落ち、差別の被害者となっていたことをまざまざと示した。[*59] ＧＭは、黒人ないしは女性を差別していたわけではなかったが、結果として、黒人女性をほとんど雇用していなかった。差別の実態を知るには、中心となる「主作用（main effects）」だけを見るのではなく、差別の交互作用（interactions）、ないしは「交差点（intersections）」に目を向ける必要がある、との重要な洞察を与えた。パトリシア・ヒル・コリンズとシルマ・ビルジェの近著では次のように概説されている。

インターセクショナリティとは、権力関係がいかに絡み合い、互いを構築しているかを調べる分析ツールである。人種、階級、ジェンダー、性的指向、無能／有能、民族、国、宗教、年齢を分析カテゴリーとし、重要な社会的区分の基準となる用語でもある。だが、これらのカテゴリーは、人種差別、性差別、同性愛者に対する差別、階級搾取といった権力関係からも意味を得る。[*60]

インターセクショナリティは、権力は大きな意味を持つこと、集団に属する人たちはときどき自分たちの権力を保持するために残酷ないしは不当な行動を取ること、多種多様なアイデンティティ集団の人々が他者には気づかれにくい方法でさまざまな不利益を被っていること、といった私たちが妥当かつ有用と考える洞察に基づいた理論だ。クレンショーが2016年のTEDトークで語っているように、「インターセクショナリティ」という用語を使う意味は、「問題に名前がついていないと問題が見えてこない。問題が見えてこないと、ほとんど解決できない」ためである。[*61]

私たちの目的は、この理論自体を批評することではなく、インターセクショナリティのある種の解釈がキャンパスにもたらしている影響を考察することにある。人間の心にはトライバリズムが備わっていることは先述したが、インターセクショナリティのある種の解釈が、このトライバリズムを高める可能性を秘めているのだ。

その解釈では、社会的な相互作用が発生するあらゆるところに、〈特権（privilege）〉と〈抑圧（oppression）〉の二極が存在すると考える。

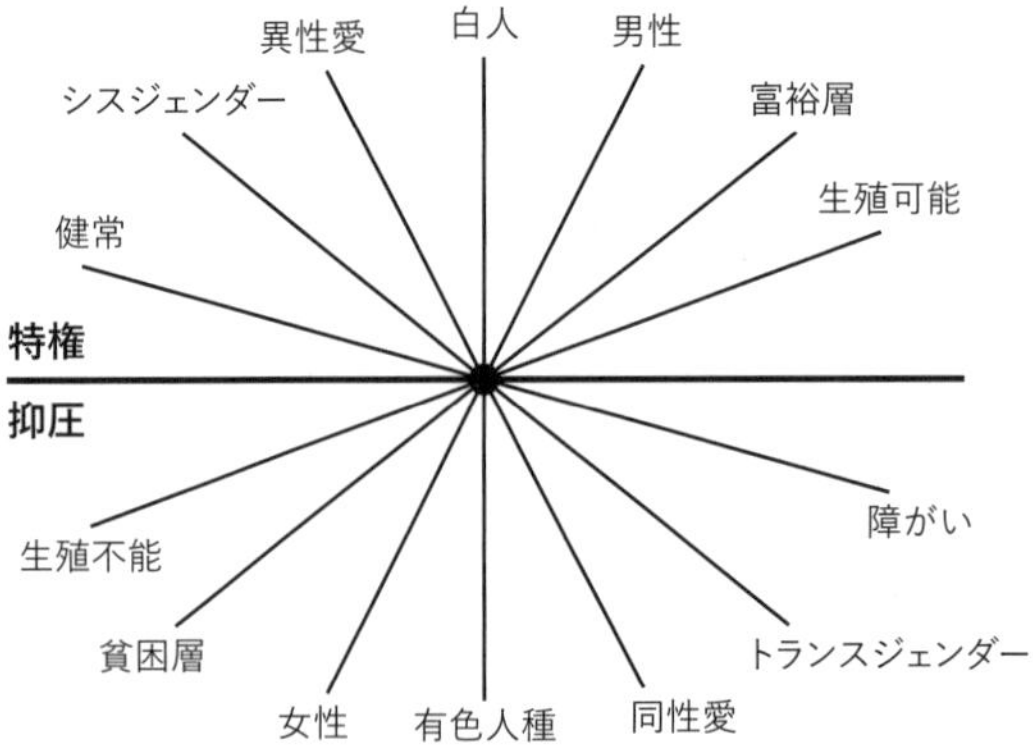

図3-1　7本の交差軸で特権と抑圧を表す。インターセクショナリティによると、各人の実体験はこれら（とその他多く）の軸のどこに位置するかによって、かたちづくられる。（この図はモーガンが作成した Morgan(1996)P.107 の簡略版。省略した軸は、〈典型的ジェンダー〉対〈逸脱した人〉、〈若者〉対〈高齢者〉、〈ヨーロッパ人〉対〈非ヨーロッパ人〉、〈教養が高い〉対〈教養が低い〉、〈英語が第一言語〉対〈英語が第二言語〉、〈淡い肌色〉対〈濃い肌色〉、〈非ユダヤ人〉対〈ユダヤ人〉。）

雇用やその他の機会に限らない。人種やジェンダーだけでもない。図３－１は、インターセクショナリティの指導にときどき使われる略図で、トロント大学の哲学教授キャスリン・ポーリー・モーガンが考案した図[*62]を見本に、私たちが作成したものだ（交差軸を14本から7本に減らして簡略化した）。モーガンは自身のアプローチを解説した論文で、図の中心点はそれぞれの軸の「交差点」で生きる人を示し、同じ人物でも軸の属性によって中心点より上、または下に位置する可能性があると述べている。用語について、「〈特権〉にはシステムを介して支配する力を含み……〈抑圧〉にはその人の各軸における位置のせいで被った、システムを介して支配された実体験を含む」と定義している。[*63]

モーガンは、フランスの哲学者ミシェル・フーコーの著作を活用し、人は誰しもが「これらの軸の（少なくとも）どこかに位置し、その地点が、活動、権力、権利の剥奪、抑圧、抵抗を、同時に示す。各軸［の両端］は、最大の特権ないしは最大の抑圧を示す」と論じた。[*64]さらにモーガンは、白人男性の思想や視点に特権が与えられるよう構築されてきた大学空間を、人種とジェンダーの２本の軸の関わり合いで分析し、女性は事実上の「植民地化された人々」だと主張する。女性は全学生の過半数を占めるにもかかわらず、白人男性がつくり上げた理念や制度の中で学生生活を送ることを強いられていると。

アメリカの教育システムをつくり、白人男性がほぼすべての大学を創設したとのモーガンの指摘は、確かに正しい。実際、それらの学校の多くが、女性や有色人種を排除した過去がある。しかし、だからと言って、今日でも女性や有色人種は、自分たちのことを「植民地化された人々」とみなすべきなのか？　そうすることで、女性や有色人種に権限が与えられるのか？　自分には非がなく、原因は環境にあると考えられるのか？　教師たちと関わりやすくなり、読書や勉学がはかどり、大学生活から恩恵を受けやすくなるのか？

すべての物事をこれらの特権と抑圧を示す交差軸の観点で見るよう教えられたなら、学生の思考には何が起きるだろうか？　「特権」は「支配する力」で「抑圧」をもたらすと定義されているということは、各軸が示すものは、本質的には道徳的側面といえる。つまり、軸の上に位置する人は〈悪〉で、下に位置する人は〈善〉となる。このような教えは、学生の認知スキーマに、もろに〈味方か敵かのエセ真理：人生は善人と悪人の闘いである〉を埋め込むだろう。おまけに、誰が悪者とされるかに逃げ道はない。主要な軸における抑圧の反対に位置するのは、普通、異性愛者の白人男性である。

この思考をよく物語っているのが、2015年11月、ブラウン大学で学生たちが学長室に乱入し、自分たちの要望書を学長と副学長に突きつけたときのやりとりだ。[*65] 現場の様子をとらえた動画には、白人男性の副学長が、「ちょっと話をしませんか？」と言うと、学生たちが「だめだ！」と大声を上げ、指を鳴らす様子が映っている。学生の1人が副学長を遮り、「異性愛者の白人男性ばかりが上層部を支配していることが問題なのだ」と言った。すると副学長は、自分はゲイだと白状する。学生は少し言葉につまったが、ブラウン大学のトップを務めるのは女性とゲイの男性であるとの事実にもめげず、こう続けた。「あなたが同性愛者かどうかは関係ない……支配層の頂点にいるのは、常に白人男性だ」

要するに、部族間競争の長い進化の結果、人間の心はすぐに〈味方か敵か〉の二項対立的な思考をするようになっている。他者を受け容れるインクルーシブな社会をつくりたいのであれば、トライバリズムを弱め、共通の人間性の感覚を強めるために、できることをすべてやるべきである。それなのに、今日の大学で用いられている理論的アプローチには、それが教授の意図ではなくとも、部族的な傾向を極端に活性化させるものがある。もちろん一部には、本当に人種差別主義、性差別主義、同性愛嫌悪主義の者たちもいるだろうし、学校レベルでも、運営側に善意があろうと、結果として一部の集団を歓迎できていないなら同じことだ。学生にはさまざまな偏見や敵対感情を認識させ、それらをなくしていく大切な一歩とする教育を行ってほしいものだ。クレンショーがＴＥＤトークの中で示したように、インターセクショナリティをうまく教えられれば[*66]、思いやりの気持ちを促し、不正義を明らかにすることに使える。しかしどういうわけか、最近の多くの大学生は、インターセクショナル思考の別バージョンを取り入れ、〈味方か敵かのエセ真理〉を受け容れているようなのだ。

共通の敵を持つアイデンティティ政治が有害な理由

大学の新入生全体向けオリエンテーション・プログラムに、先述のインターセクショナル思考や、マイクロアグレッションの発見を推奨する訓練が入っていたらと想像してみてほしい。1週目が終わる頃には、自分と他者の特権レベルを採点できるようになり、異質なアイデンティティ集団を認識できるようになり、他者との間に差異を見つけやすくなっているだろう[*67]。より多くの言葉や社会的行動を〈攻撃〉とみなすようになるだろう。攻撃、支配、それによってもたらされる抑圧を、特権集団と関連づけるようになっているだろう。自分が感じる〈インパクト〉にばかり着目し、相手の〈意図〉は意に介さなくなっているだろう。そんな大学の学生たちは、学生部長のスペルマンやエリカ・クリスタキスが送ったようなメールに、どんな反応を示すだろうか？*68

共通の敵を持つアイデンティティ政治とマイクロアグレッションの訓練が組み合わさった環境では、「コールアウト・カルチャー」が広まりやすく、学生は、コミュニティのメンバーがちょっとした違反を犯したことを突き止め、その違反者をおおっぴらに「バッシング」することで、高い評判を得られる。*69 違反者と個人的かつ親切に話したところで、何の得点も評判も得られない――それどころか、敵と結託しているとみなされるおそれがある。コールアウト・カルチャーには、観衆に訴えかける手軽な方法が不可欠だ。違反者とされている者に恥をかかせたり懲らしめたりする人たちにステータスを与えられるのは、観衆だからだ。SNSがここまで強い影響力を振るっているのは、そのせいでもある。恥をかかせられている人を見たがっている観衆が常にいる。自分たちも簡単に加勢できる場合はなおさらだ。

コールアウト・カルチャーが広がっている中では、絶えず警戒心を働かせ、懸念し、自己検閲する必要がある。観衆には、恥をかかせられている当事者に同情を覚える人もたくさんいるかもしれないが、とにかく声を上げることを恐れるため、観衆全員が非難しているような印象を与える。スミス・カレッジのある学生は、自らがコールアウト・カルチャーに誘導されていった2014年秋の経験を、次のように述べている。

入学して最初の数日だけで、その意見は間違っていると相手に指摘する会話を、数え切れないくらい見聞きしました。理由を説明する際にほぼ毎回使われていたのが、「不快（offensive）」という表現でした。新入生のクラスメートたちは数週間足らずで、思慮のないこのやり方を習得していました。ポリティカル・コレクトネスに欠けた見方をする者がいればすぐに察知し、「過ち」を犯したとコールアウトするのです。私は、自分の意見を言い控えるようになりました。思想の自由な表現の代弁者であると主張するコミュニティから、厳しく非難されたり批判されたりしないためです。他の学生と一緒で、「不快」な物言いをしてしまったらと不安で、用心深くなりました。それが、この大学の規範となっています。[*70]

これとよく似た意見が、全国各地から寄せられている。今日、多くの大学生が、まずい発言をしてしまうこと、不適切な投稿に「いいね！」すること、無実とわかっている人をかばってSNS上で暴徒から非難されることを懸念し、用心深い行動を取っている。[*71]『アトランティック』誌で高等教育をテーマに執筆しているコナー・フリーダースドルフは、私たちが２０１５年に同誌で書いた記事を受けて、調査をすすめた。すると学生たちは口々に、「ごく些細なことで興奮する学生が増え……それが愛校心を崩壊させ、キャンパスに亀裂を生んでいる」と語ったという。これは、ある学生の発言だ。

私はコールアウトされるのが怖くて、言いたいことの９割は控えています……意見が間違っているからだけではなく、もう何もかもが非難の対象となっています。今日もツイッターで、ある女の子が笑いものにされていました。その女の子は、自分はいかに神様を愛し、人のために祈っているかを語る動画をアップしたのですが、侮辱的なコメントが何百件もついていました。彼女の話す内容についてではなく、やることなすことすべて、眉毛から、口の動かし方、声、髪の分け方までをあげつらっているんです。本当にばかばかしいです。[*72]

このコメントからは、残酷さや「美徳シグナリング（virtue signaling）」といったコールアウト・カルチャーでたびたび起こる特徴を、いかにSNSが増幅させているかがわかる（美徳シグナリングとは、徳の高さをアピールするための言動を言い、これにより自分のチームに気に入られやすくなる）。暴徒となると、もとは善良な人々が良心を奪われる。覆面を被っていたり（リアルな暴徒の場合）、または偽名やアバター（ネット上の暴徒の場合）を使っていたりすると特にそうなる。匿名性が没個性化――自己認識の喪失――を助長し、自制心が働かなくなり、その集団に従おうという意欲が高まるのだ。[*73]

こうした思考がもたらす知性の荒廃は、カナダの若きクィア運動家（LGBTQ＋の権利向上を目指して活動する者）で、2014年にこの考え方の癖から抜け出したトレント・イーディーの文章でも指摘されている。「'Everything Is Problematic': My Journey Into the Centre of a Dark Political World, and How I Escaped（すべてが問題：闇の政治世界への道のりと脱出法）」と題した記事を書いた彼は、コールアウト・カルチャーの特徴として、独断主義、集団思考、改革運動家的精神、反知性主義の4つを挙げた。〈味方か敵かのエセ真理〉と関連づけて、次のように述べている。

このような思考は世界をあっけなく分裂させる。内集団と外集団、信者と異教徒、正義の人と道徳に反する人といった風に（中略）少しでも異説を支持すれば、徐々に集団から引き離される。

私自身もその一員だったが、集団内の全員が、あらゆる問題に対して怪しいほど同じ考えを持ち、集団内で意見が食い違うことは稀だった。[*74]

これ以上に大学の使命に反する文化は、想像するのも困難だ。[*75]

「共通の人間性」を強調することの現代的意味

ミシェル・アレグザンダーは、ベストセラーとなった著書『The New Jim Crow: Mass Incarceration in the Age of Colorblindness（新たなジム・クロウ法：人種偏見なき時代の大量投獄）[*76]』の中で、刑事司法制度に引きずり込まれる何百万人もの黒人男性――大抵は、微量のマリファナ所持または使用による――の身に何が起きるかを解説している。彼らは社会復帰しても、仕事がなかなか見つからず、給付金の受給資格もなく、投票権を失うこともあり、アメリカ社会の「下級カースト（undercaste）」に陥る。いろいろな意味で、ジム・クロウ法（1876年から1964年までアメリカ南部の州で存在した人種差別的な州法）を彷彿とさせる。

この本は、特に政治的左派に非常に大きな影響を及ぼしたが、そこで提起された諸問題は、政治的立場を超えて共感を呼んでいる。自由至上主義者は、警察による過剰な監視や、行きすぎた麻薬取り締まりへの反対姿勢を表明した。ラドリー・バルコの『Rise of the Warrior Cop: The Militarization of America's Police Forces（軍人警官の出現：アメリカの警官隊の軍事化）[*77]』、FIREの共同創設者ハーベイ・シルバーグラートの『Three Felonies a Day: How the Feds Target the Innocent（一日に3つの重罪：罪なき者を標的にする連邦捜査官）』[*78]などの書籍がある。保守系団体ライト・オン・クライム（Right on Crime）も、過剰な犯罪化、大量投獄、麻薬戦争への反対を表明。[*79]深刻ながら解決の可能性があるこれらの問題について、両者が真の協力関係を築けるチャンスはまだ残されている。[*80]

改革を求める運動家にとっては、両者の共通点を見いだせるかどうかが肝である。デモ行進や集会は、自分たちの「チーム」を奮い立たせるにはよいが、永続的な変化をもたらすには不十分だと、コロンビア大学の人文科学教授マーク・リラが『リベラル再生宣言』（夏目大訳、早川書房）で指摘している。改革を実現するには、選挙で勝つ必要がある。選挙で勝つには、多種多様な集団から大勢の人を引き込む必要がある。左派は、フランクリン・ルーズベルト大統領時代から60年代の〈偉大な社会〉（ジョンソン大統領が提唱。貧困との闘いを中心課題とし、公民権法の成立、社会福祉の充実、貧困の克服、教育改革などで実績を上げた）の時代まではうまくやり抜いていたが、その後、舵を切る方向を誤り、新たに対立を招きやすい政治を展開してしまっている、とリラは主張する。

だがリベラルにはそれができず、アイデンティティ・リベラリズムに走ってしまった。皆が市民として同じ社会を共有しているという意識、私たちは皆、国家の中で一つに結びついているという意識を失ってしまったのだ。ルーズベルトのリベラリズムにとって、市民の連帯は不可欠の要素だった。ところがアイデンティティ・リベラリズムは、一つにまとまっていた光線をプリズムで虹のような複数の色の光線に分けるようなことをしてしまった。そう言えば、何が起きたかはだいたいわかってもらえるだろう。[*81]（訳文は夏目大訳『リベラル再生宣言』（早川書房）より）

しかしキング牧師のような共通の人間性を訴えるやり方は、今日でも機能している。２０１７年９月16日、ワシントンＤＣのナショナル・モールにて、トランプ大統領（当時）の支持者たちが「Mother of All Rallies Patriot Unification Gathering（すべての愛国者統一の母）」なる集会を開催した。[*82] すると、ブラック・ライヴズ・マター（ＢＬＭ）運動からの抗議者たちが現れ、トランプ支持者に向かって大声を上げた。トランプ支持者たちもこれに応戦、ステージ上にいた何者かが、抗議してくるやつらは気にするな、「やつらは存在しない」と呼びかけた。このときの様子を、ＢＬＭ運動のリーダー、ホーク・ニューサムは「好戦的な感じで拳を突き上げ、侮辱の応酬」を覚悟した、と後に語っている。緊張感は高まり、一触即発の状況を動画におさめようとする見物人の姿もあった。そこで、トランプ支持者側の幹部、通称トミー・ガンがステージに上がった。「これは言論の自由だ」彼はそう言うと、ニューサムをはじめとするＢＬＭ運動のサポーターたちをステージ上に呼ぶという思いがけない行動を取り、「2分だけ時間をやるから、自分たちのメッセージを伝えろ」と言った。「観衆が賛成するか反対するかは関係ない。ただ、きみたちにもメッセージを伝える権利があるということだ」

ステージに上がったニューサムが「私はアメリカ人だ」と言うと、群衆は歓声を上げた。「何かが壊れているとわかれば、修復するために人々を結集できる、それがこの国の素晴らしいところだ」と語った。しかし、警察官に殺害された黒人男性に話が及ぶと、群衆は興奮し、野次を飛ばし始めた。「やめて！　あれは犯罪よ！」。1人の女性が叫んだ。ニューサムが「私たちはアンチ警察官ではない」と言うと、「いや、そうだ！」群衆は叫んだ。「われわれは、ひ、ひどい警察官に怒っているのだ！」ニューサムは力を込めて言ったが、まだ劣勢だった。「私たちは施しを求めているのではありません」。彼は群衆に語りかけた。「人様のものは求めていません。求めているのは、神が与えてくれた自由、解放、幸福です」。すると観衆の態度が変わり、拍手喝采が起きた。群衆の中の何者かが「すべての命を尊重せよ！」と叫んだ。これは「黒人の命を尊重せよ（Black Lives Matter）」と声を上げる者たちに対して、非難の意を込めて使われる言いまわしだ。だがニューサムは、パウリ・マレーの例にならい、群衆すべてを取り囲む大きな円を描いた。「おっしゃるとおりです。友よ、あなたたちは正しい。すべての命を尊重すべきです。でも、黒人の命ばかりが失われるなら、そこに正義はありません。だから私たちは、『黒人の命を尊重せよ』と訴えているのです……本気でアメリカを偉大な国にしたいなら、ぜひ一緒にやりましょう」

群衆は「USA、USA……」と唱和した。一瞬にして、2つの集団が「味方」と「敵」ではなくなった。イデオロギーの違いはそのままだが、両者を取り囲む大きな円の中では、互いの敵意は消え失せた。少なくとも束の間は、同じ人間として、同胞のアメリカ人として、対話できたのだ。「いくらかは私の信頼も取り戻せました」。後日行われた取材で、ニューサムは語った。「互いの意見を聞こうとしてこなかった両者が、共に前進を示したのです」[*83]。トランプ支持団体バイカーズ・フォー・トランプ（Bikers for Trump）のリーダー格の1人がニューサムのところに来て、握手を求めた。2人は話をし、一緒に写真におさまった。ニューサムは相手の幼い息子を腕に抱いていた。

まとめ

◇人間の心は、頻繁に（そしてときに暴力的に）争いを繰り広げる部族的生活に合わせて進化してきた。ヘンリ・タジフェルの心理学実験が示したように、現代を生きる私たちの心は、とるに足らない恣意的な基準においてすら、すぐに「味方」と「敵」に分断して考えようとする。

◇アイデンティティ政治はさまざまなかたちを取りうる。マーティン・ルーサー・キング・ジュニア牧師やパウリ・マレーが実践したように、敵対者をも人間らしく扱い、共通の人間性に訴えかけながら政治的圧力をかけるものを、共通の人間性を訴えるアイデンティティ政治と呼ぶ。

◇これに対し、共通の敵を持つアイデンティティ政治は、ベドウィン族のことわざ「私は兄弟に反対だ。私と兄弟は従兄弟に反対だ。私と兄弟と従兄弟は世界に反対だ」に言い表されている心理によって結集を呼びかけるもので、極右や極左が用いる手法だ。

◇インターセクショナリティとは、今日のキャンパスで普及している知的な枠組みで、中には、〈特権〉と〈抑圧〉を示す交差軸によるものの見方を学生に教えるものがある。この理論には利点もあるのだが、キャンパスでは部族的思考を増幅させる解釈や実践が見られる、学生に〈味方か敵かのエセ真理：人生は善人と悪人の闘いである〉を受け容れさせている。

◇共通の敵を持つアイデンティティ政治とマイクロアグレッション理論が組み合わさると、コールアウト・カルチャーが広まりやすい。ほぼすべての言動に、公然と恥をかかせられるおそれがあるため、学生は用心深い行動を取り、自己検閲の習慣も教え込まれている。教育においても、学生の心の健康にも有害となるコールアウト・カルチャー、および味方か敵かの思考は、自由な探求、意見の相違、根拠に基づく議論、知的な誠実性を求める大学の教育研究の使命と矛盾している。

本書の第1部はここまでだ。第1章～第3章では、3つの悪しき思想を提示し、それぞれの思想が、序章で紹介した〈大いなるエセ真理〉の3つの条件――古来の知恵に矛盾する、心理学研究に矛盾する、その思想を受け容れる個人およびコミュニティに支障をきたす――をいかに満たしているかを解説した。第2部では、近年のキャンパスで実際に発生しているが、外部の傍観者には理解しがたい衝撃的な事態を解説する。3つの〈大いなるエセ真理〉と、それらが個人や集団に及ぼす悪影響を理解すると、なぜそうした事態が発生するかがわかりやすくなるだろう。

第2部
エセ真理が引き起こしたこと

第4章——脅迫と暴力が正当化された

自分たちの反対者の人間性を無視し、悪に仕立て上げるということは、不和を平和的に解決する可能性を放棄し、相手への暴力を正当化しようとすることにつながる。

ネルソン・マンデラ[*1]

名門UCバークレーで起きた流血の講演妨害デモ

2017年2月1日の夜、カリフォルニア大学バークレー校（以下、UCバークレー）のキャンパスで暴動が巻き起こった。英国人の若者でゲイのトランプ支持者、マイロ・ヤノプルスの講演が予定されていた建物を、およそ1500人のデモ隊が取り囲んだ。ヤノプルスは、前年の大統領選挙で突如有名になった「オルタナ右翼」（アメリカの伝統的な保守思想とは異なる新たな右派勢力）の主要メディア『ブライトバート・ニュース』の元編集者だ。前年の夏には、ツイッター社から「標的を絞った誹謗《ひぼう》、ないしは他者への嫌がらせを誘発または関与」に関する同社ポリシーを侵害したとされ、アカウントを永久凍結されていた。[*2]いわば扇動的行為の達人で、敵を激怒させ、その怒りを利用して困惑させることで、自分の目的を達成していく。[*3]

デモ隊の目的は講演を中止させることだった。その多くは、「アンチ・ファシズム」や「アンティファ（Antifa）」を名乗る、無政府主義の地元の過激派集団の者たちだった。[*4] ＵＣバークレーの発表では、[*5] 公共物破壊行為とそれに続く暴力行為――発電機の破壊、[*6] 業務用花火の建物や[*7] 警察官に向けた発射、[*8] ＡＴＭの破壊、[*9] 放火、[*10] バリケードの破壊[*11] とそれら（およびバット）[*12] を使用した窓の破壊、[*13] 警察官への投石、[*14] 火炎瓶の投げつけ――に責任を負うのは、デモ隊のうち約１５０名のみとされた。[*15] しかし、これほどの物的損害（大学構内と周辺含めて50万ドル超に相当）[*16] を凌ぐ恐ろしさを呈したのが、講演会に出席しようとした学生およびその他の人たちへの身体的暴力だ。

「アメリカ合衆国憲法修正第1条は万人のためのもの」と書かれた看板を掲げていた男は、顔を殴られ、流血した。[*17] 他の者たちも、デモ隊から拳やパイプ、こん棒、ポールで襲いかかられ、顔や頭から流血。[*18] 「MAKE BITCOIN GREAT AGAIN（ビットコインを再び偉大に）」のロゴが入った赤い野球帽を被った若い女性が記者に語っている映像がある。「私がここにいることが、主張になると思います。デモ隊も同じことをしているのだと思います。暴力を使わず抗議している人たちに敬意を表します、なかなかないことですから」。ところが彼女が振り返ると、黒い手袋をつけた手が彼女の顔に催涙スプレーを吹きかけた。[*19]

黒装束で覆面を被ったアンティファのデモ隊は、旗ざおを使って1人の女性と彼女の夫を金属のバリケードに押さえつけ、めった打ちにした。その女性カトリーナ・リーデルスハイマーは頭をこん棒で殴られ、夫のジョン・ジェニングスはこめかみを殴られ、流血した。その直後、他のデモ隊メンバーが、夫妻とその友人３人に催涙ガスを吹きかけて目を見えなくさせた。その友人３人が叫んで助けを求めると、デモ隊は彼らを拳で殴り、棒で頭を叩き、見物人たちがバリケードの反対側に被害者たちを助け出すまで続けた。その間、５、６人のデモ隊がジェニングスを数フィート引きずって、そこで蹴り、殴った。ジェニングスが意識を失ったのを見たその場にいた人たちが、加害者たちを彼から引き離すまで、手を緩めなかった。[*20] リーデルスハイマーによると、警察はこの時点でバリケードを築き、建物内に一般の人が入ってこられないようにしていた――目を洗うため建物に入ろうとする彼女を誰かが助けようとしたが、警察に追い払われ、この事実を知った。[*21] 同じ頃、UCバークレーの学生ジャーナリストで「穏健な左派」を自称するプラナフ・ジャンディヤーラは、携帯電話で暴動の様子を撮影していたところをデモ隊に襲われ、電話を奪われそうになった。[*22] 彼が逃げると、デモ隊は追いかけてきて頭を殴り、棒で打ちつけ、彼に向かって「ネオナチ」と叫んだ。[*23]

暴徒たちの目的は実現した。講演は中止され、警察は「屋内退避命令」を出してキャンパスを封鎖し、[*24] ヤノプルスを非公開の場所へと護送した。[*25]

この事態が起きたのは、ドナルド・トランプの大統領就任から、たった10日後のことだった。全米で緊張が高まり、大統領の就任演説も、最初の行政命令（イスラム教徒が多数を占める７カ国の国民の入国禁止、を含む）[*26] も、緊張緩和にはほとんど効果がなかった。トランプ支持の扇動家が講演することに、学生や住人たちが激しく反応したからといって、彼らは閉鎖的だとか、自分たちが気に入らない思想を恐れているのだ、とは言いきれない。しかし、２月１日にUCバークレーで発生したこの暴動は、しっかりと考察する必要がある。なぜなら、キャンパスでの講演をめぐる対立激化の転換点となったからだ。この暴動とその余波が、新たなる、より危険な時代の始まりとなった。この暴動以降、自分たちが「不愉快」と感じる講演に対してなら暴力行使の正当性が認められる、との考えを受け容れる左派の学生が増えていった。と同時に、右派の学生の多くは、いかにも左派からの反発を招きそうな講演者をキャンパスに招請するようになった。

当初の情報には、暴力的で覆面を被った「ブラック・ブロック」のデモ隊は学外の扇動者たちで、UCバークレーの学生ではなかったとするものもあった。[*27] 大学側は暴動に対する公開調査を1度たりとも実施せず、デモ隊の実態を明らかにしなかったため、実際にUCバークレーの学生が何人加わっていたのかはわからない。UCバークレーのある職員はSNS上で自分はジェニングスを殴ったと吹聴し——意識を失ったジェニングスが地面に倒れている写真まで投稿した——、学生数名もデモ隊に加わったことを認めた。[*28] UCバークレーの学生新聞『ザ・デイリー・カリフォルニアン』の論説で、自らアンティファに加わったと書いた学生は、あの夜「ブラック・ブロック戦術」（黒装束、黒い手袋、覆面）を用いたのは「群衆の中の個人アイデンティティを守るため」で、「バンダナや黒いTシャツに隠されて、UCバークレーの仲間の顔があった」と断言した。

暴力や破壊行為に関わった学生を誰ひとり——加担したと公に認めた者たちでさえも——罰しなかった大学側の失態[*29]と、あの夜警察が逮捕したのはたった1人という事実（デモ隊をちりぢりにして逃してしまう失態を演じた）[*30]は、デモ隊に〈暴力は使える〉との重要な教訓を与えたようだ。その後、デヴィッド・ホロヴィッツ、アン・コールター、ベン・シャピーロといった保守派の論客が招請されると、アンティファの活動家たちはさらなる暴力で脅迫し、講演中止という成功体験を積んでいったのも、驚くことではなかった。[*31]

UCバークレーでの「マイロ暴動」が国内外のメディアから注目を集めた理由は、その規模感だけでなく、象徴的な意味合いにもあった。なにしろUCバークレーは、キャンパスでの言論の自由を求める運動が始まった、まさにその場所なのだ。1964年、左寄りの学生たちが、政治的主張を唱える権利、および、論争を呼んでいる政治演説者の講演を聞く権利を求めた。その運動を主導したUCバークレーの学生マリオ・サビオが、言論の自由を「人間とは何たるか、その尊さそのものを表現するもの」と語ったのは有名だ。[*32]その前年の夏、ミシシッピ州での公民権運動のデモ行進に参加したサビオは、平和的な戦術が持つ力に感銘を受けた。キャンパスに戻り、学生非暴力調整委員会（Student Nonviolent Coordinating Committee）（1960年代の公民権運動を支えた黒人学生を主体とした組織。1976年に解散）の活動に関わり始めたサビオは、その活動で初めて大学当局と対立し、言論の自由をかけた積極行動主義（activism）（社会的・政治的変化をもたらすために特定の思想に基づいて行動すること）に情熱を傾けていった。[*33]このような背景があるため、2017年になってUCバークレーの学生たちが講演を中止させるために抗議行動を起こしたという事実――破壊行為や暴力まで用いて――は、多くの人に皮肉に映った。そして特に厄介だったのは、一部の学生が暴力を正当化する、その考え方だった。

言葉を「暴力」と認定し、本物の暴力を正当化

暴動の数日後、UCバークレーの学生新聞『ザ・デイリー・カリフォルニアン』は、「VIOLENCE AS SELF-DEFENSE（正当防衛としての暴力）」[*34]との見出しで、5つの論説を掲載した。そのすべてが〈大いなるエセ真理〉の好例と言えるもので、第2章で解説した認知の歪みを示していた。

その1つ、「Condemning Protesters Same as Condoning Hate Speech（デモ隊の非難はヘイトスピーチを容認しているも同然）」と題した論説を一部抜粋する。

ヤノプルスによる正真正銘のヘイトスピーチを中止させようとする行動を非難するなら、彼の存在、行動、思想を容認しているも同然だ。私たちの身体が壊れることよりも、窓が壊されることが心配なのだろう。私はトランプを弾劾できない、オルタナ右翼が全米でメンバーを勧誘するのも止められない。私にできることは、この町で存在する権利のために、必死に闘うことくらいだ。決めかねている者たちよ、どちら側につくか選ぶのだ。[*35]

文字どおりの意味だと、この書き手はいくつもの〈認知の歪み〉をやらかしている。まず明らかなのが〈破局化〉で、マイロ・ヤノプルスの講演が実施されれば、自分たち側の「身体が壊れるだろう」、自分は「存在する権利」を失いかねない、ゆえに、自衛のための暴力は正当化されると述べている。さらに〈二分法的思考〉も見られる。自分たち側の暴力を非難するなら、それはヤノプルスの思想を容認していることになる。「どちら側につくか選」ばなければならない。味方になるのか、敵になるのか。人生は善人と悪人の闘いであるから、自分たちと意見を異にするなら、あなたは悪人であるとの考えだ。

他の論説も同じようにいくつもの認知の歪みをやらかし、講演を中止させる妥当な方法だと身体的暴力を正当化していた。中には、一般的な英単語をジョージ・オーウェル風に真逆の意味で用いているものもあり、ある論説には「正当な理由から自分たちの命を大事に思っていない人たちと平和的な対話を続けよと求めるなら、それは暴力行為である」とあった。[*36]

ここで少し背景説明が必要だ。この暴動の数週間前、ヤノプルスは別の大学で開催された講演で、あるトランスジェンダー女性の名前と写真を映し出し、嘲笑した。[*37] そのため、ＵＣバークレーでの講演に先立ち、今度は不法移民の学生を割り出すのではとの噂が広まったのだ。ヤノプルス自身は疑惑を否定し、抗議側も何の根拠も示さなかった。しかし、たとえ（不法移民の）名前公開がヤノプルスの意図だったとしても、彼の講演を中止させることがその行為の阻止にどうつながるのかははっきりしない（名前公開だけなら、インターネット上で簡単にできただろうから）。しかしそれでもなお人々は、ヤノプルスとの平和的対話の呼びかけなど見当違いで、逆効果だと考えたことがわかる。昨今のひどい政治状況においては、ヤノプルスの発言するかもしれないことが、罪のない人へのオンライン上の嫌がらせや、身体的危害すらも引き起こしかねないと懸念することが、まったくばかげた話ではないのだ。

しかし平和的な対話の呼びかけが暴力であるとされるのなら、「暴力」という単語が、一部の学生には、新たな意味を持つようになっていると考えられる。コンセプト・クリープの別の例である。「暴力」という単語が、わずか数年のうちに、キャンパス内およびキャンパス外の過激な政治共同体の一部で意味を拡大させ、さまざまな非暴力の行動をも含むようになっているのだ。そして、その非暴力の行動には、自分たちが守るべきアイデンティティ集団に悪影響をもたらしうる（と政治的な分派が主張する）講演が含まれる。

安全イズムの文化の外では、「暴力」という単語が意味するのは身体的暴力だ。ときに、隠喩的に用いられることもあるが（「私は絶対に反対です（I violently disagree.）」のように）、「非暴力の罪での投獄は減らすべき」という声明には、講演は暴力と主張する人たちであっても、ほとんどが理解を示すだろう。ところが今や、一部の学生、教授、運動家たちは、敵対者の言葉に暴力のレッテルを貼りつつ、自分たちには政治思想的な動機づけをして、身体的暴力の関与を許している。UCバークレーの学生の論説にあるように、憎むべき講演を中止させるためなら、身体的暴力は「暴力行為ではなく」、「正当防衛の行為」と解釈されるのだ。*38

多くのキャンパスで、この考えがめずらしくなくなっている。2017年にブルッキングス研究所が行った調査では、調査対象の学生のおよそ5人に1人が、講演中止を目的とした暴力行使はときどき「許容できる」と回答した。*39 この調査のサンプリング方法を批判する者もいたが、マクローリン・アンド・アソシエイツ社が実施した2回目の調査でも、ほぼ同じ結果が出た。「ヘイトスピーチや人種問題をはらんだ発言をする者がいる場合、この人物にそうした憎しみに満ちた考えを支持させないようにするためなら、身体的暴力は正当化される」との問いに、調査対象の学部生の3割が同意した。*40

この結果が妥当だと思うなら、問いにある「ヘイトスピーチ」や「人種問題をはらんだ」という表現が、コンセプト・クリープや〈感情的決めつけ〉によって、どう意味を拡大させてきたかを考えてみてほしい。コールアウト・カルチャーにおいては、コミュニティ内の傷つきやすいメンバーたちに否定的なインパクトをもたらすと解釈されるもの——その際、意図は関係ない——のほぼすべてが、ヘイトスピーチと呼ばれる。コロンビア大学の言語学者ジョン・マクウォーターは、「白人至上主義者（white supremacist）」という語は今や「すっかりスポーツや気晴らし」のために使われ、仲間内の公式見解から逸脱した者を攻撃する「破城槌」（古代、城攻めに用いた巨大な木の槌）のようだと表現した。[*41] マクウォーター自身（アフリカ系アメリカ人）は、人種に関する一般通念に疑問を投げかけたことで、白人至上主義者と呼ばれてきた。[*42] しかし学生たちの中に、ファシストや白人至上主義者を殴るのは問題ないと考える者たちがいるなら、[*43] そして自分たちと意見を異にする者にはファシストや白人至上主義者のレッテルを貼ってもよいと考える者たちがいるなら、人々がキャンパスで異論を口にすることを躊躇するようになっているのにも納得がいく。[*44]

UCバークレーの暴力後も脅迫・暴力は続いた

UCバークレーでの暴動と、その後立て続けに起きたキャンパスでの暴動との因果関係はわからない。しかし2017年の春学期、政治的動機に基づいた暴力、破壊、脅迫が増加し、そのすべてがキャンパスでの講演中止を目的とし、暴力や安全性についての道徳的議論でもって正当化された。大々的に報じられた事態の1つは、3月2日、バーモント州のミドルベリー大学で起きた。自由至上主義の学者で、保守系シンクタンク、アメリカン・エンタープライズ公共政策研究所（American Enterprise Institute）所属のチャールズ・マレーがある学生団体に招請され、2012年の著書『階級「断絶」社会アメリカ：新上流と新下流の出現』（橘明美訳、草思社）について講演することになっていた。政治学部が共催者となった。この本のテーマ、白人労働者階級の社会的および経済的な機能不全は、20

17年に広く議論された、最も重要なトピックの1つだ。（多くのコメンテーターによると）この本がきっかけとなって、白人労働者階級の有権者がドナルド・トランプの反移民政策および保護貿易主義に熱狂的に反応するようになったとされている。*[45] しかし、1994年の前著（『The bell curve: intelligence and class structure in American life（ベルカーブ：アメリカ生活における知性と階級構造）』）で、マレーと共著者のリチャード・ヘアンスタインは、人種間に見られる平均IQスコアの差異の原因は環境的要因がすべてではなく、遺伝的差異も関わっていると提唱した。*[46] ミドルベリー大学の学生と教授の一部は、そんな主張をする者は白人至上主義者だと主張し、近著をテーマとするマレーの講演中止を求めて団結した。*[47]

　講演はキャンセルされなかった。そのため、大勢の学生が講演を中断させるために会場に姿を現し、話し出そうとするマレーの声に被せて、一斉に大声を張り上げた。こんな事態をある程度予測していた大学側は、マレーと、講演後に彼と議論することになっていた政治学教授アリソン・スタンガーを別室に移し、扉を施錠した状態で講演をライブ配信した。しかし、学生たちはすぐに彼らの居場所を突き止め、壁を強打し、建物の火災報知器を鳴らし、マレーの語りを阻止し続けた。ライブ配信が終了し、マレーとスタンガーが建物を出ようとすると、抗議者が彼らのまわりに群がり、1人がスタンガーを乱暴に押し、もう1人が髪をつかんで強く引っ張ったため、彼女は脳しんとうと頸椎《けいつい》捻挫を負った。*[48] マレーとスタンガーが車でキャンパスを出ようとすると、覆面を被った者を含む抗議者が車を激しく叩き、前後に揺らし、ボンネットに飛び乗った。*[49] 何者かが大きな道路標識を車の前に投げ出し、行く手を阻んだ。しかしセキュリティ担当者が障害物を取り除き、車は発進した。車が向かった先は、選ばれた学生および教職員たちとの夕食会の会場だった。[50] しかし抗議者たちは、どうにかして夕食会の場所を突き止めた。大学側は急遽、夕食会メンバーを、キャンパスから何マイルも離れた別の場所へと移動させた。[51]

スタンガーは、夕食後に向かった病院で診断を受けた。6カ月間の理学療法が必要だった。[52] 後日、スタンガーは『ニューヨーク・タイムズ』誌に寄稿したエッセイで、このときの体験を書いている。「私が何より驚いたのは、群衆の目に見たものでした。講演を決行させたかった人たちは私と目を合わせるのですが、講演を中断させたがっていた人たちは、頑なにそれを拒むのです。彼らが私の目を直接見られなかったのは、そうしてしまうと、私もまた人間であることを認めてしまうからでしょう」[53]

その1カ月後、ロサンゼルス近郊のクレアモント・マッケナ大学では、およそ250人の学生[54]が、ジャーナリストで弁護士、社会問題のコメンテーターであるヘザー・マクドナルドの講演に出席しようとする学生を阻止する騒ぎが起きた。[55] マクドナルドは、2016年に発表した著書『The War on Cops（警察との闘い）』の中で、ブラック・ライヴズ・マター（BLM）運動によって、警察はマイノリティが暮らす地域に入り、積極的に関わることを躊躇するようになっているため、そうした地域の警備が弱まり、そこで暮らす人々が犯罪に巻き込まれやすくなっていると論じた。この説は、全米で活発な議論を巻き起こした。左寄りの社会学者ニール・グロスは、『ニューヨーク・タイムズ』紙でこう書いている。「警察の不正行為に注目が集まる中、犯罪がじわじわ増える可能性があるとの説を裏づけるエビデンスが出てきている。進歩主義者は、この考えがこじつけでないことを認めるべきだ[56]」。

しかし、一部の学生たちは、マクドナルドに自説を披露させる機会を与えることはキャンパスでの「暴力」を認めているも同然である、そんな講演は阻止すべきであると考えた。彼らはFacebookで「黒いものを着て集まれ」「講演を阻止するので仲間を連れてくるように」と結集を呼びかけた。[*57] 当日、講演を聴くために建物に入ろうとする者たちを抗議学生たちが阻止。マクドナルドは講演をライブ配信したが、その間も、抗議学生たちは地上階にあるほぼ無人の講堂の透明ガラスの壁を強打し続けた。その後、マクドナルドは勝手口から退去し、待ち構えていたパトカーに乗り込んだ。

この事態の後、ポモナ大学（5つの大学からなるクレアモント・コンソーシアムの1つ）の学長[*58]は声明を出し、学問の自由、および、マクドナルドがキャンパスで講演を行う権利を擁護した。すると、この声明に反応して、ポモナの3人の学生は、マクドナルドの講演が許されるべきでない理由を説明した書簡を書き、学生24人の署名をつけた。UCバークレーの学生と同じく、彼らは講演そのものが暴力の1つのかたちだと主張した。「白人至上主義者でファシスト、警察国家の支持者である彼女と関わることは、1つの暴力だ」

この書簡は、〈味方か敵かのエセ真理〉に見られる二分法的思考の好例である。

あなたは、アイデンティティを軽んじられてきた学生、特に黒人学生を支援するのか。それとも、私たちが自分たちのコミュニティのために抗議行動と組織化を行う邪魔をせず、恩着せがましい態度もとらず、二元的なリスペクタビリティ・ポリティクス（主にマイノリティが、差別されないように模範的にふるまうよう促すこと）を唱えることもせず、抗議行動と組織化に対する凝り固まった認識も捨て去るか。どちらかだ。[*59]

学生たちはこう続けた。「講演が行われたら、ヘザー・マクドナルドは意見の違いについて議論するだけなく、黒人が存在する権利についても議論をするだろう」。マクドナルドがどんな話をするかを予言しているこの文章には、先読みの誤りが含まれている。また、講演者は特定のアイデンティティ集団の「存在する権利」を「否定」するだろうと断定するなど、2017年に一般的になった大げさな物言いがされている。[*60] 講演者が実際に話すこと以上のことを妄想し、恐怖を増幅させている点で、破局化の1つといえる。さらに学生たちは、マクドナルドを「ファシスト、白人至上主義者、タカ派、トランスジェンダー嫌い、クィア嫌い、［そして］階級差別主義者」と、やりたい放題のレッテル貼りで——裏づけとなる根拠もなく、深刻な非難をぶつけている。[*61]

このような思考を、大学生たちはどこで身につけたのか？　彼らがポモナ大学でどんな授業を履修していたのか、はたまた大学に入学する以前からこんな思考をしていたのかはわからないが、書簡全体に第3章で解説した〈共通の敵を持つアイデンティティ政治〉の影響が見られ、インターセクショナリティ関連の用語も頻出している。例えば、書簡の最後、学長はメールを送信すべきと要求しているくだりには、こうある。

> すべての学生と教職員宛てに2017年4月20日までにメールを送信し、偉そうな声明（学問の自由の擁護）をなぜ出したのかを説明し、ポモナ大学として、軽んじられ、抑圧されてきた学生、特に、排除されてきたアイデンティティの交差点にまたがる黒人学生たちの身体に暴力を振るうこととなるヘイトスピーチや講演を容認しない方針を徹底させてください。

第3章で見たように、このようなアイデンティティ政治は、人間に備わっている〈味方か敵か〉の思考を助長する。学生たちに、学びではなく、闘うことへの準備を整えさせる。

死者が出たシャーロッツビルの暴動とその後

UCバークレー、ミドルベリー大学、クレアモント・マッケナ大学での事態に限って見れば、左派が与えた混乱が、キャンパス内外の一部保守派を怒らせ、過激化させたものだった。しかし他の大学では、右派が与えた混乱が、左派を怒らせ、過激化させたものも連続的に発生しており、1年のうちに、双方の非道な行為はみるみる激化した。そして、最も衝撃的な事件が、バージニア州シャーロッツビルで起きた。2017年8月11日の夜、大勢のネオナチやクー・クラックス・クラン（南北戦争直後にアメリカ南部で組織された白人至上主義結社）など、自称オルタナ右翼のメンバーたちが、名高いバージニア大学のグラウンドをデモ行進した。ティキトーチ（ポリネシア風たいまつ）を手に、「ユダヤ人ではわれわれの代わりは務まらない」などと、ネオナチや白人至上主義者がよく使うスローガンを唱和した。〈共通の敵を持つアイデンティティ政治〉の事例として、これほど明白なものはない。

翌日には、人種差別主義の暴徒たちがシャーロッツビルの中心街をデモ行進し、鉤十字の旗（ナチスの象徴）を手に持ちながら、この街にある、アメリカ南北戦争で南部連合の軍司令官を務めたロバート・E・リーの銅像への巡礼を行った。デモ行進の途中、オルタナ右翼のデモ参加者6人が黒人男性を金属パイプやポールで殴り、骨折、裂傷、内臓損傷、脳しんとうを負わせた[*62]。さらに、デモ抗議に反対するアンティファのメンバーたちとも激しく衝突した[*63]。アドルフ・ヒトラーを崇拝する白人至上主義の男は[*64]、デモに反対する集団の前で車を停め、いったんバックしてから、急加速して前進し、集団の中に突っ込んだ。大勢の人が宙に飛ばされ、平和的に抗議していた人たちの少なくとも19人が重症を負い、32歳のヘザー・ヘイヤーは死亡した。パラリーガル（弁護士の事務的な補助業務をする専門職）の仕事をしていた彼女を、友人たちは「権利を剥奪された人々を熱心に擁護し、不公正な世界事情に涙することも少なくなかった」と語った[*65]。母親はヘイヤーが亡くなってから脅迫を受けるようになったと言い、ネオナチに荒らされないよう、ヘイヤーは秘密の場所に埋葬された[*66]。

ナチスの旗がはためく光景、そしてヘイヤーが殺害された事実は、すでに分断がすすむこの国を大きく揺るがした。指導的立場にある多くの共和党員と民主党員が、白人至上主義者とネオナチを力強く糾弾し、団結する機会ともなったが、その対話には明らかに1つの声が欠けていた。トランプ大統領の声だ。その頃には、多くの人々をすかさず、痛烈に非難する姿勢を示していた大統領だが、シャーロッツビルでの白人至上主義者によるデモ行進に関しての批判は控えめで、動きも鈍かった。ヘイヤーが亡くなった日、大半のアメリカ人は、大統領がネオナチやクー・クラックス・クランを明確かつ曖昧さなしに糾弾することを期待していた。しかし彼が非難したのは、「多くの側面における」憎悪、人種偏見、暴力だった。2日後、激しく非難する文書を読み上げたが、その翌日には、原稿なしの発言の中で、「双方ともに、とても立派な人間がいる」と述べた[*67]。大統領はその3つの単語——とても立派な人間（very fine people）[*68]——によって、過去数十年で最も大々的に報道された、人種差別主義と反ユダヤ主義を掲げデモ行進を繰り広げた男たちへの共感を示した。

授業・講演の妨害が増加した2017年秋

シャーロッツビルの悲劇は、１つのチャンスを与えた。多くの共和党員、保守派、ビジネス界や軍のリーダーたちが、大統領や彼の発言を敬遠するようになったため、[*69]より大きな円を描き、アメリカ政治の情勢を変える好機だった。[*70]しかし、キャンパスでは、シャーロッツビルの影響で、当然のことながら恐怖や怒りのレベルは高まった。本来なら味方になれたであろう人々や集団（左派の多くを含む）に敵意を抱くなど、「味方」か「敵」かの思考をする者が増えた。そして２０１７年の秋は、授業や講演を中断させるために学生が〈妨害者の拒否権〉を行使する事例が、記録史上、過去のどの学期よりも多く発生した。[*71]ウィリアム・アンド・メアリー大学の学生は、アメリカ自由人権協会（American Civil Liberties Union：ＡＣＬＵ）のバージニア支部長クレア・ガスリー・ガスタニャーガの講演を中断させた。その理由は、ＡＣＬＵがシャーロッツビルのデモ行進を統率したオルタナ右翼たちの憲法上の権利を擁護したから。[*72]ＡＣＬＵはこれまでも一貫して、困窮者、マイノリティ、ＬＧＢＴＱ、さらには進歩主義者なら確実に守るであろう人たち、例えば滞在許可証のない10代の妊婦が中絶できる権利、[*73]ジハード（聖戦）を呼びかけるイスラム過激派の文書を英語に翻訳した人の権利、[*74]ブラックパンサー党員（１９６０年代後半から１９７０年代後半にかけてアフリカ系アメリカ人の解放闘争を繰り広げた）の権利を擁護してきた。[*75]ＡＣＬＵが擁護するのはあくまで権利であり、政治的思想ではない。それなのに、ウィリアム・アンド・メアリー大学の学生は、「革命は憲法を擁護しない！」「リベラリズムは白人至上主義だ！」などと大声で叫んだ。[*76]

数週間後に開催されたオレゴン大学学長による年次演説では、50人ほどの学生がステージを占拠し、「われわれ抜きに決めるな」と一斉に叫び、演説を中断させた。メガフォンを持った1人の学生が、「私たちを無視するな」「逆らう者たちは抵抗を覚悟しろ」と力説し、マイノリティの学生への抑圧、学費の値上げ、先住民の権利への不満を訴え、抗議の対象は「ファシズムとネオナチ」だと説明した[*77]（第二次世界大戦中に本物のファシストに親戚を殺害されたマイケル・シル学長は、その後、『ニューヨーク・タイムズ』紙に「The Misguided Student Crusade Against 'Fascism'（学生たちの見当違いの反「ファシズム」運動）」と題した論説を寄稿している）[*78]。その翌週には、カリフォルニア大学ロサンゼルス校でアメリカ合衆国ホロコースト記念博物館が開催した質疑応答イベント「What Is Civil Discourse? Challenging Hate Speech in a Free Society（市民にふさわしい言説とは？　自由社会でヘイトスピーチに挑む）」に、「リフューズ・ファシズム（Refuse Fascism、ファシズム拒絶）」と呼ばれる集団から抗議者が現れ、中断された。[*79]

オレゴン州ポートランドのリード大学でも発生した。２０１６年9月から13カ月にわたり、古代ギリシャと東地中海の思想家（今日でいう白人）に焦点をあてているからと、学生運動家たちが新入生対象の人文科学系コースの閉鎖を試みた。[*80] こうした戦術は、たびたび抗議側の目標に不利に働く。というのも、本来なら自分たちに協力してくれたかもしれない多くの人たちの反感を買うからだ。例えば、当コースを担当する講師の1人、ルチア・マルティネス・バルディヴィアは、フェミニズムとレズビアン解放の象徴とされている古代ギリシャの詩人、レスボス島出身のサッポーの作品を取り上げようとした。[*81] しかし、教室の前方にいる彼女の真横で、学生たちが攻撃的かつ低俗なメッセージが書かれたプラカードを振り続けた。講義は続けられないと感じた彼女は、自分はＰＴＳＤを患っていると明かし、自分の健康への不安から、教室内での抗議活動は止めるようにと言った。学生たちは公開書簡を出し、[*82] 彼女の要求は「トラウマの大小を序列化させている。自分のトラウマがより重大だと考えている」と訴え、彼女を「反黒人主義」「身障者差別者」と非難し、被害者に自身の知覚や正気を疑うよう仕向ける「ガスライティング」（相手の正気を失わせる精神的虐待の一種とされる）をしでかしていると責め立てた。このような脅迫行為が教室内で続いていることを大学側が許している、そのことにショックを覚えたバルディヴィアは、自分が声を上げなければと決心した。２０１７年10月、『ワシントン・ポスト』紙で「Professors Like Me Can't Stay Silent About This Extremist Moment on Campuses（キャンパスが過激化する今、私のような教師は黙っていられない）」と題した力強いエッセイを書いた。一部を抜粋する。

> 他の誰かの思想純度試験に合格して初めて発言が許されるなど、あってはならない。大学生活は――市民生活と一緒で――思想を自由にやりとりしないと消滅する。脅しに直面した教育者たちは、授業を中断するのではなく、声を上げなければならない。教育者という立場には、何を考えるかではなく、考える方法を指導するという、特有の責任がある。それを認め、受け容れたことで、私――いつでも取り換えがきき、身分保障のない、同性愛者で、混血の、ＰＴＳＤを患った女性――は悟った。自分の置かれた状況がどれだけ心もとないものであろうと、私には、学生に身につけてほしいと考えている、思想の差異を味わい、配慮することの見本を示す責任がある。全国にいる大勢の同僚のように、自分の思いを口にすることを恐れれば、私もこの問題への加担

者となるのだろうか？[*83]

シャーロッツビルでの国家的悲劇は、アメリカの多数の組織、とりわけ大学に衝撃をもたらした。この事件は、ドナルド・トランプ大統領の何かと騒々しい任期1年目の最中に発生した。その後の数カ月で、キャンパス外の白人至上主義団体による活動は急増、人種差別を謳ったポスター、チラシ、ステッカーを貼って学生を挑発し、メンバーを募るといったことが数百のキャンパスで行われた。[*84]大勢の学生が、より積極的で好戦的な抗議活動を取り入れるようになった理由はわかっている。しかし、彼らの積極行動主義は〈大いなるエセ真理〉を取り容れたものになりがちで、味方になれた人たちを攻撃する傾向もある。また、好戦的な抗議活動こそが右翼の扇動者たちの狙いであることも多い。そのために、多くの学生運動家は、自分たちの主義主張だけでなく自分たち自身をも傷つけている、と私たちは見ている。

「言葉は『暴力』」と教えることが有害な理由

とはいえ、学生のほとんどは暴力の行使に反対している。FIREの調査で、講演を中止させるために自分自身が暴力を使うかどうかを聞いたところ、〈はい〉と回答したのはわずか1％だった。[*85]しかし、他の学生が暴力を行使するのを快く支持するかとの設問には、はるかに多くの学生――先述した2つの調査では約20～30％――が〈はい〉と回答し、UCバークレーの学生と似たような理由を挙げた。最も多かったのが、ヘイトスピーチは暴力であるとの意見で、一部の学生は、ヘイトスピーチを阻止するための暴力行使は正当であるととらえていた。道徳的かつ憲法上の正当性はさておき、こうした思考は精神的にどんな影響をもたらすだろうか？

概して、異性愛者の白人男性と比べると、一部のアイデンティティ集団に属する人々が尊厳を侮辱される頻度が高くなるのは間違いないだろう。そのため、影響を恐れることなく自分の言いたいことを何でも口にできるという、講演に対する〈飛び入り自由〉な姿勢は、異なる社会的アイデンティティを持つ人々に、違った風に影響を及ぼす。第２章で指摘したように、一般的にポリティカル・コレクトネスと呼ばれているものは、思いやりを持って、礼儀正しくすることを指し、他者を尊重した言葉を用いよということだ。[*86] それなのに学生は、言葉——憎しみを込めただけの言葉ですら——を暴力と解釈するという重大な過ちを犯している。

ノースイースタン大学の著名な心理学教授で、感情の研究者リサ・フェルドマン・バレットは、2017年7月に『ニューヨーク・タイムズ』紙に掲載されて広く読まれたエッセイで、言葉は暴力になりうると主張した。[*87] 彼女は、「言葉がストレスを引き起こしうるなら、そして持続的なストレスが身体的害をもたらしうるなら、講演——少なくとも、ある種の講演——は暴力になりうると思われる」と三段論法で論じた。

私たちは『アトランティック』誌のエッセイでこれに応戦し、害——身体的害であっても——は暴力と同じ、とする主張は論理的に誤っており、認められないと述べた。[*88] バレットは、ＡがＢを引き起こし、ＢがＣを引き起こすなら、ＡはＣを引き起こしうる、との三段論法を用いている。すなわち、言葉がストレスを引き起こし、ストレスが害を引き起こすなら、言葉も害を引き起こしうると。しかしそれでは、言葉は暴力とはならない。言葉が害――身体的害さえも――をもたらしうるというだけで、私たちもその点は疑っていない。その違いを理解するには、三段論法を「彼女と別れる」、または「学生に大量の宿題を出す」に置き換えて考えればよい。そういった行為が他の誰かにストレスを引き起こし（コルチゾールの分泌量も増加する（コルチゾールは心身がストレスを受けると急激に分泌が増えるため「ストレスホルモン」とも呼ばれている））、ストレスが危害をもたらすならば、両方とも誰かに危害をもたらす可能性がある。しかしだからといって、それらが暴力行為だということにはならない。

キャンパスでの講演を暴力と解釈する、これはあくまで1つの選択である。そして、その選択をすることで、講演に関する苦しみは増し、取れる対応の選択肢は狭まる。マイロ・ヤノプルスの講演は他の学生への暴力的攻撃にあたると解釈するのなら、何かしらの対応を取らなければと道徳的責任を感じ、暴力的なことすらも考えるかもしれない。しかしそれこそが、荒らしが餌食とする者たちを操るやり口なのだ。

その一方で、講演と暴力を頭の中ではっきり区別できれば、ずっと多くの選択肢が利用できる。まず第1に、ストア哲学的な反応を身につけ、動じずにいられる能力を高めることだ。マルクス・アウレリウスが助言したように、「害を被らないことを選べ――さすれば害を被らないだろう。害を被ったと感じるな――さすれば害を被らない」[*89]。自分のアイデンティティが日々の何気ないやりとりで脅かされやすいと感じているなら、ストア哲学の（そしてブッダの教えや認知行動療法の）感情的に反応しない能力を育み、自分の心やコルチゾール値を他者にコントロールさせないことが、より大切になる。ストア哲学者は、言葉が直接ストレスをもたらすわけではなく、その言葉を、脅威をもたらすものと解釈する人にのみストレスや苦しみを与えることを理解していた。キャンパスの講演者を有害と解釈するかどうかは、その人自身の選択だ。闘いを選ぶのか、自分にとっての大切なこだわりを見直そうとするのか、荒らしの行為に動じない自分でいられるよう努めるのか。インターネットはこれからも常にそこにあり続ける。過激主義者は侮辱的な画像やメッセージをアップし続け、一部の集団はより標的とされるだろう。公平にはいかない。私たちは、憎しみを減らし、分断の修復に励みつつ、目にするものすべてに食いつくのではなく、淡々と日常を送れるようになる必要がある。

「講演は暴力」という考え方をはねつけると、２番目のより抜本的な対応が使えるようになる。つまり、相手の思想や主張を用いて、自分自身を強くするやり方だ。この考えにお墨付きを与えたのは、熱心な進歩主義者のヴァン・ジョーンズ（バラク・オバマ大統領のグリーンジョブ特別顧問を務めた）だ。２０１７年２月にシカゴ大学政治学研究所で行われた対談の中で、民主党の戦略家デイヴィッド・アクセルロッドから、「思想的に有害と思う人（トランプ政権の関係者など）が講演者としてキャンパスに招請されたら、進歩主義の学生はどう対処すべきか」と訊かれ、ジョーンズは、第１章で解説した身体的または感情的な「安全性」の違いに触れてから、次のように述べた。

安全な空間には、とてもよいものと恐ろしいものと、２つの考え方がある。キャンパスで身の安全を確保したいという考え――セクシャル・ハラスメント、身体的虐待、または「おまえは黒人だろ」といった、はっきりと個人に向けられたヘイトスピーチなどにさらされないようにする

――は、私もまったくもって構わないと考える。しかし最近勢いづいている別の考え方には、ただただ恐ろしさを感じている。「思想的に安全でなければならない。感情的に安全でなければならない。いつでもよい気分でいなければならない。自分にとっておもしろくないことを語る人がいるなら、それは職員を含め、他のすべての人にとっても問題である」との発想だ。[*90]

そしてジョーンズは、私たちがこれまで耳にした中で最良といえる、大学生向けの助言を提供した。〈脆弱性のエセ真理〉をはねつける、安全イズムの真逆の解釈だ。

きみたちには思想的に安全でいてほしくない。感情的に安全でいてほしくない。強くあってほしい。それらは違うものだ。きみたちのために道を拓くことはしない。ブーツを履いて、逆境に立ち向かえる術を身につけなさい。ジムからすべてのトレーニング用ウエイトを取り出すことはしない。それがジムの存在理由だからだ。大学はスポーツジムなのだ。

ジョーンズは反脆弱性を理解している。その上で、進歩主義の学生たちに、自分たちを脆弱なろうそくの火ではなく、かがり火とみなしなさい、さまざまな思想や講演者に触れて、風を喜んで受け容れよと呼びかけたのだ。

まとめ

◇２０１７年2月1日にＵＣバークレーで起きた「マイロ暴動」は、キャンパスでの抗議活動の大きな転換点となった。抗議者は暴力を行使し、望みどおりに講演を中止させた。多くの負傷者を出し、暴力を行使した者たちは（私たちの知る限り）一切罰せられなかった。学生の中には、自分たちが暴力的だと考える講演を阻止するためなら、暴力は正当な「自己防衛」だと主張する者たちがいた。

◇講演を中止させるために、自らが暴力を行使すると回答した学生はごく少数だったが、２０１７年後半に実施された2つの調査では、マイノリティの学生のかなりの割合（ある調査では20％、別の調査では30％）が、他の学生が暴力を行使するのはときどき「許容できる」と回答した。

◇バージニア州シャーロッツビルで開催された極右集会「ユナイト・ザ・ライト（Unite the Right）」では、1人の白人国粋主義者が、平和的に抗議していた人の命を奪い、多数の負傷者を出した。この事態を受け、キャンパスの緊張も高まり、その後数カ月で、極右集団からの挑発行為が急増した。

◇２０１７年秋、講演中止の取り組みが、過去最高レベルに達した。

◇２０１７年、講演は暴力になりうるとの考え（脅し、嫌がらせ、暴力の呼びかけを含まない場合でも）が広まったのは、一部集団の、意図よりもインパクトにのみ注目する傾向に後押しされたものと考えられる。今や、一部の集団にストレスや恐怖をもたらす言葉が暴力とみなされるケースが増えている。

◇講演は暴力ではない。講演を暴力と解釈するのはあくまで1つの選択。その選択をすることで、痛みや苦しみは増し、ストア哲学的な対応（感情的に反応しない能力を高める）や、反脆弱性に基づいてヴァン・ジョーンズが提言する「ブーツを履き、逆境に立ち向かえる術を身につけよ」といった姿勢など、他のより効果的な対応が取れなくなる。

本章の冒頭の引用文で、ネルソン・マンデラは、相手を悪者扱いし、暴力を行使することの危険性について警鐘を鳴らしている。マハトマ・ガンジー、マーティン・ルーサー・キング・ジュニア、その他非暴力の抵抗を提唱した者たちのように、マンデラも暴力と相手の人間性を奪う戦法は自滅を招き、平和的解決の可能性を閉ざすと考えた。しかし、ある運動の目標が平和的な解決ではなく、集団の結束を高めること――少なくとも部分的な目標として――だったならどうだろう？　安全イズムという新しい文化に社会学的アプローチを取ったなら、何がわかるだろう？

第5章——大学で「魔女狩り」が起きている

大衆運動は神を信じずとも発生、拡大するが、悪魔を信じずには起こり得ない
エリック・ホッファー、『The True Believer（真の信者）』[*1]

無実の者を標的とする運動は「魔女狩り」である

「毛沢東主義」「マッカーシズム」「ジャコバン派」（フランス革命時に結成された最も急進的な左翼政党ジャコバン党のメンバー）、そして「魔女狩り」。第4章で解説したような事象を指し、これらの言葉を用いる人たちがいる。そうした人たちは、昨今私たちがキャンパスで目の当たりにしているものは、社会学者が長年研究してきたある事態の典型例だと主張する。つまり、コミュニティが結束を高めるために、宗教的あるいは思想的な純潔さに取りつかれ、仲間内にいる敵を探し出して懲らしめる必要があると信じ込む事態だ。

15～17世紀にかけて、ヨーロッパでは魔女狩りの波が何度も発生した。その主な原因は、宗教改革の影響による宗教戦争や対立、および、繰り返し起きる疫病の流行がもたらす恐怖心だった。[*2]何万人もの罪なき人々——何十万人レベルかもしれない——が、煮えたぎった油、赤熱した鉄の棒、親指締め器で「質疑にかけられ」た（つまりは拷問された）後に、処刑された。[*3]

アメリカ史上最も有名な魔女狩りは、マサチューセッツ州セイラムで発生した。１６９２年１月、

2人の少女が突如、発作や震えに苦しみ始めたため、年長者たちは魔術のせいだと考えた。その後数カ月で何十人もの人が、魔女に苦しめられた、自分や飼っている動物が魔法にかけられた、と言い張った。魔術を使った罪で告訴された少なくとも144人（うち38人が男性）に法的措置が取られ、19人が絞首刑に、1人は重石で押しつぶされた。[*4]

魔女裁判に関する歴史的および社会学的な分析では、こうした事態が発生するのは、集団が外部からの脅威を感じたとき、または、集団内部の結束の分裂および喪失を経験したとき、と説明されてきた。セイラムではこの数年前に、現在のメーン州（当時はマサチューセッツ州の一部）にあたる地域で、フランス軍とネイティブ・アメリカン連合軍の間で、恐ろしい境界紛争が勃発していた。そのため、住民は依然、敵の襲撃を恐れている状況にあった。[*5] 2015年の秋以降、全米で報道されているキャンパスの事態も、この社会学的な枠組みに当てはめられないだろうか？

ジョンが古今を通じて敬愛する思想家の1人に、19世紀から20世紀初頭を生きたフランスの社会学者エミール・デュルケームがいる。デュルケームは、集団や共同体を有機体のようなもの——常に、内部の結束や共有の道徳観を強める必要がある社会的存在——と考え、人間を「ホモ・デュプレクス（二元的なヒト）」や「2つのレベルを持った人」と表現した。[*6] 人間は、日々自らの目標を追求する個人的な存在に巧みになれる（それをデュルケームは、「世俗的（profane）」または普通のレベルと呼んだ）一方で、一時的に、より次元の高い集合体に移行できる能力も兼ね備えており、それを「聖なる（sacred）」レベルと呼んだ。人間には集団の一員でいるときにだけ味わえる一連の感情——「集合的沸騰」のようなもの——があり、それをデュルケームは、人が集まり、団結した状態になると発生する、社会的な「電気」と表現した（チームスポーツをする、合唱団で歌う、宗教的な祈りを捧げている最中などにこの感覚を味わったことがあるかもしれない）。人は1日の間にこの2つのレベルを行き来できる。人々をより高い集団レベルに引き上げて結束させるのが宗教的儀式の役割で、そのため、再び日常生活に戻るときには、集団としてのアイデンティティや忠誠心が強まった状態になっている。歌う、一緒に踊る、一斉に叫ぶといった儀式には、とりわけ強い力がある。

デュルケームの方法論は、部外者には不可解な道徳的暴力の勃発に当てはめると、特に助けになる。1978年、社会学者のアルバート・バーゲセンは、「『魔女狩り』のデュルケーム理論：中国の文化大革命（1966～1969年）を題材として」という論文を書いた。[7] 毛沢東が、資本主義支持者である敵たちが潜入する脅威が高まっている、と警鐘を鳴らしたことで、1966年5月に北京で勃発した狂気の沙汰を解明するのにデュルケームの理論を用いた。熱狂的な大学生たちは、紅衛兵（文化大革命時に毛沢東によって動員された全国的な学生運動）の結成でこれに応え、革命の敵を見つけ出しては、処罰した。国内の大学すべてが数年間閉鎖された。この間、紅衛兵は、資本主義や外国の影響、またはブルジョワ的価値観と見られる――または察せられる――ものを根絶やしにしていった。これは、成功している人、教養のある人なら誰もが容疑をかけられることを意味し、多くの教授、知識人、大学関係者たちが投獄、または殺害された。[8]

文化大革命で行われたあまたの残忍行為の1つが「闘争セッション（struggle sessions）」で、思想の不純さで罪に問われた人が、告発人たちに取り囲まれ、罵りや屈辱を与えられ、殴られる中、罪を認め、見え透いた弁解をさせられ、行動をあらためることを誓わされた。学生が自分たちの教師に盾突くこともあった。数年間で、数千万人が迫害され、数十万人が殺害された。[*9]

これほどまでに壮絶な自壊現象が、どうやって発生したのか？　バーゲセンは、政治色の濃い魔女狩りには、「またたく間に発生する」「共同体に対する犯罪容疑が関わっている」「その容疑はとかくとるに足りないものや捏造である」の3つの共通点があると指摘する。バーゲセンは次のように説明する。

1. **またたく間に発生する**：「魔女狩りは急激に発生するもので、通常の社会生活では見られない。共同体は、その集団性に脅威をもたらすあらゆる種類の破壊的要素がはびこっていることに、突如として気がつく。フランス革命での恐怖政治、スターリンの見せしめ裁判、マッカーシー時代のアメリカ、いずれも現象は同じで、共同体が強烈なまでに結集し、内部の敵を排除する[*10]」

2. **共同体に対する犯罪**：「国という共同体全体に対する罪を犯したとして、魔女狩りの容疑がかけられる。国家、人民、革命、政府という共同体全体の存在が危機に瀕しており、侵食され転覆されようとしている[*11]」

3. **容疑はとるに足りない、または捏造**：「非常にたわいもない、さほど重要でない行動が、どういうわけか国家全体に対する犯罪や逸脱と解釈される。事実、こうした事態を『魔女狩り』と呼ぶ主な理由の1つは、罪のない人々がしょっちゅう巻き込まれ、濡れ衣を着せられるからだ[*12]」

バーゲセンのこのリストに、私たちは４番目の特徴を加えたい。それは、最初の３つに続いて必ず起こる。

４．**告発された人の擁護を恐れる**：ある人が公の場で告発されると、被疑者の潔白を知っている友人や第三者の多くが発言を恐れる。被疑者をかばおうとする者は、集団的儀式の実施を妨害することになる。被疑者に味方すると、集団に対する犯罪を実際に犯したものとみなされる。感情や恐怖心が高ぶっていると、告発された友人や家族に不利な証言までする。

バーゲセンによる文化大革命を題材としたデュルケーム思想による分析は、第４章で取り上げたような、２０１５年からキャンパスで見られている恐ろしい事態の理解にも役立つだろうか？　歴史上の出来事として、２つの運動は根本的に異なる。何よりも、紅衛兵は暴力行使を促進する全体主義の独裁者に支援されていたのに対し、アメリカの大学生は自分たちで組織化し、ほとんどは非暴力である。しかし、類似点もある。どちらの運動も、主導したのは理想主義的な学生たちで、平等主義の社会をつくり直すという、彼らにとっての崇高な理想のための闘いだった。バーゲセンの分析に照らし合わせると、両方の運動とも「急激に発生」し、それに続いて、国内各地のキャンパスで、非常に急速に動員が行われた。*13　また、学生たちの大規模な反応のきっかけとなったのは、イェール大学でのハロウィーン衣装をめぐるエリカ・クリスタキスのメール*14や、クレアモント・マッケナ大学で学生に手を差し伸べたメアリー・スペルマンが「型」という言葉を使ったことなど、ほんの些細なことだ。[15] どうしてこれら2件のメールが、2人の女性を非難し、解雇を要求するほどの大規模な運動を引き起こしたのか、部外者には理解しがたいことが多い。

バーゲセンの方法論は、ミドルベリー大学での暴力沙汰に当てはめてもよくわかる。チャールズ・マレーの講演を中断させようとした現場をとらえた動画には、学生たちがスローガンを叫び、歌い、一斉に揺れ動く姿が映っている。[16] これこそ、デュルケームがいう「集合的沸騰」の好例だ。社会的電気がみるみる充電され、集団行動が取りやすくなる。歌う、身体を揺らすなどの同期した動きは、集団の協調性を高め、仲間たちを身体的により強くするため、その直後に挑戦的な取り組みに着手しやすくなることが研究で明らかになっている。[17] マレーがすぐにその場を立ち去り、学生たちが一斉に揺れながらスローガンを唱和する時間がそれほどなかったら、おそらく、ストランガー教授への激しい攻撃は起きなかっただろう。

私たちは、攻撃の標的（エリカ・クリスタキスやメアリー・スペルマンなど）が無実と考えられる運動を〈魔女狩り〉と呼ぶ。しかし、この解釈が正しいとしても、魔女狩りをしている人たちの怒りや恐怖に正当な理由がなかったということにはならない。2015年になるとほとんどの人が、警察官が丸腰の黒人男性を射殺または窒息死させる場面をとらえた動画を目にしていた。そのため、多くの黒人学生がピリピリし、脅威を感じ、特に刑事司法制度における組織的な人種差別への反対運動にますます積極的に関わるようになったのも理解できる。しかし、大学生たちはなぜ、自分たちの大学を変え、コミュニティの内部に敵を見つけることに、情熱と努力を傾けたのだろうか？　さらにもう1つ謎がある。激しい抗議活動はなぜ、アメリカの中でも最も進歩主義的な地域（ニューイングランド地方と西海岸）の、進歩的な政治思想で知られる大学で繰り広げられているのか？[*18] これらの大学は、進歩的かつインクルーシブな社会政策をどこよりも熱心に推し進めてきたのではないのか？

この問いを深めるため、焦点を学生から教授陣に移そう。昨今、教授たちの間で、公開書簡を用いて他の教授を公然と非難する動きが見られ、これにもデュルケームの枠組みがぴったり当てはまる。ときに数百人もの仲間を集め、同僚である他の教授を激しく非難、または学術論文の撤回（反証にとどまらない）を求めているのだ。学生のみならず、教職員の間でも何かが変化している（こうした変化については、第6章の政治的二極化の高まりという、より広範な全米の事情についても考察する。その際、キャンパスの異様な事態に、キャンパス外の右派からの挑発行為が果たしている役割も考察する）。

論文が集団処罰の標的となった事例

２０１７年3月29日、『ハイパティア：フェミニスト哲学ジャーナル』誌（ケンブリッジ大学出版局が四半期ごとに発行する査読つき学術誌）はウェブサイトに、「In Defense of Transracialism（人種転換を守るために）」（人種転換とは、自らのアイデンティティを生物学的祖先のものとは異なる人種として規定すること。例えば、白人の両親から生まれた人物が自らを黒人と規定するなどの場合）と題した論文を掲載した。[*19] この論文でテネシー州メンフィスにあるローズ大学の哲学科准教授レベッカ・テュベルは、ケイトリン・ジェンナー（陸上競技の元世界記録保持者。１９７６年モントリオールオリンピックの金メダリスト）が性転換（男性から女性へ）を公表したことに対して世間が示したおおむね肯定的な反応と、公民権運動組織である全米黒人地位向上協会（ＮＡＡＣＰ）の元支部会長レイチェル・ドレザルが、白人女性である自分を「黒人としてのアイデンティティを持っている」と発言したことへの「嘲笑と激しい批判」の反応を比較考察した。[20] テュベルは、自分の関心はドレザルの発言の詳細ではなく「人種転換への賛否両論」にあると断った上で、世間では性転換には寛容で、人種転換への反感が強いようだが、この2つのアイデンティティ転換は、同じ留意事項を提起していると主張した。

論文の中でテュベルは、自分はトランスジェンダーの権利を強く擁護しており、また、「人種と性別が同等だと言っているわけではない」と強調している。彼女はこれまでにも、人種や性別に関する概念について発表していたが、特に論争は起きていなかった。ローズ大学のウェブサイトには、テュベルの研究対象は「フェミニスト哲学、人種の哲学、動物倫理学の共通点」と紹介されている。研究の中心にあるのは、「動物、女性、人種的下位集団」の抑圧と、「人間性に関する誤りでありかつ有害な概念の支持」にある共通点の考察で、[21] 今どきの議論に明るく、トランスジェンダーの人々への悪意がないのは間違いない研究者だ。

しかし今日の安全イズムの文化では、意図ではなく、相手が感じ取るインパクトが重要視される。また、コンセプト・クリープによって、大概のことが、弱い立場にある集団に有害な――暴力的ですらある――インパクトを与えるととらえられている。バーゲセンによると、ある集団への攻撃とみなされるものはすべて集団処罰の対象となり、その集団の連帯性を強める好機となる。

論文の掲載から数週間のうちに激しい騒動が巻き起こり、『ハイパティア』誌の編集長と「『ハイパティア』誌関係者」宛てに、論文の撤回――反論ではなく撤回だ――を求める公開書簡が提出された。[22] 書簡の賛同者たちが求めたのは、テュベルに応戦し、誤りとされる点を正す機会（学界の通例）ではなく、この論文を学術記録から消滅させることだった（不正行為や盗作が行われた場合にだけ取られる、極めて稀な対応）。記事が「読める状態にある」と、有色人種の女性やトランスジェンダーのコミュニティに「害」を与える、と訴えた。しかし「（記事の）公開により多くの害が加えられる」と述べながら、具体的にどんな「害」なのかは触れられていなかった。「論文によってもたらされるさまざまな害を、すべて網羅するものではない」と断りを入れることで、論文が害をもたらした（または、もたらしえた）とする根拠のなさを、はぐらかしたのだろう。[*23]

個人の評論家たちもすぐに加勢し、テュベルの論文を「トランスジェンダーへの偏見」「暴力的」「ホワイト・フェミニズム（フェミニズムの運動からマイノリティを排除し、白人女性の闘争にばかり焦点をあてること）の問題」の現れ、と酷評した。テネシー大学の哲学科准教授ノラ・ベレンスタインは、「まとまりのない、トランスジェンダー嫌いと女性嫌いの要素を含んだ暴力的な」論文だ、とFacebook上で書き立て、テュベルは「論文全体にわたり、いろんな方法で暴力を振るい、悪意を固定化させている」と主張した。その理由として、「トランスジェンダー女性をデッドネーム（トランスジェンダーの人が性転換前に使っていた名前）で呼んでいる」（つまり、ジェンナーが男性だった頃の名前ブルースを用いた）[*24]、「『トランスジェンダリズム』という言葉を用い」、「『生物学的な性』について語り」、「『男性器』などの表現を使った」を挙げた。テュベルの主張ではなく、彼女の言葉の選択をやり玉に挙げる抗議の多さが際立っていた。現に、論文撤回を求める理由の1つも、テュベルが用いた「語彙や枠組みは、関連分野の慣習では認識、容認、採用されていない」だった。学生部長スペルマンが「型」という語をメールで用いたように、（バーゲセンが言うところの）「とるに足らない、重要でない行動」が「（集団）全体への犯罪」とみなされるのだ。[*25]

公開書簡による告発に目を通してから、件《くだん》のテュベルの論文を読んだ社会科学系ジャーナリストで左寄りのジェシ・シンガルは、『ニューヨーク・マガジン』誌のオンライン掲載エッセイで、「（公開書簡が）指摘する内容は、どの点を取っても明らかな誤りである。テュベルの論文をありのままに読めば、とにかく公開書簡が虚偽だとわかる。（論文を読まなければ）誤解を招くものである」と述べ、こう締めくくった。

全体として、この公開書簡が、テュベルの論文にある基本的事実をどれほど誤解しているかは注目に値する。書簡を書いた人は、単にデタラメを述べているのか、一切論文に目を通していないのか。同僚の研究成果を厳しく（おそらく悪意を持って）断定した書簡に、数百名の署名が記されている。これは、学界で普通に起きる事態ではない――集団思考の、実に奇妙で、憂慮すべき事例だ。おそらく、オンライン・シェーミング（インターネット上での辱め行為）が個人に集中的に向けられるときに働く力学に煽られているのだろう。[*26]

テュベルの論文に対するこれらの反応には、デュルケーム理論が合致する。「大規模な集団思考」が「どこからともなく」発生し、とるに足りないこと（「男性器」という表現を用いたなど）が弱い立場にあるコミュニティへの深刻な攻撃と解釈される。この攻撃性が理由となって、連帯感を強めた集団反応が起き、公開書簡には数百名の署名が集まり、告発された魔女を集団で指弾する。シンガルも、先のエッセイに「This Is What a Modern-Day Witch Hunt Looks Like（これが現代の魔女狩りだ）」と題をつけた。
またこの騒動は、魔女狩りの４番目の特徴〈告発された人の擁護を恐れる〉にも当てはまる。[*27] テュベルの博士課程の指導教師ケリー・オリバーは、元教え子を擁護するエッセイを書き、多くの同僚の臆病さを嘆いた。

一部には、（オリバーやテュベル宛ての）プライベート・メッセージで、こんな事態となったことへの同情や支持を表明し、公然と支持できないことを詫びた者もいました。例えばある研究者は私宛てのメッセージで、「公の場で発言できなくてごめんなさい（Facebook で無益な争いをしたくないんです）。こんなことを言っても慰めにはならないでしょうが、（テュベルが）マイノリティの学者に暴力行為を働いていないのは明らかだと思っています」

研究者の中には、臆病を通り越して、内々ではテュベルを支持しながら、公には攻撃姿勢を取る者もいた、とオリバーは語った。

プライベート・メッセージでは、テュベルに起きた事態を詫びながら、SNSなど公の場では憎しみや怒りを煽る研究者もいました。大勢の研究者、特にフェミニストの研究者が、非公開と公の場で態度を変えたのはなぜか？　公の場での発言を恐れたのはなぜか？　それが問題です。[*28]

デュルケームとバーゲセンが、この問いに直接的な解を与えてくれる。[29] これがまさに、魔女狩りが起きるときに人々が取る行動なのだ。

反論のための論文撤回要求という新しい動き

この騒動の後すぐ、公開書簡で教授を激しく非難し、論文の撤回を求める事例が続いた。[30] 2017年8月、2人の法律学の教授、ペンシルベニア大学のエイミー・ワックスとサンディエゴ大学のラリー・アレキサンダーが、フィラデルフィアの新聞に、「Paying the Price for Breakdown of the Country's Bourgeois Culture（この国のブルジョワ文化を破壊する代償）」と題した短い意見記事を書いた。[31] 2人は、失業、犯罪、薬物、貧困状態の世代間の継承など、今日の社会問題の多くは、「結婚したら子どもを持ち、子どものために結婚生活を続けるよう努め、稼げる仕事に就くために教育を受け、勤勉に働き、怠けてはならない」という、アメリカ人に強いてきた「ブルジョワ文化の筋書き」の効力が薄まっていることが一因だと主張した。猛烈な批判を巻き起こしたのが、次の一文だ。「すべての文化は平等ではない。少なくとも先進国では、すべての文化が生産性の高い人を輩出できるわけではない」。この一文が挑発的とされるのは、主要な文化が非主要な文化より優れているとの言い方は決してしてはならないという、学界で広く受け容れられているタブーに違反しているからだ。だが人類学者はおおむね、文化と下位文化《サブカルチャー》ではメンバーに異なる目標、能力、美徳を教え込むため、[32] すべての文化が子どもたちを、他のすべての文化で等しく成功できるよう準備させることなどありえない、との考えで一致している。アメリカのような自由市場かつサービス追求型の資本主義経済で移民や貧しい人々の成果を改善させたいなら、ブルジョワ文化について議論することが有益であろうとワックスとアレキサンダーは説いた。

1週間後には、ペンシルベニア大学の大学院生と卒業生54人が、「また違った男性支配の、階級に基づく、白人至上主義の有害な理屈」の実例だ、と論文と筆者を強く非難する声明を出した。素晴らしきデュルケーム式で、公開書簡は「組織的な不平等と闘うと主張しているペンシルベニア大学コミュニティのすべてのメンバー」に連帯を強く訴えかけるとともに、大学学長には人種差別主義者の2人と対峙し、「白人至上主義を擁護するワックスの身辺調査の実施」を要望した。[*33] ワックスが所属する法科大学院の同僚33人（教員のほぼ半数）も、公開書簡のかたちで糾弾した。学究的な能力で2人の誤りを示すのではなく、ワックスの主張をあっさりと「非難」し、「頭から拒否」するなど、研究者としてあるまじき行為だった。[*34]

大学教員の政治的多様性が低下、左に偏っている

連帯感（solidarity）は、一体となって働いたり、戦地に進撃したりする集団には、大切なものだ。信頼、チームワーク、相互扶助の精神が生まれる一方、集団思考、教義、属している共同体に異を唱えることへの恐怖感を強める。連帯感が真実を見いだそうとする集団の努力を妨げ、真実の探求が集団の連帯感を妨げることもある。ギリシャの歴史家トゥキディデスは、二千年以上も前にこの原則を

認めていた。紀元前5世紀、戦争や革命が起こる時機について書いた彼は、「問題をあらゆる角度から理解できる人というのは、軍事行動にまったく向いていない」と指摘している。[*35]

だからこそ、視点の多様性（viewpoint diversity）はどの研究者集団においても非常に重要となる。どの教授も――すべての人間と同じで――自分の考えが正しいと強く思い込む、欠陥ある思想家である。どんな研究者であっても、確証バイアス（confirmation bias）――自分が信じているものを裏づける根拠を精力的に探す傾向――がかかっている。[*36] 大学の最も優れた特徴の1つは、うまく機能すれば、互いの確証バイアスを打ち消し合う、研究者の共同体であることだ。教授自身が自分の主張に欠陥を見いだせなくても、他の教授や学生が指摘してくれるだろう。そして、どの考えが議論を耐え抜けるかは、研究者コミュニティが判断する。このプロセスを、私たちは制度的反証（institutionalized disconfirmation）と呼ぶ。研究成果として提示されたすべての主張――査読を受けた論文はもちろん――は異義と審査のプロセスを耐え抜いたことを、制度（学会全体、または政治学などの特定の分野）が保障する。それは決して真実であることを保障するものではないが、偏った見方をするシンクタンク、企業のマーケティング担当者、あるいは頑固な親戚の叔父さんの意見よりは信頼性がある、と考えられる理由の1つにはなる。制度的反証があればこそ、大学や研究者集団は、事実に基づく論点の判定者となる権限を主張できる。例えば、あるワクチンが自閉症の増加を引き起こしたかどうか（実際には引き起こしていなかった）、[*37] 貧しい子どもを支援する目的で設計された社会事業は、裕福な子どもとの学力格差を縮めたかどうか（一部はそうだが、そうでないものもある）[*38] といった論点だ。

ところが、大学や学術界で全員が同じチームに属し、同じ確証バイアスを持っていると、何が起きるか？　反証のプロセスが機能しなくなる。査読者は自分が支持する政治思想寄りの論文や助成金申請に甘くなり、自分の価値観や見解に矛盾する論文や助成金申請には批判的になることが、研究からも示されている。[*39] これが、90年代以降の多くの学術分野である程度起きてきたことで、今日の大学文化にも甚大な影響をもたらしている。

教授たちが全体として左寄りなのは、何ら驚くことではない。アーティストも、詩人も、外国映画好きな人たちでも同じだ。政治的左派と関連する強い個性の1つに、経験への寛大さがある。これは、新しい考えや経験を渇望する人、従来の仕組みを変えることに関心を持つ人たちの特徴だ。[*40] その一方で、軍人、警察官、寮の部屋がよく片づいている学生などは、右寄りの傾向が強い（真面目な話、デスクまわりの写真を見ただけで、その人が政治的にどちら寄りかを、かなり高い確率で言い当てられる）。[*41] 保守主義の人たちは、経験への寛大さが低く、誠実性（conscientiousness）が高い傾向がある——物事が秩序立って、先が読める状態を好み、待ち合わせにも時間どおりに現れ、従来の仕組みに価値を置く。

自由な社会においては、政治的に偏りがない状況は、どの職業においても決して起こり得ないだろうし、教授は通常左寄りが多く、特に人文科学系および社会科学系ではその傾向が強い。ただし、政治的トピックを扱う分野で、左派でない教授も十分な数いて、制度的反証が担保されるのであれば、これは特段問題とはならない。制度的反証を担保するには、左派対右派の割合は2対1ないしは3対1であるべきだ。20世紀のほとんどの時期は、その割合を保っていた。

図5－1は、教授（全分野対象）の政治思想を調査した結果だ。それぞれ、左派（一番上の線）、右派（一番下の線）、「中道」（真ん中の線）を示している。90年代前半、左派対右派の割合はおよそ2対

１だった。20世紀半ばにさかのぼるいくつかの研究でも、教授が左寄り傾向にあったことや、民主党に投票したことが示されているが、極端に偏っていたわけではなかった。[*42] それが90年代後半になると、状況が急変し始めた。ＧＩ世代（最も偉大な世代。第２次世界大戦に従軍、または陰で支えた人々を称える呼称）の教授が退職し、ベビーブーム世代に取って代わられた時期で、左派対右派の割合は２０１１年までに５対１となった。ＧＩ世代の教授というのは圧倒的に白人男性が多く、第２次世界大戦に従軍し、戦後の自分たちに役立つように設計された法律に後押しされ、高等教育の現場に入ってきた人たちだ。そうして急増した研究者には、多くの共和党員や保守派が含まれていた。

　これに対し、ベビーブーム世代の教授は人種やジェンダーの多様性は高まったが、政治思想における多様性は低くなった。彼らの多くは、60年代の社会的抗議の大きなうねりに影響を受

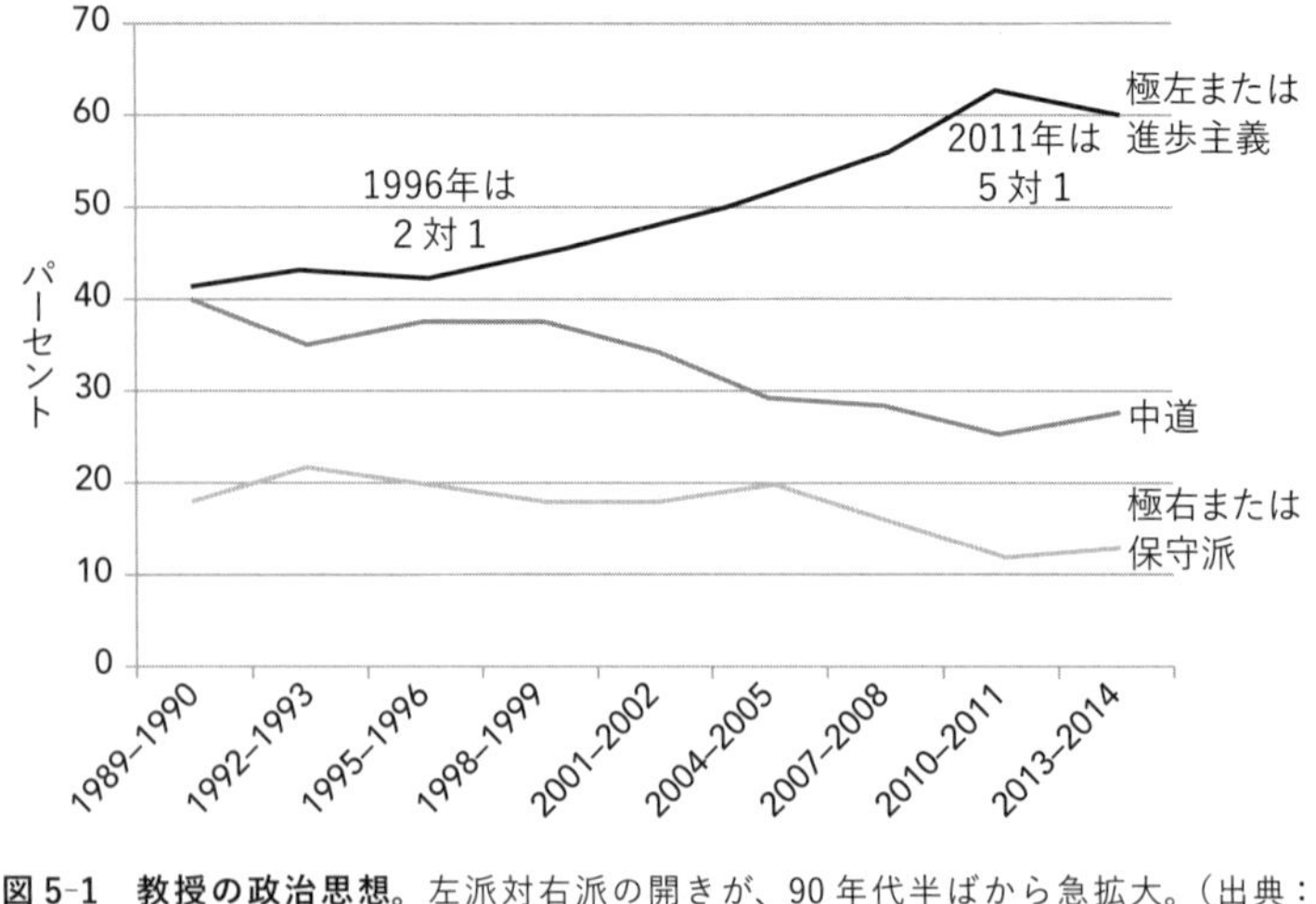

図５-１　教授の政治思想。左派対右派の開きが、90年代半ばから急拡大。（出典：Higher Education Research Institute[*43] データはアメリカの教授全国調査より、グラフはサム・エイブラムス）

けて、社会正義や進歩的な大義のために闘い続けようと、社会科学や教育分野の学術の道にすすんだ者たちだ。

そのため、社会正義に関する分野では、教授の左派対右派の割合がずっと激しく変化している。ジョンの専門分野である教育心理学では、30～90年代半ばまで2対1ないしは4対1だったが、その後、急に差が開き始め、2016年には17対1になっている。[*44] その他の人文科学系および社会科学系の主要分野では、ほぼすべて10対1以上だ。偏りが顕著なのは、名門大学およびニューイングランド地方の大学である。[*45] 人文科学系および社会科学系の中で、唯一、政治的多様性が担保され、制度的反証が機能しているのが経済学だ。教授の有権者登録に関する研究によると、経済学の教授の左派対右派の割合は4対1と、かなり低いことがわかった。[*46]

教員たちの政治的多様性が失われると、政治色の強い内容を扱う分野では特に、学術研究の質および正確さが損なわれるおそれがある。どう損なわれるのかについては、6人の社会科学者（ジョンを含む）が2015年に学術論文にまとめている。[*47] 例えば、ある分野で政治的多様性が欠けると、研究者たちは得てして、自分たちが共有する物語が多くの場合に裏づけられるような論題や研究方法に集まり、裏づけられない論題や研究方法には目を背けがちだ。

教員たちの政治的多様性が失われると、学生にも3つの点で悪影響が及ぶ。第1に、多くの大学生が政治的右派の教授にほぼまったく触れることがないため、[*48] 保守派、政治、ひいてはアメリカに関する多くのことについて、正しい理解を得られないまま卒業することになる。ドナルド・トランプが大方の予想を裏切って大統領選に勝利した3日後、ハーバード大の主要学生新聞の編集者たちはこの思いを論説記事にぶつけ、同大学のモットーVeritas――ラテン語で「真実」の意――は政治的多様性を高めることを求めていると訴えた。

私たちの知的生活を支える「Veritas」の追求というモットーは、大学コミュニティに属するすべての人が政治について自由に議論できること、そして、この国に存在するさまざまな政治的見解に耳を傾けることを求めている。キャンパスでこうした議論を抑えつけることは、政治的マイノリティの仲間、そして私たち自身の教育的成長に有害である。*49

第2に、教員の間で視点の多様性が失われると、政治的に物議を醸している話題について学生が学ぶものが、真実よりも「左寄り」になるだろう。事実に基づく多くの論題（例えば、「最低賃金の引き上げは、非熟練労働者の雇用人数にどれくらい影響するか？」「胎児期のホルモンは、どんなおもちゃや遊びが好きかの男児と女児の差にどれくらい影響するか？」など）には、もっともな意見が幅広く存在する。それなのに、政治的に均質な学科で学ぶ学生は、左寄りの見解から引き出された著書や調査研究に多く触れることになるため、平均して、「左寄り」の真実に行き着きやすくなる（特にニューイングランド地方の有名大学に通う学生は、労働需要の弾力性（賃金の変動に対する労働需要の変化。ここでは最低賃金を引き上げるとどの程度、労働需要が減少するか）を実際より小さく見積もりやすい）。結果として正しいと判明するのは、左寄りの見解かもしれないし、右寄りの見解かもしれない。しかし概して、難しい論題にさまざまな視点からアプローチできる研究者と議論することで、学生は真実に近づきやすくなるだろう。

この2つ目の問題をさらにこじらせるのが、教員が政治的により均質化していったのと同じ時期に、学生たちも同じ道をたどっているという事実だ。高等教育研究所（Higher Education Research Institute）が実施した新入生対象の調査によると、新入生の約20％が自分を保守派とみなし、その数字は80年代初めからほぼ変わらない。80年代と90年代、すべての新入生の約半数を占めていた自称「穏健派」は、２０００年代初め頃から減少し、現在は40％台前半だ。昨今は、進歩主義（自称「リベラル」）の割合が30％台後半まで伸びている。[*50] ２０１２年以降、この変化が加速している。[*51]

キャンパスに左寄りの学生が増えることに問題があると言っているのではない。私たちが言わんとしているのは、クリティカル・シンキング能力を育むには視点の多様性が不可欠であるのに、視点の均質性（左であれ右であれ）がすすむと、コミュニティとして集団思考や正統的信念に陥りやすくなるということだ。90年代以降、教員と学生の間で穏健派が減って進歩主義が増えているのなら、そして、学生の間で起きているこの変化が２０１２年以降加速しているのなら、２０１２年以降は特に、アメリカの大学の文化ならびに社会力学にも何かしらの変化が起きていると考えられる。[*52]

これが第3の影響で、デュルケームが指摘した点でもある。一部の学界コミュニティ――特に、最も進歩的な地域の人々――が、かなり高いレベルの政治思想の均質性および連帯感を獲得すると、局面が変わり、共同体として、大学の標準的な目的と対極にある特性を帯びるという危険性がある。行動するために動員された共同体というのは、政治的に確立された考えを強いやすく、自分たちの重要なイデオロギー的信念に挑んでくるものへの耐性は低下しやすい。政治的均質性の高い共同体は、外部からの脅威を感じると特に、魔女狩りを起こしやすい。

全米有数の進歩的大学で起きた魔女狩りと暴力

エバーグリーン州立大学は、シアトルから南へ車で1時間走ったところにある小規模の公立大学で、一風変わった進歩主義で定評を得てきた。自然保護区に立地し、有機農場を所有し、学生の成績は点数評価ではなく文章形式のレポートで渡される。全米で最も進歩主義な大学トップ10にランクインしてきた。[*53] ２０１１年、大学は理念を変更し、「エバーグリーン大学は、社会正義、多様性、環境への責務、そして公益サービスに対する地域ならびに国際的な取り組みを支持し、恩恵を受けている」との文言を加えた。[*54] ２０１７年5月、この大学が陥った混乱状態は、デュルケーム理論の助けなしには到底説明できない。

キャンパスの緊張感は、すでに高まっていた。3月15日、政治的に進歩主義の生物学教授ブレット・ワインスタインが、教員用メーリングリストで、[*55] 翌月開催予定のその年の「デイ・オブ・アブセンス（Day of Absence、不在の日）」[*56] 計画について、懸念を表明するメールを送信した。デイ・オブ・アブセンスとは、ダグラス・ターナー・ウォードの同名の演劇からヒントを得て、[*57] 有色人種の教職員（後に学生も加わった）が自分たちの不在――そしてコミュニティへの貢献――を感じてもらうため、1日学校を不在にする取り組みで、１９７０年から毎年続けられてきた。しかし、ドナルド・トランプが大統領選を制したことを受け、２０１７年度のイベント主催者は、今年は有色人種が休みを取る代わりに、白人の学生と教員が学校を不在にすることとする、と発表した。[*58]

これは間違っていると考えたワインスタイン教授は、[*59]「ある集団や連合が、自分たちの極めて重要ながら正当な評価を得られていない役割を明らかにするために自発的に共有空間を不在にすること」と、「別の集団に姿を消すよう促す」のでは、「雲泥の差がある」と書いた。[60] 共有空間では、「人が発言する、または存在する権利は、決して肌の色に基づくものであってはならない」と述べ、その年の「デイ・オブ・アブセンス」の仕組みを支持せず、当日キャンパスに来ることにした白人の学生や教職員は、否定的な目で見られ、そこに存在すること自体がイベントの目的への不支持を示しているととらえられるおそれがある、とも懸念した。[61] これより1年前、学長、職員、えり抜きの教員たちが、公正カウンシル（The Equity Council）というキャンパス横断の審議会を立ち上げ、「公正さ」を推進する計画を約束していた。すべての新しい職員に「公正」さの遵守を表明させる、などの方針が提案された際も、ワインスタインは大学の向かっている方向性に懸念を表明していた。ジョージ・ブリッジス学長はそれ以前から、回報やメーリングリストで「教育、連帯、インクルージョン」という表現を頻繁に使うようになっていた。学長、および、この公正カウンシルでは、連帯感を強化するためのさまざまな演習を実施しており、その1つに、教員たちが順に名前を呼ばれ、架空のカヌーに乗り込むように言われ、同じカヌーに乗り込んだ他の職員たちとともに、公正を目指した象徴的な旅に出る（波が砕ける音、ネイティブ・アメリカン風の太鼓の音に合わせて）というものまであった。[62] こうした儀式が行われ、大学全体で「連帯」が語られることは、デュルケーム的視点で考えるとつじつまが合う。コミュニティに集団行動への覚悟をつけさせる手段なのだ。

　デイ・オブ・アブセンスの日がやって来て、コミュニティ内のすべての白人が従ったわけではないが、ワインスタインいわく「ほぼ問題なく」終わった。[63] しかし、それから1カ月以上が経った5月23

日（他の大学での数々の騒動の後だ）、多人種からなる怒れる学生集団が、ワインスタインが授業をしている教室まで練り歩き、彼を廊下に呼び出して、痛罵した。[*64] 悪態をつき、「クソ野郎」と呼び、「とっとと出ていけ！」と言った。メールで人種差別発言をしたことへの謝罪だけでなく、[*65] 辞職も求めた。自分のメールが「有害」や「人種差別的」と受け取られることに同意できないワインスタインは謝罪を拒んだが、学生との話し合い、あるいは彼が言うところの「私はきみたちの話を聞くから、きみたちも私の話を聞く討論の場」を持たないかと持ちかけた。しかし、よい反応は得られなかった。「おまえがどんな話をするかなんて知ったこっちゃねえ……。俺らは白人の特権階級と口を利く仲じゃないんだ[*66]」

学生たちは攻撃を続け、緊張感が高まった。ワインスタインの授業を受けていた学生たちが、彼の身を心配して警察に通報したが、抗議学生は警察を近寄らせなかった。[*67] キャンパス警察は他の警察署に応援を要請した。[*68]

抗議学生は「自分たちの生活が心配なんだろ」と言い張り、事務局が入る建物へとすすんだ。学長室の外にいたブリッジス学長を見つけ、対峙するかたちとなった。学生が「消え失せろ、ジョージ、おまえの話なんて聞きたかないんだ……黙れ」とまくし立てる動画が残っている。[*69] 学長は、抗議学生との会談を受け容れた。抗議学生を支持した職員たちも同席した。そして、問題を起こした理学部の教員（ワインスタインなど）について、学長は「彼らは私たちが好まない発言をするだろう。彼らを取り込むか、追い出すことが大学の務めだ。はっきり言おう。彼らを呼び出し、指導する。それでも理解しない場合は、処罰を科す」と保証した[*70]（そう、米国憲法修正第1条によって学問の自由を守らなければならないアメリカの公立大学の学長が、参加必須の政治的な再教育プログラムを実施し、その教えを受け容れない教授を解雇または処罰を与えると提案しているのだ）。

抗議側は、キャンパス警察のステイシー・ブラウン署長に対し、武器を持たずに話し合いの場に来るよう要求した。制服姿で武器を外すわけにはいかない署長は、私服に着替えて現れた。すると、学生たちは大声で汚い言葉や暴言を吐き、彼女に向かって叫ぶ者もいた。[*71] 何人かの学生が彼女につきまとい、同じ日に開催され、数百人が参加した別の集会に向かう彼女のすぐ後を追った。その大規模集会では、ブラウン署長、ワインスタイン教授、その他数名の言いなりにならない教員や学生たちに、抗議学生が見張りについた。抗議学生は出口も見張った。[*72] ワインスタインが建物の外に出られないよう抗議学生は催涙ガスを用意していると聞きつけた教え子たちは、彼に警告のテキストメッセージを送った。ワインスタインは、妻で同僚の生物学教授ヘザー・ハイングに、「ここを去ることは許されない、と言われた。どうすればよいのだ」とメッセージを送っている。[*73]

この集会の動画は衝撃的だ。[*74] 抗議学生がワインスタインを解雇すべき、と主張しているのが聞こえる。その目的は、白人の抗議者が後に語ったように、「問題ある言葉づかいの拡散」を阻止すること。[*75] ワインスタインをかばう発言をした、または抗議に加わっていない者の話も聞いてみないかと提案した有色人種の学生たちは怒号を浴びせられ、「人種的裏切り者（race traitors）」と呼ばれた[*76]（抗議に加わっていない白人学生は、後方に立たされて発言を許されなかった）。[*77]

抗議学生はブリッジス学長を何度も嘲笑し、彼が笑うだけで叱責した。１人の学生は、（両手を使ったジェスチャーが癖の）学長に「手を下げろ！」と大声で叫び、別の学生が学長の手ぶりを真似て、「これが私の悩みなんです。ジョージ、おまえはいつでもこんな手の動きをしやがって」と揶揄した。学長がすぐに手を背中にまわすと、その学生は学長のまわりをぐるりと歩き、手を叩いて笑いながら「この空間を非植民地化しているのだ」と告げた。学長は「手は下ろしました」と言った。[78]

翌24日、抗議学生はワインスタインを見つけようと、何台もの車を捜索した。[79] 教授会に乱入し、退職教員を祝して用意されていたケーキを奪い、「俺たちに、こんなひでえやり方は教えなかったか?」と言った。[80] 学生新聞によると、その後、抗議学生は事務局棟の正面玄関にバリケードを築き、[81] 数時間にわたり建物を占拠、ブリッジス学長など大学の幹部職員を一室に押し込めた。[82] 幹部職員を隔離したまま、抗議学生は自分たちの要望をまとめた。後で提示したその要望リストには、教員にバイアス・トレーニング（偏見、先入観、思い込みなどを修正するための訓練）を義務づけること、抗議学生が課題を期限内に提出しなくても許可することなどが盛り込まれていた。[83]

隔離した部屋の外では、学生たちが動画を撮り、隔離している部屋に逃げ道はないか、逃げられないよう十分な数の学生が「存在」しているか、と確認し合う様子が映っている。ブリッジス学長は、キャンパス警察に介入しないよう命じた。抗議学生のリーダー格の1人は、他の学生たちに「休息」を取れる部屋があると伝え、「こんなときだから、自分の身体を大事にしろよ」と忠告している。その指示を与えた直後、この学生は学長室の中に入り、職員たちに何か欲しいものはあるかと訊いた。「小便がしたい」と学長が言うと、リーダーは「ちょっと我慢しろ」と返し、数名が笑っている様子が動画に映っている（後に抗議学生が学長をトイレまで案内した）。[84]

学長室の中では、1人の抗議学生がとらわれの身の職員に、「幹部が白人ばかりである限り、白人至上主義が続くと思わないか？」と訊いた。数名がうなずき、そのとおりだと言い、学生による白人至上主義の超拡大解釈を認めている。[85] 部屋の外では、「ヘイヘイ、ホーホー（抗議活動のお決まりのかけ声）」、人種差別主義者は消え失せろ」と学生たちが唱和した。その夜、キャンパス関係者宛てのメールで、同大学メディア研究のある教授は、抗議学生たちは「大学が教えたとおりのことを実践した」と、満足げな文章を綴っている。

翌25日、警察は、抗議学生がキャンパス警察署の入っている建物を標的にしようとしているとの情報を入手。警察官たちに、警戒態勢を解いて避難するよう命じた。[86] キャンパス外に詰め所を設け、キャンパス内の防犯カメラと地元警察のヘリコプターを出動させて、緊迫した状況を監視した。[87] ワインスタインを擁護した学生たちは、抗議学生たちからこっそり付け回され、ネット上では脅迫まがいの嫌がらせを受けた。ワインスタインの身の危険を案じたキャンパス警察署長は、キャンパスを去るのが最善策だと彼に伝えた。[88] 結局、ワインスタインはその学期の残りの授業のうち1つを除いて、すべてキャンパス外で実施した。[89]

妻のヘザー・ハイングを除くと、ワインスタインを公然と支持したのは、全教員の中で[90]獣医学教授のマイク・パロス、1人だけだった。[91] ワインスタインが後で知ったのは、他にも数名の教授が支持していたが、公の場でそう発言するのは恐れたということだった。[92] ほぼ支持を得られず、警察からはキャンパスを離れるよう要請され、無秩序と脅迫状態に陥ったエバーグリーン大学の現状を取り上げる全国メディアもない中、5月26日、ワインスタインはFOXニュースの番組「タッカー・カールソン・トゥナイト」の取材依頼を受けた。[93]

表沙汰になるや、政治的右派はこの事態に注目、オルタナ右翼からの嫌がらせ行為が始まった（第6章で詳しく解説する）。6月1日木曜日、ニュージャージー州の男がサーストン郡の救急サービスに電話をかけ、担当者に「キャンパスにいるできるだけ大勢の人間を処刑する」ためエバーグリーン大学に向かう、と告げた。[*94] 警察は学校側に、能動的な脅迫はないものの、予防措置としてキャンパスを6月3日土曜日まで閉鎖すると伝えた。[*95] 6月3日と4日、大勢の学生が野球バットやテーザー銃を持ってキャンパス内を歩き回り、「白人至上主義者」を探し回った。建物を故意に破壊し、何人かの学生に暴行を加えた。[*96] ニュージャージーの男は、1カ月後に逮捕された。

この混乱はどう終結したのか？　責任を負うべきは誰なのか？　6月2日、教員の約4分の1が、ワインスタインの身辺調査を要求し、「白人至上主義者の反発」を引き起こしたと非難し、FOXニュースでこの事態について語ったことで学生たちを「危険にさらした」とする書簡に署名した。[*97] ワインスタイン夫妻は彼が責を負うべきとの主張を認めなかった。エバーグリーン大学の被雇用者として大学に対し、学生たちの行動規範の尋常でない違反——犯罪行為も含む——を寛容し、支持までし、人種的に敵対的な職場環境をつくったと苦情を申し立てた。2017年9月、夫妻と大学側は和解することで合意し、2人は辞職した。[*98] ステイシー・ブラウン警察署長も後に同様の告発をし、「敵対的な環境がもたらされたことで、大学を辞める他、選択肢がなくなった」と主張した。[*99]

学年の初めに、言論の自由や学問の自由を守ると謳ったシカゴ大学の方針を批判していたブリッジス学長は、[*100] 抗議学生からの要求の多くを承諾した。[*101] さらには、抗議学生が示した「情熱と勇気」に「感謝する」と表明。[*102] 後日、抗議活動のリーダー格の1人を、学長公正アドバイザー（Presidential Equity

Advisor）として採用した。[103] 主な任務の１つは、学生の行動規範の書き換えだった。

大学は３つのエセ真理の過ちを何度も犯した

エバーグリーン大学で起きた事態はまさに、本書で論じてきたことのすべてを実証している。初期段階では、バーゲセンによる政治的な魔女狩りの３つの特徴を示している。すなわち、運動はどこからともなく始まり、それはとるに足りない憤慨の誘因（教員用メーリングリストに送った丁重なメール）を受けたもので、その誘因となった行為がエバーグリーン大学コミュニティ全体への攻撃にあたると解釈された。事態がすすむにつれ、私たちが追加した４つ目の特徴――教職員はワインスタインを擁護したいと思いながら、そうすることを恐れる――も示した。

抗議学生、そして彼らを奮い立たせた教職員たちは、３つの〈大いなるエセ真理〉の過ちを何度もしでかした。例えば、抗議学生を支持したある教授は、同僚の教授たちに怒り口調で、〈脆弱性のエセ真理（困難な経験は人を弱くする）〉と似た発言をした。「もううんざりだ。こんなばかげたことをしていたら、私が殺される」[104]

公会堂での大規模集会で、この大学は何かが間違っているといい、その根拠として自分の不安感を語った学生は、〈感情的決めつけのエセ真理（常に自分の感情を信じよ）〉を示していた。「私は泣きたい。心臓がどれだけ激しく鼓動していることか。恐怖で震えています」[105]

そして、この出来事のすべてが〈味方か敵かのエセ真理（人生は善人と悪人の闘いである）〉の例証となってしまっていた。政治的に進歩主義の大学と政治的に進歩主義の指導者や教員を白人至上主義の代表例とみなし、抗議学生と彼らを支持した教員たちは〈共通の敵を持つアイデンティティ政治〉という巨大なゲームを繰り広げたのだ。抗議への参加を拒んだある学生は後日、大学理事たちの前でこう証言した。「別の見方もあると提示した時点で、『敵』とみなされるのです[*106]」

これほどの大混乱は、決してよくあるものではない。私たちの知る限り、ＵＣバークレーで起きた「マイロ暴動」を除けば、２０１７年春にエバーグリーン大学が陥った無秩序状態は、ここ数十年でアメリカのキャンパスで起きたどんな出来事よりも過激だった。本章で顛末を詳細に記したのは、学生や大学のあり方に関心があるすべての人たちへの警告となるからだ。政治的多様性が極限まで下がり、大学の統率力が弱まり、いとも簡単に脅迫されるとき、そして教授や職員が３つの〈大いなるエセ真理〉の適用を認め、鼓舞するときに何が起こり得るのか、エバーグリーン大学の物語が語っている。

まとめ

◇人間は部族的な生き物で、すぐに集団をつくり、他の集団と競おうとする（第３章で解説したように）。社会学者エミール・デュルケームの研究では、そうしてつくられた集団が、結束や連帯を強めるために儀式――逸脱行為への集団的懲罰など――を行う方法が説明されている。

◇結束を固めた、道徳的に均質な集団は、魔女狩りに陥りやすい。特に、外部からか内部からかにかかわらず、脅威を感じるときにそうなりやすい。
◇魔女狩りには４つの特徴がある。どこからともなく発生し、集団に対する罪の容疑がかけられ、その罪はとるに足りないものや捏造であることが多い。そして、容疑者が無実だと知っている人たちは、口をつぐむか、極端な例では攻撃側に加わる。
◇２０１５年以降にキャンパスで発生している極めて不可解な事態や風潮には、魔女狩りの特徴と合致するものがある。イェール大学、クレアモント・マッケナ大学、エバーグリーン大学での抗議活動はすべて、発端は丁重な言葉で書かれたメールで、そのすべてのケースでメール送信者の解雇が要求された（魔女狩りが起きる背景との関連性を繰り返し語ってきたが、魔女狩りにおいては、それに加わる者たちの恐怖が不当かつ破壊的なやり方で伝えられる）。
◇２０１７年から大学教授の間で見られるようになった、公開書簡で同僚の教授を糾弾し、研究論文の撤回や弾劾を要求する風潮（レベッカ・テュベル、エイミー・ワックス、その他の教授に起きたように）にも、この魔女狩りのパターンが当てはまる。いずれの事例でも、告発された教授の同僚たちは、公然と擁護することを恐れた。
◇視点の多様性が担保されていれば、魔女狩りが起きる可能性は低くなる。90年代以降のアメリカの大学では、政治思想の多様性が、教授と学生の間で大幅に低下している。この多様性の低下と、アメリカで急速に高まっている政治的二極化（詳しくは第６章で解説する）が合わさっているることが、２０１３年頃から出現した安全イズムという新しい文化が急速に広がっている理由の１つなのかもしれない。

本書の第2部はここまでだ。第4章〜第5章では、私たちが『アトランティック』誌で記事を発表してからの2年間で、アメリカのキャンパスで発生した劇的な事象について考察し、キャンパスで見られる認知の歪みについての懸念を解説した。3つの〈大いなるエセ真理〉を理解し、それが実践されている場面を見分けられるようになると、キャンパスで起きている新たな動向について、より納得がいくだろう。第3部では、なぜ今なのかを考えてみたい。3つの〈大いなるエセ真理〉と安全イズムの文化はどこからやって来たのか、ここ数年の短期間で急拡大しているのはなぜなのか？

第3部
なぜこうなったかに関する6つの論題

第6章——二極化を促進するスパイラル

すべての作用には、それと同じ大きさの反作用がある。

アイザック・ニュートンの運動の第3法則

学生たちと大学に何が起きたのか。6つの論題

本書で最初に提示した3つの〈大いなるエセ真理〉は、人としての成長を妨げ、それらを受け容れるすべての人に害を及ぼす。第2部では、全米のみならず、ときに世界的にも注目も集めたキャンパスでのさまざまな出来事を語り、それらに関わった一部の学生や大学教授がいかに〈大いなるエセ真理〉にのめり込んでしまったかを示した。そして、ここからの第3部では、レンズを拡大し、なぜこのような状況になっているのかを考察する。２０１３〜２０１７年にかけて、〈大いなるエセ真理〉と関連した発想——私たちが安全イズムの文化と呼んできたもの——が多くの大学に広がったのはなぜなのか？　２０１２年に大学を卒業した学生はおしなべて、そうした風潮の兆しはほとんど目にしなかったと語る。それが、２０１３年もしくは２０１４年に一部の名門大学に入学した学生は、在学中の4年間に、新たな文化の到来を目撃したと語る。一体何が起きているのか？

残念ながら、簡単な答えなどない。そこで第3部では、この状況を引き起こしていると考えられ、

それぞれに影響し合っている6つの論題を、各章で1つずつ解説していく。順に、政治的二極化と党派間の敵意の高まり（本章）、10代の若者の不安症とうつ病の増加（第7章）、子育てのやり方の変化（第8章）、自由遊びの減少（第9章）、キャンパスの官僚体質の増長（第10章）、主な国家的出来事に反応した正義感の高揚、そして正義そのものに対する考え方の変化（第11章）だ。これら6つの論題を理解せずして今日の高等教育の有り様を理解することは不可能と考える。しかしそれぞれの解説に入る前に、2つのポイントをはっきりと強調しておく必要がある。

第1のポイントは、これら6つの論題がどう影響するかは人によって異なるということだ。キャンパスのすべての人や集団に等しく影響するわけではないことは、私たちが本書で伝えたいストーリーを複雑化させる要因でもある。政治的二極化が高まり、大学がますます左派の砦となる中、キャンパス外の右翼の個人や集団による敵対行為や嫌がらせ行為が増えている。こうした出来事の中にはヘイトクライムとみなされるものがあり、特に標的にされているのはユダヤ人や有色人種である。10代の若者に増えている不安症とうつ病（第7章参照）は男子・女子ともに見られる傾向だが、特に大きな打撃を受けているのは若い女性だ。過保護や「ヘリコプター」ペアレント、そして自由遊びの減少（第8章と第9章参照）は、労働者階級や貧困家庭の子どもよりも裕福な家庭の子ども（ほとんどが白人かアジア系）[*1]に、より悪影響を及ぼしている。職務範囲の広がりに伴って職員が増えていることは、すべての大学に影響を与えている可能性がある一方（第10章参照）、社会正義についての新しい考えや情熱の高まりが問題となっているのは、学生の政治的関与度が高い大学だろう（第11章参照）。

第2のポイントは、本書は善意が正常に機能しなくなっていることを書いた本であるということだ。

第3部の6つの章には、善良で高尚な意欲を持って行動している人たちが登場する。多くの場合、彼らの目的は、傷つき、苦しめられている子どもや人々を助け、保護することにある。しかしご存じのとおり、〈地獄への道は善意で舗装されている〉（善かれと思って行ったことが悲劇的な結果を招くことを意味する格言）。第3部で私たちが目指しているのは、非難することではなく理解することにある。6つの論題を明らかにして分析することで初めて、第4部で提示する解決策の考察をすすめられる。

政治的二極化が進み沸点に達した

第4章と第5章では、学生や教員の言葉の受け止め方が不適切で、大げさで、場合によっては攻撃的になる数々の事例を紹介した。Eメールへの反応であれ、講演者を黙らせようとする試みであれ、同僚を非難する嘆願書であれ、本書で紹介する事例はほとんどがキャンパス内で起きた問題で、政治的左派の一部が引き起こした。標的は右派側の人間（ヘザー・マクドナルドやエイミー・ワックスなど）のこともあるが、大抵は、自分たちと同じ左派側の人間だ（クリスタキス夫妻、レベッカ・テュベル、ブレット・ワインスタイン、リード大学で人文科学系コースを担当していた教授など）。本書の分析対象をキャンパス内での出来事に絞るなら、これら左派内部での対立がストーリーの大部分となるだろう。近年、極左を中心に、言論や暴力、安全性についての新しい考え方が現れた。そして、キャンパスでの討論の大部分は、言論の自由についておおらかな考えを持つ（ほとんどが）高齢の進歩主義者と、インクルージョンという名のもとに言論の制約を支持する傾向にある（ほとんどが）若手の進歩主義者が、左派内部で意見を闘わせている。[*2]

しかし一歩引いて俯瞰《ふかん》し、アメリカの大学という複雑な組織がはめ込まれた社会に目を向けてみると、そこでは着実に分断化がすすみ、怒りが増長し、二極化が高まっており、左派と右派が挑発と激怒の応酬を繰り広げるゲームにとらわれている構図が見えてくる。本書では、なぜそうなるのかを解き明かしたい。抗議学生から脳しんとうを負わせられたミドルベリー大学のアリソン・スタンガー教授は、『ニューヨーク・タイムズ』紙に「Understanding the Angry Mob at Middlebury That Gave Me a Concussion（私に脳しんとうを負わせたミドルベリーの怒れる暴徒を理解するには）」とのタイトルでエッセイを寄稿し、まさにこの点について述べている。[*3] 彼女はこう書いた。

あの暴力沙汰の後、名門大学、甘やかされた若者、不寛容なリベラリズムに問題があるとの物語を紡ぎ出す者たちがいたが、その分析では不十分だ。昨今、アメリカ人の政治への積極関与ならびに政治をめぐる議論は沸点に達しており、そのことへの影響がどこよりも高まっているのがキャンパスなのだ。

続けて彼女は、社会的に軽視されている集団を侮辱し、怒りを買いながら、自分の支持者にはヘイトスピーチを鼓舞するトランプ大統領のやり方をいくつか挙げ、「こうした背景があったがために、マレー博士はひどく誤解されたのです」と述べた。

近年のキャンパス事情を語るにはアメリカならではの政治事情を汲むことが必須とのスタンガー教

授の見解に、私たちも同意する。アメリカの状況は、確かに「沸点」に達している。温度の上昇ぶりがよくわかる図が２つある。

図６－１は、ピュー研究所が典型的なアメリカ人サンプルに対して、10の政策課題についての同意レベルを尋ねる調査を１９９４年から数年おきに実施した結果だ。政策課題には、「業界への政府規制はメリットもあるがデメリットの方が大きい」「雇用、住宅、医療を奪う移民は、国にとっては負担である」「平和を維持する最善の方法は軍事力である」などがある。*4 ピュー研究所は、さまざまな集団のメンバー間で各政策課題への回答にどれくらい差があるのかをはじき出した。さらに、すべての政策課題における差の絶対値の平均を取った。図の一番下の「性別（Gender）」の線を見ると、男性と女性の政治課題に対する同意率の差異は１９９４年（９ポイント）と２０１７年（７ポイント）でほぼ同

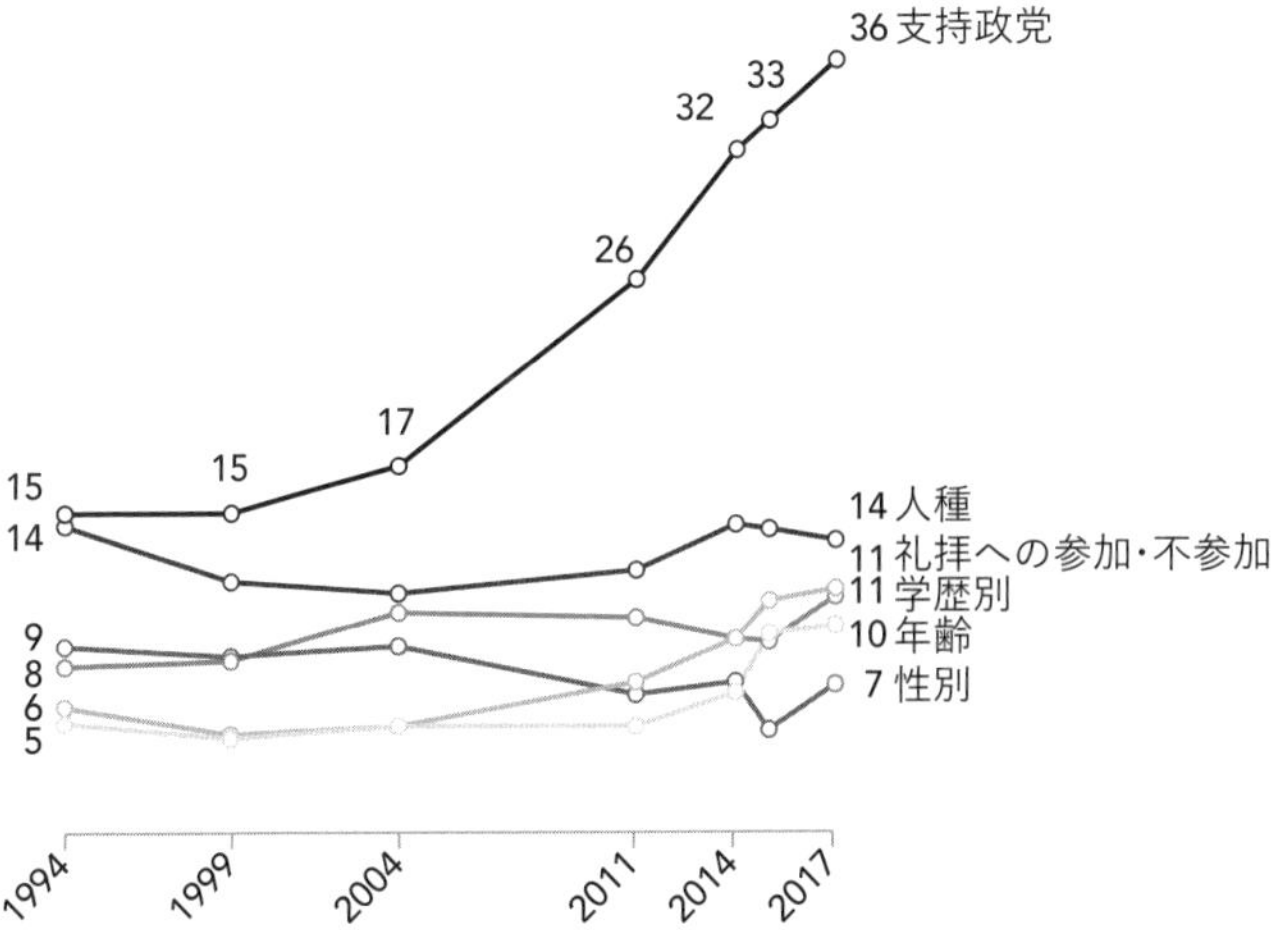

図 6-1　政策課題に見る二極化の傾向。 共和党員と民主党員の 10 の政策課題への同意レベルの差異は、2004 年から大きく広がっている。人種、性、学歴、年齢が異なる集団間の差異は、1994 年から大きく変化していない。（出典：ピュー研究所）

じであることがわかる。明らかに増加しているのは2つの線だけだ。1つは、礼拝に定期的に参加する人と礼拝に参加したことがない人（Religious Attendance）との差異で、1994年に5ポイントだったのが2017年には11ポイントに増えている。しかしその6ポイントの増加も、共和党員と民主党員（Party）との差異が、同期間の、しかもほぼ2004年以降に21ポイント増になったのと比べると、小さなものだ。

広範な道徳的・政治的問題に関して、「反対側」の人たちがどんどん自分とは違う考えを持つ方向にすすんでいけば、彼らによりいっそうネガティブな感情を抱くのも無理はない。その実態を示したのが図6－2だ。2年おきに、全米選挙研究（the American National Election Study）がさまざまなトピックに関するアメリカ人の受け止め方を測定している。調査の一環として、調査員は「感情温度計」を用いる。回答者に一連の質問をし、さまざまな集団や組織に対して、点数で評価をしてもらう。0が「とても冷たい、または好まない」で、100が「とても温かい、または好ましい」だ。グラフの上の2本の線が示しているのは、共和党員と民主党員がそれぞれ自分たちの党に点数をつけた結果で、どちらの線も肯定的な範囲内にあり、70年代から大きく変化していない。[*5] その一方で、下の2本の線が示すのは反対側の党への思いを点数評価した結果で、どちらの線も否定的な範囲内で推移している。とはいえ、70年代から90年代までは40点台と、双方の党の評価がそれほど否定的でなかったことを意外に思う人も多いかもしれない。この2本の線が下降し始めるのは90年代以降で、急激に落ち込んだのは2008～2012年だ（ティーパーティー（2009年から始まり、2010年の中間選挙で共和党大躍進の原動力となった保守派のポピュリスト運動）や「ウォール街を占拠せよ」（マンハッタン区ウォール街で発生したアメリカ経済界、政界に対する抗議運動）が起きた時期だ）。

なぜこんなことが起きているのか？　多くの理由が考えられるが、アメリカが置かれている現在の苦境を理解するにはまず、20世紀半ばは歴史的に異例な時期だったことを認める必要がある――政治的二極化も党派間の敵意も著しく低く、[*7]社会的信頼度や政府への信頼度もおおむね高い水準を保っていた。[*8]　1940年代から1980年代頃にかけては、アメリカの政治は中道派ならびに超党派で動いてきた。その理由の1つは、この期間およびそれ以前のアメリカは、世界大恐慌、第2次世界大戦における枢軸国、冷戦時のソビエト連邦など、さまざまな共通の難題や敵に直面していたからだ。しかし、ソビエト連邦崩壊により共通の敵を失ったことで、第3章で解説したトライバリズムの心理を踏まえると、部族内の対立が激しくなったと考えられる。これが1つ目の理由だ。

主な理由の2つ目は、アメリカ人が自己隔離して政治的に均質な共同体をつくる流れが、70年代以降にいっそう強まったことだ。これについてはビル・ビショップが2008年に発表し、大きな影響力を与えた本『The Big Sort: Why the Clustering of Like-Minded America Is Tearing Us Apart（大

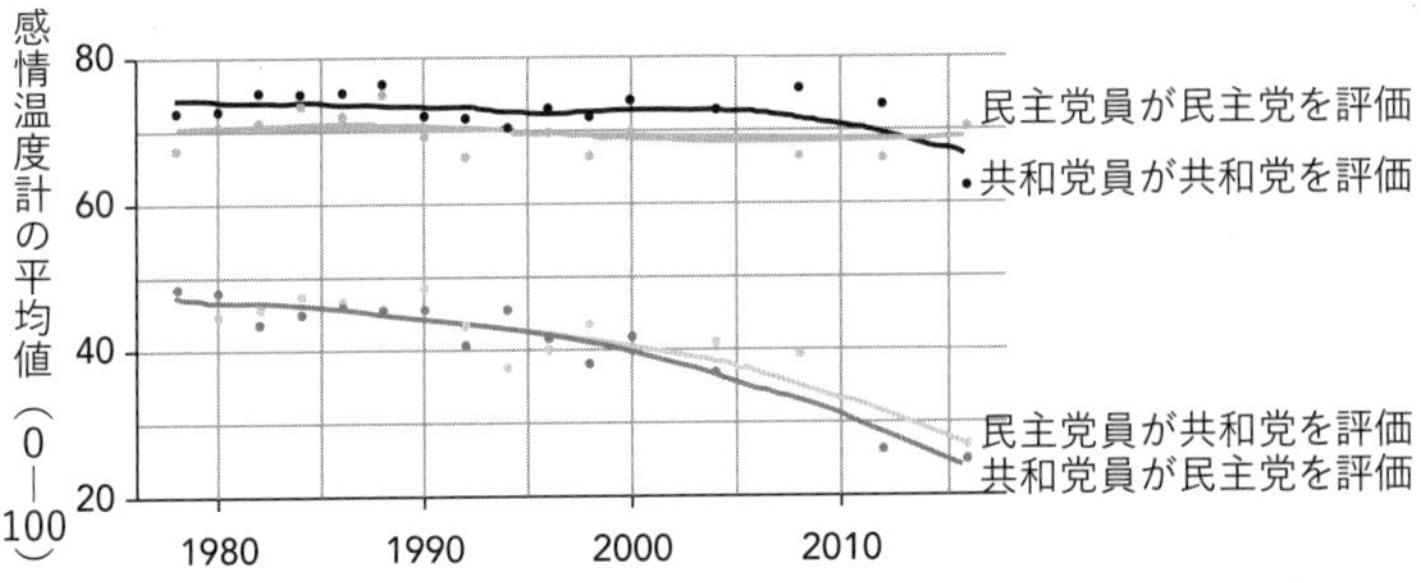

図6-2　党員の感情的二極化を示している。アメリカ人の自分たちの党に対する感情は70年代以降ほとんど変化していないが、反対側の党に対する感情は90年代以降ますます「冷え」、敵意が強まっている。（出典：全米選挙研究[*6]グラフ作成：アイイェンガーとクルペンキン、2018年）

規模な並べ替え：同じ考え同志でかたまりになることで米国が引き裂かれる理由）』の中でも指摘されている。ビショップはその後の研究でも、私たちは経済的にも政治的にもますます分け隔てられた共同体に生きており、それは街の区画レベルにまで及んでいると述べている。[*9] 二大政党は、似たような基準で支持者たちを分類している。つまり、共和党には不均衡なほど高齢、白人、地方生活者、男性、キリスト教信者が多くなり、民主党には若者、非白人、都市部生活者、女性、無宗教の人がますます増えていった。[*10]「その結果、最近は、党派の違いが、世界観の違いや、個々人の社会的・文化的アイデンティティの感覚と一緒くたになっている」と政治学者のシャント・アイイェンガーとマーシャ・クルペンキンは述べている。[*11]

3つ目の理由は、メディア環境の変化が、そうした分裂を助長してきたことだ。アメリカ人全員が3つしかない全米テレビ局のいずれかを見ていた時代ははるか昔のこと。90年代になるとケーブル放送で多くの政治的立場向けのニュース番組が登場。2000年代初めには、考えられるすべての利益集団や不平・不満を取り上げるウェブサイトならびにディスカッショングループが現れた。2010年代になると、ほとんどのアメリカ人がFacebookやTwitterなどのSNSを使うようになり、エコーチェンバー（反響室。SNS上で自分と同じ意見があらゆる方向から返ってくる狭いコミュニティを指す）に閉じこもりやすくなった。それに、検索エンジンやYouTubeのアルゴリズムが自分に関心がありそうなものばかりを表示する「フィルターバブル」によって、保守派と進歩主義者は、互いに正反対の情報世界に支えられた、切り離された道徳マトリックスに導かれている。[*12] 意見を異にする人たちと物理的にもネット上でも切り離されることで、確証バイアス、集団思考、そしてトライバリズムの力が強く働き、私たちはよりいっそう引き離されているのだ。
　4つ目の理由は、議会内の敵対心が一段と激しさを増していることだ。民主党は、20世紀中盤から末期にかけて何度か短い中断はあったものの、約60年にわたり下院での支配権を握り続けていた。しかし、1994年に共和党が圧勝し、ニュート・ギングリッチが下院議長となったことで、その支配体制に終止符が打たれた。ギングリッチは多くの新人議員たちが、それまでの何十年にわたって普通に行われてきたように、党派の壁を超えた人間関係の類いの構築がしづらくなるよう、さまざまな改革を強いた。[*13] 例えば、すべての業務が週の真ん中に行われるよう勤務スケジュールを見直した。議員に地元選挙区から拠点を移させず、週に数日、飛行機でワシントンに通うことを奨励した。ギングリッチはより結束力を固めた、好戦的な共和党チームを望み、実際にやり抜いた。そうした好戦的な規範は、上院にも浸透していった（より弱いかたちではあったが）。1995年以降、支配権が何度か行き来し、そのたびに大きなリスクにさらされる中、礼儀正しさの規範や超党派的提携の実現性はほぼ消え去った。政治学者のスティーブン・レヴィツキーやダニエル・ジブラットが述べるように、「どちらの党もお互いを正当なライバルとしてではなく、危険な敵とみなすようになっている。敗北を喫することはもはや政治プロセスの一環ではなく、命取りとみなされている」[*14]
　これら4つの風潮に他の諸要素も加わって、[*15] アメリカ政治の力学に非常に不穏な変化が生じている。それを政治学者はネガティブ党派心（negative partisanship）と呼ぶ。このほど「感情の二極化」（片方の政党支持者がもう一方の政党に否定的感情を抱く度合い）に関するデータを検討したアイイェンガーとクルペンキンは、この変化を次のように要約している。

二極化の時代以前は、集団内のえこひいき、すなわち自分が支持する政党や候補者に向けた支持者の熱狂が政治参加を支える原動力となっていた。それが近年は、支持しない政党に対する敵対感情が人々を政治参加に向かわせている。[*16]

つまり、今日のアメリカ人に重い腰を上げて政治活動に参加しようと思わせるもの、それは自分が支持する政党候補者への好意ではなく、反対側の党候補者への憎しみである。ネガティブ党派心とは、アメリカの政治は希望よりも、〈味方か敵かのエセ真理〉に突き動かされていることを意味している。「敵」は、何としてでも阻止せねばならないのだ。

これは、私たちの話に絶対に欠かせない部分である。互いに強い敵意を抱くようになったアメリカ人たち、それはまるで大勢がプラカードを掲げて「反対側について何か恐ろしいことを教えてください、何だって信じます！」と言っているようでもある。今や、アメリカ人はいともたやすく弱みにつけ込まれる状態にあり、その脆弱性につけ込んでいるのが、利益追求型の巨大メディア網、政略的な企業家、外国の諜報機関だ。

この脆弱性には、不運な非対称性が伴う。第5章で解説したように、90年代以降、教員や学生が左寄りにシフトしてきた一方で、トークラジオ、ケーブル放送の報道番組、陰謀論を繰り広げるウェブサイトなどのいわゆる「怒り産業（outrage industry）」は右派側でより発展し、効力を有している[*17]（メディア全体の主流は左寄りなのだが[*18]、左派はいまだ、ラッシュ・リンボー、グレン・ベック、ショーン・ハニティ（いずれも右派のラジオ番組やテレビ番組の司会者）などが持つ影響力に匹敵するやり方を見いだせていない）。右翼メディアは好んで大学教授をからかい、キャンパスで実践されている「ポリティカル・コレクトネス」をめぐって学生の怒りをかき立ててきたが、２０１５年にキャンパスでの積極行動主義が強まり、劇的なシーンをとらえた動画（学生が教授に悪態をつく、講演者を黙らせようとするなど）が次から次へと出回るようになると、これまで以上にキャンパス情勢に関心を向け、それらを嬉々として、十分な背景説明なしに報じていった。キャンパス内の左派は怒りをエスカレートさせ、それはときに保守系の講演者に向けられた。そして今度は、それがキャンパス外にいる右派の怒りに油を注ぎ、左寄りの教授や学生に脅迫めいた行動が取られる。それがキャンパス内の左派のさらなる怒りを招く……そして、このサイクルが繰り返されていく。

キャンパス外の右派による威嚇行為

第4章と第5章で考察した抗議活動、講演の中断、公開書簡、魔女狩りは左派から起こされたものだったが、その理由は、ほとんどのキャンパスで支配力を持っているのが左派だからだ（宗教系および士官学校は除く）。しかしキャンパスを一歩離れて見ると、右派の人々や集団の中にも、キャンパスを狙って、すぐに善悪の判断を下したがる、好戦的で、威圧的な行為に関わる者たちがいる。

エバーグリーン州立大学で起きた事態についてはすでに語ったが、本章ではその余波に触れておきたい。先述のとおり、エバーグリーンの内部崩壊がワインスタイン教授の教室入り口で勃発してから

3日後、まだどこの報道機関もこの大混乱を取り上げていなかったとき、ワインスタインはFOXニュースの番組「タッカー・カールソン・トゥナイト」への出演依頼を引き受けた。番組が放送されると、激しい反発が起きた。ワインスタインの番組出演から3日後、抗議学生の1人がウェブサイト「ミディアム（Medium）」に記事を投稿し、セミナー棟の側面にスプレーで鉤十字（スワスティカ）が描かれたこと、彼女と他の抗議学生がオルタナ右翼から「ドキシング（他人の個人情報をインターネット上にさらす行為）」にさらされたことを書いた。「抗議行動の主催者たちの顔、名前、電話番号が、左派や有色人種への嫌がらせ目的のサブレディット（アメリカで人気の投稿型サイトRedditで特定のトピック専用のカテゴリーを指す）で公開された」。[19]その数週間後、この学生は『ニューヨーク・タイムズ』紙に掲載されたエッセイでも、抗議学生が「数百件もの電話、匿名のテキストメッセージ、暴力の脅迫を受け、『住まいや職場はバレているぞ』」と嫌がらせを受けていること、そしてオンライン掲示板に自分に向けられたレイプの脅迫を見つけたことを書いた。[20]エバーグリーン大学の渉外担当の副校長サンドラ・カイザーは、大学は「SNS上で想像を絶するほどの嫌がらせ」を受けていると語った。[21]ところが、暴徒は遠方から「電話をかけてくる」だけではなかった。ニュージャージー州の男からの脅迫電話はすぐに信憑性なしと判断されたが、右翼過激派集団はキャンパスに姿を現した。ネオナチ集団アトムヴァッフェン・ディビジョンは、キャンパスの建物に、〈黒人の命は大事じゃない。地元ナチス集団に加入せよ（BLACK LIVES DON'T MATTER and JOIN YOUR LOCAL NAZIS）〉と書かれたポスターを貼っていった。その後、黒装束のメンバーたちが、夜のキャンパスを歩き回ってポスターを貼りつける動画を、顔をぼかして投稿した。[22]

物理学ではニュートンの法則にあるように、すべての作用にはそれと同じ大きさで反作用がある。

しかし二極化スパイラルにおいては、すべての作用に不均衡な反作用が働く。2015年にキャンパス抗議を起こした者たちを、多くの批評家は些細なこと（クレアモント・マッケナ大学での学生部長スペルマンのEメールなど）に過剰反応しすぎだと非難した。しかし2016年後半からは、キャンパス外の右派が、左派の教授による講演に過剰反応する事例が増えていった。

リサ・ダーデンは、マス・コミュニケーションと大衆文化、および小論文作成を指導する非常勤教授として、2017年春にニュージャージー州ニューアークにあるエセックス大学に雇用された。それ以前は自己啓発系の講演者として活躍していたダーデンは、自身のトーク番組を持ち、大衆文化の専門家としてさまざまな番組に出演、テレビや映画のプロデューサーとしても活動していた。2017年6月6日、FOXニュースのタッカー・カールソンの番組に出演した彼女は、ブラック・ライヴズ・マター運動の支部がニューヨーク州ブルックリンで開催した「黒人だけの」記念日パーティー（彼女自身は出席していない）を弁護する発言をした。カールソンの敵対的な質問に、彼女はこう返した。「あらあら。あなたたち白人は『白人の特権』カードを使えず、招待されなかったから怒っているのですね[*23]」

確かに、彼女の発言は挑発的だった。しかし「黒人だけの」イベントは大学で開催されたものではない。彼女は、白人学生の排除を主張したわけではない――実際、ダーデンが学生を差別したと訴える者はいなかった。にもかかわらず、ダーデンのテレビ出演には右派からの激しい怒りが浴びせられた。彼女のもとには抗議の手紙や匿名の脅迫が寄せられ、そこには「愚かな黒人ばばあを殺しに家まで押しかけるぞ」「FOXニュースであの男にした話し方をしてみろ。袋叩きにしてやるぜ。この人種差別主義の悪魔め」などと書かれていた。ここに再掲はしないが、ダーデンは他にもいろいろ私たちに見せてくれた。それらは恐ろしく人種差別的で、性差別的で、脅迫めいていた、と言うにとどめておこう。

痛烈な批判を浴び、暴力の脅威にさらされたことで、ダーデンは長きにわたりダメージを受けている。「あのことを考えたり話したりすると、今でも胃がキリキリ痛みます」と私たち宛てのメールでこぼした。「私の立場であの発言をすることは差別や偏見にあたらない、だから事態はすぐに良くなる、と人は言います。でもそうとは限らないし、事態が悪化することだってあります。今の私はそう感じています」。[*24] しかも大学側は苦情が「たちまち殺到した」と主張し、ダーデンを停職処分にし、調査を始めた。[*25] 大学に寄せられたとされる苦情を確認すべく、FIREは記録を提示するよう要望書を提出した。しかしエセックス大学は、FIREが訴訟を起こすまで無視を貫いた。後になって、ダーデンの停職処分前に殺到したとされていた苦情は、メール1件のみだったことが判明した。[*26] にもかかわらず、6月23日、学長はダーデンの解雇を発表。[*27] こんな事態にはなったが、自分の発言は後悔していないとダーデンはきっぱりと言った。

ダーデン教授の件だけではない。2016年のクリスマスイブ、フィラデルフィアのドレクセル大学教授ジョージ・チッカリエッロ・マーハーは、「私がクリスマスに欲しいのは白人の大虐殺だ」と挑発的なツイートをした。このツイートを急速に拡散させたのは、〈テネシー共和党員の非公式アカウント〉を謳い、後にロシア拠点のインターネット調査機関が荒らし目的で運用していたと判明したツイッターアカウントだった。[*28] 文字どおりに取れば恐ろしい響きがするツイートだが、「白人の大虐殺」

というのは、大量の移民流入や異人種間の結婚がゆくゆくは白人の消滅をもたらすのではと、白人ナショナリスト集団が自分たちの恐怖心を表すのに使う言いまわしだと知っていれば、その意味合いも違ってくる。本人も後にこう弁明している。「『白人の大虐殺』は白人至上主義者が考え出した妄想で、異人種間の結婚や多文化主義政策などを非難する際に用いられている……人種差別主義者の空想の産物は愚弄されるべきもので、私はそれをすすんでからかったまでだ」[*29]。ドレクセル大学は当初、チッカリエッロ・マーハーにこのツイートに関する処罰はないと約束していた。しかし、2017年2月に秘密裏に身辺調査を開始し、「安全性の懸念から」彼をキャンパスから締め出した。調査が終了したのは2017年12月末、彼が辞職したからだった。最初のツイートから1年が経っていた[*30]。「右翼、白人至上主義のメディア、インターネットの暴徒たちからの嫌がらせは約1年続いた。殺害の脅し、暴力を受けるかもしれない恐怖」は家族にも向けられた、とチッカリエッロ・マーハーは語った[*31]。

2017年5月20日、プリンストン大学の教授で、『#BlackLivesMatter to Black Liberation（ブラック・ライヴズ・マター運動から黒人の解放へ）』の著者でもあるキーアンガ・ヤマッタ・テイラーは、ハンプシャー大学の卒業式でスピーチを行った。その中で、トランプ大統領を「人種差別主義かつ性差別主義の誇大妄想者」と呼び、学生の未来に脅威をもたらしていると語った。翌週、FOXニュースは彼女のスピーチの一部を放送し、「アメリカ大統領への攻撃演説（anti-POTUS tirade）」と呼んだ[*32]。5月31日までにテイラーは「憎しみに満ちた脅しのメールを50通以上」受け取ったと訴え、中には「殺人など具体的な暴力の脅し」や「リンチ殺人や44マグナム弾を頭にぶち込む」と書かれたものもあった[*33]。自身と家族の安全を考慮し、テイラーはその後の講演予定をすべてキャンセルした。

保守派の読者なら、件の教授たちは攻撃的、あるいはことさらに挑発的な発言をしたのだ、一体どんな反応が返ってくると思ってたんだ、とこれら3つの事例を一蹴するかもしれない。進歩主義者の読者なら「白人の大虐殺」のユーモアはわかってくれるかもしれないが、Twitterで大虐殺とふざけたところで、文字どおりにしか解釈しない人たちがいることも見込んでおくべきだろう。それゆえ、3人の教授は学者らしくもっと慎重に発言していればこんな問題にはならなかっただろうと思うかもしれない。だが、それだけでは十分ではないようだ。2017年6月、アイオワ大学の歴史学准教授サラ・ボンドは、オンラインのアートマガジン『ハイパーアレジック』に「Why We Need to Start Seeing the Classical World in Color（なぜ私たちは古典世界を色つきで見る必要があるのか）」とのタイトルで記事を書いた。[*34] このタイトルは、古代ギリシャ・ローマ時代の彫像は大抵肌の色や鮮やかな色が塗られていたが、ルネサンス時代に土中で風化したこれらの彫像が再発見されたときには塗装はすっかりはがれ落ちていた、というあまり知られていない事実に言及している。ルネサンス時代の芸術家や彼らのパトロンたちは、質素な白い大理石は彼らが目指す美学を表していると考えた。そしてこの時代の芸術家は、大理石の彫像はギリシャ・ローマ人が追い求めていた理想だとの誤った思い込みのもとに、新しい彫像（ミケランジェロのダビデ像など）をつくっていった。[*35] こうしたルネサンス期の白い大理石の彫像が、古代世界はいたるところに白い大理石の像があったに違いないという現在の私たちが持つイメージをつくり上げていった。

ボンドによると、ローマ人は理想的な人間のかたちを白い大理石の彫像で表現したとの誤った発想から、19世紀の学者はローマ人が「白人」だった（古代に「白い」人種の概念はなかったが）と考えるようになった。記事の中でボンドは、白い彫像についての誤解は、「古代ギリシャ・ローマの彫像を白人男性の優位性の象徴として用いるアイデンティティ・エルロパ（Identity Evropa）（2016年3月にアメリカン・アイデンティティ・ムーブメントの名称で設立されたネオナチおよび白人至上主義の過激派組織。2019年3月より現在の名称）などの白人至上主義者に、さらなる弾薬を与えることになる」と書いた。[36] 説得力ある写真と学術論文へのリンクつきで提示されたボンドの意見は、斬新で興味深いものがある。が、周到に準備された学問的説明であるにもかかわらず、激しい怒りが巻き起こった。

〈大学教授、白い大理石の彫像は人種差別的で「白人至上主義」をもたらすと発言[37]〉、〈アイオワ大学の教授、「白い大理石」は「白人至上主義」思想に影響を与えると発言〉との見出し記事もあった。[38] Twitterでは「おバカな社会正義戦士」と呼ばれ、多くの人がボンドを解雇しろ、死んでしまえとツイートした。[39] 彼女のもとには殺害の脅迫、解雇要求が届き、インターネット上でも誹謗中傷が浴びせられた。[40] 〈進歩主義の教授が突拍子もない発言をし、それを報じる保守派メディアを非難〉と、二極化スパイラルを右派の視点からとらえた見出しもあった[41]（左派から見れば、〈進歩主義の教授が発言。保守派メディアは頭がイカれた教授と報じる〉となるのだろうが）。

2017年以降の大学生活に影響を及ぼしている二極化サイクルは、通常、この流れで起きている。[42]

1．左派の教授が、SNS、主要メディア、講義、または（頻度は低いが）学会誌で、挑発的または扇動的な発言、または執筆をする。それらの意見は往々にして、キャンパス外の右翼系集団や政治家による不当行為と認識されているものへの反発である。動画やスクリーンショットがSNS上で共有される。

2. 右翼系メディアがネタを取り上げ、激怒をかき立てるやり方で伝える。背景説明を取り除き、事実を歪めることもある。[*43]

3. このネタを聞きつけた数十人、もしくは数百人がSNS上で怒りの投稿やコメントをする、または問題となっている教授にメールを送る。それらには人種差別的、性差別的な非難が込められがちで、レイプや殺害の脅迫がなされることもある。大学側に公的に教授の解雇要求を出す人もいる。

4. 一方で、大学側はその教授を弁護せず、調査が実施される、あるいは教授が一時休暇を取らされることもある。身分保障のない教授は解雇や契約更新されないリスクが高い。

5. この経緯を耳にした党支持者の大多数は、これは自分が相手側の党に抱いている最悪な信念を確信させるものだと感じる。そして、右派は件の教授が発言または執筆した内容に、左派はそれに対する人種差別的／性差別的な反応に、それぞれ注目する。お互いの怒りが強固となり、両側の人々がこのサイクルを繰り返していく。

このようにキャンパス外の二極化事情を巻き込む場合と、キャンパス内で教授が学生の怒りを招く場合では中身が異なる。学生が教授を人種差別主義者扱いすることや講演キャンセルを求めることは、（キャンパス外の人間が）レイプや殺害の脅迫をすることとはまったく違う。この違いは法律にも定められており、アメリカ合衆国憲法修正第1条では、信憑性のあるレイプや殺害の脅迫を保護しない。これらは犯罪だからだ。ただし、反発行動の出どころがキャンパス外の右派であれキャンパス内の左派であれ、通常、大学幹部の反応は弱く、対象にされている教授を支持しないことも多い。状況はまたたく間に収拾がつかなくなる。そして事態を見守っている人たちは、左派も右派も〈相手側が悪〉との同じ結論を導き出す。

ちょっとした失言や些細な誤解が、あらゆる情報媒体で誹謗中傷や脅迫をもたらしかねない今、多くの教授は、教鞭を執るにも講演するにも、以前よりはるかに用心するようになったと語る。[*44] さらに、新たに陰湿な問題も出てきている。教授たちの政治的信条に注目が集まっているのだ。キャンパスの保守派集団ターニングポイントUSA（TPUSA）は、「保守派の学生を差別し、反米の価値観を奨励し、教室ですすんで左派の政治宣伝をする」教員を「公表し、文書化」するため、「教授ウォッチリスト」なるものを作成した。[*45] 言論の自由の推進派は、このウォッチリストの公表を、懸念を持って見守っていた——アメリカには、気に食わない思想やその思想の信奉者をリスト化する歴史がある。[*46] こうしたリストは、そこに名前が載っている人たちに、あなたの発言を監視していますよとの警告になる。不愉快な思考を刺激するのは、教授が果たすべき重要な役割である。それなのに昨今の教授は、刺激的な教育実践や探求を続ければ、自分の評価やキャリアに終止符が打たれかねないと心配しているのだ。

キャンパス外からもたらされる脅威が現実に

25年間減少していたヘイトクライムの通報件数が、２０１５年に増加に転じた。[*47] ＦＢＩが追跡しているその数字は、２０１６年さらに5％増となった。[*48] アメリカの主要都市で２０１７年１月から８月に実施された調査では、２０１６年の同時期と比べて、ヘイトクライムの通報件数は20％増となった。[*49] ヘイトクライムの正確な統計を取るのは非常に難しく、広く報じられた事件の中にはでっち上げと判明したものもある。[*50] それでもなおキャンパスでは、ヘイトクライムはトランプ政権下で増えている、との認識が広がっている。そして、入手できた調査を精査した私たちに言えるのは、その認識にも一理あるということだ。

キャンパスでの脅迫は実際的で、ときに恐ろしいかたちを取る。２０１５年、ミズーリ科学技術大学の白人学生が、黒人学生が抗議活動を繰り広げているミズーリ大学のメインキャンパスに向かい、そこで目にする「すべての黒人を撃つ」とＳＮＳに投稿し、逮捕された。[*51] これが起きたのは、サウスカロライナ州チャールストンの教会でディラン・ルーフが９人の黒人の信徒を殺害した事件から5カ月後のことだった。２０１７年10月には、メリーランド大学の白人学生が、ボウイ州立大学から訪れていた学生リチャード・コリンズ3世を刺殺し、殺人罪およびヘイトクライム罪で起訴された。被害者が黒人であるから標的にされたのは明らかだった。[*52]

シャーロッツビルをデモ行進した白人至上主義者たちが、ヘザー・ハイヤーを殺害し、暴力を振るった。その影響で、これまでオルタナ右翼の活動はインターネット上の荒らしに過ぎないと考えていた多くの評論家にとって、オルタナ右翼やネオナチがもたらす物理的な脅威がはるかに現実的なものとなった。シャーロッツビルでのデモ行進からたった2カ月後の2017年10月、白人ナショナリストを公言しているリチャード・スペンサーがフロリダ大学で講演を行った。講演終了から1時間半後、白人ナショナリストを自称する3人の男が、抗議者が集まっていたバス停まで車で向かい、彼らに向かってネオナチのスローガンを叫び始めた。抗議者の1人が杖で車の後部の窓を叩くと、3人の男が車の外に飛び出し、「おまえらをぶっ殺す！」「やつらを撃て！」と怒鳴った、と伝えられている。白人ナショナリストの1人、タイラー・テンブリンクは銃を手にしていた。1発発砲したが抗議者には当たらず、そのまま男たちは逃げた。その後、3人は逮捕され、殺人未遂で起訴された。[*53] 数カ月後、ミシガン州のウェイン州立大学では、移民の権利を支持するパンフレットを配っていた集団と口論が起き、1人の学生がナイフを振り回し、「この国に属さない不法移民を全員殺し」てやりたいと言った。[*54]

有色人種の学生が絶えず安全を脅かされること、そしてどこかしらで脅迫行為が起きたとの報道が頻発することは、目新しい現象ではない。アメリカにおける人種の歴史は差別と脅迫の歴史であり、そこに国としての発展の歴史が絡み合っている。とはいえ、人種的脅しのこの新たなうねりには、近年の経過ゆえに、とりわけ不穏さが漂う。2008年、バラク・オバマが大統領になり、この国の人種差別の闘いは難関を脱したと多くの国民が感じた。[*55] 2016年終盤、アメリカの大学生は黒人が大統領を務める国で8年間を過ごしてきたのだし、多くの専門家や評論家は、この国初の女性大統領誕生を期待しようと学生に語っていた。それだけにトランプ勝利の衝撃は、多くの黒人学生や左寄りの女性を幻滅させたに違いない。大統領が人種差別的な挑発を繰り返し、ネオナチやそれ関連の露出も高まる中、「白人至上主義」というものが、狭義の定義においてさえ、遠い過去の遺物ではなかったということが、かつてないほど信憑性のある状況となった。

本章の最後にいま一度、アリソン・スタンガー教授の意見を見ておきたい。「アメリカ人の政治への積極関与ならびに政治をめぐる議論は沸点に達しており、そのことへの影響がどこよりも高まっているのがキャンパスなのだ」。これが、今日の大学生が国家的な大きな出来事を理解しようと努め、身近で起きる一見些細な出来事に反応している背景なのだ。出来事の解釈にもより建設的なものがあることは本書を通して示唆してきたが、この章の趣旨は、学生が取っている行動には理由があるということだ。アメリカの政治ならではの背景や事情がある。二極化スパイラルやネガティブ党派心の高まりが、国内の政治活動のいたるところに影響を及ぼし、多くのアメリカ人が〈味方か敵かのエセ真理〉を受け容れてしまっているのだ。

続く3つの章では、変化がキャンパスだけでなく、もっと若い世代にも起きている状況を解説する。10代の若者の心の健康、そして子どもの頃の過ごし方の変化が、彼らを、大学生になって直面する「怒りで煮え立つ」出来事でやけどしやすくしてきたおそれがある。

まとめ

◇80年代以降のアメリカでは、何かしらのかたちで着実に二極化傾向が色濃くなってきた。感情的（または精神的な）二極化というのは、二大政党のどちらかの支持者が、反対側の党やその支持者をいっそう憎み、恐れることをいう。これが、キャンパスの情勢変化を理解するための６つの論題の１つ目だ。

◇アメリカの感情的二極化は、どちらの党もほぼ同じような変化を示してきた。しかし党派間の憎しみが強まる中で学生や教員が左寄りにシフトしていったため、一部の保守派や右寄りの組織が大学に寄せる信頼度は下がり、敵意が高まっていった。*56

◇２０１６年以降、大学教授がインタビューやＳＮＳ上での発言が原因で右派から執拗に追いかけられる、または嫌がらせをされる、注目度の高い事例が増えている。

◇政治的二極化が強まっていることで、キャンパス外の右派からキャンパス内の左派をめがけた人種差別的かつ政治的な挑発行為が増加している。この事実は、２０１６年以降にキャンパスでの学生行動が変化している理由を語る上で、非常に重要な意味を持つ。

第７章――不安症とうつ病に悩む学生の増加

うつ病の人が、自身の乗る救命ゴムボートにピンを突き刺して穴を空けることはよくある。だが本人の意識により、そうしないよう介入することは可能だ。うつ病の人は無力ではない。

アンドリュー・ソロモン、『真昼の悪魔：うつの解剖学』*1

うつや不安を抱える学生が増えている

２つ目の論題は、２０１０年代以降、10代のアメリカ人の間でうつ病と不安症が増えていることだ。これらの気分障害は、３つの〈大いなるエセ真理〉と密接に関連している。

これは、ある人のうつ病体験談だ。10代の若者ではないが、アンドリュー・ソロモンの引用にある意識の介入が語られている。

私はその日ずっと、自殺のやり方をネットでくまなく調べていました。ほぼすべてのサイトに、うまくいかなかった経緯や、死ねずに身体に傷だけが残ったなどの失敗談が載っていました。銃を使った自殺でもです。そんなリスクは犯したくなかったので、私は家の向かいにあるホームセンターに出向き、丈夫なビニール袋と金属線を探しました。ありったけの睡眠薬、精神安定剤、抗不安薬を粉々にして一気飲みし、頭にビニール袋を巻きつける。そうすれば、薬で死ななくても窒息死できるだろうと考えたのです。でも、心変わりしても抜け出せないくらい、頑丈なビニール袋が必要でした。

一刻も早く、今、やる必要がありました。なぜ……だったのでしょう？　それが私のやるべきことだったからです。これ以上時間をかければ、やらなくなるかもしれない。思いがあるうちにやり遂げないと、気分が楽になれば、すべて嘘になってしまう。私は死ななければならないという、闇の中にある大いなる真実に触れた強烈な感覚がありました。

なんてことを考えているんだ、との思いが一瞬よぎったのでしょうか。突然頭がさえた私は、９１１に電話をかけていました。まずは、自分が何をしようとしていたのかを淡々と説明しました。でもすぐに、泣いていました。電話の向こうの声が、今すぐ病院に行きなさいと言ったので、そのとおりにしました。

それから3日間、ノース・フィラデルフィアの精神疾患患者向け施設で過ごしました。２００７年12月のことです。孤立感に襲われていたフィラデルフィアの生活を切り上げ、友人や家族がいるニューヨーク市に戻る予定が立てられました。ニューヨークに移ってすぐ、薬を増やすのではなく減らそうとする医者を見つけ、認知行動療法を始めました。

最初はあまり変化を感じられませんでした。医者は何度も何度も、私がどれだけ脳の隅々まで駆使し、自分の考え方――スキーマ――をつくり出しているか、おまえなんてお先真っ暗などうしようもない人間だと語りかけているかを説明しました。1日に2回、認知行動療法を実践するようになると、次第に自分の中に、怒りにもだえ、自分はひどい人間という見方を必死で守ろうとしている自己防衛的な気持ちがあることがわかってきました。

「これだ！」とひらめくような瞬間があったわけではありません。ですが、冷静な心で自分の思考の歪みを理解できるようになったのです。でも本当に状況が変わったのは、頭の中にあるなんとも冷酷で、ばかげた、破壊的な声を、それに従って行動しなければいけないとは考えずに聴くことが習慣になってからです。そうした声が勝たないようにすると、声は次第に止んでいきました。認知行動療法のおかげで、自分の中にある邪悪な考えを、アニメのバカっぽいキャラクターが話しているように聞くことができるのです。今でも落ち込むことはありますが、その頻度もしんどさも以前とはまったく違います。

この体験談を書いたのはグレッグだ。彼は認知行動療法（CBT）で命拾いしたと確信している。開始からほんの数カ月で、自分の認知の歪みを把握できるようになった。自分の認知の歪みを見抜けるようになると、他の人がしでかしている認知の歪みにも気づけるようになった。それに慣れてくると、破局化、二分法的思考、レッテル貼りなど、認知の歪みの種類も難なく見分けられるようになっていった。

2008年に認知行動療法を始めたのとほぼ同じ頃、グレッグはFIREの代表として働く中で、キャンパスの職員が学生に認知の歪みの手本を示しているのではと感じることがときどきあった。職員の取る行動が、学生は常に危険にさらされている、さまざまなリスクや不快感から守ってやらねばという印象を与えたのだ。（詳しくは第10章で解説）。しかし当時の学生はミレニアル世代で、そのほとんどが職員の過度な反応をあきれた目で見ていた。講演を恐れる姿勢が学生側から生じているとグレッグが気づき始めたのは、最初のｉＧｅｎ（インターネット世代。１９９５年以降生まれを指して、ジーン・トゥウェンジが名づけた。第1章参照）が入学してきた２０１３年頃になってからだ。セーフスペースの設置、トリガー警告、マイクロアグレッション、講演を暴力とみなすなど、新たな議論が湧き起こる中で、学生が認知行動療法の実践マニュアルから抜き出してきたかのような主張や弁明をするようになった。だからグレッグは２０１４年にジョンを昼食に誘い、２０１５年に私たちは『アトランティック』誌の記事を書いた。

この記事の中で私たちは、アメリカの子どもたちの生活に見られる変化について、親の目が届かないところで過ごす時間の減少、ＳＮＳの台頭などを例に挙げて、簡潔に論じた。だが、焦点をあてたのはあくまで、大学入学後の学生に起きていることだった。大学内の心の専門家たちから、カウンセリングの申し込みがどんどん増えているとの驚きの声を耳にし始めたばかりだったので、[*2]学生を言葉や思想から守ろうとする大学側の対応そのものが、図らずも学生の認知の歪みを助長し、カウンセリングの需要を押し上げているのでは、というのが私たちが示した見解だった。

しかし２０１７年になって、私たちの理解は間違っていたことがわかった。学生の間で増えている精神疾患の主因は大学側にあるのではなかった。助けを求める学生たちは、10代の不安症やうつ病が近代では見たことのないレベルで増加しているという、アメリカ全体で起きているうねりの一端で、大学は、精神疾患――主として気分障害――に苦しむ学生の急増にどう対応すべきかに苦闘している側だったのだ。[*3] そうなると、安全イズムという文化の出現は、この新たな趨勢に対してキャンパスを立て直そうとする一部の学生や教職員の取り組みの一環と理解することもできよう。ある種の講演に脅威を感じると言う学生が増えれば、もっと保護策を取ってやらねばとなる。しかし本書で伝えたいのは、この考え方は間違っているということだ。大学生は脆弱ではない、反脆弱性である。こちらが善かれと思って取った保護策が仇《あだ》となり、長い目で見れば、助けるつもりでいた学生の状況を悪化させるおそれもある。

本章では、アメリカの10代の若者がいかに心の健康を損なっているかを示す新しい研究結果を考察する。カナダ[*4]やイギリス[*5]でもよく似た傾向を示すエビデンスが出てきているが、アメリカほど明確で一貫したものではない。[*6] だが3カ国とも、男子より女子がより大きな影響を受けているのは同じのようだ。キャンパス内およびキャンパス外で、心の健康はどう変化しているのか？　安全イズムという文化が2013年以降に出現したのはなぜなのか？

未熟で脆弱、不安・うつが多い世代「iGen」

2017年の著書『iGen（インターネット世代）』（第1章で簡潔に紹介した）の中で、サンディエゴ州立大学の社会心理学者ジーン・トゥウェンジは、現在の10代や大学生の行動、価値観、精神状態の実態について、これまでで最も詳しい解説を提示した。世代間の心理的差異ならびにその理由を研究しているトゥウェンジは、ミレニアル世代の後に続く世代を、ポケットの中にインターネットを持って育った最初の世代であることから、「インターネット世代（internet Generation）」をiPhone（アイフォーン）のように略してiGen（アイジェン）と呼ぶ（「Z世代」と呼ぶ人もいる）。もちろん、ミレニアル世代の最年長である1982年生まれも、90年代後半にコンパック社の家庭用コンピューターでネットスケープやアルタビスタ（アメリカの検索サイト。2013年7月にサービス終了）で音楽を検索し、マップクエスト（アメリカの無料オンライン地図サービス）で地図を検索しただろう。ただ、サーチエンジンと違い、SNSは社会的関係性まで変えてしまう。

世代をどこで線引きするかは、いつだって難しい問題だ。トゥウェンジが提言するのは、心理的特性に基づき、1994年生まれをミレニアル世代の最後とし、1995年生まれをiGenの最初とする区分だ。ミレニアル世代とiGenに自分の特性や考え方について自己判断させた結果に断絶が見られたからだが、その理由として1つ考えられるのが、iGenの最年長が11歳になった2006年にFacebookが登録要件を変更したことがある。Facebookに登録するのに、これまでのように大学生であることを証明する必要がなくなり、13歳になっていれば――または13歳のフリをするもっと年下の子どもでも――登録できるようになった。

とはいえ、Facebookやその他のSNSプラットフォームが本格的に大勢の中学生を引き込んだのは、iPhoneが世に出て（2007年）から数年で広く普及した後のことだ。アメリカの平均的な10代の若者の社会生活は、2007年からざっと2012年にかけて大きく変化したと考えてよいだろう。SNSプラットフォームが急増し、10代の若者がTwitter（ツイッター、2006年設立）、Tumblr（タンブラー、2007年）、Instagram（インスタグラム、2010年）、Snapchat（スナップチャット、2011

年）、その他いろいろなアプリを使い始めた。各企業はますます巧みに、業界で「アイボール（eyeballs）」と呼ばれるサイト訪問者数をつかみ、離さない術を編み出し、ＳＮＳはどんどん依存性のあるものになっていった。Facebook の初代社長ショーン・パーカーが、２０１７年のインタビューで創業当時を振り返り、ぞっとさせられる発言をしている。

Facebook をはじめとする、こうしたアプリ開発をしていた頃は、「どうすればユーザーの時間を食いつぶし、意識を向けさせ続けられるか？」ばかり考えていました……ユーザーには少量のドーパミンを与え続ける必要があるので、アップした写真や投稿に「いいね！」やコメントがつくようにしたのです。すると、もっと投稿したいと思わせられ、その投稿に対してさらに多くの「いいね！」やコメントがつく……これは社会的な妥当性確認のフィードバックループみたいなものです。私みたいなハッカーは、人間の心理の脆弱性につけ入ろうと、こんなことばかり考えているのです。[*7]

インタビューの最初の方で、「子どもの脳への影響は、神のみぞ知るですよ」とも発言している。つまりｉＧｅｎは、10代の人格形成期を、ＳＮＳという巨大な社会的かつ商業的実験に没頭して過ごした（そして現在も過ごし続けている）最初の世代なのだ。では、それの何がまずいのか？

トゥウェンジは、数十年かけて実施された４つの調査データを深く掘り下げ、著書にまとめている。調査が焦点をあてたのは、１つは大学生、２つはもっと広い範囲の10代の若者、もう１つはアメリカ成人のサンプルだ。トゥウェンジはこれらのデータに基づいて多数のグラフを作成し、80年代または90年代以降に見られる10代の行動や意識の変化を示した。グラフの線の多くは、2005～2012年のあるポイントまで横ばいで推移しているが、そのポイントを境に、上向きの弧を描くか急速に下降している。iGenは飲酒量が少ない、喫煙者が少ない、より安全運転である、性体験が遅いなど、前向きな変化と言えるものもある。しかし、そうとは言いがたいものや、かなり悲惨なものもある。研究結果は副題に簡潔にまとめられている。『Why Today's Super-Connected Kids Are Growing Up Less Rebellious, More Tolerant, Less Happy —— and Completely Unprepared for Adulthood —— and What That Means for the Rest of Us（超つながり社会で育った今日の子どもは、従順で、寛容で、幸福度が低い——大人になる準備がまったくできていない——その事実が意味するもの）』

トゥウェンジの分析が示唆するのは、世代間で見られる2つの大きな変化が、2013年以降にキャンパスで台頭している安全イズムを推進してきた可能性があるということだ。世代間の変化の1つ目は、今日の子どもたちは成長がずっとゆっくりであるという点である。子どもから大人への移行を示すと一般的に考えられている行為——仕事に就く、車を運転する、酒を飲む、デートする、性行為をする——を起こす段階が、遅めなのだ。iGenはこれらの行為をするまでの待ち時間がそれ以前の世代よりも長い——そして、行う量も少ない。今日の10代は、これらの行為（普通、他者と対面でのやりとりが必要）をする代わりに、一人で画面と向き合って過ごす時間がはるかに多い。[8] 子どもの安全をやたらと心配するヘリコプターペアレントの存在と画面世界の魅惑が合わさって、iGenが親の監視なしに友人と出掛ける時間がそれ以前の世代より大きく減少していることは、特に重要な意味を持つ。

要は、iGenが大学に入り始めた2013年秋頃から、親の目の届かないところで過ごした時間ならびにオフラインの人生経験を積んだ時間が、これまでのどの世代よりも少なくなっているのだ。トゥウェンジが述べるように、「今の18歳はかつての15歳のように、13歳は10歳のようにふるまっている。今の10代は身の安全性は高まっているが、精神的には脆弱化している」[*9]。この傾向は、社会階級や人種、民族にかかわらず見られる[*10]。それゆえ、iGenは（平均して）それまでの世代の18歳のようには大学生活への心構えができていないおそれがある。そう考えると、大学生が自分たちの問題や対人間の対立に、突如としてより手厚い保護や大人の介入を求めるようになった理由が見えてくるのではないだろうか。

世代間の変化の2つ目は、不安症とうつ病の

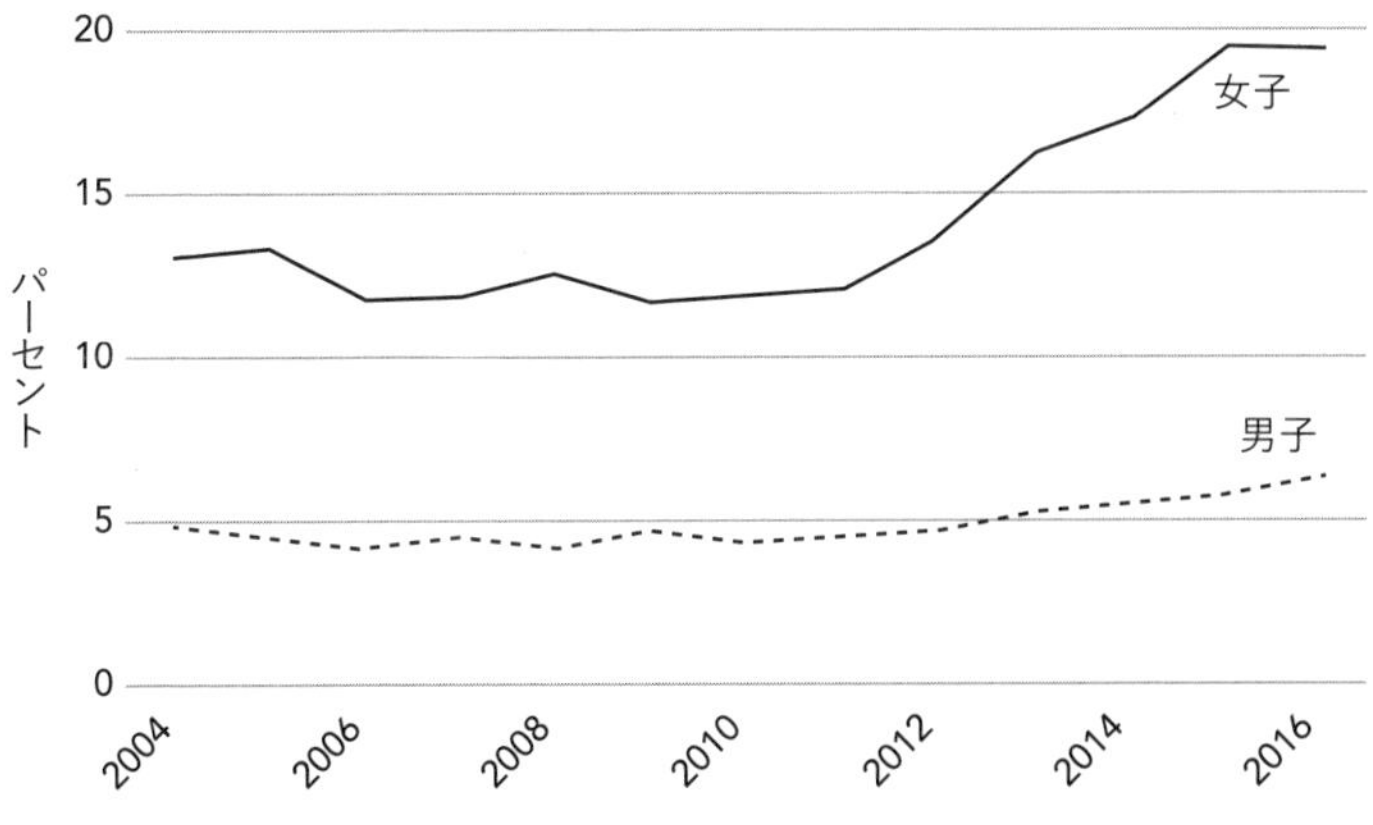

図7-1　10代の若者のうつ病率。12〜17歳の若者で、過去1年に大うつ病エピソード〔9つあるうつ症状のうち、「抑うつ気分」か「興味または喜びの喪失」のどちらかと、残り7つの症状から5つ以上が該当する場合に「大うつ病エピソード」と診断される〕を少なくとも一度経験した割合。男女ともに2011年から上昇傾向にあるが、特に女子の増え方が顕著だ。（出典：薬物使用と健康に関する全米調査からのデータ）

急増だ。[*11] トゥウェンジが『iGen』で報告したのと同じデータを用いて、私たちは3つのグラフを作成した。いずれも見た目はシンプルながら、衝撃的な事実を物語っている。

精神疾患に関する研究では長い間、男子より女子の方がうつ病や不安症の罹患率が高いと示されてきた。[*12] 男女間の差は思春期までは小さいか存在しないが、思春期を境に開き始める。とはいえ、10代の男女差は2000年代初期まではかなり安定していた。それが2011年頃から女子の罹患率が急増していることで、差が広がっている。2016年になると、図7-1にあるように、およそ女子の5人に1人が前年度に、大うつ病エピソードの診断基準を満たす症状を報告している。[*13] 男子の罹患率も上昇しているが、その速度は女子よりゆっくりだ（2011年の4・5％から2016年の6・4％に）。

たった7年で、10代の若者を取り巻く環境がそんなにも変化したのか？　単に診断基準が変更されたからではないのか？　近年、うつ病の診断を出すことへの障壁はおそらく下がってきているだろう。それでより多くの人が助けを得られるなら、それもよいことなのだろうか？

だが、診断への障壁が下がり、多くの人がセラピーや精神疾患にまつわる言葉を使うようになることには、多少の悪影響もありそうだ。なぜなら、人にレッテルを貼ると、いわゆるループ効果が生まれ、レッテルを貼られた人の言動を変え、それが自己充足的予言（self-fulfilling prophecy）として働くことがある。[*14] それゆえ、〈レッテル貼り〉は非常に影響力のある認知の歪みである。うつ病が自分のアイデンティティの一部となれば、次第に、自分自身や今後の展望にも、それに応じたスキーマを生成させていく（私は何をやってもうまくいかないから、将来に希望なんてない）。こうしたスキーマがあると、気力を奮い立たせて困難に立ち向かっていくことが難しくなり、いったん身につけてしまうと、うつ症状をコントロールできなくなってしまう。私たちは、うつ病の現実を否定しているわけではない。うつ状態の人に「もっと強く」ならないと克服できないぞとは決して言わない――それがどれだけ役に立たないことか、グレッグは身をもって知っている。そうではなく、心の病のレッテルを貼る障壁を下げる（「コンセプト・クリープ」を促す）と、苦しむ人の数を増やすおそれがある、と言っているのだ。

　悲しいことに、図7-1が示す10代のうつ病率の増加は、診断基準が変わった影響だけによるものではないことを裏づける有力なエビデンスがある。10代の自殺率がうつ病の増加と足並みをそろえて増加しているのだ。図7-2は、アメリカの若者（15～19歳）10万人あたりの年間自殺率を示している。自殺ならびに自殺未遂の発生率は性別によって異なり、自殺未遂は女子に多いが、実際に命を落とした数は男子が多い。というのも、男子は女子よりも取り返しのつかない手段（拳銃自殺、高層ビルからの飛び降りなど）を用いる傾向が高いためだ。男子

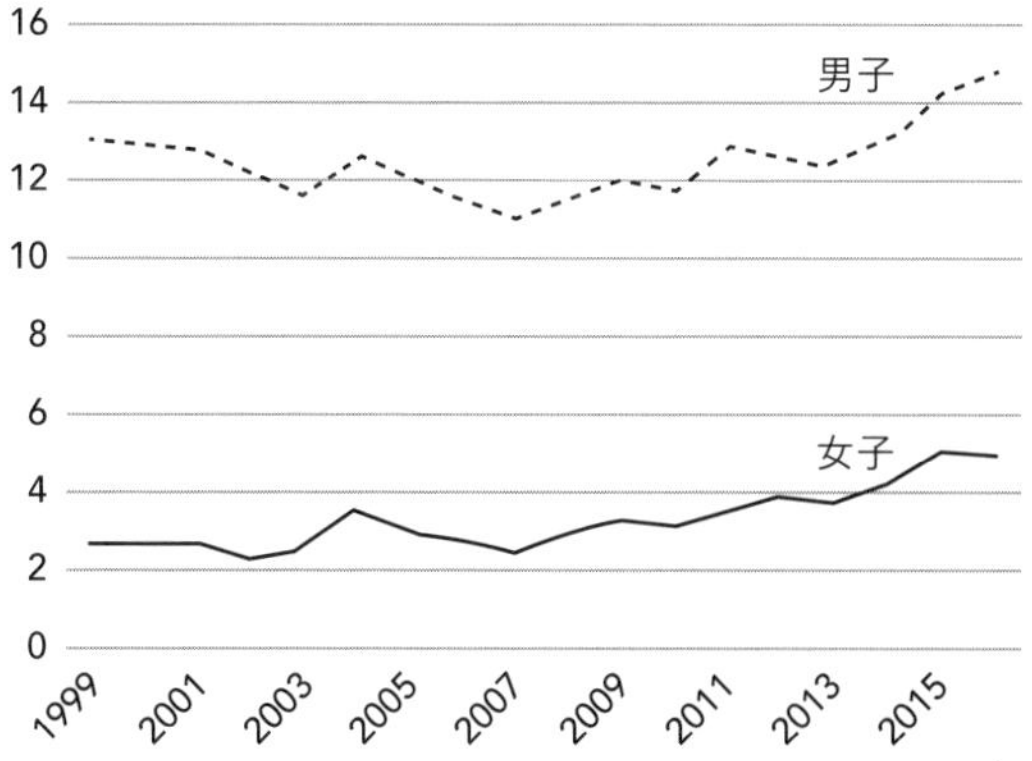

図7-2　10代の自殺率（10万人あたり）。15～19歳の10万人あたりの男女別自殺率。（出典：アメリカ疾病予防管理センター（CDC）、致命傷に関する報告書1999～2016年）*15

の自殺率はこの数十年の間に上下の動きがあるが、犯罪と暴力が増加した80年代（90年代に突如減少した）に急増し、1991年にピークに達した。そして2007年以降から再び上昇傾向にあり、ピーク時ほどではないものの、異様に高い状態が続いている。一方、女子の自殺率はデータ収集が始まった1981年からずっと、かなり一定のまま推移していた。男子よりかなり低い率ではあるものの、2010年以降はじわじわと上昇しており、近年は記録史上最も高くなっている。2000年代初めと比べて、2倍近くの10代女子が自ら命を断っている。またカナダでも、ここまで急激ではないものの10代女子の自殺率が上昇している一方で、10代男子の自殺率は下がっている[*16]（イギリスでは男女ともに明らかな動きはない[*17]）。

精神疾患の増加ぶりは、別のデータでも確認できる。「自傷行為による非致死性の傷害」に着目した最近の調査で[*18]、10代の若者が自傷行為で緊急治療室に運ばれた件数を調査している。かみそりの刃で切りつける、頭を壁に打ちつける、毒を飲むといった行為によるものだ。研究者たちはアメリカ国内の66の病院データを2001年までさかのぼって調査し、国全体の自傷行為率を推定した。すると、15～19歳の男子では10万人あたり200人前後で推移していることがわかった。同じ年齢層の女子では、男子よりずっと高い割合だった。とはいえ、2001～2009年までは10万人あたり約420人と比較的安定して推移していたのだが、2010年以降はじりじり増え始め、2015年には10万人あたり630人に達した。これより年下の女子（10～14歳）ではさらに急速に増加しており、2009年に10万人あたり110人前後だったのが、2015年には318人と、ほぼ3倍に増えていた（同じ10～14歳の男子では、調査期間を通して約40人だった）。2010年以降、10代女子にとって過酷な状況が続いている。

SNSは子どもの心の健康を悪化させるか

精神疾患と自殺をここまで急増させているものは何なのか？　トゥウェンジは2011年あたりから起きている危機的状況の主要因は、2007年頃から10代の若者の生活にスマートフォンとSNSが急速に普及したことと考える。著書の中で、デジタルメディアの使用と心の健康問題のどちらもが近年増加し、相関関係にあることをグラフで示している。これを見ると、2008年に起きた世界金融危機とそれに伴う景気後退などよりも、デジタルメディアが主要因である可能性が高いと考えられる。というのも、アメリカの経済や雇用市場は2011年までに着実に回復を見せたため、経済的要因が、この年以降に起きている10代の心の健康の悪化を引き起こしたとは考えにくい。[19]

デジタルメディアの使用と心の健康問題が単純に相関関係にあることは、確かに示唆的である。しかしこれだけでは、因果関係までは見えてこない。同時期に変化したものは他にもたくさんあるため、いわゆる疑似相関の可能性もある。例えば、アメリカ人1人あたりの年間チーズ消費量は、毎年ベッドシーツに絡まって死亡する人数とほぼ完全に相関関係にある。しかしそれは、チーズを食べることで人々の眠り方が変わったからではない。[20] 両方の数字が同時期に増えたのは単なる偶然、このような相関関係は「疑似」である。

疑似相関と間違わないために、特定の因果関係でのみ変化する別の変数も検討する必要がある。そこでトゥウェンジは、生徒たちが日常的に行っている活動をすべて自己申告したデータを含む2つの調査結果をさらに考察した。そして、うつ病やその他自殺と関連する行動（自殺を考える、自殺を計画する、実際に自殺を試みるなど）と有意な相関関係があるのは2つの行動だけであることを突き止めた。電子デバイスの使用（スマートフォン、タブレット、コンピューターなど）とテレビを見ることだ。一方で、うつ病と逆相関の関係にある行動（つまり、その行動に費やす1週間あたりの時間が多いほど、うつ病率が低くなる）は5つあり、スポーツやその他の運動をする、礼拝に出席する、本や紙媒体を読む、対面で他人と交流する、宿題をする、だった。

前者の2つの行動と後者の5つの行動、その違いは画面を使うか否かだ。子どもが余暇に画面を使う時間が1日あたり2時間かそれ以下なら、うつ病のリスクは上昇しないが[21]、1日あたり2時間以上になると、画面の使用時間が1時間増えるごとにうつ病のリスクが上昇する。逆に、画面から離れて過ごす時間が多い子どもは、特にそれが社会活動である場合は、うつ病や自殺念慮のリスクが低下している[22]（トゥウェンジは、その逆の関係性――うつ病だから画面を使う時間が増える――の可能性も考察し、その因果関係はないことを明らかにしている[23]）。

電子デバイスの使用で人との交流が減っていることが、精神疾患の増加に関わっているおそれがある。人間は「超社会的」な種だ。チンパンジーや犬もかなり活動的な社会生活を送っているが、超社会的な人間はそれら「社会的」な種の比ではない[24]。ハチと同じで、人間は大きな集団の中で、明確に分業して働くことができる。チームをつくること、チームスポーツをすること、同期のとれた動きをすること、その他にも「1人はみんなのために、みんなは1人のために」の感覚を与えてくれるものが大好きだ（超社会性は第3章で解説したトライバリズムの心理とも関連している。大事なのは、トライバリズムが持つ防御的、または暴力的な側面を作動させずに、人々の所属や交流への欲求を満たすことだ）。もちろんSNSによって、これまで以上に大きな集団をつくりやすくもなっているが、そうした「バーチャルな」集団は、実際に対面で築くつながりとは別物で、所属欲求を同じようには満たさない。トゥウェンジと共著者は、こう述べている。

> 人間の神経構造は他者との緊密かつほぼ絶え間ない対面接触（接触、嗅覚などの非視覚的かつ非聴覚的な交流も含む）の条件下で進化したこと、重要なインプットが減少または除去されると、からだのシステムが不安定になるリスクがあることを、留意しておくべきである。[*25]

この考えは、電子デバイスを使って過ごす時間は社交性の高い子ども――平均的な子どもよりも、他者との対面での交流に多くの時間を使っている子ども――には危害を与えない、とのトゥウェンジの研究結果に裏づけられている。[*26] つまり、画面の使用時間やSNSが悪影響をもたらすかどうかは、10代がどれだけの時間を他者と過ごすかにかかっている可能性がある。とはいえ、電子デバイスが有害となるのは、子どもたちから対面交流を奪うからだけではない。油断ならない別の作用があり、その影響をより強く受けているのは女子たちである。

なぜ女子の方が心の健康悪化の傾向が強いのか

iGenの男子より女子の方が心の健康を崩している率が高いことは、既出のグラフで示したとおりだ。その原因の一端がSNSにあるのなら、それが該当するのは女子だけかもしれない。男子にも画面の合計使用時間と心の健康の悪化に相関関係が見られるが、それは特にSNSの使用時間ではないことをトゥウェンジが明らかにしている。[*27] SNSが男子より女子に有害なのはなぜなのか？

少なくとも2つの理由が考えられる。1つ目の理由は、SNSが提示する「キュレーション」された（特定の方針を持って収集、選別、編集された）世界において、見せている姿と現実のギャップに女子がより悪影響を受けやすいことだ。女子の人間関係は男子のそれよりも、包摂と排除を中心にまわっている点に注目する研究者は多い。[*28] SNSがあることで、10代の若者は自分の知っている人たちが一緒に楽しんでいる様子を――自分が誘われていないものも含めて――目にする機会が大幅に増えている。FOMO（フォーモ、fear of missing out）――見逃すことへの恐れ――が高まるのは男子も女子も同じだが、それらの写真を大量にスクロールすることで、女子は男子よりも、ジョージタウン大学の言語学教授デボラ・タネンが「FOBLO（フォブロ、fear of being left out）」――取り残されることへの恐れ――と呼ぶものに苦しめられやすい可能性がある。[*29] 女子は友だちが集まっている写真を見たときに、それが自分も誘われたけど参加できなかったとき（機会を逃す）と、意図的に誘われなかった（取り残された）ときとでは、受ける心理的ダメージが異なる。そして、トゥウェンジが伝えているように、「女子はSNSをより頻繁に使うため、友人や同級生が自分のいないところで集まっているのを目にし、仲間はずれにされたと孤独感を味わう機会が多い」。10代の若者で、自分が取り残されたと感じている数は、どの年齢でも男女ともに過去最高値となっているが、女子の方が大きく上昇している。〈取り残されたとよく感じる〉と回答した10代男子の割合は、２０１０年から２０１５年にかけて、21％から27％となったが、10代女子では27％から40％に跳ね上がった。[*30]

ＳＮＳがキュレーションされた世界を見せるもう1つの影響は、女子たちが、不自然なまでに美しさを盛った同世代の女子や年上女性の写真攻めに遭い、自分の外見への不安感を高めてしまうことだ。今や、画像を加工するのはファッションモデルだけではない。SnapchatやInstagramなどのＳＮＳプラットフォームが提供する「フィルター機能」を使い、女子たちはポーズをきめた自撮り写真を、より見映えがよくなるよう編集する。そのため、自分の友人たちもより美しく思える。鼻を小さくする、唇をぷっくり見せる、ツルツル肌に変える、さまざまな機能がある。[*31] そして今や若い女子たちの間では、自撮り写真にフィルター機能でしたように、実際に美容整形をしたがる新しい現象も起きている。[*32]

ＳＮＳが女子により過酷である2つ目の理由は、男子と女子では攻撃性を示す方法が異なることにある。心理学者ニッキー・クリックの研究によると、男子の攻撃性はより身体的だ——相手を押しやって痛手を与える、肉体的な攻撃性を描いた物語や映画により関心を示すなど。これに対し、女子の攻撃性は「関係性」にあり、敵対する相手の人間関係、評価、社会的地位を傷つけようとする——例えば、誰が仲間はずれにされているかをＳＮＳ上で他の女子にわからせるなど。[*33] 総体的な攻撃性は男女で変わらないが、他者を傷つけるのに使う方法には一貫して大きな差がある（これが、ＳＮＳが誕生する前、90年代にクリックが出した研究結果だ）。さらに、男子の攻撃性が示されるのは対面が普通であるなら、標的にされている者も家に帰ればその攻撃性から逃れられる。しかしSNS上では、女子に逃げ場はない。

攻撃性の発揮方法が男女で異なることを前提とすると、邪悪な悪魔がアメリカの10代の若者全員のポケットに弾丸を込めた拳銃を忍ばせたら、何が起こるだろうか？　男子と女子どちらがより苦しむだろうか？　ほぼ確実に男子だろう。男子は銃の打ち合いに魅せられやすいので、争いの解決に銃を使うだろうから。では、同じ邪悪な悪魔が、10代の若者全員のポケットに銃ではなく、SNSアプリがたくさんダウンロードされたスマートフォンを忍ばせたらどうだろうか？　悪魔の仕業ではないが、これが２００７～２０１２年のアメリカで実際に起きたことで、はるかに大きな苦しみを味わっているのが女子であることがはっきりしている。SNSは10代の若者に多くの便益をもたらす。人間関係を強めもすればダメージも与え、ある意味、人との関係性を築く貴重な訓練ともなっている。しかし、言語が発明されて以来、最も人間関係に攻撃性を発揮するものでもある。そして今あるエビデンスから示唆されるのは、その結果として、女子が精神的に苦しめられていることである。

ｉＧｅｎが大学入学、カウンセリング需要が急増

２０１３年9月にｉＧｅｎが大学に入学してきた。２０１７年5月になるとｉＧｅｎの最年長たちが卒業し始め、アメリカの大学の全学生がほぼすべてｉＧｅｎとなった（少なくとも名門の4年制全寮

制大学では）。これはまさに、安全イズムという新しい文化がどこからともなく発生したと考えられる時期である。

また、大学内の精神衛生クリニックの需要が突如として高まった時期でもある。全米各地の大学で心理カウンセリングの順番待ちが増えている実態を、さまざまな新聞や雑誌記事が伝えている。[*34] しかし当時はまだ、各大学の危機的状況にはいくぶん不確かな印象があった。私たちが『アトランティック』誌の記事を書いていた頃は、この風潮に関する全米規模の調査は1つもなかった。3年が経った今（原書が刊行された2018年当時）では、複数の調査が出てきている。

大学精神衛生センターの2016年年次報告書では、139校のデータに基づき、2015—2016年度で調査対象となった学生の半数が精神的な悩みからカウンセリングを受けていたことが示されている。[*35] さらに、精神的な悩みで近年増加しているのは、不安症とうつ病のみだと述べている。この増加傾向は別の調査データでも確認できる。[*36] 図7-3は自分には精神疾患があると回答した大学生の割合を示している。男子学生で2012年の2・7％から

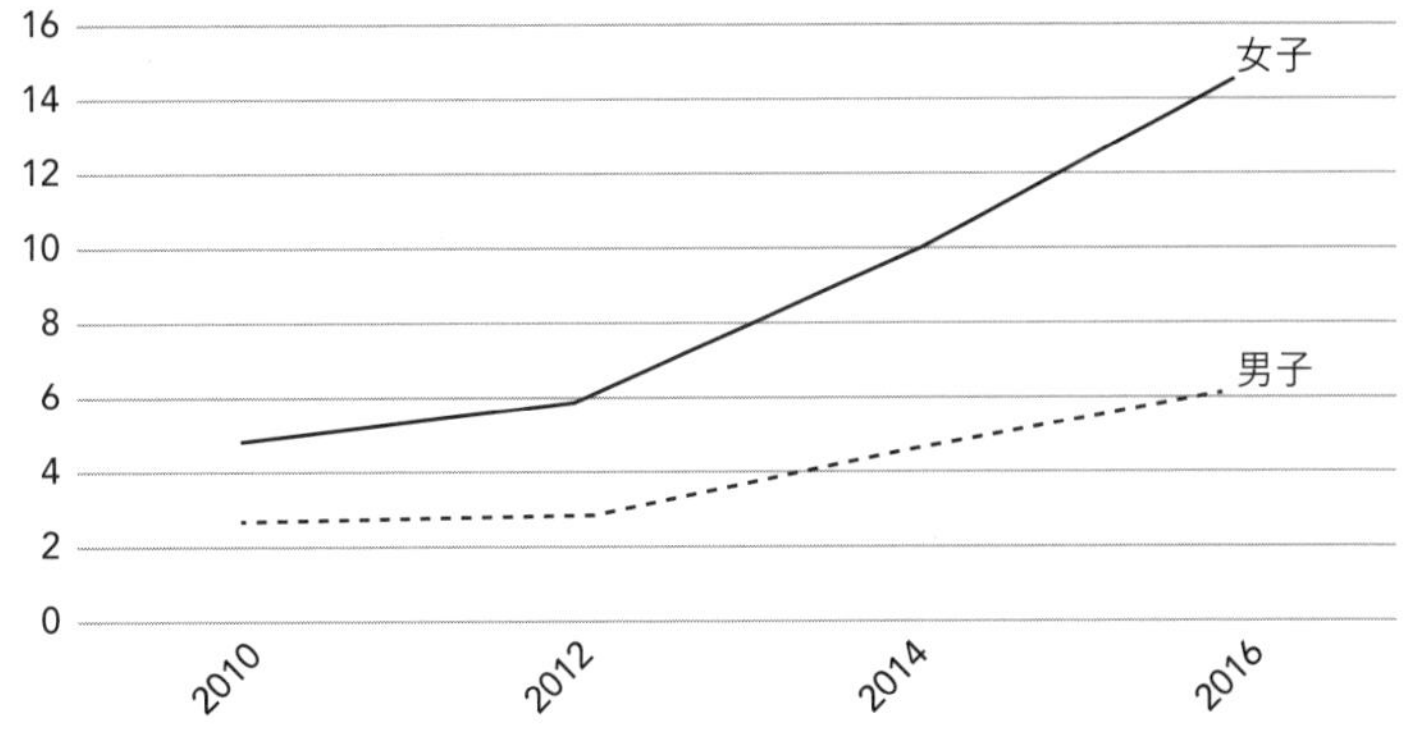

図7-3　精神疾患があると回答した大学生の割合。「あなたは精神疾患（うつ病など）がありますか？」の質問に「はい」と回答した大学生の割合（出典：高等教育研究機関）

２０１６年の６・１％に増加（１２６％増）、女子学生では同時期に５・８％から14・５％まで増加している（１５０％増）。これらの学生が全員、厳密に診断基準を満たすかどうかはさておき、ｉＧｅｎとミレニアル世代では自己の捉え方が大きく違うのは明らかだ。特に女子の変化が顕著で、今やアメリカの女子学生の7人に１人は、自分には精神疾患があると考えている。ミレニアル世代の終わり頃では18人に１人程度だった。

　カウンセリングを受けた理由として不安症を挙げる人の割合も、同期間で増えている。大学カウンセリングセンターに関する大規模調査では、２００９年以前にカウンセリングを受けに来た学生のうち、不安症を訴えた人は37％のみだった——他の主な理由、うつ病と人間関係とほぼ同じ割合だった。[*37]しかし、２０１０年以降は不安症を訴える割合が増え、２０１３年に46％、２０１６年には51％となった。今や、大学生がカウンセリングを受ける理由として、不安症が圧倒的に多い。またこの時期は、大学生の間で自傷や自殺の割合も大幅に増えている。[*38]学生が、精神疾患があると自己診断したがる風潮も影響しているかもしれないが、潜在的に精神疾患が増えている。何かが大学入学前の彼らの生活ならびに精神に変化を起こし、２０１３年頃からうつ病や不安症を患った新入生がどんどん増え、それが大学の文化や規範に影響を及ぼしているのではないだろうか。

　そう考えると、学生たちが不安症やうつ病になる状態を引き起こしているのは無秩序な考え方を教え込んでいる大学である、との強硬な主張には無理があるのがわかる。不安症やうつ病の割合は、大学に入る前のすべての10代で増えており、大学に進学しなかった者にも同じ傾向が見られる。アメリカ全体で見られる10代の心の健康危機を引き起こしたのが大学でないことは明らかで、大学はあくまでその危機に応じてきたまでなのだ。すると、安全イズムの考え方なり実践が２０１３年から急速に広まったのにも説明がつく。だが安全イズムは、不安症やうつ病に悩む学生たちの助けにはならない。それどころか、本書でも再三述べてきたように、気分障害に苦しんでいる学生たちの状況をさらに悪化させかねない。さらに安全イズムは、自由な探求という大学の文化に二次的被害を与える。言葉を暴力とみなし、思想や講演者を〈真か偽か〉ではなく〈安全か危険か〉で解釈することを学生に教えるからだ。言葉に関するそうした考え方は、コールアウト・カルチャーを激化させ、それが学生にとってはさらなる不安のタネとなる。

うつ病と不安症は同じような道をたどりがちだ。[*39] どちらも、強く否定的な感情をもたらし、それが〈感情的決めつけ〉のもととなる。不安感が脳の広い範囲を変化させるため、いろんな解釈が可能な状況、または明らかに無害な状況であっても、脅威が自分に飛びかかってくるように感じる。[*40] 不安感にとらわれた学生はそうでない学生と比べて、たわいのない質問にも危険を見いだしたり（マイクロアグレッションの概念を受け容れるようになる）、小説の一節にも危険を見いだしたり（トリガー警告を要求するようになる）、招請講演者の話の中にも危険を見いだしたり（講演キャンセルや講演に代わる選択肢としてセーフスペースの設置を要求するようになる）しやすい。うつ病の場合は認知の歪みももたらすため、自分自身について、そして他者、世界、今後の展望について、保証されているよりもずっと否定的な見方をするようになる。[*41] 悩みはどんどん重く広がっていくが、対処する手立てが見当たらないと感じ、知覚するローカス・オブ・コントロールはより外側に向かう。[*42] これらすべてが、自分で悩みを解決しようとする気力を失わせる。そして、自分にとって嫌な状況から逃れられない経験を繰り返すうち、心理学者のマーティン・セリグマンが「学習性無力感（learned helplessness）」と呼ぶ精神状態がつくられ、どうせ逃れられないのならと、報われるであろう努力すらもやめてしまう。[*43] おまけに、うつ状態や不安感から脅威に対して厳戒態勢が取られるようになると、「敵意帰属バイアス（hostile attribution bias）」にかかる場合がある。つまり、優しく親切な人々、対話、状況にも敵意を見いだしやすくなるのだ。[*44] そうして生まれた誤解が、大規模な対立に発展する可能性は非常に高い。

SNSなどと精神疾患の関係は研究途上だが……

思春期の若者に精神疾患が大幅に増えていることは、他の調査データでも示されている。しかし、その原因をスマートフォンや画面と向き合っている時間に帰するものは少なく、エビデンスも間接的だ。トゥウェンジが使用したのは、子どもたちの行動をざっくりと測定したもの——電子デバイスの使用時間を含めたいろいろな行為に費やしている1週間あたりのおおよその時間を測定したデータが中心だ。その結果、トゥウェンジは精神疾患と電子デバイスの使用に統計的に有意な関係性があると見ているが、まだまだ調査規模は十分でない。しかしだからといって、スマートフォンの影響が小さいわけではなく、今あるデータで語れるスマートフォンと精神疾患の関わりが小さいというだけだ。今後、子どもたちの行動と心の健康に関するより正確なデータが得られれば、その影響度合いについてもっと詳細に語れるだろう。これは、まだ発生してまもない問題だ。気分障害を患う10代の割合が2010年代に急増した理由がはっきりするには、もっと多くの研究がなされる必要がある。

今後行われる研究がほぼ確実に出すであろう結論は、スマートフォンやＳＮＳの影響は複雑で、利点と弊害が入り混じったもので、どんなタイプの子どもが、これまでのどんなオフライン活動に代わって、どんなオンライン活動をしているか次第であるというものだ。研究の主要な変数としてすでに明らかになっているのが、10代の人間関係の質と、そこにテクノロジーがどう影響しているかだ。ＳＮＳの影響に関する研究をこのほど再評価した社会心理学者のジェンナ・クラーク、サラ・アルジョー、メラニー・グリーンは「ＳＮＳは、有意義な社会的つながりをつくるのに使われる場合はユーザーのためになるが、孤立化や社会的比較などの危険に陥るとユーザーに悪影響を及ぼす」との方向性を示している。[*45]

私たちはモラル・パニック（ある対象が、誤解や偏見、誇張によって社会的脅威であると認識されることで生じる、その対象を排除しようという激しい集団的感情や集団パニック。ＳＮＳや電子デバイスはモラル・パニックの対象の例としてよく挙げられる）を起こしたいわけでも、子どもが21歳になるまで電子デバイスの使用を一切禁止にするようにと親を脅したいわけではない。これは複雑な問題なので、もっと多くの研究がなされる必要がある。その一方で、第12章で解説するように、電子デバイスの使用時間に制限を設けること（おそらく10代で1日2時間まで、もっと幼い子どもはもっと短い時間）、社会的つながりをつくるよりも他人との比較を助長するＳＮＳプラットフォームの使用を制限または禁止することの有効性については、十分なエビデンスがすでにある。また、子育ての基本方針として、電子デバイスの使用を見直すべきとの強い主張もある。子どもにとって何より重要な遊びの必要性についてわかっていることを前提とすると、なおさらである。このテーマは第8章と第9章で詳しく取り上げる。

まとめ

◇2つ目の論題は、10代の若者の不安症とうつ病が2011年頃からアメリカ全体で増加していることだ。

◇1995～2012年生まれのｉＧｅｎ（Z世代と呼ばれることも）は、その前のミレニアル世代と大きく異なる。世代間の違いを研究している専門家ジーン・トゥウェンジによると、違いの1つ目は、ｉＧｅｎの成長がずっとゆっくりであること。今日の18歳はそれ以前の世代の18歳と比べると、平均して、親の目が届かないところで過ごした時間が少なく、自立に向けた成長指標（仕事に就く、車の免許を取得するなど）の達成項目が少ない。

◇ｉＧｅｎとミレニアル世代の違いの2つ目は、ｉＧｅｎは不安症やうつ病率がはるかに高いこと。一般的に、男子や若い男性よりも、女子や若い女性の罹患率が大きく上昇している。単に定義や診断基準が変更されたからではない。自傷による入院率、自殺率も上昇している。自殺率は依然、10代男子の方が10代女子より高いが、10代女子の自殺率は2007年から倍増している。

◇トゥウェンジによると、精神疾患が増えている主因はスマートフォンやその他の電子デバイスの使用頻度の高まりだ。1日2時間以下の使用であれば悪影響はないと考えられるが、1日に数時間以上、電子デバイスの画面と向き合っている若者は、それが10代初めかもっと幼い時期だと特に、デバイスの使用時間が少なく、人との対面での関わり合いにより多くの時間を費やしている同年代よりも、心の健康への悪影響が見られる。

◇女子が男子よりも気分障害に悩まされている理由は、他人との比較（特にデジタル加工された美によるもの）や、自分が取り残されていると示唆するもの、関係性攻撃からより悪影響を受けるためと考えられる。こうしたことは、10代の若者がスマートフォンやSNSを手にしてから実行されやすくなり、そこから逃れるのが困難になっている。

◇iGenが大学に入学し始めた2013～2017年は、安全イズムの文化が出現し、強化されていった時期とぴったり一致する。iGenの学生は不安症やうつ病に悩む率が高いため、多くのキャンパスで安全イズムの文化によって提供される過保護状態に惹きつけられている可能性がある。不安症もうつ病も認知の変化をもたらし、実際よりも世界を危険で敵意に満ちたものとみなす傾向がある。

第8章 ── パラノイア的子育ての蔓延

10代の若者の多くが、苦痛や不安への耐性を失っている。その大きな理由は子育ての方法にある。

ケビン・アシュワース
オレゴン州ポートランド、ノースウェスト不安症専門クリニック、臨床部長[*1]

子どもを一人歩きさせることへの非難

グレッグ夫妻に1人目の子どもが生まれ、病院から帰宅して数日が経った頃、めずらしいギフトが届いた。ピカピカと光る赤い消火器だった。おもちゃの消防車ではなく、本物の消火器だ。このギフトが特別な意味を持つのは、送り主がレノア・スケナジだからだ。作家でジャーナリスト、ニューヨーク市在住の2児の母、「アメリカ一最低の母親（America's Worst Mom）」の呼び名でご存じの人も多いかもしれない。

スケナジがこの悪名を得るに至ったきっかけは、2008年、彼女が9歳になる息子イジーに一人きりでニューヨーク市の地下鉄に乗るのを許可したことだ。その数週間前から、イジーはどこか自分が行ったことのない場所まで行って、一人で家まで帰れるかやってみたいと母親に懇願していた。そこである晴れた日曜日、スケナジは今日やってみようと決め、息子を百貨店のブルーミングデールズまで連れて行った。息子は必ず一人で帰ってこられると確信していたし、助けが必要なら通行人に訊けばいいと考えた彼女は、地下鉄マップ、メトロカード、20ドル札1枚、電話をかけたくなったとき用に数枚の25セント硬貨を息子に持たせ、一人で帰らせた。45分後（予定時間どおり）、イジーは自宅に到着し（父親が待機していた）、ミッション完了に大喜びし――また挑戦したがった。

『ニューヨーク・サン』紙でコラムを担当していたスケナジは、[*2]子どもの自立心を試した顛末について、イジーの喜びようと、他の親に話したときの恐ろしげな反応も併せて書いた。その2日後、スケナジはテレビ番組「トゥデイ」に出演、続いて、MSNBC、FOXニュース、NPRにも登場した。インターネット掲示板にもコメントが殺到し、そのほとんどは彼女の判断を激しく非難するもので、称賛するものはごく一部だった。まもなく、彼女には「アメリカ一最低の母親」のあだ名がつけられた。[*3]

大抵の母親ならプライドを傷つけられるであろうこの異名を、スケナジは積極的に受け容れた。スケナジが息子に与えたのは、彼女（や今日の親の多く）が、今よりもはるかに犯罪率が高かった70年代に味わっていたような自立性だ。なのになぜ、彼女のした選択がこれほどの怒りや非難を引き起こしたのか？　最近の子育ての考え方はひどく間違っていると思い知ったスケナジは、ブログを立ち上げて自身の子育て方針を解説、パラノイア（疑心暗鬼）と過保護が前提となっている最近の子育て事情への注意を喚起した。ブログ名は「放し飼いの子ども（Free-Range Kids）」とした。以来、「放し飼いの子ども」は本格的なムーブメントに発展し、スケナジは同名の書籍を出版し、テレビのリアリティー番組「世界一最低の母親（World's Worst Mom）」のホストを務め、非営利団体LetGrow（成長させよう）（公式サイト：LetGrow.org）を設立した。

赤い消火器は、そんな彼女からのギフトとしてぴったりだった（「ほら、私だって安全性を気にしてるのよ！」とのメッセージが添えられていた）。子どもの身の安全を守るため、私たちは理にかなった予防策を取るべき――消火器を備えておくなど――だが、だからといって安全イズム（危険を高く見積もりすぎる、異様なまでに安全性にこだわる、どんなリスクも受け容れない）に屈しては、子どもたちが幼少期にしか味わえない貴重な体験を奪ってしまいかねない、というスケナジのメッセージが込められていたのだ。

第1章ではナシーム・タレブの反脆弱性の概念を論じるとともに、子どもたちをピーナッツから「守る」という善かれと思って取った対応が、実は逆効果をもたらしていた事例を紹介した。その対応により、多くの子どもの免疫システムがピーナッツに含まれるタンパク質が無害であることを学習できず、結果としてピーナッツ過敏症や、ピーナッツ摂取で命を落としかねない子どもの数を増やしていた。そこで私たちは、２０１３年頃からキャンパスで台頭している安全イズムにもこれと同じ力学が働いているのではないかと示唆した。第7章では、ｉＧｅｎ（１９９５年以降生まれ）の子ども時代がそれ以前の世代とは大きく異なり、はるかに高い割合で不安症やうつ病に苦しんでいるとのジーン・トゥウェンジの研究結果を考察した。続く本章では、アメリカの子ども時代のあり方がこの数十年でどう変化してきたかを、より詳しく見ていきたい。私たちが言わんとしているのは、最近の子育てが知らず知らずのうちに〈大いなるエセ真理〉を子どもたちに教え込んでいるのではないかという点で、親と小学校が無意識のうちに連携し、子どもたちを安全イズムの文化に誘導している様を確認していく。恐怖心を強め、過保護に子どもを扱うやり方への転換が80年代に始まり、90年代に高い水準に達した――特に高学歴の親の間で――ことが、3つ目の論題である。

子育てや子どものあり方について知見を得るため、私たちは3人の専門家に助言を求めた。レノア・スケナジに加え、子育てについてのベストセラー本『How to Raise an Adult（まともな大人を育てる方法）』の著者ジュリー・リスコット・ヘイムズ、幼少期の発達の専門家で『The Importance of Being Little（幼少期の大切さ）』の著者エリカ・クリスタキスだ（第3章で解説したイェール大学でのハロウィーン衣装をめぐる一件で彼女がメールを送信したのは、過度な管理がもたらす影響を専門家として懸念したからだった）。最近の子育てでは子どもたちがたくましく自主性を持った人間に成長するのを阻んでいる、と3人ともが同じ結論を出しているが、結論に至るまでの筋道はそれぞれ異なる。スケナジは先述の実体験から、クリスタキスは幼稚園教諭の経験および幼児教育の研究から、リスコット・ヘイムズはスタンフォード大学で新入生担当の学部長を10年以上務めた経験がもととなっている。そして3人とも、子育て経験がある。

親の恐怖を増幅させてきたもの

1979年5月25日、ニューヨーク大学から南に数ブロックのあたりで、6歳の少年イータン・パッツは両親にお願いし、自宅アパートからスクールバスの停留所まで2ブロックの通学路を一人で歩かせてもらった。それを最後に彼は家に戻らず、遺体が発見されることもなかった。[*4] 当時ニューヨークに住んでいた人なら、街のあちこちにビラが貼られ、夜のニュース番組では取り乱した両親が、何かしら情報を知っている人がいれば名乗り出てほしいと訴えていたのを覚えているだろう。

しかし、アメリカの子育てをめぐる趨勢を変え、とにかく子どもたちを見ず知らずの人から守らねばとの動きが起こり始めたのは、この次に大々的に報道された1981年の殺人事件がきっかけだ。アダム・ウォルシュは6歳だった。母親は彼を連れて、フロリダ州ハリウッドの百貨店シアーズに買い物に出掛け、アタリ社の新作ビデオゲームの売り出しをしていた売店で彼を遊ばせた。売店には年上の少年たちも群がってゲームに興じていたので、アダムの母親はそこで見てなさいと息子に言って、自分は照明売り場に向かい、ほんの数分間姿を消した。ビデオゲームの順番をめぐり少年たちの間で取っ組み合いが起きたため、百貨店の警備員は少年たちを全員、店の外に追い出した。他の少年たちはその場を去ったようだが、内気なアダムは母親が店内にいると言い出せず、店の外に一人で立っていた。そして彼は、通りすがりの連続殺人犯におもちゃとお菓子を買ってあげるよとそそのかされ、車に連れ込まれた。2週間後、アダムの切断された頭部が130マイル離れた用水路で発見された。

アダムの父親でテレビ司会者のジョン・ウォルシュは、他の子どもたちが同じように悲惨な運命に遭わないよう、人生をかけて闘った。アダム・ウォルシュ・チャイルド・リソースセンターを創設して法制改革を訴えるとともに、米政府への働きかけにより1984年に全米行方不明・被搾取児童センターの設立を実現させた。プロデューサーたちと協業してテレビ映画「アダム」を制作、初回放送は3800万人が視聴した。1988年には犯罪ドキュメンタリー番組「America's Most Wanted（アメリカの最重要指名手配者）」の放送が始まり、子どもの誘拐事件を含む未解決犯罪を解説し、視聴者に情報提供の協力を求めた。また、行方不明の子どもたちの写真を拡散する斬新な方法も編み出した。牛乳パックの側面に大きく太字でMISSING（行方不明）と書き、その下に本人の写真をプリントしたのだ。[*5] この牛乳パックが登場したのは１９８４年で、うち１つはイータン・パッツの写真だった。この取り組みは広がり、90年代初めには、レジ袋、屋外広告板、ピザの箱、公共料金の明細書にまで、行方不明の子どもたちの写真が印刷されるようになった。常識が変わり、恐怖も高まり、多くの親が、公共の場でほんのわずかの間でもわが子から目を離すと何者かに連れ去られかねないと考えるようになった。もはや、子どもだけで安心して近所をうろつけなくなった。

見ず知らずの人による子どもの誘拐や殺人は、人が考えつく中で最も恐ろしい犯罪の１つだ。だがありがたいことに、めったには起こらない。ＦＢＩ（連邦捜査局）によると、行方不明になる子どものほぼ90％は、連絡の行き違いか、道を間違えたか、自宅や養護施設から逃げ出したかで、[*6] 99・８％はその後、自宅に戻っている。[*7] また、誘拐される子どもの大多数は親権のない生みの親が連れ去るケースで、赤の他人による誘拐は行方不明と通報される子どもの１％でしかない――未成年者が７０００万人以上いる国で、１年あたりざっと１００人だ。[*8] そして90年代以降は、子どもに対するすべての犯罪率が減少しており、[*9] 誘拐された子どもが試練を乗り越えて助かる可能性も高まっている。[*10]

犯罪が減少しても親の妄想的恐怖は増大

iGenの親たちが育った頃の都市は、現在よりもはるかに危険だった。ベビーブーマー世代（1946～1964年頃に生まれた世代）やジェネレーションX（1960年代半ば～1970年代末頃に生まれた世代）は、犯罪率や暴力行為が増加する最中で育った。[11] 都会では路上強盗などよくあることで、都市部に暮らす者たちは本物の財布をひったくられないよう、安っぽい財布に「盗まれ用のお金」を入れて、持ち歩いていた。[12] ヘロイン注射器や使用済みのクラックコカインの小瓶もよく落ちていた。60年代から起こった犯罪の巨大なうねりに加え、80年代から急速に普及したケーブルテレビでは子どもの失踪事件を24時間ひっきりなしに報道するようになった。こうした事情を踏まえると、[13] 90年代になって、恐怖心を高めたアメリカの親たちが守りの姿勢を取るようになったのも理解できる。

しかし90年代初頭になると、犯罪のうねりはやや唐突におさまり、アメリカ全土で、ほぼすべての犯罪率が急落し始めた。[14] 例えば、2013年の殺人率は60年前と同じ水準まで下がっている。[15] しかし、この流れに合わせて犯罪への恐れまでは弱まらず、何かにつけびくびくして子育てするという新たな習慣がこの国の新たな常識となっていったようだ。今のアメリカの子育ては、現実に考えられる危険性と大きくかけ離れたものになっている。

一部の親の安全イズムへの入れ込みようがわかる出来事があった。2015年、ミズーリ州のある家族が、6歳の息子を巻き込み、かなり本格的な誘拐ごっこを演出したのだ。家族いわく、見ず知らずの人と親しくすることがいかに危険か「教訓を与える」ためだった。いつものようにスクールバスを降りた息子は、おばの同僚の男が運転するピックアップ・トラックに連れ込まれた。郡保安官の陳述によると、この男は少年に「お母さんとまた会う」ことはないぞと言った。また警察の報告によると、男は少年の頭にジャケットを被せ、少年が自宅の地階に連れて行かれているだけだとわからないようにした。少年は縛られ、銃で脅され、性的奴隷として売り払うぞとまで言われた。[*16]

無論、わが子をこんなやり方で脅す親はそうそういないだろうが、ここまであからさまでない安全イズムが、さりげない方法で教えられていることはよくある。10代のわが子が自転車で近所の家に行くのすら怖がる親もいるという話を、リスコット・ヘイムズとスケナジの2人から聞いた。小児科医たちによる子どもの健康情報をまとめたウェブサイトHealthyChildren.orgで、ある心理学者は「全米行方不明・被搾取児童センター（NCMEC）では、子どもは何歳であっても一人きりでの公衆トイレの使用を認められるべきでないと考える」と書いている。[*17]この心理学者は自分の9歳の息子に言及しつつ、次のようなアドバイスをしている。

◇子どもを一人で公衆トイレに行かせてはなりません。
◇子どもには男性用小便器ではなく個室を使うように教えましょう。
◇出入り口が複数あるトイレの使用は避けましょう。
◇子どもが用を足す間、個室ドアの前に立って話しかけましょう。

息子が公衆トイレで変質者と遭遇したら、と母親が心配するのはわかる。しかしだからといって、何もかもに不安を抱かせ、公衆トイレを使うたびに親としゃべり続けるよう教えるのはいかがなものか。それよりも、万が一、不審者の存在に気づくようなことがあれば、その場から逃げ出す方法を教える方が賢明ではないだろうか？

すべてを危険ととらえて過保護にすることこそ危険

Facebook をよくチェックしている人なら、「70年代の子どもが命を落としてもおかしくなかった８つの理由」といった記事の投稿を見たことがあるだろう。[*18]（理由１：芝ダーツをして遊んだ。（先端におもりと針があり尾部にフィンがついた長さ30センチほどのダーツを、地面に置いた的を狙って投げるゲーム。子どもの死傷事故が多発したためアメリカでは禁止された）理由４：日焼け止めではなく日焼けオイルを塗っていた）。こうした投稿をシェアしたがるのは（私たちのような）70年代に子ども時代を過ごした人たちで、最近の親の安全確保に躍起になっている様を笑い、自分たちの頃はシートベルトや自転車用ヘルメットを着ける子どもなんて皆無だった、大勢の大人がタバコを吸っていた（子どもたちのそばでも）、ペンキやガソリンには鉛が含まれていた、子どもは自分たちだけで広場や遊具のある公園に行ってこいと言われ、誘拐し放題だったよなと言い合う。

今どきの親を嘲笑し、否定的に見るトーンになりがちだが、当時より子どもの安全性が大幅に向上してきた功績に光をあてる投稿でもある。シートベルトの普及により多くの命が救われ、[*19] 自転車用ヘルメットの着用で外傷性脳損傷のリスクが低下し、[*20] 周囲に喫煙者がいなくなったことで子どもの健康に多大なるメリットがもたらされ、[*21] ペンキやガソリンの無鉛化で防げた健康問題や死亡事故は計り知れない。[*22] これらすべてが功を奏し、１９６０年から１９９０年にかけて、不慮の外傷や事故による死者は、５〜14歳で48％、１〜４歳で57％減少した。[*23] 子どもの安全性を推進してきたことによるこうした成果があるからこそ、安全性を心配する最近の親は、極端なまでの安全イズムに走るのだろう。大きな脅威に着目したことでそれだけの見返りが得られたのなら、もっと徹底的な対策を採れば、子どもたちの安全性を完璧近くまで引き上げられるのではと考えるのだ。

こうした考えによくある問題は、完璧に安全なシステムをつくろうとすれば、ほぼ必ずと言っていいほど、また別の思いもよらぬ問題が発生することだ。例えば、経営難の企業に救済措置を取れば、当初よりもダメージの大きな倒産危機を引き起こしうる。[*24] 小さな火を消し止めて森林を守ろうとすれば、枯れ木がどんどんと増えるので、消し止めたすべての火を合わせたよりもはるかに甚大な火災がもたらされうる。[*25] 安全性を目的とした規則や計画は——複雑なシステムに変更を加える多くの試みと同じことが起こるが——予期せぬ結果をもたらすことが多い。その結果があまりにひどいため、恩恵を受けるはずの人たちが、何の対応を取らなかったときよりもひどい状態に追い込まれることもある。

子どもを周囲の危険や自動車事故から守ろうとしてきた努力はとても子どもたちのためになっている、と私たちも確信している。鉛やタバコの煙にさらされても何のメリットもない。シートベルトをつけずに車の事故に遭っても、それによって子どもたちが将来の自動車事故からよりよく回復できるようになることはない。しかし、子どもたちの経験——学校まで歩く、木に登る、先の尖ったはさみを使うなど——を妨げてまで危険から守ろうとするのは、また違う。そうした保護には犠牲が伴う。子どもが技能を学び、自主性を身につけ、危険性を判断する力を培う機会を逃すからだ（外に出ないことで肥満のリスクも高まる)。スケナジは端的にこう言いきる。「この『何もかもを危険』ととらえて過保護にする、それが危険そのものなのです[*26]」

リスコット・ヘイムズも同意する。

17歳の娘を一人で地下鉄に乗せられない親御さんに会ったことがあります。思わず「これからの彼女の人生、どうしようと思っているの?」と言ってしまいました……私のまわりでも似たようなケースをよく目にします。一人で外にいるのを怖がる子どもたち、あちこち歩き回ったり、自転車でいろんな場所に行ったりするのも嫌がるのです。おそらく、いつ誘拐されるかわからないと思い込まされているのでしょう[*27]。

タレブが『反脆弱性』で述べているように、子どもを手厚く保護すればするほど、無意識に成長を妨げ、人生を謳歌できる幸福な大人になる経験を奪っている。ジャーナリストのハラ・エストロフ・マラノは、この風潮に15年以上前から警鐘を鳴らしている。「わが子の人生のでこぼこを取り除こうと、親たちは滑稽なほど必死になっている。しかし、そうやって親が過度に不安がること自体が、子どもたちを脆弱にしている」と述べている[*28]。この事実をある程度理解している親も少なくないが、それでもなお子どもにつきまとい、過保護にしてしまっている現状がある。リスコット・ヘイムズ自身も、そんな自分にハッとさせられたことがあると言う。

大学生の子どもを一人で外出させられない親を激しく批判していた私ですが、ある日、夕食のテーブルで身を乗り出し、10歳の息子の肉を切ってあげようとしたのです。その瞬間、やだ！　私ったら息子の肉を切ろうとしてる！　私が10歳の頃といえばよその子の子守をしていたのに、息子は親に肉を切ってもらってるなんて、なんという違いなのって。[*29]

安全イズムの文化が生み出された責任は、親にばかり降りかかるものではない。根本的に、過保護や安全イズムというのは、序章で解説した「社会の発展に伴う問題（problems of progress）」の1つである。家族といえば5人かそれ以上の子どもがいて、そのうちの1人以上が亡くなることがめずらしくない時代は、幸い過去のものとなった。国が物的な繁栄を実現し、女性が平等に教育を受けられる権利ならびに参政権を手に入れ、十分な医療を受けて避妊もできるようになると、出生率は急落した。多くの夫婦が1、2人しか子どもを産まなくなり、数が減った、より健康状態のよい子どもたちに、多くの時間を注ぎ込んでいる。[*30]　1965年当時の母親と比べると、最近の母親は子どもの数が少なく、自宅以外の場所で働く時間がはるかに増えているが、子どもの世話にかける合計時間は増えている。[*31]父親が子どもと過ごす時間は、もっと増えている。

親が子どもと一緒に過ごすのは一般的にはよいことだが、過度なまでの監視や保護は安全イズムへとかたちを変えうる。安全イズムは、反脆弱性を兼ね備えている子どもたちを、より脆弱で、不安を抱え、〈脆弱性のエセ真理：困難な経験は人を弱くする〉を受け容れやすい若者に変えていく。

「過保護」にしていないと逮捕――親への圧力

親同士が集まって子育ての話になると、ヘリコプターペアレント（ヘリコプターが旋回するようにわが子のまわりをうろつき、世話を焼く親のこと）を批判する声はよく聞かれる。多くの親はなるべく子どものまわりにつきまとわず、もっと自由を与えたいと思っているが、そう簡単にはいかない。他の親、学校、さらには法律からの圧力がかかり、自分が望むよりもずっと慎重な行動を取らせるのだ。社会的な圧力に突き動かされて「最悪の事態を想定」する親も多い、とスケナジも言う。[*32] 最悪の結果を覚悟しておかないと、他の親や教師からひどい親だと蔑まれる（「アメリカ一最低の母親」と呼ばれかねない）。監視していない間、子どもは常に危険にさらされていると考えよ――それがよい親に要求されていることなのだ。

状況はさらに悪化している。過保護を拒み、子どもに自由を与える親が、実際に逮捕されている。2015年、フロリダ在住の夫妻は帰宅が予定より遅れたことで、育児放棄に相当する重罪の容疑をかけられた。[*33] 両親の留守中、家の中に入れなかった11歳の息子は、自宅の庭で90分間バスケットボールをして遊んでいた。それを見た隣人が警察に通報。彼の両親は手錠をかけられ、裸で所持品検査をされ、指紋採取され、一晩拘置所に勾留された後、育児放棄の罪で逮捕された。少年と４歳の弟（一人ぼっちで過ごしていたわけではない）は、１カ月間養護施設に入れられた。親元に戻った後も、「遊び」のセラピーを受けるよう命じられた。夫妻にはそれまで育児放棄歴はなかったにもかかわらず、セラピーと子育て講座の受講が義務づけられた。

2014年、コネチカット州ブリストルでは、ある女性が娘を車に一人きりにしてCVSファーマ

安全な子育てにおすすめの読書リスト

多くの児童書には、大人の監視なしに子どもだけで冒険に出るシーンが登場する、とレノア・スケナジは指摘する。スケナジは、子どもに危険な思想を吹き込みたくない親向けに、名作の題名を安全イズムの時代に合わせてアップデートしてはどうかと提案した。

『きみの行かない道／Oh, the Places You Won't Go! 』
原題：『きみの行く道／Oh, the Places You'll Go!』

『ハックルベリー・フィンの遊びの日取り／The Playdates of Huckleberry Finn』
原題：『ハックルベリー・フィンの冒険／The Adventures of Huckleberry Finn』

『はろるどとむらさきのソファ／Harold and the Purple Sofa』
原題：『はろるどとむらさきのくれよん／Harold and the Purple Crayon』

『少年探偵ブラウンがすべて解決！ワークブック／Encyclopedia Brown Solves the Worksheet』
原題：『少年探偵ブラウンの謎解きワークブック／Encyclopedia Brown Mystery Worksheet』

『ハリーポッター座学チャレンジ／Harry Potter and the Sit-Still Challenge』
原題：『ハリーポッター魔法使いチャレンジ』

『ドーラ、フォード・エクスプローラーに乗る（ただし親と一緒に！）／Dora in the Ford Explorer（But Not Without a Parent!）』
原題：『ドーラとエクスプローラー／Dora the Explorer』

シー（アメリカ最大の薬局チェーン）の店内に入った。これが夏場のことで、車の窓も閉め切られていたと聞けば、ひどい話と思うだろう。用心深い通行人が警察に通報し、駆けつけた警察官が車のドアを開け、子どもは「反応がある」、苦しんでいる様子はない、と報告した。だが実は、この女の子は11歳で、「店についていくより車で待ってる」と自分から母親に言ったのだった。[*34]

パラノイア的子育てが広まる以前の11歳といえば、70年代にジョンと彼の姉たちがしていたように、近所の子どもの世話をしておこづかいをもらい、責任を肌で感じていたものだ。かたや最近の11歳は、一部の警察やおせっかいな隣人らにかかると、世話をしてくれる人が必要だという。結局、この母親は軽犯罪で裁判所への出頭命令を受けた。

警察までもが安全イズムを支持するのなら、親も過保護にならざるをえない。オハイオ州ニューオールバニーの警察署長は、子どもは16歳まで大人の監視なしに外出すべきではないと助言している。[*35] 自分たちが子どもだった頃は大人のいないところで友人たちと冒険ごっこに興じたものだと懐かしむ気持ちがあっても、周囲からの圧力、親としての不名誉、逮捕されるかもしれないというおそれが相まって、子どもたちから目を離そうとしない親が増えるのも不思議ではない。

社会階級によって過保護の程度に違いがある

6つの論題は人によって影響度合いが異なるが、今日のアメリカにおいて個人の人生経験を大きく差別化するものは、おそらく社会階級だろう。社会階級が子育てにどう影響するかについて、家族の有り様を社会学的な理論とデータで詳細に分析した2冊の書籍を参照しながら考察をすすめる。ペンシルベニア大学の社会学者アネット・ラルーによる『Unequal Childhoods: Class, Race, and Family Life（不平等な子ども時代：階級、人種、家族生活）』と、ハーバード大学の政治学者ロバート・パットナムの『われらの子ども：米国における機会格差の拡大』（柴内康文訳、創元社）だ。子育ての方法に関しては、両人とも人種より社会階級が大きな意味を持つとの見解であるため、本書でも人種はいったん脇に置き、階級間に見られる子育ての差異が昨今のキャンパス事情と関連している点に焦点をあてる。階級についてわかりやすくするため、ラルーが用いる用語「中産階級（middle class）」と「労働者階級（working class）」を使うが、前者には中産階級以上の上流階級が、後者には中産階級以下すべて、貧困家庭が含まれる。

2つのタイプの家庭を比較すると、子育て方法の大きな違いがよくわかる。子どもが両親のもとで育てられ、その両親は4年制大学を卒業しており、子どもが成人するまで結婚生活が続いている家庭。もう一方は、子どもが一人親または離婚した親（もしくは親戚）のもとで育てられ、その親は4年制大学を出ていない家庭。前者は社会経済的な分布の上位3分の1によくある家庭で、婚姻率が高く、離婚率が低い。こうした家庭では概して、ラルーが「協同的・計画的子育て（concerted cultivation）」と呼ぶ養育スタイルが取られる。親は、子どもの資質を伸ばし、認知技能や社会技能の発達を促すことを自らの務めと考える。子どもの予定表を大人主導で決めた活動、習いごと、新しい体験で埋め、子どもが学校でどんな活動をしているかもよく把握している。子どもと論理的かつ説得力を持ってたくさん話をし、暴力や体罰を振るうことはほぼない。これに対し、後者は社会経済的分布の下位3分の1によくある家庭で、多くの子どもが未婚の母のもとに生まれる。こうした家庭では往々にして、ラルーが「自然的・放任的子育て（natural growth parenting）」と呼ぶ養育スタイルが取られる。労働者階級の親は、大人がさほど指導や干渉をしなくても子どもは勝手に成長すると考える傾向が強い。そのため子どもたちは、「長い自由時間、子どもが考え出した遊び、大人と子どもの明確な線引き、親類との日常的な交流」を経験する。[*36] 中産階級と比べると、親が子どもとの語らいに費やす時間は少なく、子どもが納得するまでじっくり説明する機会はもっと少ない。親が子どもに命令や指示を与えることも多く、尻叩きなどせっかんすることもある。

以上の内容を踏まえると、労働者階級の子どもには1つ強みがあると考えられる。それは、体系化されていない、大人の監視なしの遊び時間がたくさんあるという点で、これは第9章で解説するように、社会的能力や主体性を育む上でとても素晴らしいことだ。その根拠としてパットナムは、この階級間に見られる差異は割と新しく、非常に重要だと指摘している。彼はまた、ベビーブーマー世代の親は、「子どもはマイペースの成長が許されるべきで、大人の生活スケジュールやルールに合わせられるべきでない」と教えた育児の専門家ベンジャミン・スポックの著作からの影響を強く受けたと述べている。[*37] スポックは親たちに、肩の力を抜き、子どもを子どもらしくいさせなさいと促し、実際にベビーブーマー世代やジェネレーションXが子どもだった頃は、大人の監視なしで近所をうろつき、遊ぶ自由を与えられるのが普通だった。しかしパットナムが指摘するように、80年代から「よい子育て方法について、主流となる考えならびに社会規範が、スポックの教える『寛大な子育て（permissive parenting）』から『集約型子育て（intensive parenting）』へと移行」し、その動きは90年代に加速した。

これは実質上、ラルーが言う協同的・計画的子育て（concerted cultivation）である。[38] この変化が起きたのは主に中産階級の親で、彼らは幼少期に刺激を与える大切さについての情報に夢中になり（例えば、モーツァルトを聴かされた赤ちゃんは賢くなる、などの誤った考え）[39]、ますます激化する大学入試競争で、わが子をできる限り優位に立たせてやりたいと考えた。この変化は、労働者階級の親には起きなかった。このように、中産階級の親の間で子育ての常識が変わったことは、私たちのストーリーにおいて極めて重大な意味を持つ。この変化が始まったのはiGenが生まれる直前だ、とパットナムは断定する。iGenの大学生の言動がそれ以前の世代の大学生と異なるのであれば、中産階級で育ったiGen（およびミレニアル世代の最後の方の人たち）の学生が、子どもの頃に過度に予定を詰め込まれ、過保護にされてきたことが1つの要因となっている可能性がある。

ただし、労働者階級の子どもたちはすべてにおいて有利と考えるのは誤りであろう。パットナムもラルーも、この層の子どもたちが人生全般、特に一流大学に入れたとしても大学生活をうまく乗り切るのが難しい諸要因を挙げている。要因の1つは、中産階級の子どもたちは、大人が知的な職場で働く様子や、大人が運営する組織の雰囲気などをよく知っているため、大学内のいろんな組織活動になじみやすいことがある。正しい相手に、正しいタイミングで、正しい主張をすれば、ニーズに応じた組織づくりができるという感覚を、親という見本を通して目にしてきたからだ。これとは対照的に、労働者階級の子どもたちは概して、大人たちが動かす組織に触れた経験が少ない。自分の親が中産階級の親たちと同じような強い立場や権利、よい待遇を得る資格があるという感覚を持ちつつ組織に関わる姿を、ほぼ目にしていない。そのために、大学入学後に「居心地の悪さ」を感じやすい（第3章のクレアモント・マッケナ大学の事例で、オリビアが述べた疎外感はこれが一因なのかもしれない）。

中産階級の子どもと比べて労働者階級の子どもが不利となる2点目は、慢性的に過酷な逆境の影響を受けている可能性が高いことだ。90年代、研究者グループが「逆境的小児期体験（Adverse Childhood Experiences：ACE）」の評価を標準化する調査を開発した。*40 回答者に子ども時代に経験したことを10項目の中から選んでもらう。「両親が離別／離婚した」「食べ物や衣服が不足した、または両親が泥酔または酩酊し、面倒を見てくれなかった」「家族の誰もあなたを愛し、助けてくれないと感じた」「大人から性的虐待を受けた」などの項目がある。「はい」の数が2つ以上だと、大人として健康や成功のレベルが低くなる傾向がある。これは、反脆弱性に関する私たちのストーリーを複雑化させる点でもある。幼少期に経験する過酷な逆境は、大人との安定した愛情あふれる関係性がない場合は特に、子どもを強くするどころか弱くしているというのだ。慢性的かつ過酷な逆境は「毒性ストレス（toxic stress）」を生み、それによって子どもは即座にストレス反応を示すようになり、その状態が長期間続く。パットナムは研究結果を次のようにまとめる。

支援者である大人が和らげてくれる適度なストレスは、あながち有害ではなく、対処能力を高めるのに役に立つ場合もある。ところが、慢性的かつ深刻なストレスというのは、支援者である大人が和らげてくれない場合は特に、人としての基本的な実行機能、すなわち、課題に立ち向かい、問題を解決するために、脳のさまざまな部位が連携するのをつかさどる機能を麻痺させる。その結果、毒性ストレスを経験する子どもは、集中して何かに取り組むこと、衝動的行為をコントロールすること、他人の指示に従うことが難しくなる。[*41]

中産階級以下の家庭で育った子どもたちは、平均すると、ＡＣＥ調査のスコアがはるかに高い。往々にして、彼らの家庭環境は不安定で、経済状況は先が見えづらく、家庭内で暴力を目にする、または自分が被害者となる可能性もかなり高い。そのため、たとえ大学に進学できたとしても、心の傷や不都合な事情を引きずっている場合がある。彼らが大学生活を謳歌するには、裕福な家庭に育ち、〈協同的・計画的子育て〉によって知力を培ってきた同級生とは、異なる種類のサポートが必要となるだろう。

社会階級と子育てに関する研究を概観して私たちが得た教訓は、子どもは生まれつき反脆弱性だが、２つの大きく異なる方法によって、その発達にダメージを受けているということだ。１つ目は、子どもをほったらかしにし、十分に守ろうとせず、幼い頃から慢性的に過酷な逆境にさらすやり方。最近の大学生、特に労働者階級や貧困家庭で育った者たちの中には、このような目に遭ってきた者たちが少なからずいる。もう１つは、子どもを過度に監視および保護することで、強くてたくましい大人になるための、自力で立ち向かうべき、あまたの小さな挑戦、リスク、困難を避けさせるやり方だ。

アメリカの一流大学の学生は、上流階級および上位中産階級の子どもが主流を占めている。アイビーリーグ（アメリカ北東部にある８つの私立大学の総称）の多くを含む一流大学38校の学部生は、所得分布の下位60％の家庭よりも、上位１％の家庭の子どもの数が上回っていることが、最近の分析で明らかとなった。[*42] すなわち、一流大学の学生たちの脆弱性は、２つ目の理由、過保護に育てられてきたことが要因となっていると考えられる。

パラノイア的子育てに見られる認知の歪み

パラノイア的子育て、そして安全イズムの崇拝は、第1章で解説した認知の歪みの一部を子どもたちに教える。スケナジに、今どきの親を相手に活動する中でよく見聞きする認知の歪みはどれか訊いたところ、「ほぼすべてです」と返ってきた。*43

過度に監視したがる親にはよいことの無効化が見られる、とスケナジは言う。「自分が不在にすることで子どもが負いかねない危害の果てしなさと比べれば、目が届かないところで子どもたちが自由に過ごす利点（喜び、自主性、問題解決力、たくましさ）など取るに足らず、安全以外にプラス面を見いださないのです」。否定的フィルターも頻繁に用いられている、とスケナジは言う。「『食べ物に始まり、活動、言葉、人々まで、子どもの身のまわりには害となるものばかり！』と言って、決して『ジフテリアやポリオ、飢餓もない時代に生きられてよかった』とは考えないのです」。また、「完璧に安全でないなら、それは危険です」といった二分法的思考も見られると言う。

パラノイア的子育ては、子どもに〈大いなるエセ真理〉を吹き込む強烈な方法だ。この世は危険がいっぱい、悪者は暗がりに、道端に、公園に、公衆トイレに、どこに潜んでいるかわからないと子どもに思い込ませる。こんなふうに育てられた子どもは、〈味方か敵かのエセ真理：人生は善人と悪人の闘いである〉——見ず知らずの人を恐れ、疑う世界観——を受け容れる心の準備ができていく。自分が「安全でないと感じる」度合いを監視し、どれほど安全でないと感じているかを口にするよう、子どもに教えてしまっているのだ。そう教えられてきた子どもは、「安全でない」と感じること（不快または不安の感情）は、自分が安全でない状態にある確かな兆しと考えるようになるおそれがある（感情的決めつけのエセ真理：常に自分の感情を信じよ）。挙げ句の果てに、こうした感情は不愉快なため、その感情自体を危険と判断するおそれがある――ストレスが彼らを殺さずとも傷つける（脆弱性のエセ真理：困難な経験は人を弱くする）。

こうした思考が子どもの頃から習慣化していると、それに応じて形成されたスキーマに従って、高校や大学などの新しい環境を解釈するようになるだろう。すると、自分が置かれた状況に危険性を、他者の行為に敵意を見いだしやすくなる。小さな脅威でしかないものからも逃れねば、避けなければと考える傾向が、これまでの世代の子どもたちよりもずっと強くなる。言葉、書物、思想を、〈真か偽か〉〈興味をそそるかおもしろくないか〉など学びを促す次元ではなく、〈安全か危険か〉〈善か悪か〉の観点で解釈するようになる。こうした思考がキャンパスに持ち込まれれば、セーフスペースの設置、トリガー警告、マイクロアグレッションの講習、偏見対応チームの創設などの要求につながることは、容易に想像がつく。そして、十分な教養を身につけ、度胸と柔軟な思考を持ち合わせた卒業生の輩出が難しくなっていくだろう。

まとめ

◇子育てがパラノイア的になっていることが３つ目の論題だ。

◇子どもを過保護にすることが、子どもに危害を与えてしまっている。もともとは反脆弱性を備えている子どもが、過保護にされることで、軟弱でたくましさに欠けた大人になっていく。

◇平均して、最近の子どもたちは親世代が子どもの頃よりも制約の多い生活を送っている。当時は今よりも危険性は高かったが、持ち前の反脆弱性を育む機会もはるかに多かった。これまでの世代と比べて、ミレニアル世代の最後の方の世代とｉＧｅｎ（１９９５年以降生まれ）は特に、大人の監視がない状況で遊ぶ、探検する時間を奪われてきた。そのため、たくましく、有能で、自立した大人になるのを助けるはずの、挑戦、マイナスの経験、小さなリスクといったものをたくさん経験しそこなってきた（詳しくは第９章で解説）。

◇現在、アメリカをはじめ豊かな国々の子どもは、過去のどの時代よりも安全性の高い環境で暮らしている。しかしアメリカの多くの親はいまだに、過去のさまざまな事例を理由に誘拐を恐れる強い気持ちがあり、決して子どもから目を離してはならないと思い込んでいる。ことあるごとに世の中は危険がいっぱい、一人で立ち向かってはならないと言われてきた子どもの多くが、本当にそう思い込むようになるのも無理はない。

◇ヘリコプターペアレントの存在に加え、子どもたちだけで過ごすことを難しくする法律や社会規範が、最近の若者の心の健康やたくましさに悪影響をもたらしている。

◇子育ての方法は、社会階級によって大きな差異がある。中産階級（およびそれ以上）の家庭では、社会学者アネット・ラルーが「協同的・計画的子育て」と呼ぶ養育スタイルが取られ、労働者階級（およびそれ以下）の家庭では「自然的・放任的子育て」が用いられる傾向がある。裕福な家庭に育った大学生たちの一部は、過保護や過度な監視によって、本来より脆弱な人間にされてきた可能性がある。一方、貧しい家庭に育った大学生たちがさらされるリスクは、慢性的かつ過酷な逆境など、まったく違ったもので、ストレスを和らげ、逆境を成長につなげてくれる大人との愛情深い関係性を欠く場合は特に、成長する上で弊害となる。

◇パラノイア的子育てによって、最近の子どもたちは３つの〈大いなるエセ真理〉を受け容れる心の準備が整っている。すなわち、大学に進学して安全イズムの文化に加担しやすい状態にある。

第9章――自由遊びの時間が減少

勉強ばかりで遊ばないと、子どもはだめになる

17世紀のことわざ

子どもにとって遊びは欠かせないもの

子どもたちは「鬼」になりたがらない。鬼ごっこを始めるとき、それぞれが「鬼は嫌！」と叫び、最後に残った人を指差して鬼にするのはなぜなのか？

他の哺乳類の遊び方に着目すると、その多くが追いかけっこと似たような遊びをしており、この問いへの刺激的な答えが見えてくる。オオカミなど捕食者の子どもは追っ手になりたがり、ネズミなど餌食動物の子どもは追いかけられるのを好むようだ。[*1] 霊長類である人間の祖先は捕食者と餌食のどちらでもあったが、餌食だった期間の方がはるかに長い。人間の子どもたちが、とりわけ逃げたり、隠れたりするのを楽しんでいるのは、そのためかもしれない。[*2]

遠くから見ていると、子どもの遊びは奇妙でもある。メイン大学の発達心理学者ピーター・ラフレニールは、子どもの遊びを「多大なるエネルギー消費と、いかにも無意味な危険性を集約したもの」と表現する。[*3] だが、負傷するか餌食にされるリスクがありながらも、ほぼすべての哺乳動物が追いか

けっこに興じるのであれば、それだけのリスクを補って余りある、非常に大きなメリットがあるに違いない。

実際にあるのだ。遊びは、機能的に優れた大人をつくれと哺乳動物の脳にプログラミングする上で不可欠である。遊びを奪われた哺乳動物は、能力をフルに発揮できるよう発達しない。ある実証実験では、ネズミの子どもを3通りの条件下で育てた。（条件1）かごの中で1匹だけで過ごす。（条件2）かごの中で1匹で過ごすが、1日1時間だけ、子どものやんちゃなネズミを投入し、その間は荒っぽい遊びをする。（条件3）2番目の条件と同じだが、途中で投入される子どものネズミは薬を飲まされているため荒っぽい遊びができず、臭いを嗅ぐ、鼻を擦り寄せるといった社会的行動しかできない。上記条件で育てたネズミの子どもを新しい環境に放り込むと、条件2で荒っぽい遊びを経験したネズミだけが怖がる素振りを見せず、新しい環境を積極的に見て回ろうとした。[*4]

発生生物学に、「経験が期待される発達（experience-expectant development）」という重要な概念がある。[*5]人間の遺伝子の数は約2万2000しかないが、脳には約1000億もの神経細胞があり、数百兆のシナプスでつながっている。人間の遺伝子には、そこまで複雑な構造をつくれるコードブックや設計図は提供できなかった。たとえ設計図が遺伝子に伝えられたとしても、それは移動性の種である人間が放り込まれるであろう環境、巻き込まれるであろう広範な問題にうまく適応できる子どもをつくれるほど柔軟なものとはならなかっただろう。そこで自然界は、人間の大きな脳をプログラミングするよりよい方法を発見した。それは、遺伝子は胎児期に現れるさまざまな系統の細胞を得るのに不可欠で、遺伝子が脳の発達を導き、子宮内で「原案（first draft）」がつくられる、というものだ。しかし、子宮の中でも生まれた後でも、赤ちゃんにとって大きな意味を持つのは〈経験〉である。大きな脳をプログラミングする上では経験が非常に重要なため、赤ちゃんの脳の「原案」には行動を起こしたいという強い欲求が含まれている。その行動によって適切なフィードバックが与えられるからこそ、脳はまわりの環境に合わせてうまく最適化される。そういうわけで、哺乳動物の子どもはリスクがあろうとも、しきりに遊びたがるのだ。

この仕組みは、人間の言語習得で考えるとわかりやすい。言語習得のための脳を発達させるのは遺伝子だ。しかし、その工程を完了させるには、子どもは実際に言語を使える場面に遭遇する必要がある。言語に関する脳は、ある種のインプットを「期待」している。そのインプットを獲得するため、他者とやりとりをしたいという意欲が子どもにはある。彼らにとっては、声、やがて実際の言葉を他者とやりとりすることが楽しいのだ。こうした言語的やりとりの機会を思春期になるまで奪われてしまった子どもは、標準的な発達過程の一部である言語学習の「臨界期」（ある行動学習が可能な一定期間を指す心理学用語）を逃すこととなり、完全には言語を習得できず、正常には話せないだろう。*6

身体能力（捕食者から逃げるなど）や社会能力（対立をおさめる、協力を取りつけるなど）にも同じ理屈が当てはまる。脳の原案作成を始めるのは遺伝子だが、脳が「期待」しているのは、子どもが膨大な時間を遊び――幾度となく転ぶ、擦り傷をつくる、争う、バカにされる、仲間をつくる、裏切られる、地位をめぐって争う、仲間はずれをする――にあて、発達することだ。遊びを奪われた子どもは、10代、そして大人として、身体的および社会的に有能な人間になりにくい。*7

遊びに関する研究は、80年代以降に急増した。今や、遊びがもたらすメリットは、有力なエビデンスによって明らかとなっており、遊びが不足するとその後の人生で不安症やうつ病になりやすいという学識——示唆的なもので、決定的ではない——も増えている。[*8] その1つの研究概要には、次のように述べられている。

不安そうな子どもというのは、親や世話をしてくれる人たちからの過保護な行動を引き出し、そのことが子どもの脅威に対する認識を強め、危険をコントロールできるという意識を低下させることが研究から示されている。過保護にすることが、大げさなまでの不安をもたらしているのかもしれない。政府規制によって遊び場に過保護な対策を採ること、そして遊び場での事故を大げさに恐れることが、社会の不安を高めているのかもしれない。私たちは子どもたちの発達を阻むのではなく、もっと刺激的な環境を提供していく必要があるだろう。（強調は筆者による）[*9]

この研究、ならびに第7章で解説した10代の若者に不安症、うつ病、そして自殺が増えている事実を踏まえると、私たちは教育や子育てを通じて、子どもたちに自由遊びの時間をもっと与えるべきである。しかし実際には、その逆のことが起きている。

本章では、子どもに有益となる遊びが70年代以降に急減した理由を詳しく調べ、幼少期におけることの変化が10代や大学生にどんな影響をもたらしているかの考察をすすめる。大人の監視がない自由遊びの減少——小さなリスクを負う十分な機会も含めて——が、4番目の論題だ。

自由遊び、野外遊びの時間は減少した

遊びに関する研究の第一人者ピーター・グレイは、「自由遊び」を「参加者が自由に選択し、指揮し、自分たちのために取る行動を言い、行為そのものと異なる目的達成を意識するのではなく、それ自体のためになされる行為」と定義する。[*10] この定義に基づくと、ピアノのレッスンやサッカーの練習は〈自由遊び〉ではなく、ピアノでふざけて遊ぶ、寄せ集めのメンバーでサッカーの試合をすることは〈自由遊び〉となる。グレイや他の研究者たちが指摘するのは、すべての遊びが同じわけではないという点だ。遊びの中でも、身体を激しく使う自由遊び――屋外で、他の子どもたちと一緒に行う――が極めて重要で、人間の進化した脳が「期待」しているものでもある。それらは普通、子どもたちが一番好む遊びの形態だ[*11]（架空の設定でするごっこ遊び[*12]は、屋内でのおとなしい遊びだけでなく、屋外での荒っぽい遊びでも行われており、その大切さを主張する意見もある）。

子どもは屋外での自由遊びに、危険な状態ならびに危険を被る可能性を取り入れる傾向がある、とグレイは指摘する。塀や木によじ登る、スケートボードで階段や柵を滑り降りるなどだ。

子どもたちは適度なリスクを自分たちに施しているようだ。それはまるで、適度に危険な状況をつくり出し、課題への身体的および感情的な対処方法をゆっくりと学んでいるかのようだ……リスクが適度であれば楽しめ、足りないと退屈がり、大きすぎるとそれはもはや遊びではなく恐怖でしかない。リスクの適量を知っている者は、子どもたち以外にいない。[*13]

残念ながら、アメリカの子どもたちの生活から最も減少しているのが、身体を使った屋外での遊びだ。１９８１年にミシガン大学の社会学者たちが実施した研究が、この傾向をはっきりと示している。13歳以下の子どもを持つ親に、無作為に選んだ複数の日に子どもたちが何をして過ごしていたかを詳細に記録してもらった。同じ調査を１９９７年にも実施したところ、遊びに使った時間は、種類を問わず全部ひっくるめて16％減少していたこと、そしてほとんどの遊びが屋内で行われるようになり、多くはコンピューターを使って、他の子どもがいない状況であることがわかった。[*14] この種の遊びでは、身体が鍛えられないのはもとより、精神的なたくましさや社会的能力も育まれにくいため、健やかで社交的な、真の意味での自由遊びは、16％よりももっと大きく減少したと考えられる。この研究で比較したのは、ジェネレーションX（１９８１年に子どもだった世代）だが、最近の子ども、いわゆるｉＧｅｎを分析したトゥウェンジは、自由遊びの減り方は加速していると指摘する。ミレニアル世代と比べると、ｉＧｅｎは友だちと外出する時間が減っている一方、両親と過ごす時間が増え、画面を相手に過ごす時間はさらに大幅に増えている（画面相手の時間も一種の社会的交流ではあるが、第7章で解説したとおり、多少の弊害を伴う）。[*15]

ｉＧｅｎはそれ以前の世代と比べて、グレイが最も価値があるとする、大人の監視なしの自由遊びが大幅に減っている。そのため、自分たちにリスクを「施す」機会が意図的に奪われてきたこととなる。健全な量のリスクを味わうどころか、避けてきた可能性が高い。トゥウェンジは、「少し危険なことをするのがワクワクする」との設問に対する回答の変わりようを指摘する。この設問に〈はい〉

と回答する10代の割合は、1994年から2010年までは50%代前半で推移していた。ところが、iGenが調査対象に含まれるようになると、〈はい〉と回答する割合が下がり始め、2015年には43%となった。iGenはリスクにさらされてこなかったので、あえてリスクを取らない傾向が強まっているのだとすれば、困難や脅威と判断するものへの障壁も下がるだろう。日常生活におけるごく普通の作業すらも、大人の助けなしに自力で対処するのが難しいと考えるだろう。となると、iGenが大学生になった途端に不安症やうつ病率が急上昇したのも、驚くことではない。

1981〜1997年にかけて遊びに費やされる時間が減少したのとは対照的に、学校の時間は18%増、宿題の時間は145%増となっていたことが、先述の子どもの使用時間に関する調査で判明した。[16] デューク大学の心理学者ハリス・クーパーの研究では、中学生や高校生への宿題はその内容および量が適正であるなら利点があるが、小学生の宿題が成績にもたらす利点は少なく、量や難易度が現実的でない場合はかえって学力を落とすこともあると示されている。[17] にもかかわらず、小学生の宿題はこの20年で増加している。[18] 幼稚園で宿題を出すところも出てきている（レノア・スケナジは、息子の幼稚園教諭になぜ宿題を出すのか訊いたら、「小学1年生で宿題が出ることへの準備です」との答えが返ってきた、と語った）。[19]

なぜこんなことが起きているのか？　なぜ私たちは子どもたちから健康的な遊びを奪い、宿題の量を増やし、行動を監視しようとしているのか？　大人の監視なしのあらゆる屋外活動が減少している主な理由の1つは、第8章で解説した、メディアに煽られて現実離れしてしまった誘拐への恐怖だろう。2004年に発表された大規模調査では、85%の母親が、自分たちの子どもは自分が同年齢だった頃より屋外で遊ぶ頻度が少ない、と回答した。屋外の遊び時間が減っている理由を複数選んでもらったところ、82％の母親が、犯罪への恐怖を含む「安全性への懸念」を選んだ。[*20]

しかし、アメリカの親と子どもたち――特に中学生以上――を悩ませている別の理由、2つ目の懸念がある。20世紀終盤よりも深刻化している、大学受験競争だ。

子ども時代が受験準備のために費やされる

ミレニアル世代やiGenの親が子どもだった頃の幼児教育は、今とは大きく違う。6歳になったわが子が小学1年生になる準備ができているかどうか、親が判断する際の指標となるチェックリストの1979年版が次の表だ。[*21] 項目数は12のみで、そのほぼすべてが身体的および感情的な成熟度ならびに自主性を問うものだ――今日では親が逮捕されかねない項目もある（8番）。

現在使われているチェックリストと比較してみる。テキサス州オースティンの学校で使われているチェックリストの項目数は30あり、そのほとんどが学業に関するものだ。

◇100までの数字を確認でき、書ける
◇100までの数字を10ずつ（10、20、30……）、20までの数字を2ずつ（2、4、6、8……）、100までの数字を5ずつ（5、10、15……）数えられる
◇グラフのデータを理解し、記入できる

小学校入学準備チェックリスト：1979年版

1. １年生になって読み方の授業を受け始める時点で、お子さんは６歳と６カ月以上になっていますか？
2. お子さんは永久歯が２～５本ありますか？
3. お子さんは自分がどこに住んでいるかを、学校の交通指導員や警備員が理解できるように伝えられますか？
4. お子さんは絵を描いたり、色塗り用の図の線からはみ出ないように色を塗ったりできますか？
5. お子さんは目を閉じたまま５～10秒片足立ちができますか？
6. お子さんは小型の二輪自転車に補助輪なしで乗れますか？
7. お子さんはどちらが左手（もしくは右手）かわかりますか？
8. お子さんは近所（４～８ブロック）にある店、学校、遊び場、お友だちの家まで一人で行けますか？
9. お子さんは親と１日中離れていても怒り出しませんか？
10. 親が１度言った８～10単語からなる文章を、お子さんは繰り返して言えますか？ 例文：「The boy ran all the way home from the store（少年は店から家までずっと走って帰った）」
11. お子さんは１セント銅貨８～10枚を正しく数えられますか？
12. お子さんは文字や数字を書こう、または書き写そうとしますか？*22

◇幼稚園児レベルのサイトワード（見た瞬間に認識できるべき基本単語）をすべて読める
◇１ページあたり５～10単語の本を読める
◇表音式つづり字で完全な文章を紙に書ける（例えば、日記や物語[*23]）

１９７９年当時の幼稚園は、ほとんどの時間を社会的交流や主体的な遊びにあて、そこにアート、音楽、数字、アルファベットの指導が多少ちりばめられている程度だった。当時の幼稚園の教室は、人との関係性づくり、手を動かす作業（ブロックやリンカーンログ（丸太小屋のパーツを模したおもちゃ。建物などをつくって遊ぶ）を使うなど）や想像力を働かせる象徴的遊び（小道具や衣装を使ったお店屋さんごっこやままごとなど）のしやすさを前提に編成されていただろうと、エリカ・クリスタキスは指摘する。また当時の幼稚園はほとんどが半日のみの登園で、やることと言えば今日の先進的なプリスクール（幼稚園入園前の子どもたちが通う未就学教育）で受け容れられているように、「自由形式の遊び、おやつタイム、簡単な発話練習を兼ねて韻を踏んだ歌を歌う、物語の読み聞かせ、もしかするとそこに工作や、算数要素の入った並べ替えゲームや積み木遊び」くらいだった。[*24] これとは対照的に、昨今の幼稚園ははるかに体系化され、身体を動かさなくなっている。子どもたちは多くの時間を机に座ったままで過ごし、お勉強に直結した指導を受けている――「反復練習（drill and skill）」として知られる指導方法だが、教師たちは嫌味を込めて「退屈なだけの訓練（drill and kill）」と呼ぶ。[*25] こんなやり方は、もっと年上の子どもたちに学問的な内容を伝授するには効果的となることもあるが、幼稚園児にはふさわしくない。幼い子どもには、かえって逆効果になり、彼らの創造性、社会・情緒的発達に弊害をもたらすとするエビデンスも増えている。[26]

バージニア大学の研究者たちが、1998年の幼稚園（ミレニアル世代の最後のメンバーの一部が含まれる）と2010年の幼稚園のカリキュラムを比較したところ、この間に標準テストの導入が大幅に一般化していることがわかった。指導方法や教室編成が変わり、はるかに多くの時間が、高度な読書や数学的な内容に割かれるようになっていた。また、幼稚園教諭の園児に対する学業的な期待度ははるかに高まっており、[27] この傾向は今後も続くと考えられる。例えば、今日のコモン・コア（2010年から導入されている各州共通基礎スタンダード。幼稚園から高校3年までの英語圏での国語と算数の教育基準。アメリカ国内の多くの公立・私立の小中高ではこの基準をもとに指導内容を定めている）が定める幼稚園の学習達成基準には、数学に「実用的な主張を組み立て、他者の考えを批判できる」が、[28] 読解には「幼児向け読みものを目的と理解をもって読む」[29] が含まれている。

初等中等教育改正法（No Child Left Behind Act of 2001）（「1人の子どもも落ちこぼれさせない」をスローガンにブッシュ政権下で制定された。通称「落ちこぼれ防止法」）、州が定めるプリスクールの学習基準、テスト重視傾向の広がり、そこにコモン・コアが導入され、プリスクールや幼稚園のあり方はずいぶんと変化した。[30] 幼稚園入園に求められる学力面での準備をせねばと、プリスクールでは子ども同士で楽しく過ごす時間や遊びが犠牲にされている、とクリスタキスは嘆く。クリスタキスが報告するように、幼稚園教諭は今なお、幼稚園児にとって最も大切な能力は学力ではなく社会的および感情的スキル（話を聞く、順番を交代できるなど）だと断言する。[31]

プリスクールから始まって小学校の間もずっと、今や子どもたちの日々はがっちり体系化されている。主体的行動、社会的探求、科学的発見のチャンスがどんどん失われ、必須科目の指導に向けられている。その動きは得てして、州のテスト要件を満たす生徒を育てたい学校側の取り組みによって推進される。その一方で、特に裕福な家庭の子どもたちは、放課後に音楽のレッスン、チームスポーツの練習、家庭教師、その他大人の監視のもとで計画的に行う活動が増え、近所の友だち同士で行きあたりばったり声を掛け合い、自由遊びをすることがなくなっている。[*32] もっと幼い子どもだと、親が遊びの予定を調整し、[*33] その遊びは親が目を光らせている中で行われているようだ。

両親が高学歴で、経済的余裕のある家庭の子どもたちにとってはもはや、放課後や週末は友だちと集い、ゆったり休息する時間ではなく、後の大学受験競争で抜きんでるための能力育成の時間と考える傾向がいっそう強まっている。親がわが子の予定管理に懸命になるのも無理はない。8歳で将来、大学側に魅力的に映るようにとの先見の明をもって、チューバが吹けるようになろうとしたり、ゴルフがうまい女の子になろうとしたりするわけはないのだから。[*34] プリンストンレビュー（大学進学のテスト対策指導などを行うサービス会社）では、大学側へのアピール度を高めるには、早くから何か地域支援活動を選び、高校の最終学年まで週2時間のボランティア活動をやり続けることをすすめているが、この助言に従えるほどの組織統括力や先見性（交通移動計画を立てる能力も当然必要だ）がある13歳の子もいないだろうからだ。[*35]

熾烈な受験競争、履歴書アピール競争

アメリカの一流大学に合格することは、以前よりはるかに難しくなっている。例えば、イェール大学の合格率は80～90年代には20％前後で推移していた。それが2003年までに11％に下がり、2017年は7％だった。[*36] それゆえ、親子がタッグを組み、履歴書に書ける課外活動を増やそうと躍起に

なっているのだ。これは、イェール大学の元英語教授ウィリアム・デレズウィッツが「履歴書アピール競争（the resume arms race）」と呼ぶもので、ゲームに参戦しない家庭は子どもを不利な立場に置くとされる。デレズウィッツは著書『優秀なる羊たち：米国エリート教育の失敗に学ぶ』（米山裕子訳、三省堂）の中でこう述べている。「もっともっととなるのは、とにかく他の人たちの上を行きたいと考えるから。相手が1万9000の核弾頭を手に入れて初めて2万の核弾頭が必要になる。他の誰かが10の課外活動をするから11の課外活動が必要となる——だが本当にそこまでやる意味はあるのだろうか？」[*37]

熾烈な受験競争を見据えて、一部の社会集団の親たちは、中学生の子どもの成績にすら戦々恐々としている——成績でAを取れなければ、人生の行く末が決まってしまうかのように。普通なら〈破局化〉の明らかな例となる考え方だが、競争の激しい学区ではめずらしいことではないようだ。ジュリー・リスコット・ヘイムズはこんな言い方をした。「例えば6年生の数学でAを取れないと、高校の数学で最高レベルのクラスに入れないことを意味し、つまりそれは、スタンフォード大学に入れないということなのです」[*38]。このため、多くの親が子どもにつきまとい、安全確保に努めるだけでなく、宿題は済ませたか、テスト準備はできているかと過度に管理しようとする。[*39] こうした親たちは、子どもがアドバンスコースでうまくやっていくためならどんなことでもやらせる、それが子どもの「やり抜く力（grit）」を鍛えると考えているのだろう。しかし、『やり抜く力：人生のあらゆる成功を決める「究極の能力」を身につける』（神崎朗子訳、ダイヤモンド社）の著者で心理学教授のアンジェラ・ダックワースは、「やり抜く力は、情熱のない忍耐とよく誤解されますが、それは悲惨なものです」と言う。

「情熱のない忍耐など、単なるつまらない作業です」。彼女が若者に望むのは、「自分が探求したいものに打ち込み、自ずと湧き上がる充実感を味わう」ことだ。[*40]

昨今の大学受験競争によって、高校生が学校生活を謳歌し、内発的な充足感を追い求めるのが難しくなっている。この過程が「生徒たちの価値観を歪め、競争の狂乱に引き込み」、「彼らの心の健康を危険にさらしている」と述べるのは、『ニューヨーク・タイムズ』紙のコラムニストで、『Where You Go Is Not Who You Will Be: An Antidote to the College Admissions Mania（進学がすべてではない：大学受験狂への対処法）』の著者フランク・ブルーニだ。[*41] 自殺の連鎖（suicide clusters）が起きているのは他でもない、カリフォルニア州パロアルトやボストン郊外など競争の激しい高校で、『アトランティック』誌[*42]や『ニューヨーク・タイムズ』紙[*43]もこの風潮を取り上げている。マサチューセッツ州レキシントン高校の生徒を対象とした2015年の調査では、95%が授業について「かなりストレス」または「極めてストレス」と回答している。アメリカ疾病予防管理センターの2016年度調査では、カリフォルニア州パロアルトの10代の自殺率は全国平均の4倍以上だった。[*44]

アメリカの一流大学に入学する学生の大半を輩出するのはまさに、こうした精鋭が集まり、裕福な家庭が多い、学力競争の激しい学区だ。[*45]「学生は学力的な準備は整っているが、日々の生活に対処できる準備が整っていない。これは、ごく平凡な問題と向き合う機会が欠如してきたことが原因」とグレイは言う。[*46] 子どもたちが名門大学に入れるよう親や学校は懸命にサポートする。しかしその過程で、子どもたちが大学生活をたくましく乗り切ることを困難にしているおそれがある。これは、アメリカの上位中産階級の暮らしがはらむ矛盾だ。

自由遊び時間減少で民主主義運用能力が低下?

遊びが奪われ、過度な監視をされることの影響は、大学生活だけにとどまらないかもしれない。インディアナ州にあるボール州立大学の経済学者スティーブン・ホルウィッツは、私たちが本章で考察した遊びに関する調査を用いて、今後の自由民主主義にもたらしうる結果を考察した。[*47] 彼はまた、自治共同体が対立を平和的に解決する術を研究した政治学者エリノア・オストロム[*48]とヴィンセント・オストロム[*49]の研究も参照した。この2人は、うまく機能している民主主義というのは、異なる目標や相反する要望を持っている人々が警察や国に訴えて仲間である市民を従わせるのではなく、さまざまな組織や基準をつくり出すことで自分たちの問題解決を実現させているとした。これはまさに、1831年にアメリカ各地を見聞してまわったアレクシ・ド・トクヴィル（フランス人政治学者。19世紀前半に発表した著書『アメリカのデモクラシー』は、アメリカ政治や社会を論じる上で必読の書とされている）に強い感銘を与えた「結社の技能（art of association）」だ。

民主主義社会で暮らす一般市民は、18歳の誕生日を迎えたからといって、突如、この技能が伸びるわけではない。この技能を鍛えるには長い年月がかかり、それはグレイが自由遊びを通じて学べると主張しているものと重なる。自由遊びにおいて非常に重要なのは、常に自由意思であること。誰もがいつでもやめる・中断することが可能なため、遊びを続けたければ、他の子どもたちが必要としているもの、不安に思っていることにしっかりと注意を払う必要がある。公平性をめぐって衝突が起きれば、どちら側に味方するかと大人に意見を求めるのではなく、自分たちで解決しなければならない。

それなのに、大人の監視下で行われる活動が増え、自由遊びが締め出されたことで、子どもたちが

〈結社の技能〉を育みにくくなっている、とホルウィッツは指摘する。

子どもたちだけで探求できる自由を与えてやらないと、自主性や責任感だけでなく、自由な社会で他者と共存する上で大切となる、さまざまな社会的能力を身につける機会を奪い去ってしまう。この論点が正しいならば、子どもたちだけで遊ぶのを難しくする子育て方法や法律は、自由主義社会への深刻な脅威となる。「自分たちで対立の解決方法を編み出す」という初期設定を、「対立が起きる場合は常に暴力および／または第三者に訴える」にひっくり返すことになるからだ。これは、ヴィンセント・オストロムが指摘した「民主主義の脆弱性」の１つである。[*50]

自由遊びの欠如が民主主義にもたらしうる結果は、なんとも不吉である。アメリカのように、党派間で高まり続ける敵対意識[*51]と、公的機関への信頼低下に苦しむ民主主義にとってはなおさらだ。[*52]ホルウィッツが起こりかねないと懸念しているのは、次のようなことだ。

子どもたちの社会的能力を培う力を弱める社会というのは、円滑な社会的対話に必要なものを否定してしまっている。その結果もたらされる社会的相互作用の粗雑さが、対立と暴力の多い世界をつくり出すだろう。その世界では、人々が自分たちで解決できるはずの問題を解決するのに、直感的に他の関係者による強制力をいっそう求めるようになるだろう。[*53]

これこそ、グレッグが２０１３年頃にキャンパスで目撃し始めたものだ。学生たちが職員や教授に規制の強化を求め、その内容は、誰がどんな発言ができるか、キャンパスで講演できるのはどんな人か、プライベートの場を含む学生同士の交流の仕方にまで及んだ。学生からの規制強化の要望と、その要望にすぐに応じようとする大学側の官僚的対応については、第10章で詳しく取り上げる。

本章の最後に、明るい話題を紹介しよう。子どもたちがさらされている３つの〈大いなるエセ真理〉とは対照的な、幼少期や10代の経験を概観するよりすぐれた方法がある。２０１７年６月、アメリカ最高裁判所長官ジョン・ロバーツは、息子が通う中学校の卒業式で祝辞スピーチを依頼された。ヴァン・ジョーンズ（第4章で引用した）と同じく反脆弱性を理解しているロバーツは、息子の同級生たちに、これからの人生で痛みを伴う経験をしてほしい、それがきみたちをより良い人間、より素晴らしい市民にしてくれるだろうと語った。[*54] スピーチの一部を引用する。

これからの人生において、皆さんにはときに不当な扱いを受けてほしいと思います。そうすれば正当性の価値を知るでしょう。裏切りにも遭ってほしいと思います。そうすれば誠実であることの大切さがわかるでしょう。残念ながら、孤独も味わってほしいです。そうすれば友人という存在を当然のものと思わなくなるでしょう。不運にも見舞われてください。そうすれば人生のチャンスがめぐってくることの意味がわかり、自分の成功も他者の失敗も当然のものではないと理解できるでしょう。そしてときどき、ほんの稀だとよいのですが、あなたが敗者になるとき、敵はその失敗を大いに喜ぶでしょう。そのときにこそ、スポーツマンシップの大切さを学んでほしいのです。人から無視される経験もしてください。そうすれば他者に耳を傾ける大切さがわかるでしょう。たくさんの痛みを味わって、思いやりの大切さを学んでもらいたいです。以上のことは、私が望むかどうかにかかわらず、皆さんのこれからの人生で必ず起きます。その経験を生かしていけるかどうかは、皆さんが逆境からメッセージを読み取る力があるかどうかにかかっています。*[55]

まとめ

◇子どもたちが、大人の監視なしで自由遊びをしなくなっていることが４番目の論題だ。他の哺乳動物と同じで、脳内の神経発達における複雑なプログラミングを完了するため、子どもには自由遊びが必要である。自由遊びを奪われた子どもは、大人になったときに、身体的にも社会的にも能力が劣る可能性がある。リスクへの耐性も低くなりがちで、不安障害を患いやすい。

◇専門家のピーター・グレイは、自由遊びを「参加者が自由に選択し、指揮し、自分たちのために取る行動を言い、行為そのものと異なる目的達成を意識するのではなく、それ自体のためになされる行為」と定義する。子どもにとって最も価値があると専門家たちが口をそろえるこの種の遊びが、アメリカの子どもたちの生活から急激に減少している。

◇自由遊びの減少には、いくつかの要因が関わっている。見ず知らずの人や誘拐をありえないほど恐れる気持ち（１９８０年代以降）、一流大学を目指した大学受験競争の激化（過去数十年）、テスト、テスト準備、宿題を重要視する動きが高まり、その結果、身体的および社会的能力を培うことがなおざりにされていること（特に２０００年代初め以降）などである。
◇こうした動向にスマートフォンやＳＮＳの利用拡大が相まって、アメリカの子どもたちの過ごし方、ならびに神経発達という複雑な配線プロセスを導く身体的および社会的経験の性質を大きく変えた。
◇自由遊びによって、子どもは協力し合うこと、争いを解決する力を育みやすくなる。これは、民主主義が頼りとする「結社の技能」とも密接に関係した能力である。市民がこの技能を身につけていないと、日常生活におけるごく平凡な争いも解決できなくなり、権力者に要求して相手方に強制力をかけようとする。安全イズムによる官僚主義を喜んで受け容れやすくなるだろう。

第10章――大学の官僚主義が安全イズムを助長

主権（または穏やかな暴君）は社会全体に腕を伸ばし、社会の表面を、小さくて、複雑で、些細で、画一的な支配の網で覆っていく……虐げるのではなく、妨害し、抑圧し、無気力にさせ、情熱を奪い、思考を麻痺させ、最終的には国を臆病で勤勉な動物の群れに変え、政府が羊飼いとなる。

アレクシ・ド・トクヴィル、『アメリカのデモクラシー』*1

学生を守るためとして大学が採る異常な対応

第2章の冒頭で紹介した仮定の設定で、キャンパスのカウンセリングセンターを訪れると、セラピストがあなたの不安を軽くしてくれるどころか、不安を増幅させたことを覚えているだろうか？では今度は、それから数日後、学生副学部長から「行動規範の再確認（のお願い）」との件名でメールを受け取ったと想像してほしい。なぜ副学部長が行動規範の再確認をしてくるのか？行動規範に違反した覚えはないのにと訝《いぶか》しく思いながら、恐る恐るメールを開くと、次のようなメールだった。

あなたの健康を心配している人たちがいるとの報告を受けました。どんな支援がふさわしいか、私がどんなかたちでお力になれるか、一度お会いして話し合えればと思います……自暴自棄になり、自滅的な考えや行為について他の学生と話すと、彼らの学びや人づきあいに支障をきたすおそれがあります。こうした問題を他の学生に話すことは避け、必ず下記の支援リソースをお使いください。自殺や自滅的な考え、または行為などについて他の学生を巻き込むと、懲戒処分の対象となります。どういう行為が処分にあたるのかしっかり理解し、そうならないよう努めていただけたらと思います。[*2]

あなたは混乱する。カウンセリングセンターを訪れた際、「自殺または自滅的な考えや行為」について一切触れていないし、そもそも自傷するつもりなど毛頭ない。さまざまな思いが頭をかけめぐる。カウンセリングを受けたことを副学部長はどうやって知り得たのか？　セラピーの秘密は守られるはずではなかったのか？　副学部長が脅迫めいた警告メールを送ってきたのはなぜなのか？　副学部長は学生同士で話す内容まで指示するつもりなのか？

これは架空の話ではない。2015年、ノーザン・ミシガン大学にて、その前年に性暴力を受け、その後遺症に苦しむある学生が、支援を求めてカウンセリングセンターを訪れた。相談の中で自傷行為や自殺念慮の話は出なかったのに、同大学の学生副学部長から、先に引用したとおりのメールが送られてきた。彼女だけではなかった。学期ごとに25〜30人の学生が――自殺や自傷行為を思わせる話をしたかどうかにかかわらず――これと似たようなメールを受け取っていた。[*3]自殺をほのめかす思いを他の学生に明かした学生は処罰の対象となる（除籍される場合も）というのが、ノーザン・ミシガン大学の行動規範として定められていた。自殺願望のある学生を悪者扱いし、さらに危険な状態に陥れかねないこの見当違いの方針を、精神衛生の専門家たちは厳しく批判した。それにもかかわらず、地元新聞の取材に応じた当の副学部長は、「友だちを頼ることは、相手に大きな混乱を起こしうる」と語り、このやり方への支持を表明した。[*4] もう一度、引用したメール文を読んでほしい。副学部長は、学生が自分の抱える苦しみを友だちに語ると相手を傷つけることになる、と思い込んでいるらしい。これは、常識や基本的な人間性よりも、〈脆弱性のエセ真理（困難な経験は人を弱くする）〉が勝っている好例だ。

大学――特に、そこの副学部長――に、ここまで無神経な行動を取らせるものは何なのか？　このような大学側の行きすぎた対応があったからこそ、グレッグは最初、認知の歪みを教えているのは大学側ではないかと感じた。２００８年から認知行動療法を取り入れていた彼には、大学職員の対応こそが、学生は十分な対応力を持ち合わせていない――他の学生との間で起こる不愉快な対話や比較的小さな侮辱ですらも対処しきれない――という歪んだ考え方を、学生に受け容れさせているように思えた。３つの〈大いなるエセ真理〉がキャンパスで挙げている成果を十分に把握するには、大学内で強まっている官僚的体質が、知らず知らずのうちに、何年にもわたって、これら悪しき知的習慣を促してきたこと、そしてそれが今日でも続いていることへの理解が不可欠だ。これが５つ目の論題である。

教員以外の職員が増大。大学が企業化

1869年に連邦政府内の教育局（Office of Education）（現在の教育省。当時は内務省内の部局だった）がデータ収集を始めた時点では、高等教育機関の在籍者数はアメリカ全体でわずか6万3000人、18～24歳人口全体のたった1％に過ぎなかったが、[*5] 今日の在籍者数は推定2000万人、同年齢範囲のおよそ40％にあたる。[*6] アメリカの中等教育機関と高等教育機関を合わせた収益は、入手できる最新統計2015―2016学年度で、およそ5480億ドルだ[*7]（この規模の国内総生産（GDP）を有する国であれば、世界21位、アルゼンチンとサウジアラビアの間にランクインするといえば、その規模感がわかるだろう）。[*8] 2015年事業年度末の寄付基金ランキングで、トップ120の大学が受けた寄附額を合計すると5470億ドル。[*9] アメリカの名門大学には相当な数の留学生もおり、[*10] 世界のトップ25の大学のうち17校はアメリカにある。[*11] 領域、規模、富が巨大化する中で、大学には専門化ならびに分業化が求められ、大勢の職員を必要とする状況がもたらされている。

1963年に、カリフォルニア大学全体の総長クラーク・カーは、その結果もたらされる構造を「マルチバーシティ（multiversity）」と表現している。マルチバーシティにおいては、1つの大学内のさまざまな学部や権力構造が、研究、教育、資金調達、ブランド戦略、法令遵守など、並行してさまざまな目標を目指す。[*12] 教員が自分の属する学部のことにばかり目を向けるようになると、教授活動に直接関わらない職員が大学組織の陣頭指揮を執るようになる、とカーは予測した。彼の予測どおり、大学職員の数は増加し、[*13] その責任範囲もじわじわと広がっていった。[*14]

管理事務の多少の増強は必要かつ妥当であろうが、その拡大ペースが全教職員の雇用の増加率を数倍も上回ると、[*15]マイナス面がかなり大きくなってくる。最もわかりやすいのが大学授業料の高騰で、[*16]すぐには明らかにならないマイナス面は、大学が大企業と似通ってくるにつれ――「大学の企業化」と嘆かれがちな傾向――学問的な優秀さ以外の目標が優先されるようになることだ。[*17]政治学者ベンジャミン・ギンズバーグは2011年の著書『The Fall of the Faculty: The Rise of the All-Administrative University and Why It Matters（教員の没落：全職員化した大学の台頭とその問題点）』の中で、この数十年で大学職員の規模が大きくなるにつれ、かつては大学運営に大きな役割を果たしていた教員が、その権限の多くを教員以外の職員に譲り渡してしまったと述べている。[*18]さらに彼は、ひとたび事務方のスペシャリストという階級が確立され、教授陣とは独立した存在になっていくと、その規模が拡大していくことはほぼ間違いなく、大学職員は教授陣と比べて、キャンパスで発生する新たな問題を解決する際に、その問題に特化した新しい事務局をつくるべきとの発想を持ちやすい、とも述べている[*19]（その一方で、教授陣は大学が企業化していくことをぼやきながらも、事務作業から解放されることに満足する傾向にある）。

大学が極端な市場重視に。学生はお客様扱い

2015年から始まったキャンパス抗議活動の特徴の1つは、大学経営陣の反応が及び腰で、学生たちの言いなりになったことだ。学生たちが講演者を黙らせる、授業を妨害するなど、通常なら各大

学が定める行動規範の違反行為にあたることをしでかそうとも、処罰を与える大学はほぼなかった。エバーグリーン大学のジョージ・ブリッジスはじめ、ほとんどの学長は学生のやり口を非難することなく、学生から突きつけられた最後通告を受け容れ、要望の多くを満たそうと便宜をはかった。[*20] これは「顧客サービス」を運営の精神に掲げる組織がやることだとして、このような対応を批判する人たちもいる。

メリーランド大学の古典学教授エリック・アドラーが、2018年の『ワシントン・ポスト』紙の記事で、この議論の本質について次のように書いている。「（キャンパスに広がる狭量さの）根本原因は、学生が極端に左寄りだからでも、その他の政治思想にあるのでもない」「数十年前に大学が市場重視型の運営に舵を切り、学生をお客様として扱い始めたことにある――授業料、格別な食事、快適な宿舎、すてきなキャンパスライフに、年間最高6万ドルも払ってくださるのだからと」。学生がある種の講演を阻止することに関しては、次のように述べている。

公立大学であっても、18歳の学生が実際に高級品を購入している。どんな経験を得られるか、自分たちで采配を振るう権利があると考えても不思議ではないのだろう……在学中のあらゆる経験を自分たちで生み出すことに慣れている学生たちは、今や、大学側にも自分たちの意見を反映させようと考えている。お客様がカリキュラムを決め、希望のアメニティ（快適設備）を選べるのであれば、どんな講演者を招請できるか、講演の中でどんな意見を語ってよいかまで、自分たちで決められると考える。今日の学生にすれば、講演者はいわばアメニティなのだ。[*21]

大学のお客様志向は、優秀な学生を獲得したい大学が、ライフスタイル系設備への支出を増やして他大学と競っている潮流とも合致する。2003〜2013年にかけて、公立の研究大学による学生サービスへの支出は22・3％増と、研究費（9・5％）や指導費（9・4％）をはるかに上回っている。[*22] 多くの大学が、学究的な修道院というよりも、贅沢な「カントリークラブ」化している。[*23] この趨勢の好例となるのが、ルイジアナ州立大学が学生費（授業料とは別に学生に課金される費用）8500万ドルをかけて造った536フィート長（約163メートル）のプール「レイジーリバー（lazy river）」だ。ぷかぷか浮かんだ学生たちが、ゆったりとした水流に乗って、大学名のイニシャルLSUのかたちに曲がりくねったプールを漂う。[*24] 当施設のオープニング式典で挨拶した学長は、お客様第一主義と安全イズムが組み合わさった教育ビジョンを持っていることを如実に示していた。「率直に申しまして、学生の皆さんに大学を去ってほしくないのです。皆さんに大学生活を続けてもらうため、大学側はすべてにおいて安全第一をモットーとして取り組んでいます。学生の皆さんが求めておられるものをすべて提供する、それが私たちの務めです[*25]」

職員が認知の歪みの手本を学生に示している

学生をお客様とみなす風潮によって多くのことに説明がつくが、ノーザン・ミシガン大学で起きたことや、「お客様」が聴く講演を制限しようとする大学職員の考えまでは説明できない。この点を理解するには、悪評が立つことへの恐怖、訴訟を起こされることへの脅威など、大学職員に作用している他の力を理解する必要がある。大学職員はあらゆる方面から指示責めに遭っているため（学内の弁護士、外部のリスク管理専門家、広報部、職員の上層部から）、人身傷害の訴訟から、不当解雇、知的財産、不法死亡訴訟など、ありとあらゆる分野における大学側の法的責任が大きくならないよう制限しなければならない。これが、職員が学生の言動をやたらと規制したがる理由の1つだ。

21世紀の最初の10年間で、キャンパスにおける言論の自由、学問の自由、適正手続き（学生の停学、退学に関する手続きが適正かつ公正に行われているかの調査）に焦点を置いた唯一の組織がFIREだった。当時は、キャンパスでの言論の自由に世間が関心を示さなかったのも無理はない。というのも、この議論で取り沙汰されていた講演が人々の共感を呼びにくいものだった――2001年9月11日にふざけて「国防総省を爆破できる人に私は投票しよう」と語った教授など――からだ。結局、この教授は職を失った。だが、憲法修正第1条の観点からすると、これらの事例は明快だ。攻撃性だけで講演が禁止または制約されることがあってはならない――キャンパスにおいては特に――が、憲法修正第1条の根本原理なのだ。[*26]

グレッグの在職している期間、学生は決まってキャンパスで最も寛容で、言論の自由を支持する存在だった――教員よりもその要素が強かった。しかし2013年頃から、グレッグはある変化に気づき始めた。学生は安全でない、学生生活のいろんな側面を大人が慎重に規制してやる必要がある、潜在的な危険や脅威に対して過剰反応を示す方が過少反応よりもはるかによい、職員たちのこんな考え方に一致していると思しき学生が増えていった。こんなふうにして、大学職員は――通常は善かれと思って――歪んだ思考の手本を学生に示していたのだ。[*27]

キャンパスにおける憲法修正第1条の事例のうち、この種の考え方をかなり直接的に促すのが、過剰反応と過剰規制だ。

過剰反応の事例

過剰反応の症例とはその名のとおり、感情を害すると感じ取った物事に対して、不釣り合いなほど過剰な反応を示すことである。ほぼすべての場合、認知の歪みの〈破局化〉の見本となるもので、大学職員の介入なしには最悪な事態が起きることがわかっている。[*28] 2つの事例を紹介する。

◇**バーゲン・コミュニティ大学**（ニュージャージー州、2014年）：美術学部の教授が、SNS上の1件の投稿が原因で無給休暇を言い渡された上に、心理カウンセラーのもとに送られた。彼の幼い娘が、ドラゴンの絵と〈I WILL TAKE WHAT IS MINE WITH FIRE & BLOOD（炎と血を奪い取ってやる）〉の文字が書かれたTシャツを着た写真を投稿したところ、大学側はこれを「威嚇的」と主張。教授は、Tシャツの文字は人気テレビシリーズ「ゲーム・オブ・スローンズ」に出てくるセリフだと説明したが、大学側は「FIRE（炎）」は自動小銃AK—47を想起させると言って譲らなかった。[*29]

◇**オークトン・コミュニティ大学**（イリノイ州、2015年）：ある教授が数名の同僚宛てに送ったメールの一文が原因で、大学側から改善命令を受けた。彼のメールには、メーデーとは「世界中の労働者が組合権を求めて闘ったことを称え、シカゴのヘイマーケット事件に思いを馳せる」ときだ、とあった。1886年の暴動への言及はメール受信者の1人だった学長に脅威を感じさせた、と大学側は主張。その暴動によって、「11人の死者、70人以上の負傷者が出た」からだった。[*30] 当然ながら、アメリカの祝日のほとんどは、失われた命の観点からいえば、甚大な犠牲を出した出来事を祝っている。だが、戦没者追悼記念日、退役軍人の日、合衆国独立記念日に言及したところで、どこの誰が脅威を感じるというのか。

過剰規制の事例

過剰規制は、実際に不快な物事を取り締まるというよりも、気分を害する可能性があるものを阻止することをいう。学生が「安全」でいられるよう、大学職員が過保護なヘリコプターペアレントのごとく、学生を厳しく規制している。相変わらず過剰規制の標的となっているのが講演だ。80年代後半に「ポリティカル・コレクト」なスピーチコードが導入されて以降、スピーチコードに対する訴訟が70件以上起こされてきた。裁判所で争われたスピーチコードのほぼすべてが改正または破棄され、違憲と判断されたものもある。

次の2つは、アメリカの大学で出現し続けている非常にばかげた講演規制の部類だ。

1. **曖昧かつ広範すぎるスピーチコード：**ポリティカル・コレクトネスに関する曖昧で広範すぎるスピーチコードが、おおよそ80年代後半から90年代半ばにかけて、立て続けに設けられた。その典型例となったのが、コネチカット大学の「不適切な笑い」の禁止だ。同大学は訴えられ、1990年の和解の際に、当該規定は廃止された。しかしその15年後、一語一句同じ規定がフィラデルフィアのドレクセル大学で設けられた。この規定は、FIREの「今月のスピーチコード」として名指しで非難された後、ようやく廃止された。[*31] 似たような規定として、アラバマ州のジャクソンビル州立大学では「学生は大学構内で他の誰の感情も害してはならない」との規定が、ウェストアラバマ大学では「不快なテキストメッセージやメール」を禁じる規定がある。[*32] こうした規定は、不正行為にあたるかどうかを判断する際に、広範囲の、完全に主観的な基準を用いることを学生に教える。〈感情的決めつけのエセ真理（常に自分の感情を信じよ）〉の実例ともなる。もし自分が気分を害するようなことがあれば、処罰に値する違反があったに違いないと考えるのだ。また、〈脆弱性のエセ真理〉を学生に教えることにもなる。不快な講演や不適切な笑いは非常に有害なので、脆弱で感情を害しやすい学生を守るには大学職員の介入が必要、と両者は理解し合っている。そして、言葉の衝突の「解決」に常に対応できるよう、責任者を手配する権限を大学職員に与えている。

2. **フリースピーチ・ゾーン：**大学は「フリースピーチ・ゾーン」づくりに懲りていないようだ。一定の種類の講演および表現が行える場を、キャンパスの一角の、大抵は辺ぴな場所に制限する。そもそもは、ロンドンのハイド・パークにあるスピーカーズ・コーナーのように、学生がいつでも自由な言論を行える名誉ある場所として60～70年代に登場したものだが、90年代になると、多くの大学がそれらを、学生がキャンパス内で自由な言論を行える唯一の場所としていった。世間の厳しい目や批判を受けて、運用見直しが行われたフリースピーチ・ゾーンもある。ルイジアナ州のマクニーズ州立大学では、学生の集団によるフリースピーチ・ゾーンの利用が、学期中に1回のみに制限された。[*33] キャンパスの敷地のわずか0・1%を占め、講演者に10営業日前までの利用登録を義務づけていたシンシナティ大学のフリースピーチ・ゾーンなど、裁判所によって無効とされたものもある。[*34] それでもなお、大学はフリースピーチ・ゾーンを維持し続けている。

最近の大学生のハンドブックを見ると、学生生活のあらゆる面に関して指針が定められているのがわかる。SNSに投稿できる内容、寮の中でしてよい発言、キャンパス外でできること――どんな組織に参加できるかまで、実に多岐にわたる。[*35]

通常、過剰反応や過剰規制というのは、官僚主義的な組織内で、CYA（Cover Your Ass、お尻を覆う）（想定される批判や責任から身を守るため、責任を分散させようとする行動）で知られる思考傾向を培ってきた人たちがすることだ。彼らは自分の監視下で問題が起こると、その問題を阻止する行動を取らなかった場合は特に、責任を負わせられることがわかっているため、往々にして防御的な姿勢を取る。彼らからすると、過剰反応は反応が弱すぎるよりもよいことで、過剰規制は規制が不十分であるよりもよいことで、慎重であることは勇敢であるよりもよいことなのだ。この考え方は、多くの学生が子どもの時分に身につけた安全イズムを強固にする。

「不審なものを見かけたら、通報してください」

最近の大学生が育ったのは2001年9月11日の同時多発テロ事件後の恐ろしい時期で、これはもちろんプラスには働いていない。あの悲劇が起きてからというもの、アメリカ政府は、「不審なものを見かけたら、通報してください」と言い続けている。ニュージャージー州の駅構内の電光掲示板（図10―1）にあるように、大人までもが不安な気持ちに従いなさいと言われている。つまり、ニュージャージー・トランジット社は乗客に、〈感情的決めつけのエセ真理：常に自分の感情を信じよ〉を受け容れさせようとしているのだ。「違和感があるなら、それはおそらく何かがおかしい（If it doesn't feel right, it probably isn't）」と書かれているが、そうとは限らないだろう。おそらく、アメリカ人の誰かが、何か「違和感がある」とどこかで感じ、テロを心配する瞬間なら、年に何百万回とある。しかしアメリカ国内で実際に発生するテロ事件はいかなるものも年間で数件のみなので[36]、ほとんどの場合、その違和感は思い過ごしである。もちろん電車の中で持ち主不明のリュックサックやスーツケースを見つけたら通報するべきだが、だからといって、その乗客の違和感が「おそらく」正しいとはならない。

若者があらゆるところに危険が潜んでいると考えるようになっており、それは教室内やプライベートな会話の中にまで及ぶ。万人が絶えず警戒し、脅威があれば当局に通報しなければならない。例えばニューヨーク大学では、2016年、大学職員がトイレ内に貼り紙をし、講演に対して「違和感があれば通報してください」の手法を取るよう促した。貼り紙には、大学コミュニティ内の誰かが「偏見、差別、ハラスメント」を受けた際に匿名で届け出ができる方法が書かれており、その1つが「偏見通報ライン（Bias Response Line）」だ。*37

ニューヨーク大学だけではない。FIREの2017年度報告書によると、同団体のデータベース〈注目のスピーチコード（Spotlight on Speech Codes）〉に登録されている471校のうち38・4％（181校）が、偏見事例を通報できる何かしらの仕組みを管理していた。*38

もちろん、本当のハラスメント行為や雇用差別を受けた際には、被害を報告しやすい方法があって然るべきだ。そうした行為は、道義に反した、正しくない行為なのだから。しかし、偏見のみでは、ハラスメントや差別とはならない。ニューヨーク大学の偏見通報ウェブサイトには〈偏見〉の言葉の定義はされていないが、これまでの心理学実験は一貫して、人間とは偏見を持つ生き物であると示している。人は自分自身

図10-1　ニュージャージー州セカーカス・ジャンクション駅の電光掲示板。「目撃したら、通報ください。違和感があるなら、それはおそらく何かがおかしい。ニュージャージー州鉄道警察へ、テキストメッセージを送るか、お電話を」（撮影：レノア・スケナジ）

をはじめ、仲間にも、魅力を感じる人にも、親切にしてくれた人にも、ひいては名前や誕生日が同じ人に対しても、偏見を持つ。[*39] 偏見通報ラインを運用する大学職員にとって一番関心があるのは、人種、性別、性的志向といったアイデンティティ区分に基づく否定的な偏見だと考えられる。しかし、キャンパスではかなりコンセプト・クリープが起きていること、またマイクロアグレッションはいたるところにある危険なものとの考えが広まっていることを踏まえると、他者の中にある偏見をすぐに感知し、いろんな解釈が可能な発言を差別的と決めつける学生がいてもおかしくない。

こんな環境では、教授と学生が信頼感を深めることはますます困難となる。偏見対応ラインがあるために、教授が授業の中で言ったことや見せたものについて、学生はその授業が終わるのを待つまでもなく通報できる。昨今では多くの教授が、「ハラハラしながら授業をしている」、「細心の注意を払っている」と口にしている。[*40] これはつまり、授業の中で挑発的なことを試してみよう——または、重要だが扱いにくい内容を取り上げよう——と考える教授が減っているということだ。例えば、ハーバード法科大学の教授ジニー・スーク・ガーセンは『ザ・ニューヨーカー』誌で、性的暴行に関する法律の教授経験について、「レイプの法律について学生同士で議論させることが非常に難しくなっており、教員たちがこのテーマを取り上げなくなっている……法科大学の教室で性的暴行が語られなくなったら、その損失たるや恐ろしいものとなるだろう——何よりも性暴力の被害者にとって」と述べている。[*41]

偏見対応の仕組みがあることで教授がリスクを取ろうとしなくなる、1つの事例がある。ノーザン・コロラド大学の非常勤教授マイク・ジェンセンは、1年生のライティングの授業で、物議を醸しがちなテーマについて議論を実施したところ、1人の学生から「偏見事例レポート」が提出され、複数回にわたり人事部局長に呼び出された。[*42] この授業の初回の課題は、私たちが『アトランティック』誌に書いた記事「アメリカン・マインドの甘やかし」だった。教授は学生たちにこの記事を読み、論争を呼びそうなテーマを選び、学生同士で議論をするように言った。学生たちが選んだのは、トランスジェンダーの問題だった（その学期中の大きなニュースの1つが、ケイトリン・ジェンナーがトランスジェンダー女性であると公表したことだった）。そこで教授は、トランスジェンダーの高校生が女子用更衣室を使うことに反対している親についての記事を読むよう学生たちにすすめた。こうしたトランスジェンダーに懐疑的な見方に多くの学生は同意しないかもしれないが、学問の世界では、困難かつ議論を招く視点に取り組むことが必要なため、こうした見解について意見を交わすことも重要だ、と教授は説明した。教授は後に、「他者の視点に触れられる、とてもよい話し合いだった」と振り返った。[*43] それだけに、学生から「偏見事例レポート」が出されたと知り、驚いた。[*44] 教授は大学側から、その学期の残り期間はトランスジェンダーの問題を取り上げないようにと忠告された上、結局、再雇用されなかった。[*45]

「偏見対応」というなんとも官僚的な改革、そもそもは善意からの取り組みなのだろうが、[*46] キャンパス内に「味方か敵か」の雰囲気をつくり出し、人々が警戒心を高め、お互いの信頼感を薄れさせるという予期せぬ悪影響がもたらされている。教授陣の中には、官僚的な大学組織側に呼び出されるくらいなら、シラバスや講義に学生の不満を引き起こしかねない内容を入れないでおこうと判断する者もいるだろう。挑発的な内容や議題に逃げ腰になる教授が増えるほど、学生は知性の反脆弱性を育む機会を逸することとなる。その結果、学生はさらに多くの授業内容に不快感を覚え、より手厚い保護を求める可能性がある。

「ハラスメント」のコンセプト・クリープ

大学は、キャンパス内でのハラスメント（嫌がらせ）を阻止するという道徳的かつ法的に重要な義務を負っている。しかし近年は、何がハラスメントにあたるのかの捉え方が著しく変化している。差別的なハラスメントに関する現代の概念は、1964年公民権法の第6編および第7編に原点がある。これらの規定を発展させたのが1972年教育改正法の第9編（タイトルナイン）で、連邦政府から助成を受けている大学が、教育機会に関して女性を差別することを禁じた。現在でもこの保護が効力を持ち、ハラスメントによる差別もこのタイトルナインに含まれている。[*47]

これらの規定においては、「教育の機会や恩恵へのアクセスを事実上否定する」深刻な行動パターンとみなされるものと、ハラスメントとみなされるものへのハードルは高く設定されている。[*48] また、その行動パターンは差別的——すなわち、性別、人種、宗教といった、規定の中で〈保護された分類（protected class）〉と名づけられているものに属する人に向けられたもの——でなければならない。[*49] ところが実際には、ハードルは下がっている。多くの大学が、不愉快ともとらえられるがハラスメントとはほど遠いたった1度きりの発言を罰することを、ハラスメントの概念を用いて正当化している——中には、人種や性別と何の関係もないものもある。一例を挙げると、2005年、セントラルフロリダ大学にて、ある学生がFacebookで作成したグループ名で、学生自治会の立候補者を「バカでまぬけ（Jerk and a Fool）」と呼んだことが「個人攻撃（personal abuse）」にあたるとされ、ハラスメントとして告発された。[*50] もちろん、これは不適切ないしは攻撃的と思われる行為だ。しかし誰かが気分を害したからといって、大学職員がすぐに介入して、擁護すべきなのだろうか？[*51] 他の事例もある。自分が通う大学で管理人として働いていたある学生が、1920年代にノートルダム大学で行進したクー・クラックス・クランの敗北を称える本『Notre Dame vs. the Klan: How the Fighting Irish Defeated the Ku Klux Klan（ノートルダム大学対クー・クラックス・クラン：クー・クラックス・クランを敗北させたアイルランド移民の闘志）』を読んでいたところを見られたからと、処罰された（通報した2人は、本の表紙に使われている写真に不快感を覚えたと言う）。[*52] ここまでハードルが下がると、本当のハラスメントが学生の学びに与えうる――頻繁に与えている――真の危害を矮小化させてしまう。[*53] これらの法律の趣旨は、学生を違法行為から守ることであって、検閲権限を与えることではない。

ところが80年代の大学は、最初に定めた規定でハラスメント対策になると主張。裁判所は、この手の釈明を難なく見抜き、この時代に制定された規定を決まって無効にしていった。[*54] 最初の事例は、1989年ミシガン大学の「個人に汚名を着せる、あるいは犠牲にする」講演によって「屈辱的な」環境をつくることを禁じたスピーチコードだ。[*55] 裁判で数々の敗北を喫した後でも、大学は、タイトルナインやその他の公民権法を遵守するために教育省がスピーチコードの設定を求めていると主張した。[*56]

2013年になって教育省と司法省は、ハラスメントについて新たに包括的な定義を与え、「性的な特質がある不快な行為」で、「言語的、非言語的、身体的な行為」を含むとした。[*57] この定義は、分別ある人の気分を害する講演に限定したわけでも、標的とされている人が実際に気分を害することを求めたわけでもなかった――どちらも、従来のハラスメントの申し立てでは必要要件とされていた。

前者の分別ある人の要件がなくなったことで、ハラスメントは、大学コミュニティに属するすべての人が自己申告する主観的体験によって定義されることとなった。要は、〈感情的決めつけ〉が連邦政府の規制にかたちを変えたのだ。

タイトルナインのハラスメントに関する概念が拡大したことで、言論の自由ならびに学問の自由が脅かされるようになっている。その最たる例が、ノースウェスタン大学の教授ローラ・キプニスの事例だ。2015年5月、彼女は高等教育に関する情報を発信する『クロニクル・オブ・ハイヤー・エデュケーション』に寄稿し、自身が務める大学内で性の受け止め方が変わってきていることを「セクシャル・パラノイア」と呼び、フェミニズムの新たな考え方に無力感を否めないと批判した。

私が学生の頃に共感を覚えたフェミニズムは、自主性やたくましさを強調するものだった。しかし、あれから何年もの月日が経ち、学生の脆弱さを聖なることかのように扱う風潮が広く浸透している。アンチフェミニストのレッテルを貼られないよう、誰もそれを問いただそうとしない。*58

キプニスはノースウェスタン大学の性的不正行為に関する方針――特に、成人学生と教員または職員の恋愛関係の禁止――を批判し、大学院生が教授に対してタイトルナインを申し立てることにも言及した。記事が掲載されるや、キプニスは学生運動家たちの抗議運動の標的となった。学生運動家たちはマットレスを大学構内に持ち込み、記事を糾弾するよう大学側に要求。2人の大学院生はこの記事によって好ましくない状況がもたらされたと主張し、キプニスに対してタイトルナインを申し立てた。これを受けて、キプニスの身辺調査が密かに実施され、これは72日間続いた[*59]（キプニスが『クロニクル・オブ・ハイヤー・エデュケーション』に、別の記事「私のタイトルナイン身辺調査」を書いて、調査は終わった）。しかしキプニスが自身の経験を本にまとめると、また別の身辺調査が始まった。今回の申し立てはノースウェスタン大学の教員4人と大学院生6人からで、彼女の著書におけるタイトルナインと性的違法行為の虚偽の告発に関する考察は、報復やセクシャル・ハラスメントに関する大学の方針に違反するものと主張した[*60]。2回目の身辺調査は1カ月続き、キプニスは自著に関して80以上の書面質問に回答することと、参考資料の変更を求められた[*61]。最終的には両調査とも取り下げられたが、このすべての手続きには2年以上の月日がかかった[*62]。

試練を経たキプニスは、次のように語った。

> こうした保護的な規定は、人々を傷つきにくくするどころか、より傷つきやすくしていると私には感じられました……（学生たちは）大学から外の世界に出ていくときに支障をきたすでしょう。あまたの傷や侮辱を受けようとも、守ってくれる人などいません。皆、日常生活の中で、こうしたことに対処していかなければならないのです[*63]。

対立の解決を第三者に頼る「道徳的依存」

2014年、2人の社会学者――ブラッドリー・キャンベルとジェイソン・マニング――が先見的な論文を発表し、この脆弱な学生という新しい文化がどこからやって来たのかや、その文化が花開くのを後押ししてきた大学職員の対応について論じた。[*64] 彼らはそれを「被害者文化（victimhood culture）」と呼び、アメリカの多くの地域ならびに欧米の民主主義国家ではいまだに主流とされている、古くからの「尊厳の文化（dignity culture）」と対立する、新たな道徳観と位置づけた。

「尊厳の文化」が適切に機能している状況では、他者がどう思うかにかかわらず、人には尊厳や価値があることが前提とされるため、些細な侮辱を受けても、それほど強く反応することは見込まれていない。もちろんその昔、完全な尊厳が与えられたのは大人の白人男性のみだったが、20世紀から21世紀にかけて権利の改革が進んだおかげで、すべての人に尊厳が拡大された。これと対照的なのが、さらに古い時代の「名誉の文化」で、男性は自分の名声を守ることで頭がいっぱいで、自分や自分に近しい人が少し侮辱を受けたらすぐに、手荒に反応することになっていた——大抵は、二者間で決闘が行われた。しかし、〈尊厳の文化〉では決闘はばかばかしいこととされ、人は十分な自制心を働かせて、苛立ち、侮蔑、些細な対立を軽くあしらうこと、自分がやるべきことのみを追求することが求められる。人の権利に関する大きな対立や違反には、信頼のおける法的または行政的な対処方法がある。しかし、自力で解決できるはずの些細な問題に、そうした助けを求めるのは不適切なこととされる。〈尊厳の文化〉の重要な要素は、ものを見る視点だ。意見の不一致、意図的でない侮辱、直接的な無礼ですらも、自分の尊厳への脅威とはとらえない。常に反応すべきもの、ではないのだ。

尊厳の文化を明確に示すものの1つは、子どもが慣用句「棒と石で骨を折ることがあるかもしれないが、言葉で傷つくことはない」の世界観を学ぶことだ。もちろん、人は言葉によって本当の痛みを感じることがあるため、この慣用句は文字どおりには真実ではない（言葉で傷つく人がいなければ、この慣用句も必要とされなかっただろう）。しかし、「棒と石」の慣用句は、〈尊厳の文化〉の子どもたちには、「どうぞ侮辱してください。あなたがどう思おうと、一切気にしていません。私を苦しめることなどできません」と言うような、侮辱をどこ吹く風といった風にはねつける盾となる。

2013年、グレッグと同じで、キャンベルとマニングもキャンパスに変化が起きていることに気づき始めた――マイクロアグレッション、トリガー警告、セーフスペースといった新しい概念が連動したものだ。2人は、新たに出現しつつある〈被害者文化〉の道徳観は、尊厳の文化とは根本的に異なり、3つの特徴があると定義した。1つ目は「個人や集団が、侮辱に高い感受性を示すこと」。2つ目は「第三者へ不満を言うことで、対立を処理する傾向があること」。3つ目は「助けを受けるにふさわしい犠牲者のイメージをつくり上げようとすること」。[*65]

本章における私たちの関心事と大いに関連しているのが、2つ目の特徴だ。〈被害者文化〉が出現する前提条件となるのは、説得すれば介入し、味方をしてくれる大学職員あるいは法的権限の存在だ、と2人は指摘した。そして、大学職員による救済措置を容易に利用でき、その要請に何の恥ずかしさもない場合、「道徳的依存」で知られる状況がもたらされるとも述べている。道徳的依存とは、人々が自分たちの問題を解決するのに外部の権力をあてにするようになり、やがて、「他のやり方で対立を処理しようとする意欲や能力が衰えていく」状態をいう。[*66]

これはキプニスが、過保護な方針は学生を傷つきにくくするどころかより傷つきやすくしている、大学は脆弱性の文化をつくり出していると語った際に表明した懸念点だ。エリカ・クリスタキスがハロウィーン衣装をめぐり学生宛てに送ったメールで「学生の脆弱性を助長する傾向が強まっているのは、まだ認知されていない犠牲を伴う」、大学職員の介入をあてにするのではなくお互いに話をするのですと呼びかけた際に表明した懸念点でもある。*67 レノア・スケナジに〈放し飼いの子ども〉ムーブメントを起こさせたのも、これと同じ過保護への懸念だった。

また、スティーブン・ホルウィッツが大人の過度な監視があるために〈結社の技能〉が育みにくくなっていると提起した懸念点でもある（第9章の終盤で考察した）。道徳的依存を促す大学では慢性的に対立が起きやすく、それが大学職員による救済や保護を必要とする状況をつくり、それがさらに道徳的依存を強めていくおそれがある。

まとめ

◇キャンパスでの官僚主義の高まり、そして安全確保の使命が拡大していることが、5番目の論題である。

◇概して、大学職員は善意からキャンパス環境および学生を守ろうと努めているのだが、それがときとして、学生にとって良からぬ効果をもたらしている。ノーザン・ミシガン大学では、大学の責任を守るために策定されたと思しき方針が、カウンセリングセンターを訪れた学生への無神経な対応につながっていた。

◇連邦政府から課せられる規定、訴訟を起こされる危険性などの諸要因に応えるべく、大学職員の数が教授の数を上回る勢いで増え、組織運営において教授陣が果たす役割が小さくなっていった。その結果もたらされたのが、大学の「企業化」である。

◇それと同時に、高等教育へのお客様主義がいっそう高まるという市場圧力が働き、どんなアメニティを提供できるかで大学間が競合するようになっている。大学側からすると、学生は自分たちが満足させるべきお客様なのだ。

◇大学職員は、数多くの責任ある業務を処理しながら、大学をさまざまな法的責任から守る必要があるため、「用心するに越したことはない」（または「CYA」）の発想を持ち、次々と新たな規定を定める傾向がある。規定が急増していくにつれ、現実的な脅威がほぼない、またはまったくなくても、危険が迫っているとの感覚を抱かせる。大学職員がいくつもの認知の歪みの手本を示すことが、〈脆弱性のエセ真理〉を推奨し、安全イズムの文化が根づく一因となっている。

◇大学職員が定めた規定の中には、言論の自由を制限するものがあり、それらは往々にして、非常に主観的な解釈によるものとなっている。こうした規定は、講演を恐れるキャンパスの雰囲気をつくり出し、一部の学生が感情的に苦痛を覚えるからとの理由で、言論の自由を制限すべきということになる。これは〈数ある認知の歪みの中でも特に〉〈破局化〉や〈心の読みすぎ〉を教え込むこととなり、〈感情的決めつけのエセ真理〉を促す。

◇近年、大学職員が導入した取り組みに「偏見通報ライン」と「偏見対応チーム」がある。このおかげで、大学コミュニティ内の誰もが、匿名で、「偏見」事例を報告しやすくなった。この「違和感があれば通報してください」の手法は、コミュニティ内の信頼感を薄れさせ、革新的または挑発的な教授法を採用しなくなる教授が増え、CYAの発想を育む可能性がある。
◇一般的に、問題や対立を解決するために官僚主義的な手段で学生を守ろうとする取り組みは、道徳的依存を強めるという思わぬ結果をもたらすことがある。これは、大学在学中や卒業後にも、学生たちが独力で対立を解決する能力を低下させるおそれがある。

第11章 ―― 社会正義の探求の時代

真理が思想の体系にとって第一の徳であるように、正義は社会諸制度の第一の徳である。

ジョン・ロールズ、『正義論』[*1]

「社会正義の時代」を経験した若者たち

アメリカの政治をめぐって、奇妙かつ偶発的なことが起きている。白人アメリカ人のうち、1981年以降生まれと、1950〜1954年生まれを除く大多数が、大統領選で共和党に投票しているのだ。1981年以降生まれが民主党に投票する傾向が強い理由は理解しやすい。彼らはミレニアル世代かiGenで、多くの社会問題ならびに経済問題で左寄りの考えを持ち（バーニー・サンダースの2016年の大統領選立候補者によって明らかになった）、それ以前の世代よりも信仰心が薄く、共和党はそんな彼らをいろいろな方法でうんざりさせてきた。では、1950〜1954年生まれの人にはどんな事情があるのか？　彼らは特に80年代に民主党を熱心に支持し、それ以降は民主党と共和党がほぼ半々で推移し、近年は全体的にやや民主党寄りとなっている（インターネットで「How Birth Year Influences Political Views（生まれ年の政治観への影響）」[*2]と検索すると、生まれ年ごとの政治観の推移を確認できる。政治関連の双方向型インフォグラフィックとして、最も優れたものの1つだ)。

50年代前半生まれの白人アメリカ人が、その前後の生まれから孤立するかのように民主党を支持しているのはなぜなのか？　なぜ彼らは21世紀になった現在でも、20世紀半ばに自分たちより数年前または数年後に生まれたきょうだいたちと異なる投票パターンを示しているのか？

その答えは1968年、もっと厳密に言うと、感情に激しく訴える国政絡みの出来事が立て続けに起きた1968年前後の期間（だいたい1965〜1972年）にあるのかもしれない。[*3] 政治学者のイェール・ギッツァとアンドリュー・ゲルマンは、アメリカ人の投票パターンを綿密に調査し、子ども時代に起きた政治的な出来事または政治情勢が、その人の将来的な政治志向に何かしら影響を与えるかどうかを検証した。[*4] すると、特に影響を受けやすい時期が14〜24歳の間で、そのピークは18歳あたりであることを突き止めた。政治的な出来事――もしくは一般に考えられている時代精神のようなもの――がその人に「貼りつく」傾向が、それ以外の年齢よりも高いのだ。

MLK（マーティン・ルーサー・キング・ジュニア）、RFK（ロバート・フランシス・ケネディ）、ブラックパンサー党、テト攻勢、ソンミ村虐殺事件、シカゴ民主党大会、リチャード・ニクソン……、50年代前半生まれのアメリカ人に1968年をフラッシュバックさせるには、これらの言葉を出すだけでいい。これらの言葉に特に強い感情が押し寄せないなら、インターネットで「Chuck Braverman 1968」を検索してほしい（チャールズ・ブレイヴァーマンはドキュメンタリー映画製作者）。5分間のモンタージュ映像[*5]に言葉を失うだろう。倫理問題をめぐる闘い、悲劇、勝利、重大な出来事が身のまわりで次々と起きているときに、若者として政治的な自覚を育み、大学生活を迎えるとはどんなだったか、ちょっと考えてみてほしい。

私たちが生きている今の時代も、それに近いものがある。ギッツァとゲルマンの見解が正しければ、ここ数年で起きた出来事や政治情勢が、今日の大学生のこれからの人生の投票パターンを左右するのかもしれない。例えば、あなたが1995年生まれとしよう。iGenの最初の年だ。政治的に最も影響を受けやすい時期とされる14歳になったのが2009年、ちょうどバラク・オバマが大統領に就任した年だ。その1、2年後、スマートフォンが10代の若者の間で普及し、あなたも最初のiPhoneを手に入れた。大学に進学したのなら、キャンパスに通い始めたのは多分、18歳を迎えた2013年だったろう。その頃、新しい友人たちと話題にし、SNSに投稿し、抗議の意を示したのはどんな政治的出来事だったろうか？　ツイート、投稿、「いいね！」のかたちで自分の立場を主張したのはどんな問題だったのか？　2013年10月に起きた政府機関の閉鎖か？　長期的な株価上昇か？

どちらでもなさそうだ。10代の若者の関心を呼び、彼らを行動主義に駆り立てたものは、単なる経済または政治の問題というよりも、社会問題や不正義と深い関わりがあるものだった。そして2010年代は、そうした問題に事欠かなかった。次の表は、最初のiGenが14歳になって以降の、いわゆる「社会正義」と関連した主なニュース報道を年別にまとめたものだ。2009年、2010年は、進行中の金融危機、医療保険改革、ティーパーティーの台頭が、アメリカ国内の報道の大半を占めていた。しかしその後は、社会正義関連のニュースが急増し、世間の注目を集めた。ちょうど、最初のiGenが大学進学を目前に控えていた頃だ。

まさに恐怖、戦慄、衝撃をもたらす重大な事態が、毎年発生している。とりわけ2012〜2018年は、1968〜1972年と匹敵するくらい強烈な事件が続いている。事実の羅列だけでは特に

年	社会正義に関する主要ニュース
2009	バラク・オバマの大統領就任
2010	タイラー・クレメンテの自殺（LGBTの若者のいじめ問題に対する意識が高まる）
2011	ウォール街を占拠せよ（所得格差に対する意識が高まる）
2012	トレイボン・マーティン射殺事件／バラク・オバマ大統領の再選／サンディフック小学校銃乱射事件（銃規制に対する意識が高まる）
2013	トレイボン・マーティン射殺事件でジョージ・ジマーマンが殺人罪で無罪判決を受ける／ブラック・ライヴズ・マターの組織設立
2014	ミズーリ州ファーガソンにて警官がマイケル・ブラウンを射殺／ニューヨーク市にて警官がエリック・ガーナーを窒息死（動画あり）／ブラック・ライヴズ・マター運動が全米に拡大／ミシガン州フリントにて飲料水に鉛が混入、「環境正義」に対する意識が高まる
2015	最高裁が同性婚を合法化／ケイトリン・ジェンナーが女性アイデンティティを公表／サウスカロライナ州チャールストンの教会にて、白人至上主義者ディラン・ルーフが黒人信者9人を殺害／サウスカロライナ州議会が南部連合の旗を撤去／警官がウォルター・スコットを射殺（動画あり）／キャンパスにて人種差別をめぐる抗議活動が勃発。ミズーリ大学とイェール大学を発端に、数十校に拡大
2016	フロリダ州オーランドのゲイ・ナイトクラブにて、テロリストのオマル・マティーンが49人を殺害／警官がアルトン・スターリングを射殺（動画あり）／警官がフィランド・カスティールを射殺（動画あり）／ダラスで5人の警官が殺害される／コリン・キャパニック選手（アメフトのクォーター・バック）が国歌斉唱時に起立を拒否／ノースカロライナ州がトランスジェンダーの人々に出生証明書にある性別のトイレ使用を義務化／スタンディング・ロック居留地でダコタ・アクセス・パイプライン建設への抗議運動／ドナルド・トランプの指名獲得および大統領選勝利
2017	トランプの大統領就任／トランプ大統領、数々の「反イスラム教徒」法案を制定／ワシントンで女性たちがデモ行進／UCバークレーとミドルベリー大学で講演者への暴力的抗議／トランプ大統領、トランスジェンダーの兵役を禁止／ネオナチの男が車で群衆に突っ込み、ヘザー・ハイヤーが死亡、多くの負傷者を出したシャーロッツビルのデモ行進に関して、トランプ大統領が「とても立派な人間がいる」と発言／ラスベガスにて米国史上最悪の銃乱射事件が発生、58人が死亡／#MeToo運動が起こり、セクシャル・ハラスメントや性的暴行の実態が次々と発覚
2018（3月まで）	フロリダ州パークランドの高校にて、感情および行動障害で退学処分になった生徒ニコラス・クルーズが17人を殺害／銃規制を求めた学生主導の学校ストライキやデモ行進が全米各地で発生

この期間が異常だと納得できないなら、これにSNSの拡散力を加味してほしい。60年代のベトナム戦争や公民権運動の時代は、罪のない人々――ほとんどが有色人種――が武装警官に殴られたり、殺されたり、強制送還される模様をとらえた、終わりがないかのような動画に、大勢のアメリカ人がさらされることはなかった。そういう意味では、今日の大学生は異常な時代を生きており、その結果、多くの者たちが社会正義に並々ならぬ情熱を傾けるようになっている。社会正義にかけるそうした情熱が、近年私たちが目撃しているキャンパスの変化を引き起こしている、これが6つ目の論題である。

本章では、社会正義について考察する。この言葉が持つ意味合いを掘り下げ、その1つの解釈を受け容れ、別の解釈を批判する。二極化が深まっている昨今のような文化においては、社会正義という言葉はとかく非難の対象となりやすい。そのため、ここで筆者たちの政治的思想をはっきりと述べておきたい。グレッグは進歩主義で、自由至上主義の視点に共感している。FIRE以前は、環境正義を訴える団体、中央ヨーロッパの難民の権利や保護を訴える組織などで働き、アメリカ自由人権教会（ACLU）の北カリフォルニア支部でインターンをしていたこともある。ジョンは中道派を自称し、多くの問題に関して民主党を支持している。しかし、エドマンド・バークからトーマス・ソウェルまで、保守派の知識人たちの書物からも多くのことを学んできた。2人は、議会選挙でも大統領選でも共和党員に投票したことがない。そして私たちは、完全なる人種間の平等、セクシャル・ハラスメントや性的暴行の終結、全面的な銃規制、環境の責任ある管理など、社会正義を掲げた行動主義が目指す多くの目標について、同じ考えを持っている。そして、この2人が確信しているのが、目下、キャンパスにて社会正義が概念化および推進されているそのやり方がさまざまな問題を引き起こし、抵抗感や反感を生み出しているが、運動家たちの中にはその事実を認識していない者たちがいるということだ。本章では、そうした社会正義の概念化について解説し、より達成しやすく、昔からの大学の目的、〈真理の追求〉とも調和させられる社会正義の捉え方を提案する。

「社会正義」とは一体何なのか？　広く受け容れられた定義はない。そこで私たちはまず、「正義」という言葉の意味について考察し、その後で、「社会正義」と同じ点、異なる点を明らかにする。

心理学による正義の実用的直感的定義

西洋哲学の歴史において、〈正義〉が最も重要な道徳的概念であることはほぼ間違いない。プラトンの『国家』からジョン・ロールズの『正義論』に至るまで、哲学者たちは、公平または「公正な」社会の根底にある規則や原則の提案に努めてきた。ここでは、正義の哲学的定義を導くためにその歴史を紐解くことはしない。もっと手っ取り早く、人々が日常生活の中で「直感的」に感じている正義について実用的な定義が得られる、心理学研究の２つの主要分野について解説する。ここで言う〈直感的正義〉とは、分配的正義（distributive justice）（人は自分に値するものを手に入れるべきという考え）と手続き的正義（procedural justice）（物事が分配される、または規則が実施されるプロセスが公正かつ信頼に足るものであるべきとの考え）を組み合わせたものだ。社会正義に関する主張でも、この〈直感的正義〉に合致するものとそうでないものがあることを解説する。

分配的正義に関する心理学研究

子どもたちの道徳的な生活で大きな役割を果たしているのが、分かち合いの精神だ。彼らは、物事を等しく分ける実践をたくさん積んでいる。4人の子どもで12個のジェリービーンズを分ける場合は、1人が3個ずつもらえる。これはわかりやすい。では、ジェリービーンズは教室を掃除した褒美としてもらえるもので、掃除をした子どもたちと、掃除をしなかった子どもたちがいる場合、子どもたちはどう分けるだろうか？　どうやら、よちよち歩きの幼児でも、均衡（proportionality）の大切さを認識しているらしい。ある実験では、2人のうち一方だけが何らかの仕事をしたのに、両方ともが同じだけの褒美をもらうと、2歳児たちは驚きの反応を示した。[*6] これが6歳の子どもになると、集団の全員が同じだけ褒美をもらえるという選択肢があっても、大変な作業をした人が報酬を多くもらうべきとの明確な意思を示した。[*7] 幼い子どもがこの直感に従うのは、自分の取り分が少なくなる場合は難しい。しかし思春期になると、均衡の法則を難なく自分にも適用できるようになる。[*8] 子どもの公平性に関する研究を詳しく調べた発達心理学者のクリスティナ・スタルマンス、マーク・シェスキン、ポール・ブルームは、「そもそも人間が好むのは、平等な分配ではなく公平な分配」であり、「公平性と平等性がぶつかる場合、人は不公平な平等性より公平な不平等性を好む」と結論づけた。[*9]

誤解のないように言うと、分配的正義には〈平等性〉が必要となる場合がある。例えばアメリカ人は、亡くなった親から相続した財産をきょうだいで分け合う場合、親により親切にしたのは誰か、またはよりお金が必要な状況にあるのは誰かを判定するのではなく、きょうだい間で平等に分け合うべきとの直感を共有しているようだ。その一方で、〈不平等性〉が必要となる分配的正義もある。例えば、共同体としての感情を共有し、誰であれそれを一番必要としてる者にリソースを割り当てるのが公正かつ妥当と考える家族や集団内でその要求に応える場合だ。しかし、スタルマンス、シェスキン、ブルームの研究が示すように、家族以外の人たちと報酬を分け合う場合に、子どもにも大人にも好まれる一般的な原則は〈均衡〉や〈功績〉である。

社会心理学において、〈均衡〉を核とした、分配的正義の主要理論となるのが「エクイティ理論」だ。[*10] 投入量（inputs）に対する報酬（outcomes）の割合がすべての当事者間で等しい場合、人はそれを公平または公正と認識する、というのがその基本的な主張だ。[*11] この理論を簡易な方程式にすると、図11―1のようになる。

エクイティ理論の研究が一貫して示してきたのは、人はほとんどの人間関係において、各人が果たした貢献（労働時間、提供する能力または資質などの投入量）に応じてどれだけのものを得ているか（給与、特権などの報酬）に常に目を光らせているということだ。この傾向は、仕事上の関係性でより強く、懇意な間柄では弱くなる。とはいえ、夫婦間であってもこれらの割合に無頓着なわけではなく、利己的な先入観も相まって、自分は作業量に応じた「公平な分け前」よりも多くの貢献をしていると感じることはよくある。[*12] すべての分け前が平等で、公平であると全員が認識している場合、調和の取れた状

$$\frac{\text{あなたの報酬}}{\text{あなたの投入量}} = \frac{\text{メアリーの報酬}}{\text{メアリーの投入量}} = \frac{\text{ボブの報酬}}{\text{ボブの投入量}} = \cdots$$

図11-1　エクイティ理論。人々は、すべての当事者間の投入量に対する報酬の割合に常に目を光らせており、その割合が等しい場合に公平と認識する。

況がはるかに生まれやすくなる。その一方で、ある人の取り分が多すぎると思われる場合、貢献に見合わない報酬を得ているその人物に対して人々は怒りを感じ、そうした不公平を許している上司、会社、制度に対して腹を立てるきらいがある。ただし、人は貪欲なばかりではない。人はある仕事に対して賃金をもらいすぎていると感じると、賃金に見合うよう――自分の割合を正常化させるため――より懸命に働くことを、エクイティ理論の初期の研究が明らかにしている。[13]

手続き的正義に関する心理学研究

〈直感的正義〉は、単に各人がどれだけ獲得するかだけを言うのではなく、分配（やその他の事柄）についての決定が下されるプロセスも重要である。「手続き的正義」に関する先駆的研究者の1人、社会心理学者のトム・タイラーは、[14]人はたとえ自分自身に不利になるものでも、その決定に至るプロセスが公平だと認識できれば、その決定や措置をずっと前向きに受け容れようとするという研究成果を出している。

手続き的正義を判断する際に人が関心を持つのは、次の2つの点だ。1点目は、どのように決定が下されたかで、意思決定者が客観的かつ中立であろうと最善を尽くし、信頼できる存在か、または、利害や偏見、その他の要因の衝突により、特定の人物や結果に有利となるような偏った見方をしていないかどうかが含まれる。また、そのプロセスの仕組みが誰にとっても明快であるか、といった透明性も重要だ。2点目は、その決定に至る過程において人がどのように扱われたかで、尊厳を持って扱われたか、声を上げることができたか――十分に自分の主張を述べ、真剣に取り合ってもらえたかなどに着目する。

タイラーの研究成果は、人々が警察に対して示す反応を理解する上で特に重要となる。警察が公平な手続きを踏み、自分たちや自分たちと同じような人々に尊厳を持って接していると認識できれば、人々ははるかに快く警察に協力し、犯罪と闘う彼らの力になろうとし、近隣地域の治安維持にあたる警察から、ときに足止めを食らっても受け容れ、所持品検査にも応じる。しかし、警察が所持品検査する人の選択に人種的偏りが見られ、自分たちのような人々が侮辱や敵意、ひどい場合は暴力をもって扱われていると感じられれば、当然のことながら人は怒り、警察を敵とみなす。タイラーと心理学者のユエン・フオは2002年に発表した研究で、カリフォルニア州の2つの都市に暮らす白人と非白人は、手続き的正義に必要となるものについては似たような考えを持っていたが、警察が人々をどんなふうに扱っているかについては、自分たちの経験から非常に異なる受け止め方をしていることを明らかにした。この違いが、警察に対する態度が人種間で異なることの説明になる。[*15]

〈直感的正義〉には、これら2つの種類の正義――分配的正義（エクイティ理論で示されるとおり）および手続き的正義の認識――が含まれる。人々に新しい施策を支持してもらいたい、または正義をかけた運動に加わってもらいたいなら、ある人がその人に値するものを獲得できていない（分配的不正義）、または不公平な手続きの犠牲になっている（手続き的不正義）とのはっきりした認識または直感を、人々の中に作動させる必要がある。そうした感覚をどちらか1つでも引き出せないと、たとえ一部の人々や集団がより多くのリソースや高い地位を得ていようとも、人々は特に現状に不満を抱かない可能性が高い。[*16]

平等な機会と権利――均衡的手続き的社会正義

保守派にも自由主義者にも、「社会正義」など役に立たない用語だと主張する者たちがいる――存在するのは正義だけで、そこに「社会」をつけ足しても、何ら変わりはないと言う。[*17] 私たちはこの考えに反対だ。西側諸国における現代の政治論争には、２つのかたちの社会正義があると私たちは考える。１つは〈直感的正義〉の一部となるもの、もう１つはそうではないものだ。

〈直感的正義〉の概念と合致する社会正義の定義を、全米ソーシャルワーカー協会が示している。「社会正義とは、すべての人が経済的、政治的、社会的に平等な権利と機会を受ける価値があるとの見方である。ソーシャルワーカーが目指すのは、すべての人、特に困窮者たちに、利用と機会の扉を開くことである[*18]」。すべての人が平等な権利と機会を持つべきで、万人に扉が開かれているべきという点に、大部分のアメリカ人は同意するだろう。[*19] というのも、社会政策に関して左派と右派を分断するものの多くは、不平等な境遇に生まれた子どもたちに、政府がどれだけ機会を均等化させられるかが関わっているからだ（その均等化に責任を負うべきは、連邦政府、州政府、自治体のいずれでも構わない）。

この社会正義の定義を用いて、私たちは、貧しい環境に生まれた、または社会的弱者の部類に属するために、分配的正義または手続き的正義が否定されている人たちの事例を見つけ出し、解決しようとする取り組みを均衡的手続き的社会正義（proportional-procedural social justice）と定めることにする。その事例の中には、極めてわかりやすいものもある。例えば、アメリカの南部諸州に１９６５年まで存在したジム・クロウ法は、恐ろしいほど露骨に手続き的正義を踏みにじるものだった。人種差別主義の警察、裁判官、議会が、黒人アメリカ人の尊厳を残酷なまでに無視し、彼らの権利を容赦なく侵害した。手続き的正義の侵害は直に、政府からの公的支出が学校によって極めて不平等であるなど、生活のほぼすべての面において、分配的正義のひどい侵害をもたらした。

公民権運動とはつまり、〈均衡的手続き的社会正義〉を求めた長い闘いだった。誰もが最初からその不正義に気づいていたわけではなく、むしろ多くの白人はその問題から目を背けようとしていた。[*20]だからこそ、最終的に効力があったのは、人類の共通性を訴えるアイデンティティ政治——包括的な人類の共通性を重視しながら、人々が尊厳や権利を否定されている事例に注目を集める——だった。白人アメリカ人たちに新しい正義の概念を無理強いするのではなく、自分たちの国が自国の正義の概念を踏みにじっていること、建国の父が誇り高く表明したにもかかわらず、まったく実現できていないという現状を理解してもらおうと努めた。

この〈均衡的手続き的社会正義〉は、〈直感的正義〉のより大きな枠組みになると考えるが、だからといって、「社会正義」という単語が不要なわけではない。人種、性別、その他の要因（およびそれら両方）に基づく不正義には明らかなものもあるが、非常にとらえにくく、それらを経験していない人たちには気づけないものもある（キンバリー・クレンショーが指摘したとおり）[*21]（第3章のインターセクショナリティに関する議論参照）。そのため、正義を研究するにあたっては、このとらえにくい不正義に着目する専門家の存在が役に立つ。おまけに、これらのとらえにくい不正義が指摘されると、多数派に属する人たちはとかく無視または否定しようとする。[*22]こうした不正義がきっかけとなって、少数派の人々が新たな正義を主張していくというのが、ある意味、民主主義社会だといえる。そして、開かれた民主主義社会であれば、それらの要求を考慮し、議論し、説得力のある主張と政治的圧力を効果的に使って、行動できる。その結果、60年代の公民権闘争のときのように、広く受け容れられた基準に裏づけられた新しい法律が成立するのであれば、それはまさに民主主義の道徳的かつ社会的な前進である。

気づきにくい不正義について、一例を挙げよう。生徒の構成比率が白人80％、黒人20％の高校があるとする。学生委員会では卒業記念パーティーを計画しており、どんな曲をかけるかを決めなければならない。この学校では、音楽の好みが人種によって異なる傾向がある。進め方について委員会で多数決をとったところ、全学生におすすめの曲を投票してもらい、多数決で決めることとなった。民主主義は投票がすべて、そのプロセス自体が民主的に決められたのなら、公平な手続きとなるはずだ。

しかし、このような事例を考察したハーバード大学の法学者ラニ・グイニアは、１９９４年の著書『The Tyranny of the Majority（多数者の暴政）』の中で、[*23]一見公平に思えるプロセスであっても、最後には少数派の集団が完全に締め出されることが起こり得ると指摘している。先の高校の例だと、最終的に選ばれる曲が１００％、白人学生が推薦したものになる可能性が十分にある。そんなのは取るに足りない問題だと思うなら、曲の代わりに州議会議員の選出で考えてほしい。グイニアは、地域社会が選挙を行う際に、１票の力を平等に分け、少数派が排除されたり不利を被ったりすることのないような、従来とは異なるやり方をいくつか提案した。

グイニアの提案に、右派の政治家の一部は怒りの反応を示した。特に、彼女が「1議席につき1人1票」の基本方式の見直しを提案すると、『ウォール・ストリート・ジャーナル』紙上で「割当制度の女王（quota queen）」と揶揄された。[*24]この論争を受け、彼女のビル・クリントンの司法次官補（公民権担当）への指名は取り下げられた。[25] グイニアが望ましいと考えた手法には議論の余地があるものの、彼女が入念に練った原理は理にかなっている。この、民主主義は少数派の権利を守るべきとの原理があったからこそ、米国憲法には短期間のうちに、修正第1条から修正第10条（権利章典）が追加された（多数派の権利は投票によって守られているため、権利章典は必要ない）。

人権または公民権を追求し、その侵害を終わらせることが〈社会正義〉であるなら、特にその侵害が社会的アイデンティティ集団の帰属に関連しているなら、大事なのは、障害を取り除き、機会均等をもたらすことである。それはまさに、ソーシャルワーカーたちが社会正義を「すべての人、特に困窮者たちに、利用と機会の扉を開くこと」の探求であると定義した際に呼びかけたものだ。〈均衡的手続き的社会正義〉とは正義であり、正義は決して真実の敵ではない。正義には真実と誠実さが必要で、正義は大学の目的、価値、日常生活と両立させられる。ところが、社会正義を求める運動家たちが、自分たちが望む最終状態にばかり着目したら、どうなるだろうか？　自分たちが目指すものを追求する中で、分配的正義または手続き的正義を侵害するやり方を取ったなら、何が起きるだろうか？

平等な結果を目指す社会正義の問題点

ジョンはバージニア大学（UVA）で教鞭を執っていたとき、校庭の手入れ作業を手伝ってもらうため、男子ボート部のメンバーを何度か雇ったことがある。毎年秋と春になると、ボート部の男子学生たちは全教員の郵便受けにビラを入れ、「ボート選手レンタルサービス」を宣伝していた。UVA

の男子ボート部メンバーを雇っている、少なくともジョンはそう思っていた。ところが、実際に選手たちと話をすると、UVAの男子ボート部なるものは存在せず、あるのはバージニア・ボート協会（Virginia Rowing Association）のみだとわかった。当協会でボートを漕ぐのは全員がバージニア大学の男子学生なのだが、大学としては彼らの競技に資金を提供していない。男子学生たちは当協会に所属するために年間1000ドル以上の会費を納める必要があり、その上、ボート代、指導員、遠征費、その他経費の資金を工面するため、「ボート選手レンタルサービス」を行う必要がある。それとは対照的に、彼らとリバンナ貯水池に建つボートハウスを共用している女子ボートチームは、すべての経費（旅費、指導員、ボートハウス内での軽食など）が大学からの資金で賄われている。

ボートを漕ぎたいUVAの学生への待遇が、性別によってここまで差があるのはなぜなのか？　その理由は、タイトルナイン（教育改正法第9編）の実践がここ何年かで変化したことにある。男女に教育機会への平等な利用を提供するという当初の目標から、投入量にかかわらず平等な結果を出すことを大学に強要するものへと変化したのだ。

タイトルナインは、連邦政府から助成を受けている大学が、「教育機会」に関して女性を差別することを禁じるもので、表面上は極めて公正かつ妥当な内容だ。このタイトルナインにある〈機会均等〉の解釈を大学スポーツに適用したのが、1979年のカーター政権だ。スポーツ関連の奨学金は、「実質的に、大学の運動競技プログラムに参加している男子と女子の数に比例して提供されるものとする」とした。さらに、「男子学生と女子学生の運動競技への関心と能力が、等しく、効果的に考慮されていることを基本原則とする」とした。*[26] 結果（奨学金、チーム練習の時間枠など）が投入量（競技参加への関心など）と比例していなければならない。男子も女子も同じくらい容易に、スポーツ関連の奨学金やチーム練習の時間枠が獲得できるべきとされた。

　ところが1996年、クリントン政権は、大学に平等な結果を達成するよう圧力をかけ始めた。[27]教育省公民権局は、連邦政府から助成を受けているすべての大学宛てに、「親愛なる同僚（Dear Colleague）」から始まる書簡（タイトルナイン遵守に関する一般指令）を送り、[28]タイトルナインにかかる義務を遵守するにはどういう対策を採ればよいかを具体的に示した。[29]選択肢の1つが、大学のスポーツプログラム（すべて合わせて）が全学生の男女バランスを反映していることだった（アメリカの大学の学部生の割合は男性38%、女性62%と、近年は女性が上回っている）。書簡には他にも2つの遵守方法が記載されていたが、[30]これらの方法を選択すれば、遵守状況がグレーゾーンとなり、公民権局室の監視もしくは調査が必要となる可能性があったため、これらを選ぶ大学はほとんどなかった。おまけに、報道機関や諸団体からの注目も集まり、大学は全体的な男女それぞれの学生数で取り組みを評価されるようになった。[31]大学側はとにかく、平等な結果を達成しようと躍起になった。大学によっては、男女バランスを改善させるべく男子スポーツチームを削減し、その理由としてタイトルナインの遵守を挙げるケースもあった。[32]より一般的な対応は女子チームを増やす動きで、この方がタイトルナインの精神と合致していたが、それでも不平等な処遇がもたらされることがあった。それが起きたのがUVAだった。1994年以前は、男子も女子もボート部は大学のクラブスポーツだった――大学代表チームは存在しなかったが、タイトルナインの遵守を目指す中で、女子ボート部を大学代表チームに昇格させ、男子ボート部には同じ措置を取らなかった。

　もちろん、男子学生と女子学生がスポーツ参加に同等の関心を持っていれば、どちらの社会正義であれ、〈平等な結果〉という望ましい最終状態に収束するだろう。スポーツをすべての人にとって同じだけ利用しやすくすれば、全体の人口を反映したチームがつくられるだろう。ただし、ここでいう〈平等な結果〉とは必ずしも男女半々を意味するのではなく、学生全体の割合を表すということで、大学生の人口は通常は女性の方が多いということに留意する必要がある。スポーツに参加する学生すべてにとっての「平等な結果」、つまり、スポーツに参加する男子女子の割合を、学生全体の男子女子の割合と同じにすべき、それが「平等」だと強要しているのだ。〈平等な結果〉を目指す社会正義の運動家たちは概して、すべての組織ならびに職業が、アメリカ全体の人口比率――女性50%、アフリカ系アメリカ人がざっと15%、中南米系が15%など――を反映しているべきと考えているようだ。これらの数字から少しでもずれがあると、その集団は「平等に扱われていない」と考え、組織的な偏見または不正義の直接的根拠と解釈する。

しかし男女というのは、多くの事柄に関して関心の度合いが異なり、スポーツもまたしかりだ。グランドバレー州立大学（ミシガン州）の心理学者ロバート・ディーナーたちによる報告書を確認すると、男子と男性はスポーツをすることやスポーツを観戦することに女子や女性よりも大きな関心を示し、それは文化、時代、年齢層を超えて当てはまることで、聞き取り調査であっても、遊びの行動観察であっても同様の結果だとある。[*33] この差異は、女子をスポーツから遠ざけ、機会を奪ってきたという、文化を超えて見られる傾向が反映されていると考えることもできようが、もしそうであれば――女子たちが本当にやりたいことを妨げられているなら――子どもたちが公園で遊んでいるときなど、よりくだけた場での男女差は学校よりも小さくなるはずだ。しかし実際は、その反対が起きている。男女の差異は学校では比較的小さく――高校のスポーツチームに属する運動選手のうち、女子は約42%を占める――、市民公園で遊んでいる10代の若者を観察、または余暇の過ごし方について調査したところ、ずっと大きな差異が確認された。[*34] 身体を動かすことに関しては、女子や女性も、男子や男性と同じくらい興味を持ちがちだが、チームスポーツをすることにはそれほど興味を示さない傾向があることも、入手できる調査から示唆される。[*35]

もしこれが本当なら――平均して、男子や男性はチームスポーツをすることに女子や女性より興味を示すのなら――、大学は機会均等を提供するだけでは〈平等な結果〉の目標を達成できない。女子学生の数を増やすいっそうの努力と、男子学生のやる気を削ぐ必要もあるだろう。現に多くの大学が、〈平等な結果〉の目標を達成するために、「選手名簿監理（roster management）」と呼ばれる、倫理的にいかがわしい手法を用いており、不正行為すれすれの場合もあるようだ。2011年に『ニューヨーク・タイムズ』紙に掲載された暴露記事によると、[*36] 大学側が女子チームの名簿を水増しする、つまり、練習に現れたことのない学生や、ときには本人さえ登録されていることを知らない学生の名前を載せることはよく行われているという。男子メンバーを女子チームと合同で練習させ、その男子メンバーを女子チームの登録者として数えている大学もあるという。こう聞くと、アメリカの大学はなんてずる賢く、不誠実な組織なんだとの印象を受けるが、第10章で解説した官僚主義を踏まえると、これは大いに考えられる対応である。投入量が不平等であるにもかかわらず、〈平等な結果〉を達成するよう連邦政府から圧力をかけられると、大学職員たちは自分たちにできる限りのことをして組織を守ろうとする。その過程において、手続き的正義や分配的正義、誠実性を侵害せざるを得ないのかもしれない。

この状況をエクイティ理論に当てはめると、基本的な問題が見えてくる（図11—2）。UVAでは、ボートを漕ぎたい男子は、女子よりもずっと大きな負担が求められる（年間1000ドル以上の会費に加えて、労働力のレンタルサービスへの関与）が、彼らが獲得する報酬は（はるかに大きな予算がついている）女子のそれよりも少ない。平等とはほど遠い割合である。

ただし、UVAのスポーツ全体に着眼すると、また違った事情が見えてくる。男子のアメフトチームは巨大で、潤沢な資金が提供されているが、女子のアメフトチームは存在すらしていない。大学全体としては今なお、女子スポーツより男子スポーツにかけられている資金の方がはるかに多い。このため、〈平等な結果を目指す社会正義〉を支持するのであれば、他のスポーツで男子学生に費やされている多額の資金を相殺するため、ボート漕ぎへの不平等な待遇が必要となるのだろう。

しかし大学という場を離れると、そんな主張では大勢の人を納得させられない。これをエクイティ理論や手続き上の公平性と結びつけて、直感的正義として説得力を持たせることは非常に難しい。ほとんどの人が望むのは、個々人がよい扱いを受けることであって、集団としての平等性をもたらすために個々人が不公平な扱いを受ける状況には反感を抱く。概して、

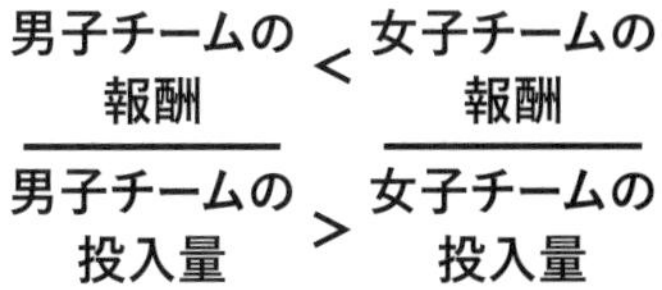

図11-2　男子のボート部員は自分たちで資金を集める必要がある。彼らの投入量に対する報酬の割合は、大学から多額の支援を受けている女子ボート部員のそれよりもずっと低い。

割当制は非常に強い反発を生むが、それは〈平等な結果〉という一定の最終状態を達成するために、手続き的正義（人種、性別、その他の要因に基づいて人々が異なる扱いを受ける）や分配的正義（報酬が投入量に比例していない）の侵害が必要となるからだ。

はっきりと言おう。平等からの逸脱というのはときとして、何らかの偏見や不正義が働いていることを実際に知らせている。例えば、組織や企業によっては、ある集団に属する人々が成功しづらい状況をつくり出しており、それはシリコンバレーの「ブロカルチャー（bro culture）」（若い白人男性を中心とする、男性優越主義なサブカルチャーを指す）に関する最近の書籍や記事にあるとおりだ。女性の尊厳や権利を侵害しつつ（手続き的不正義）、労働の質に基づいて彼女たちに値する地位、昇進、賃金を否定している（分配的不正義）のだから。*37 ある集団の数が不足している状況を目にしたら、それはその集団に属する人々に影響を及ぼす障害、不利な状況、体系的要因があるかどうかを詳しく調べ、明らかにせよとのすすめである。だが、結果が不平等だからといって、それが本当に正義の侵害の現れであると、どうすればわかるのか？

結果の格差は必ずしも不正義のせいではない

社会科学者であれば、相関性があるからといって必ずしも因果関係を意味するものでないことを知っている。AとBに関連があるように思えるなら――つまり、どちらもが時間と共に同じように変化する、またはある集団の中に偶然とは考えられないほど高い水準で同じように存在する――、AがBを引き起こしたと考えるのももちろん可能だ。しかし、BがAを引き起こした（逆の因果関係）、もしくは第3の変数CがAとBの両方を引き起こし、AとBの間に直接の因果関係がないことも考えられる（第7章で見たとおり、それも起こる可能性があり、「疑似相関」という——AとBに関連性はなく、相関は単なる偶然）。

例えば、ドイツの7500世帯を対象とした調査からは、性行為を週に4回以上する人は、性行為が週に1回のみの人より収入が3・2％高いことが明らかとなった。性行為の頻度と収入に（わずかに）相関性があるが、その理由は？　その因果経路とは？　この調査を取り上げたGawker.com（ゴーカー・メディアが運営するゴシップサイト。2016年8月にサービス停止）の記事には、「MORE BUCK FOR YOUR BANG: PEOPLE WHO HAVE MORE SEX MAKE THE MOST MONEY（性行為で収入アップ：性行為が多い人ほど稼ぎがよい理由）」とのタイトルがついていた。[*38] A（性行為）がB（収入）を引き起こしているかのようなこのタイトルは、記事のクリック数を上げることが目的であれば、確かに何よりの因果経路である。しかし、社会科学者がこんな相関関係を提示されたなら、まずは逆の因果関係は成立するだろうかを考え（収入がよいことは性行為の高頻度をもたらすか？）、その次に第3の変数があるかどうかを考える。この事例では、第3の変数説が正しいようだ。[*39] Gawker.comの記事にも、より外向的な人は性行為の頻度が高く、収入が高くなるとあるように、第3の変数C（外向性、または高い社交性）が、A（性行為の多さ）とB（収入の高さ）の両方を引き起こしている可能性がある。

社会科学者は、このような相関関係を常に分析している（家族や友人にははた迷惑だろうが）。彼らは自称〈会話の審判員〉で、誰かが相関性があるからと因果関係を決めつけようとしていれば、すかさず反則の黄色の旗を揚げる。しかし、近年のキャンパスではおかしなことが起きている。誰かが〈結果の格差（outcome gap）〉を指摘し、これは体系的不正義の証拠だと（明示的または暗示的に）主張すると、社会科学者たちは何の疑いも持たず、同じ部屋の他の人たちと一緒にただうなずいているのだ。〈結果の格差〉は一種の相関だ。しかし、ある職種において1つの集団のメンバーが多すぎる、または賃金格差があると、研究を引用するか別の方法で主張する人がいれば、そこには多分に、その集団メンバーであることで優先的に雇用され、または賃金が高くなる状況がもたらされたという意味合いが含まれている。集団への帰属以外に理由がないのなら、確かに不適切または非合法な差別の証拠となるだろう。例えば、一流ハイテク業界のコンピュータープログラマーはほとんどが男性だと指摘する人がいれば、男性であることで採用または昇進しやすい状況を引き起こしたという意味合いが含まれ、男性と女性のコンピュータープログラマーの間にその他の差異がなければ、それは明らかに不当な扱いとなる。

しかし、本当にその他の差異はないのか？　その他の因果経路は考えられないだろうか？〈結果の格差〉について、あなたが他の解釈を提示すれば、最初に指摘した人ほどその問題を深刻だととらえていないと解釈されうる――しかも、その提言によって、同じ部屋にいる誰かが不快感を覚えれば、マイクロアグレッションを犯したと非難されるかもしれない（具体的には「マイクロ説得力減殺」[*40]）。あなたが提示した解釈が、もっと根源的な要因、何か入力に差異があり、それが結果の差異につながっているのではとの憶測を含んでいれば（例えば、スポーツやコンピュータープログラミングを楽しいと思う度合いが、そもそも男性と女性では異なる）[*41]、あなたは深刻なタブーを破っているおそれがある。

社会心理学者のフィリップ・テトロックは、「The Psychology of the Unthinkable（思いも寄らぬ心理学)」と題した論文で、このような状況を「禁断の基準率(forbidden base rates)」の行使と呼んだ。[42]だが、この種の思考が禁じられ、社会科学者たちが政治的に都合のよい理論をしっかり疑ってかかることをしなければ、思想に挑戦・検証するプロセス「制度的反証」が機能しなくなる。〈結果の格差〉に関して、教授や学生が他の解釈の提起を臆するようになれば、最初の推測がそのまま正統性を持ってしまいかねない。その見解が受け容れられうるのは、それが真実だからではなく、政治的に優勢な集団が自分たちに望ましい物語や対策を推進する上でそれが真実であってほしいからに過ぎない。[43]運動家たちの情熱と確信に裏打ちされた、難ありの理論が学術界を飛び出し、高校、企業、その他の組織で適用されることとなる。このように、因果関係について難ありの、不完全な理解に基づく考え方を採用している組織に改革者が介入しようとしても、残念ながらその行為は功を奏さない――状況をさらに悪化させるおそれもある。

今日の大学生は異常な時代を生きており、社会正義に対して並々ならぬ情熱を傾けている者も少なくない。彼らは、これまでにも詳細な記録がありながら、あまりにも長い間放置されてきた不正義の数々を突き止め、議論を喚起しようとしている。60年代の学生たちが闘ったさまざまな大義は、ベトナム戦争の終結、アフリカ系アメリカ人などへの公民権の拡大、自然環境の保護など、今日の視座から見ると紛れもなく崇高である。そして今日の学生たちが闘っている大義、法制度や警察との遭遇時の人種的不当行為の阻止、教育などさまざまな機会の万人への平等な提供、セクシャル・ハラスメントや男女間の格差を促進したり可能にしたりする文化的体質の阻止なども、同じように崇高である。

これら諸問題に対して学生が起こす抗議運動は「歴史の正しい側」にあると私たちは考え、彼らの目標を支持している。ただし、運動家たちが〈平等な結果を目指す社会正義〉を取り入れるなら――母集団の標準から少しでもずれていれば、それは体系的な偏見の証拠と解釈するのなら――彼らは終わりなき不毛な運動に引きずり込まれ、自分たちと目標を共有している人たちまで敵にまわし、その過程で、本書で論じてきた悪しき思考習慣を強めていくだろう。

学生たちにはむしろ、母集団の標準からのずれがあれば、その理由をもっと綿密に調べるきっかけとしてもらいたい。そもそもの供給ルートの入り口、つまり、その仕事への応募者自体にずれはないのか？　供給ルートの出口ばかりでなく入り口にも目を向けてほしい。性別や文化背景が異なれば、選択自体が異なる可能性を考慮すべきだ。分配的正義と同じくらい手続き的正義にも着目し、すべてのアイデンティティ集団の人々が平等な尊厳を持って扱われているかを考えよう。この問いへの答えは、統計上の平等性を達成している組織で〈いいえ〉となり、ある集団の数が少ない組織で〈はい〉となるかもしれない。最終状態の何が問題なのか、それはなぜなのかを明確にすべきだ。誰もが頭の中に持っている〈直感的正義〉の2つの構成要素――分配的正義と手続き的正義――に運動家たちが配慮している限り、彼らの取り組みは最大の結果をもたらし、より広範な支持を獲得できるだろう。

まとめ

◇2012〜2018年にかけて起きた政治的出来事は、60年代後半以降のどの時代よりも感情を激しく揺さぶるものだった。今日の学生抗議者たちがこれらの出来事に反応を示しているのは、彼らが社会正義を目指す運動に強く傾倒しているためだ。これが6つある論題の最後を飾る。

◇人々が日常生活の中で「直感的」に感じている正義には、〈分配的正義〉（人は自分に値するものを手に入れるべきという見方）と〈手続き的正義〉（物事が分配される、または規則が実施されるプロセスが公正かつ信頼に足るものであるべきとの見方）の2つの概念がある。

◇分配的正義は一般的に、投入量に対する報酬の割合がすべての参加者で平等であれば公平であると考えられる〈エクイティ理論〉に表される。

◇手続き的正義では、どのように決定が下されたか、手続きがすすむ中で人々がどう扱われたかに着目する。

◇今日の学生生活の中心概念である社会正義は、さまざまなかたちを取る。社会正義を目指した取り組みのうち、分配的正義と手続き的正義に完全に合致するものを、私たちは均衡的手続き的社会正義と呼ぶ。概して、機会均等の障害となるものを取り除き、すべての人が尊厳を持って扱われることを目指す。その一方で、集団ごとの結果の平等を目指す社会正義の運動もある。運動家たちが、一部の個人のために、分配的正義または手続き的正義を侵害しようとすれば、人々の直感的正義の感覚が侵害される。私たちはこれを、結果の平等を目指す社会正義と呼ぶ。

◇相関性は必ずしも因果関係を意味するものではないが、昨今の大学における議論の多くは、人口学的特性またはアイデンティティ集団への帰属が〈結果の格差〉を引き起こしたと考え、それが（構造的または個人的な）差別の証拠とみなされる。これが当てはまる場合とそうでない場合があるが、人々が否定的な結果を招くことなく他の解釈を提起できなくなれば、そのコミュニティは問題を正しく理解できなくなる。問題の本質を理解せずして、問題を解明できる可能性はほぼない。

本書の第3部はここまでだ。第1部で考察した安全イズムという新たな文化、そして第2部で紹介した劇的な出来事が、さまざまな風潮が近年になって交わり合った結果であるかを6つの章に分けて考察した。考察の道筋は歴史をさかのぼり、子ども時代を振り返り、今や国政にまで広がることとなった。現在の状況に至るまでの考察を踏まえ、次の第4部では、これから向かう先に目を向けたい。

第4部
賢い社会づくり

第12章——賢い子どもを育てる

過保護をやめ、たくましく育てる

アメリカの10代の若者を取り巻く状況が、ひどくまずいことになっている。それは、うつ病、不安症、自殺の統計を見ると明らかである。そして、多くのキャンパスの状況もひどくおかしなことになっている。コールアウト・カルチャーの高まり、講演をキャンセル、または講演者を黙らせようとする学生の取り組み、安全か危険かの観点から講演を評価する傾向など、講演に関する基準が大きく変化している。*1 安全イズムならびに攻撃による身の安全確保（vindictive protectiveness）といった新しい文化は、学生にとっても大学にとっても悪しきものである。この流れを変えるため、私たちには何ができるだろうか？

大学の環境改善に向けた提言は第13章で行うが、その前に、子ども時代に目を向けたい。第8章と第9章で、特に中産階級と裕福な家庭の子育てが集約型かつ過保護になっていること、その背景には、誘拐への現実離れした恐怖心と、それよりは現実的といえる一流大学を目指した受験競争への不安があること、さらに、子どもの脆弱性が高まっているのは自由遊びの減少が関わっているのではないかということについて論じた。本章ではここまでの内容を踏まえて、子どもをより賢く、よりたくましく育て、彼らの反脆弱性を高めるための提言をする。大学生活でも、その後の人生でも、より主体性を持って人生を歩める人になるための、私たちからの提案だ。

子どもがどんな人生の道筋を歩むかは、生まれた国、時代、社会階級、その他の要因によって異なることは私たちも承知している。そのため、私たちからの提言はあくまで、第8章で解説した「協同的・計画的子育て」の養育スタイルを取っているアメリカの親を対象としている。社会学者アネット・ラルーが、すべての人種の中産階級の親が用いていると認め、政治学者ロバート・パットナムが、90年代までに中産階級とそれ以上の家庭で標準となったと指摘した養育スタイルだ。遊びの大切さ、大人の監視なしで経験することの価値がなおざりにされた競争社会でわが子が優位になれることを期待して、予定を詰め込み、過保護に育て、多大なる時間と労力をかけた養育方針だ。

近年のアメリカの風潮を分析したところから生まれた提言ではあるが、その多くは、他の国の親や教育者にも当てはまるのではないかと見込んでいる。例えば、大学入試を心配し、子どもの自由遊びの時間のほぼすべてを、高額かつ子どもを疲弊させる塾通いにあてるといえば、韓国の親たちの右に出る者はいない。[*2] またイギリスの学校でも、アメリカに引けを取らないくらい、常識よりも安全性を優先する対応が取られつつある。本書の執筆作業も終盤に差し掛かった先日、イーストロンドンにある小学校の校長が、子どもたちは積もった雪を触ってはならないとの規則を発表した。雪に触ると雪玉をつくる可能性があるから、がその理由だ。「1人の生徒が雪玉をつくり、そこに砂や石が1粒でも入っていれば、他の子どもが目にケガを負いかねませんから、私たちの学校では方針を見直しました」と校長は説明した。[*3] 1人の子どものケガを防ぐために、少しでも危険性がある遊びをすべての子どもから取り上げる、これこそ安全イズムの典型である。

第1章で解説したとおり、子どもは「複雑適応系」であって、単純な機械ではない。子どもがピーナッツアレルギーにならないようピーナッツを全面禁止にするなど、大人が善かれと思って取った取り組みが逆効果をもたらした事例を本書ではたくさん紹介した。子どもの生活のある部分を変えると、他の部分で思わぬ影響が起きる、そのことを念頭に置いた上で提言をしたい。今後さらなる研究がなされるべきだが、現時点での提言も何らかの役に立つだろう。親、教育者、研究者との対話をすすめ、有用な内容は本書のウェブサイト TheCoddling.com で随時公開していく予定だ。

私たちからの提言は、6つの大きな原則からなる。特に最初の3つは、〈大いなるエセ真理〉の対極をなすものである。

1．かわいい子には旅をさせ、人生の厳しさを体験させよ

本書には3つのエピグラフを記した。1つ目の「かわいい子には旅をさせ、人生の厳しさを体験させよ」は、本書が最も伝えたいメッセージを要約している。いつの世でも変わらないよい助言ではあるが、インターネットの到来により、その旅路にバーチャルな部分ができてからは、なおいっそうよい助言となっている。子どもの歩む道から障害を取り除くなど、インターネット以前も愚かな考えとされていたが、今やそれは妄想でしかない。ピーナッツアレルギーの話と同じで、子どもたちはアレルギー反応ではなく、通常の免疫反応を育み、インターネット世界を含む日常の苛立ちや挑発行為に臨む必要がある。

反脆弱性をじかに教えることはできないが、体験という贈り物は与えられる――子どもたちがたくましく自主的な大人になるには、幾多の体験をする必要がある。子どもが自分でリスクを判断し、悔しさ、退屈さ、人との衝突に対処できるようになるには、体系化されていない、大人の監視なしの時間を過ごすことが必要で、まずはその認識を持つことが大切だ。そして、子どもがその時間にすべきは遊ぶこと、とりわけ他の子どもたちと屋外でする自由遊びだ。状況によっては、大人がそばにいて身の安全に気を配る必要があるかもしれないが、子ども同士の言い争いやケンカには基本的に介入すべきではない。[*4]

この考え方に則って、親や教師をはじめ、子どもの世話にあたるすべての人に向けた提言をする。

A．今月、新たにできるようにさせたいことを考える。 毎月、子どもにどんな新しいことを一人でできるようになりたいか確認する――数ブロック先の店まで歩いて行く、自分の朝ごはんをつくる、犬を散歩に連れて行くなどでよい。うまくできず苦戦していても、やり方を間違っていても、大人が余計な手出しをしないこと。子どもが試行錯誤しながらすすめる作業には時間はかかるが、直接教えるよりもよい学びとなる。

B．小さなリスクを取らせ、失敗や痛手から学ばせる。 ピーター・グレイが指摘したように、子どもは「自分でリスクを取る」機会が必要だ。ニューヨーク市のガバナーズ島には、廃材、ハンマー、釘などの建設資材を使って遊べる（親が長文の免責同意書に署名してからだが）「がらくたの遊び場」[*5]があり、ジョンの子どもたちも大好きな場所だ。初めて訪れたとき、ジョンは10歳の少年2人が材木に釘を打ちつける様子をフェンスの外から眺めていた。その1人は、かなづちで自分の親指を叩いてしまった。顔をしかめ、手をぶらぶら振ると、またすぐに釘を打つ作業に戻った。同じことが2回起きたが、少年は作業を止めなかった。彼は、釘の打ち方を学んだ。

C. **レノア・スケナジが主催する〈放し飼いの子ども〉ムーブメントについて学び、その教えを日常生活に取り入れる。** 1979年の小学校入学準備チェックリストにあった質問、「あなたの6歳のお子さんは、近所（4～8ブロック）にある店、学校、遊び場、お友だちの家まで一人で行けますか？」を、なるべく早い段階で実践させる。子どもだけで外を歩かせ、屋外で遊ばせる。きょうだいと、または友だち同士で外出させ、必要であればよその人に話しかけて助けを求める、道順を聞くのは問題ないが、決して一緒についていってはいけないことを理解させる。昨今の犯罪率は、60年代初期の水準まで低下している。

D. **LetGrow.orgをチェックする。** スケナジが、ジョン、ピーター・グレイ、投資家で慈善家のダニエル・シュフマンと共同で立ち上げたウェブサイトで、[*6] 子どもがたくましさを身につけるための研究、ニュース、アイデアなどの最新情報が得られる。例えば、次ページにあるような「ライセンス」をプリントアウトし、[*7] 子どもに持たせて近所を歩かせれば、おせっかいな通行人が警察に通報する心配も減るだろう。[*8] また、検索サイトで「state laws（州法）」と入力し、自分の州の法律をよく知ること。

E. **徒歩または自転車での通学をすすめる。** 学校までの距離、交通手段、犯罪事情を鑑みて、なる

私／僕は「一人でやってみよう！」キャンペーンに賛同しています。

はじめまして。私の名前は＿＿＿＿＿＿＿＿です。迷子になったのでも、親にほったらかしにされたのでもありません。道の渡り方は教わっています。よその人についていってはいけないことも知っています……でも、お話しするくらいは大丈夫です（あなたともね！）州法では、子どもが何歳で親のつき添いなしで行動できるかは親が決められるとあります。私が一人で近所を探検するのは、安全で、健康的で、楽しいことだと私の両親は考えています。信じられないなら、下記の番号まで電話をかけるかメッセージを送ってください。それでもまだ私が一人でいるのがとんでもないこと、または非合法だと思うなら、

1）『ハックルベリー・フィンの冒険』を読んでください。
2）ご自分の子どもの頃を思い出してください！　いつでも大人の監視がありましたか？　最近の犯罪率は1963年当時の水準まで下がっています。あなたが子どもの頃より、今の方が、外で遊ぶのは安全なのです。
3）ウェブサイト LetGrow.org をチェックしてください。

両親の名前 ＿＿＿＿＿＿＿＿＿＿＿＿＿＿＿＿

両親の署名 ＿＿＿＿＿＿＿＿＿＿＿＿＿＿＿＿

両親の電話番号＿＿＿＿＿＿＿＿＿＿＿＿＿＿＿

緊急時の電話番号 ＿＿＿＿＿＿＿＿＿＿＿＿＿＿

べく早い段階で始めるとよい。子どもを追跡するためにスマートフォンを持たせるのではなく、子どもの登下校の状況を親が把握できる方法を提供してもらえないか学校に相談する。

F. **近所に遊び仲間をつくる。** 子どもを過保護に育てたくないとの思いを共有できる家庭を見つけ、近くの公園や誰かの家の裏庭などで、子ども同士だけで集まれる方法を見いだす。子どもたちに物理的な大きな危険がないようにし、子どもたちは必ず一緒にいて助け合うこと、誰かがケガをしたときの対処法など、他の親と相談してできることとできないことの線引きやルールづくりは必要であろう。そして、子どもたちはそのような環境で遊んだ方が、大人が遊びの約束から遊び方まで決めてしまうよりも、人として成長し、たくましさを育むことができる。

G. **自然の中で過ごすサマーキャンプに子どもを参加させる。** 数週間、電子デバイスは持っていかずにだ。「子どもたちの興味を深める上で最もインパクトがあるのは、昔ながらのよくあるキャンプです。何をする・しないを子どもたち自身で選べますから」とエリカ・クリスタキスは言う。*9 YMCAのサマーキャンプは最適だが、子どもの関心に合わせてプログラム内容を絞ったものでもよい――奨学金プログラムを提供しているものも多くある。大切なのは子どもたちが大人の「指導」またはスキルをつけさせたいとの思いから自由になること、とクリスタキスは指摘する。子どもたちが興味の赴くままに遊び、物事をすすめる、それこそがトクヴィルが1835年に述べた「結社の技能（art of association）」の実践である。

H. **積極的に「生産的な意見対立（productive disagreement）」に触れさせる。** 心理学者のアダム・グラントが指摘するように、独創性の高い人というのは活発な議論が繰り広げられる家庭で育っているが、昨今は、生産的に議論する方法を子どもに教える親が非常に少ない。「きょうだいの口喧嘩を止めるばかりで、大人同士の議論は子どもの目が届かないところで行っている」。しかし、批判をする・されてもいちいち傷つかないというのは、生きていく上で非常に重要な技能である。他者に敬意を払うまともな思想家であれば、相手との議論に思いやりを持って臨むものだ。グラントは、「生産的な意見対立」を実践する4つのルールを示す[*10]。

◇争いではなく、議論ととらえる。
◇自分が正しいと思って主張し、自分が間違っていると思って聞く（そして、考えを変えることを厭わない）。
◇他者の観点は、最大限の敬意を払って解釈する。
◇批判を受けたなら、同意できる部分やそこから学んだことを認める。

2. 油断すると、自らの思考が最大の敵以上の害となる

子どもは（大人と同じで）〈感情的決めつけ〉をする傾向にある。そのため、感情的決めつけを抑制し、人生で起こるさまざまな挑発行為に建設的に反応できるよう、認知的および社会的スキルを身につける必要がある。インターネットがある現代の子どもたちは、生活の端々でくだらないことに対処する必要がある。自分の感情的な反応に気がつき、うまく操り、適切な反応を選べるようになることが肝

要だ。

エピグラフの2つ目はブッダの言葉だ。「油断すると、自らの思考が最大の敵以上の害となる。しかし、ひとたび思考を支配できるようになれば、その恩恵は計り知れず、父母の助けよりも大きなものとなる」。この洞察に基づいて、以下の提言をする。

A．子どもにCBTの基礎を教える。 CBTとは認知行動療法（cognitive behavioral therapy）の略だが、それが教える思考習慣は誰にとっても役立つため、1つの技術としてとらえるとよい。親は子どもが何歳でも、認知行動療法の基礎を教えることができる。最初は、親同士がお互いの考えに大げさだとつっこみ合う様子を子どもに見せるなど、簡単なことから始めるとよいだろう。グレッグが学んだ手法の1つに、不安に駆られ、悪いことが起きるのではないかという自動思考を、アニメのキャラクターのエルマー・ファッドやダフィー・ダックさながらのおもしろおかしい声に置き換えて聴くというものがある。ばかげたことに思えるかもしれないが、これをすることで、不安や動揺を、おもしろおかしいものに変えられる。グレッグと彼の妻ミッシェルは、緊張が高まったときに落ち着くための手段として、2歳になる息子も交えてこれを実践している。

アメリカ認知療法研究所[*11]の所長ロバート・レイフィー博士は、子どもが不機嫌になって認知の歪みをおかしそうなときは、親に次のような練習を子どもにさせることを提案している。

今、自分が感じている思いについて、いくつか質問をしてみましょう。私たちは他の人についてある思いを抱き、自分が絶対的に正しいと思うことがあります。でもこの考え方だと、すぐに気が動転し、怒りや悲しみを感じやすくなります。自分が抱く思いは必ずしも正しいわけではありません。外は雨が降っていると思っていても、実際に外に出てみたら雨は降っていなかったということがあるでしょう。それと同じで、何が事実なのかをしっかり見極める必要があります。暗いレンズで見ていても、すべてが暗く見えるだけ。違うメガネをかけて物事をとらえ直してみましょう。[*12]

認知行動療法の概要を学ぶには、レイフィー博士の著書『The Worry Cure: Seven Steps to Stop Worry from Stopping You（不安の治療：行動を阻む不安を抑える７つのステップ）』がおすすめだ。ベック認知行動療法研究所[*14]が推奨しているタマル・チャンスキーの著書『Freeing Your Child from Anxiety: powerful, practical strategies to overcome your child's fears, phobias, and worries（子どもを不安から解放する：子どもの恐れ、恐怖症、不安を克服する有力かつ実用的な戦略[*13]）』もよいだろう。認知行動療法を実践するには、数多くの本やブログ[*15]、カリキュラム、そしてアプリまである。アメリカの不安とうつ病協会（ADAA）が高く評価しているアプリは、CPT Coach（セラピストとの治療に取り組んでいる方向け[*16]）とAnxietyCoach[*17]だ。

B．子どもにマインドフルネスを教える。

子どもにマインドフルネスを教える。マサチューセッツ・メディカル・スクール大学の医学部名誉教授ジョン・カバット・ジンによると、「マインドフルネス」とは「意図的に今ここに注意を向け、判断をしないこと」。[18] マインドフルネスを習慣化すれば、不安が和らぎ、ストレス反応性が低下する一方、対処力、注意力、共感性（および自分への慈しみ）が高まり、感情の抑制力が高まることが研究からわかっている。子どもたちの学校での態度、テスト不安、他者視点取得、社会的な能力、共感力、そして成績が向上することも、研究者たちによって確認されている。[19] マインドフルネスを取り入れている子どもや10代の若者は、気持ちを落ち着かせるのが上手になり、今ここにあることができる。[20] より詳しい内容や、親子向け実践ガイドは、『ニューヨーク・タイムズ』誌のデイヴィッド・ゲレスによる記事「Mindfulness for Children（子どものためのマインドフルネス）」[21]、エモリー・チベット・サイエンス・イニシアチブ（エモリー大学とチベット僧院が提携した機関）による「Cognitively-Based Compassion Training（認知ベースの思いやりトレーニング）」が参考になる。[22]

3. 善と悪を分け隔てる境界線は、すべての人間の中にある

エピグラフの３つ目は、旧ソ連時代の反体制派アレクサンドル・ソルジェニーツィンの回顧録『収容所群島』（本村浩訳、ブッキング）からだ。１９４５年、ソルジェニーツィンは友人宛ての手紙でスターリンを批判したところ、逮捕され、シベリア各地に存在していたグーラグ（強制収容所）に連行され、強制労働に従事する。そこでは、大勢の収容者が、凍死、餓死、虐待死に追いやられていた。最終的にソルジェニーツィンは釈放され、その後、国外追放の身となった（その後、１９９４年にロシアに帰還、２００８年死去）。回顧録の中

でとりわけ胸を打つのが、逮捕されてまもない頃、数人の男たちと何日にもわたり歩かされたときのことを描いたくだりだ。自身の美徳、母国への「無欲な献身」に思いを馳せるうち、ソルジェニーツィンは自分が秘密警察側（NKVD、後のKGB）になっていてもおかしくなかったと思えてくる。刑執行のために行進させられている囚人ではなく、自分が刑の執行人になっていたかもしれないと。そして彼は、〈味方か敵かのエセ真理〉に陥らないようにと読者に諭す。

もっと単純であればよいのだが！　悪行を働く腹黒い悪人がいて、彼らを私たちから切り離し、滅ぼすだけでよかったら……。しかし、善と悪を分け隔てる境界線は、すべての人間の中にある。[*23]

〈味方か敵かのエセ真理〉やそれがもたらす独善的なコールアウト・カルチャー、これらの犠牲にならない思慮のある子どもを育てるにはどうすればよいのか？　10代の若者ならびに大学生が、共通の人間性を重視した考え方を育むにはどうすればよいのか？

A．確信を持ちすぎないことの利点を伝える「寛大の原則」を活用すること。これは、人は他者の発言を最悪または最も不愉快な方法ではなく、最善かつ最も理にかなったかたちで解釈すべきとする哲学および修辞学の原則だ。家族での話し合いや議論の中で、親がその見本を示すとよいだろう。

B．「知的な謙虚さ（intellectual humility）」のよさを実践させる。人の判断には多くの欠陥があり、偏見にとらわれやすくもあるため、自分が正しいと確信を持てることなどめったにないと認識することを「知的な謙虚さ」という。中学生や高校生には、TEDトークの「間違えるということ（On Being Wrong）」の視聴をおすすめする。[*24] 講演者のキャサリン・シュルツは観衆に向かって、「自分が間違っているということについてどう感じますか？」と問いかける。「嫌だ」、「NG」、「恥ずかしい」などと答えが返ってくる。するとシュルツは、皆さんが今言われたのは、自分が間違っていると認識したときの思いですよね、と説明する。間違いに気づくその瞬間が訪れるまでは、間違っているという感覚と、正しいという感覚は、区別がつかない。人は誰しも、常に、多くの間違いをおかしている。でも、そうと気づくまでは、自分は正しいとの確信を持ちがちだ。自分のまわりに異なる意見を言ってくれる人がいるのはとてもありがたいこと。自分が間違っていると気づけばそのことを認め、間違いに気づかせてくれた人に感謝すべきである。[*25]

C. **自分の学校がアイデンティティ政治にどう対応しているかに目を凝らす。** 自分の学校のアイデンティティ政治は、第3章で解説した〈共通の人間性を訴えるアイデンティティ政治〉になっているだろうか？　それとも、子どもたちに互いを一個人としてではなく集団の典型とみなし、善い人か悪い人かの捉え方を促す〈共通の敵を持つアイデンティティ政治〉になっているだろうか？　学校が外部の組織が開発した授業計画を使用しているなら、どこのものかを確認し、その組織のウェブサイトをよく調べ、共通の人間性を訴える、または、共通の敵を持つ、どちらのアプローチを取っているかを確認するとよい。学校が〈味方か敵かのエセ真理〉を教えていると懸念されるだろうか？　親なら校長に相談し、高校生なら同じ思いを持っている仲間を見つけ、共通の人間性を訴える視点を学校に取り入れる方法について、いろいろとアイデアを出し合ってみよう。

4．〈大いなるエセ真理〉に立ち向かう学校に協力する

〈大いなるエセ真理〉を打破したい親たちの取り組みは、学校側が同じ懸念を持っていれば成功の可能性は高まるが、学校側が〈大いなるエセ真理〉を支持していれば、変化の見込みは薄いだろう。学校の方針に影響を与えられる立場にあるなら――教師、職員、親として――、その力を大いに利用するとよい。本書で述べてきた諸問題に関して、教育面から変化を起こすための提言をする。まずは、小学校向けの提言をする。

A．低学年向けの宿題は最小限とする。おすすめは親と一緒、または一人で読書することの推奨で、それ以外は、子どもたちの遊び時間や家族との時間に食い込むほどの宿題は不要だ。幼稚園児や1年生には、読書以外の宿題はできるだけ減らすか、まったくなくしてもよい。高学年向けでも、宿題は簡単かつ短時間でできるものが望ましい。デューク大学の心理学者で宿題の専門家ハリス・クーパーは、次のように指摘している。

小学生は、簡潔かつ単純な宿題で基本能力を強化でき、時間管理、計画する能力、責任感を学ぶことができる。また、親も子どもの進捗を把握しやすい。たくさん宿題を出せば成績アップにつながるとの期待は、こと小学生にはお門違いである。[*26]

B．大人の監視を減らした休み時間を増やす。 学校の敷地内での休み時間は、物理的に安全で、自由遊びに最適な環境である。しかし先述のとおり、大人たちがそばにいて、子ども同士の揉めごとを解決してしまう、または小さなリスクを取ろうとする子どもたちを阻止すると、道徳的依存を引き起こしかねない。子どもたちがずっと大きな自主性を持って休み時間を過ごすとどんなプラス効果があるのか、その実例を知りたいなら、インターネットで「No Rules School（規則なしの学校）」と検索し、ヒットする動画を見てほしい。[*27] ニュージーランドのある小学校校長が、休み時間から大人の監視を徐々になくしていったところ、子どもたちは「リスクを伴った、管理されていない遊び」ができるようになった。木に登り、板や木くず、廃材を使って、自分たちで遊びを考え出すようになった。危険性を予想し、いちかばちか挑戦し、実際にどれくらいのことが起きるかを身をもって体験していく。もちろんリスクはあるので（意図的なものだが）、この方針を実施するには、物理的な安全性やいじめの予防など、それなりの対策が必要だ。しかし、休み時間に関する学校方針について、この動画の内容を踏まえて議論がすすめられれば、反脆弱性の概念に沿った結論が出されやすいだろう（実際、このニュージーランドの小学校校長は、休み時間のルール撤廃以降、いじめは減少したと報告している）。物理的に安全な環境で、大人の監視なしの遊び時間を子どもに与える簡単な方法は、遊びクラブをつくり、毎日放課後の数時間、運動場（または体育館）を開放することだ。[*28] 学年もばらばらの子どもたちが一緒になって自由遊びをする時間は、放課後にがっちり予定が組まれた活動に忙しくするよりもよいかもしれない（帰宅後にソファで画面に向かい続けているよりよいのは、間違いない）。

C. 物理的な安全性以外では、「安全」または「安全性」という表現を使わない。 先日、ジョンの友人が1件のメールを転送してきた。小学3年生の担任教師が、子どもたちの休み時間や「クラブ」の結成について親宛てに送ったメールだった（休み時間に一緒に遊べば、誰でもクラブの会員になれるとあった）。休み時間にまで子どもたちにインクルージョン（多様性のある他者を受け容れること）を強いるなど、分別のある人ならどうかと思う内容だが、ジョンをぎょっとさせたのはメールの最後の1文だった。「私たちは、休み時間に全生徒が安全を感じられ、受け容れられていると感じられるためにはどうしたらよいかを考えています」とあった。これこそ、安全イズムの種だ。仲間はずれにされるのは、つらいことだ。この教師が、仲間はずれをテーマに話し合いをすすめ、インクルージョンの大切さについて子どもたちに考えさせるのならよいことだ。しかし、仲間はずれにされてつらい思いをしたからといって、その子どもが安全でなくなるわけではない。それよりも、何事においてもインクルージョンを強制し、仲間はずれは相手を危険に陥れる――仲間はずれにされると危険を感じるはず――と子どもたちに教えたなら、これから先の人生で疎外感を味わったときにより苦痛を感じるだろうし、排除の行為を目撃すれば、権威のある人を呼んで阻止してもらわねばと考えるようになるだろう。

D. 学校内では「電子デバイス禁止」とする。 親のつき添いなしで通学する子どもを追跡するため、または送迎時や放課後の習いごとに向かう子どもとやりとりするため、スマートフォンを持たせたがる親もいるだろう。しかし学校にいる間は、ロッカーの中など、すぐに手の届かないところに置いておくことを規定すべきである。[*29]

次に、中学校および高校向けの提言をする。

E. 中学生の休み時間を確保する、または拡大する。 中学生になると学業面がより重視され、一部では休み時間を廃止した学校もある。しかし米国小児科学会は2013年に出した声明で、「認知処理と学業成績は、教室内での集中した勉強から定期的に休み時間を取得できるかどうかに依存する。これは思春期の若者にも幼い子どもにも等しく当てはまる」と明言している。[*30]

F. 知的な美徳（intellectual virtues）を育む。 知的な美徳とは、批判的な思考ができる人、効果的に学べる人に必要な資質で、好奇心、柔軟な心、知的な謙虚さなどを含み、大学生になるずっと前から育成を始める必要がある。カリフォルニア州ロングビーチにあるインテレクチュアル・バーチューズ・アカデミーは、この知的な美徳の育成に特化して2013年に創設されたチャーター・スクール（特化した教育目的に根ざした公立の学校。2018－2019年度で約7500校ある）だ。[*31] この学校は5つの基本理念に則って運営されており、うち3つは〈感情的決めつけのエセ真理〉の対極をなしている——思考の文化（積極的に質問し、理解に努め、よい思考習慣を実践する）、自己を知る（常に自分と向き合い、自己認識を深める）、寛大さと尊重（協調、育成、意図的な寛大さを特徴とする強いコミュニティ意識を育み、他者の思考を尊重する。これは〈味方か敵かのエセ真理〉の対極でもある）。〈知的な美徳〉の育み方、学校での取り入れ方については、ウェブサイト intellectualvirtues.org や、ロヨラ・メリーマウント大学哲学教授で、インテレクチュアル・バーチューズ・アカデミー創設者の1人でもあるジェイソン・ベールの著作が大いに参考になる。[*32]

G. 討論のスキルを教え、討論クラブを立ち上げる。礼儀正しく異議を唱えるスキルを育成するには、体系的かつ形式的な討論を実際に体験することが最善であろう。特に大切なのが、自分の考えとは反対の立場を主張する練習だ。討論の技法を学び、あらたまった討論に参加することで、しっかりと根拠のある意見の述べ方が学べるだけでなく、意見に対する批判と個人攻撃とを区別できるようになり、すべての生徒に役立つスキルとなるだろう。国際ディベート教育協会（IDEA）では、討論クラブの立ち上げ方について提言をまとめている。[*33] 生徒（親や教師も）には、インテリジェンス・スクエアード（2002年創設のロンドン拠点のメディア企業。2006年にアメリカ支部設立。世界各地で著名人の討論会を開催）のウェブサイトで、優れた討論の実例を見ることもおすすめする。[*34]

H. 筋の通った討論を育成する読書課題やコースを設置する。学校として討論のスキル育成に努めるのならば、よい思考習慣を教える読書課題を出すこと、またコース新設を検討するとよい。推奨するのは、事実と意見の差異、情報源の信頼性評価などを教えるメディアリテラシー授業の提供だ。ヘテロドックス・アカデミー（視点の多様性促進を目的とした、ジョンが共同創設者を務める教授協会）では、イギリスの哲学者ジョン・スチュアート・ミルの名著『自由論』の第

2章を、イラストつきのPDF版で無料提供している。[*35] なぜ人は真実を突き止めるために意見が異なる人たちと関わり合う必要性があるのかについて、ミルの解説はこれまでで最も説得力がある。また同協会では、社会心理学および道徳心理学の基本を学べる無料の双方向型プログラム〈オープンマインド〉を提供しており、意見の分裂を調整する会話スキルの事前学習によいだろう。[*36] アニー・デュークの2018年の著書『確率思考：不確かな未来から利益を生みだす』（長尾莉紗訳、日経BP）もおすすめだ。プロのポーカープレイヤーとして成功し、意思決定の戦略コンサルタントでもある彼女は、自身の経験を踏まえ、よい思考習慣を身につけるには〈感情的決めつけのエセ真理〉を拒む必要があると主張する。「ティルト」（感情が高ぶり、適切な判断ができない状態を指すポーカー用語）を分析することで、自分の感情は常に信頼できるものではないとしたデュークの解説は、とても理解しやすい（この他のおすすめ情報はTheCoddling.com を参照）。

5. 電子デバイスの使用時間を制限し、使い方を見直す

電子デバイスを好きなだけ使ってよいとなれば、多くの子どもは自由時間のほとんどを、画面を見つめて過ごすだろう。非営利団体コモンセンス・メディアによると、画面を見ている時間は、10代の若者で平均1日あたり約9時間、8~12歳で約6時間だ。これは学校で必要となる画面作業に加えてだ。[*37] ここまでの長時間使用は、社会的にも心の健康にも悪い結果をもたらすと示唆する研究が相次い

でいる。しかしこのテーマは非常に複雑で、まだ具体的な提言ができるほどの研究結果は出揃っていない。よって、私たちからの提言は一般的な3点にとどめておく。大半の親世代、そして10代の若者の多くが納得できるものばかりだろう（より詳しい研究が出てきたら、ウェブサイト上で情報を更新する）。

A．電子デバイス使用に明確な制限を設ける。1日2時間までの使用なら妥当であろう。このくらいなら、心の健康への悪影響を示すエビデンスはないようだ。日常生活に電子デバイスが入り込むのを極力遅らせるため、低年齢の子どもには、学校がある平日は電子デバイスの使用を一切禁止にするのもよいだろう。

B．子どもが電子デバイスでどんなことに、どれだけの時間を使っているかに注意を向ける。第7章で、SNSやアプリは10代の若者が親しい人間関係を構築・維持する上で助けとなっているか、または邪魔していないか、きちんと判断すべきと述べた。[*38] どんなアプリを使い、友だち同士でどんな使い方をしているのか、子どもと直接話をする。直接的なコミュニケーションとして必須のアプリはどれか？　FOMO（「見逃すことへの恐れ」）、他人との比較、他の子どもたちの不自然なまでに加工された生活を見せつけるアプリはどれか？　トゥウェンジの著書『iGen（インターネット世代）』を読み（できれば、家族で）、電子デバイスの長時間使用による弊害をできるだけなくす方法を、10代の子どもと話し合う。すこぶる魅力的で依存性がある電子デバイスやアプリの使用を、子どもが自分で調節するのは難しいだろう。使用時間を制限するアプリを入れる[*39]、電子デバイス上の設定で制限をかけて使える時間をしっかり管理するなどの対策が大切だ。[40] さらには、親自身の行動にも意識を向けたい。親の電子デバイスの使用が、子どもたちとの時間の質を落としていないだろうか？[41]

C. 子どもの睡眠時間を保護する。 十分な睡眠の確保は、子どもの学校生活はもちろんのこと、事故やうつ病の予防など数多くのメリットがある。[42] しかし、アメリカの10代の大半は睡眠不足状態にある。理由の1つは、画面を見つめて夜更かしし、他人との比較で心を痛め、睡眠・覚醒サイクルが狂っていることだ。[43] 就寝の30〜60分前には電子デバイスの使用を止め、引き出しにしまい込むか、寝室から離れた場所に置くべきだ。

6. 新しい全米基準：大学入学前の奉仕活動または就労

第7章で解説したとおり、最近の子どもたちは成長がずっとゆっくりである。[44] この傾向——大人への移行を示す行為を起こす段階が遅い——は数十年にわたるものの、[45] 特に顕著なのがｉＧｅｎだ。大人になるのが遅くなることが本質的に悪いわけではない。だが、そういう事態が起きているのなら、大学生活の開始を遅らすことも検討すべきではないだろうか？ 最近の大学生は、不安症やうつ病に苦しむ率がミレニアル世代やそれ以前の世代よりもはるかに高く、自傷行為や自殺に及ぶ数も増えている。多くの学生が安全イズムを受け容れ、ミレニアル世代ではほとんど問題とならなかった本や思想に、抗議している。何もかもがうまくいっていない。

そこで私たちは、全米で新しい基準を採用することを提案したい。２０１６年にマリア・オバマ

（オバマ元大統領の長女）がしたように、高校卒業後の1年間をオフ期間――「ギャップ・イヤー」――とするのだ。これは、高校のカウンセラー、思春期発達の専門家、大学入試責任者たちの間では支持を得ている着想だ。[*46] 高校を卒業すると1年間、親元を離れて働き、関心分野を模索し、人間関係をうまく保つ技術を磨き、人としてより成熟してから大学生活を始める。アメリカ市民の通過儀礼とされるナショナルサービス（軍隊または民間組織での有償の奉仕活動）に従事するのにも理想的な時期であろう。[*47] 退役軍人のスタンリー・マクリスタルが代表を務めるサービス・イヤー・アライアンスは、高校や大学を卒業してまもない若者たちに、アメリカの地域社会に資する1年間のフルタイム有償の仕事を斡旋する組織だ。[*48] すべてのアメリカ人が18～28歳の間で1年間の就労を行う、その機運を盛り上げる活動の最前線にいるのがマクリスタルだ。「こうした就労を通してこそ、若者はさまざまな所得水準、人種、民族、政党、宗教思想を持つ人々と共に働き、一緒に事を成し遂げる経験が得られるのです」と彼は言う。[*49] 私たちもこれに同感で、無償奉仕であれ有償労働であれ、自分が生まれ育った地域と大きく異なる国内のどこかで過ごす経験をすることは、二極化が深まった昨今の民主主義に利するものとなるだろう。[*50]

シカゴ大学の学長ロバート・ジマーは、シカゴ大学が高い評価を受けている卓越した知的レベルおよび自由な探究精神に関する2018年のインタビューの中で、多くの学生が言論の自由への気構えができていない状態で大学に入学していると指摘している。

高校は、さらに高度な数学問題を解く、歴史レポートを書かせるといった準備はさせています……（しかし）公開講演や自由な討論が繰り広げられる大学で、学生としてやっていける準備は何かしているでしょうか？[*51]

親や教師が子どもたちの反脆弱性を尊重した育て方をするなら、中学校や高校が知的な美徳を育むなら、高校を卒業した全員が1年間親元を離れて奉仕活動か有償労働に従事し、19歳かもっと遅くに大学生活をスタートさせるなら、ほとんどの学生はあらゆることへの準備が整うだろう。

第13章――より賢い大学へ

大学が希求すべき最も重要なものは「真理」

アリストテレスはたびたび、「テロス」――目的、結末、目標――の観点から物事を評価した。例えば、包丁のテロスは〈切る〉で、よく切れない包丁はよい包丁ではない。医師のテロスは〈健康〉や〈治癒〉で、癒やせない医師はよい医師ではない。では、大学のテロスとは何なのか？

最も明白な答えは「真理」――数多くの大学の紋章にお目見えする言葉だ。ハーバード大学の紋章にはVeritas（「真理」）、イェール大学の紋章にはLux et Veritas（「光と真理」）とある。真理と似た意味を持つ語として「知識（knowledge）」も含めるなら、さらに多くの大学のモットーに登場する。シカゴ大学のモットーは、ラテン語で「知識を創出し、人類の生活を啓発せよ」だ（映画『アニマル・ハウス』に登場する架空のフェーバー大学にも、「知識は善である」というモットーがあった）。[*1]

だが今や大学はマンモス化し、数多くの学部、施設、利害関係者、機能を有している。学長には真理の探求以外にもさまざまな目標が課せられており、それは体育局、学生健康センター、ひいては学生や教員も同じ状況にある。しかし、そもそも大学にこんなに多くの人や事務局が存在しているのはなぜなのか？　人々はなぜ大学を重要で、つい最近までは信頼できる組織として、数十億ドルもの公的助成金を受けるに値するとみなしてきたのか？[*2]　それはおそらく、真理の発見および伝達が崇高な目的で、公共の利益に資するとの認識が、社会に広く浸透しているからであろう。

では、大学のテロスが〈真理〉であるならば、知識を深め続けられない、またはそうした知識を最善のかたちで学生に伝えられない大学は、よい大学ではない。自分の専門において最前線の研究を推進しない、または他の目標を満たすために（富の蓄積、政治思想の推進など）真理を裏切る学者は、よい学者ではない。学生が大学卒業後の生活で真理を発見しやすくする能力や習慣に加えて、専門分野で発見されてきたより豊かな真理を学生に理解させられない教授は、よい教授ではない。

大学のテロスとして他の案を持ち出す人もいるだろう。よくありがちなのは、進歩、変化、世界をより良い場所にするなどだ。カール・マルクスはかつて、「哲学者はさまざまな方法で世界を解釈してきたに過ぎない。大切なのは、それを変革することだ」と学会を批評した。[*3] 最近の学生や教員の中には、社会変化をもたらすことが学問の目的であり、社会変化をより効果的にもたらせるよう指導することが教育の目的と考えている者もいるようだ。[*4]

だが、私たちはこの考えに反対だ。真理は力強いものだが、真理にたどり着くまでのプロセスは、それを探求する人々の欲望、およびコミュニティの社会的力学によって、容易に破壊されうる。大学が、変化や社会的進歩といったテロスで団結すれば、学者はその構想に合致する結論を出すことにばかり動機づけられ、構想と合致しない結論を出す者——または単に不適切な問いかけをする者——には、第4章と第5章で見たように、コミュニティとして社会的代償を課すだろう。どんな政治課題にも常に不都合な事実はつきまとうため、反体制派にどう対処しているかが、大学または学問分野を評価する上で1つの指標となる。

私たちが同調するのは、学生運動家や教授陣に「データを獲得せよ」と呼びかけるノースウェスタン大学の元教授アリス・ドレガーの考え方だ。*5 彼女は著書『ガリレオの中指：科学的研究とポリティクスが衝突するとき』（鈴木光太郎訳、みすず書房）の中で、よい学問は「真理の探究を最優先させ、社会正義の探求はその次」であるべきと主張している。

証拠の有無というのは実のところ倫理的な問題で、現代の民主主義において最も重要な倫理的課題である。正義を欲するならば、真理を求めて取り組むべきだ。真理を求めて取り組むならば、正義を欲する以上のことをすべきである。*6

ドレジャーが思い描くような、真理をテロスとする大学で学んだり、教えたり、指揮することを望む者たちに向けて、本書で述べてきた思想や研究に基づいて助言をしたい。昨今のように暴力行為や二極化がすすんだ時代にあっても大学が繁栄できるための助言を、4つの大きなカテゴリーにまとめた。高校生は受験大学を決める際に、大学入試カウンセラーは受験生や親に大学をすすめる際に、これらの原則を考慮すべきだ。また、現役の学生、教授、卒業生、理事にも、自分の大学の指導部や職員とこれらの点について議論してもらえたらと願う。

1. 自分のアイデンティティを探求の自由と結びつける

A. シカゴ大学の声明を支持する。　ほとんどの大学は、公立・私立にかかわらず、言論の自由、学問の自由、探求の自由を、熱烈な言葉で約束している。[*7]　しかし、言論の自由に関する誓約の多くは20世紀前半に書かれたもので、教授や学生が発言によって処罰されるのを阻止していない。そこで全米のすべての大学に推奨したいのが、シカゴ大学が2015年に制定した声明を見本として、各大学の言論の自由への誓約を書き換えることだ。法学教授ジェフリー・ストーンが代表を務める委員会が作成したシカゴ大学の声明は、講演をキャンセルさせる、講演者を黙らせる、スピーチコードを設けさせるといった今の時代の事情に合わせて、言論の自由および学問の自由に対する義務を改定したものだ。すでに、アマースト大学、コロンビア大学、ジョンズ・ホプキンス大学、プリンストン大学、ヴァンダービルト大学など、40の大学の職員または教員団体がこれを採用している。[*8]

FIREでは、このシカゴ大学の声明を一部変更し、他の大学のテンプレートとなるものを作成した（付録2を参照）。次の文章が根幹となる一節だ。

（大学名）は、提示される思想を（大学名）のコミュニティの一部または大半の構成員が、攻撃的、思慮が足りない、不道徳、見当違いとみなすからといって、議論や審議を阻止しないとの基本原則に則っている。そのような判断を自分たちで下し、その判断に基づいて、言論を抑えつけようとするのではなく、自分たちに反する思想に率直かつ堂々と異議を唱えることは、組織としての（大学名）のためではなく、（大学名）のコミュニティの各構成員のためである。

また各大学は、自校の方針を米国憲法修正第1条に合致するよう見直すべきだ。公立の大学は、キャンパス内での学生および教員の表現の権利を守る法的義務を負っている。そのため、言論の自由に抵触しない方針を定めることは、学生にとってよいだけでなく、修正第1条に関する訴訟問題に発展した際に、大学が敗者となる可能性を避けることにもなる。私立大学に関しては、言論の自由、学問の自由、自由な探求を約束しているならば、スピーチコードの改正（または削除）は大学側の真剣な取り組みを示す何よりの信号となる。大学への進学志望者は、受験校を決める際に大学のスピーチコードを確認するとよい。現役の大学生も、自校の方針を把握しておくことをおすすめする。[*9]

B. 一般大衆の非道行為に反応しない慣習を確立する。

言論の自由や学問の自由に関して明確な方針が設けられていても、実際に乱暴な状況が発生し、大学の指導部に圧力がかけられたときに――キャンパス内、またはキャンパス外から――、それらを擁護する意向がなければ意味がない。学年度の始まりの、まだ何の論争も起きていない段階で、学長がはっきりとこうした方針への遵守を確約すれば、大学として方針が守られやすくなるだろう。もちろん、学生または教員の講演または言動が、オンライン、教室内、それぞれのキャンパス環境にかかわらず、真の脅威、ハラスメント、差し迫った不法行為への扇動、または修正第1条で保護されていない内容を含んでいれば、大学として措置を取るべきである。しかしその場合であっても、学長は行動を早まるべきではない。自校の明文化された方針および懲戒手順に従うべきで、そこには、渦中の教員や学生は公正な審理を受けられる旨が記載されているべきだ。一般大衆からの非道行為や検閲、処罰を厳しくしてほしいとの狭量な要求に大学が反応してしまうと、さらなる非道行為や卑劣な要求が突きつけられるだろう。この時代、怒りがあっという間に、強烈に発生するが、その勢いが持続する期間は短いため、大学は時間をかけて怒りが落ち着くのを待つべきだ。終身在職権のある教員とは違い、いともたやすく解雇されうる若手の非常勤教員を守る上で、これは特に重要な点である。

C. 「妨害者の拒否権」を認めない。

「妨害者の拒否権」を認めない。コミュニティの構成員が講演に出席、または聴講するのを妨げる権利は誰にもないことを、学長は明確に示す必要がある。抗議であっても、他者の表現の自由を侵害しないものは言論として保護され、生産的な意見対立の正しいかたちだ。また、騒々しい抗議であっても、他の観衆の権利を一時的に侵害するだけなら認められる可能性もある。しかし抗議者の行動をすべて合わせたときに、観衆が聴けなくなったり、講演者が話せなくなったりする場合は、その抗議行動に責任を負う者たちは何かしらの処罰を受ける必要がある。大学への進学志望者は、「妨害者の拒否権」を認め、講演を混乱させても罰則を設けていない大学への入学は避けるべきだ。[*10]

2. 多様性ある学生を迎え入れ、使命を果たす

A. 18歳以上の、自立した生活ができる学生を積極的に受け容れる。第12章で述べたように、最近の子どもは大人になるのがゆっくりで、この傾向は数十年続いている。[*11] 大学入学前に1年間のギャップ・イヤー取得や奉仕活動を行う、または数年間の兵役に就くことが一般的になれば、学生にも、大学にも、ひいては国家にも、多大なるメリットがもたらされるだろう。この新しい基準を普及させる上で絶大な力を持つのが一流大学だ。ギャップ・イヤーを取得して、自律性を培う活動に従事する学生を優先して受け容れると発表すればよい。子ども時代をテスト準備と履歴書アピール競争にばかり捧げてきた学生の受け容れをやめ、一定の自律性を示せる学生を積極的に受け容れる。そうすれば、キャンパス文化は飛躍的に改善されるだろう。

B. 「知的な美徳」を教えている学校の生徒を積極的に受け容れる。一流大学が、第12章で紹介したインテレクチュアル・バーチューズ・アカデミーのように〈知的な美徳〉を重視し、討論を実践させている学校の生徒をすすんで受け容れるようにすれば、このようなアプローチを採用する学校がますます増えるだろう。次世代の大学生は、能力が試される考え方、ならびに多種多様な同級生たちと関わり合うことへの準備が整っているだろう。

C. 多様性の方針に「視点の多様性」を加える。多様性があるコミュニティには、問題に対してさまざまな視点からアプローチする人々が集まるため、大きなメリットがもたらされる。第5章で解説したように、ここ数十年、教授陣ならびに全学生は、人種、性別、その他の特性においては多様性が高まっているが、政治的視点においては多様性が失われている。そこで提案したいのは、大学の多様性に関する声明や方針に「視点の多様性」を加えることだ。これは何も、教員や学生の政治観が偏らず均整が取れること、または、すべての視点が代表されることを要求するわけではない。大学として政治的な均一性や正統性は避けるとの姿勢を約束するまでだ。[*12]

3．〈生産的な意見対立〉を志向し、啓蒙する

A．〈脆弱性のエセ真理：困難な経験は人を弱くする〉をはっきりと否定する。 真理の探究に取り組む大学は、学生に対立、論争、議論への心構えをさせるべきだ。多くの学生は自分が大切にしてきた考えに異議を唱えられるだろうが、それはハラスメントでも個人攻撃でもなく、互いの確証バイアスを打ち消すプロセスの一環だと心得るべきだ。また学生は、思想よりも個人を攻撃する人身攻撃（ad hominem）論法を避け、筋の通った主張ができるようになる必要がある。そのためには、ブラウン大学の元学長で、黒人として初めてアイビーリーグ大学の学長となったルース・シモンズのメッセージ「人の意見というのは、反対の見方と直面する中でいっそう強固なものとなる……考えや思想の衝突は学問の世界のＤＮＡに組み込まれており、衝突を避けるテクニックなど必要ありません」を取り入れて、夏休みの読書課題や新入生向けオリエンテーション教材を選定するとよい。[*13] また、大学の教室や公開講演は知的に「安全な場所《セーフスペース》」ではないこと（もちろん学生には結社の自由の権利があるので、プライベートの生活では、そうしたものに加入してセーフスペースを創設するのは問題ない）[*14]、「不愉快」なだけのものを指して気安く「危険

（unsafe）」という表現を使うのは避けるよう忠告すべきである。第4章で紹介した、感情の「安全性」など手放し、大学を「スポーツジム」とみなしなさいと語るヴァン・ジョーンズの短い動画を学生に見せることをおすすめする。[15]

B. 〈感情的決めつけのエセ真理：常に自分の感情を信じよ〉をはっきりと否定する。大学は新入生オリエンテーションにて、確証バイアスが持つ力、ならびに認知の歪みが広まっている昨今の現状についてしっかり説明する必要がある。よく考えることというのは、そのときどきの感情、または集団への忠誠心によって容易に惑わされかねないので、なかなか難しい。SNS、ネット荒らし、フェイクニュース全盛の時代にあって、人々が感情に従って、自分たちの敵に関する突拍子もない物語を受け容れやすくなっており、これはアメリカ国内のみならず世界的な危機である。〈激怒の時代（the age of outrage）〉にあっても真理を探究できる共同体とは、メンバー同士が相手に主張の裏づけとなる根拠を求める共同体である。クリティカル・シンキングの重要性を説くとともに、その能力を培える手段を学生に提供する必要がある。手段の1つが、認知行動療法だ。学生に認知行動療法を直接教育する、または関連ウェブサイトやアプリを紹介し、各自で使えるようにすることは比較的容易にできる（付録1を参照）。困難な対話に対処できる技能を習得できるオープンマインド・プログラムもおすすめする（OpenMindPlatform.org を参照）。

C. 〈味方か敵かのエセ真理：人生は善人と悪人の闘いである〉をはっきりと否定する。大学1年生がアイデンティティ政治を受け容れていく過程に注視する必要がある。夏休みの読書課題や新入生向けオリエンテーション教材として、社会問題に善悪の判断を下すのではなく、体系的アプローチを取る読みものを活用するとよいだろう。また、留学生も含めて多様性に富む新入生のクラスで、学生が知らず知らずのうちに相手を攻撃または排除しているかもしれない言動について話し合うことは、テクノロジー全盛の今の時代には特によい対策である。マイクロアグレッション（、、、）に仕立てるのではなく、礼儀正しく、共感を持って人と接することをすすめる。相手の言動を寛容に解釈するよう努め、お互いに相手を大目に見るようにし、問題が生じた場合も、家族のように個人間で内々に解決することを試みる。

4. コミュニティを取り囲む大きな円を描く

本書を通して主張してきたのは、人々を分け隔て、差異を指摘すればするほど、分断が深まり、互いの信頼感が失われるという社会心理学の基本原則だ。[*16] その反対で、共通の目標や利害、共有している運命、共通する人間性を強調すればするほど、互いを仲間とみなし、大切にもてなし、共同体への互いの貢献を認め合える。パウリ・マレーはこの原則が持つ力を「兄弟が私をのけ者にする円を描くなら、私は全員が入れる大きな円を描きます」と言い表している。[*17] この円を広げるには、学生、教授、職員のすべてが重要な役割を果たすことができる。

A. 大学スピリットを促進する。 新学期が始まってからの数週間に、「大学のスピリット」を育み、大学として共通のアイデンティティを築くことに力を入れている大学もある。大学スピリットなど些細なものと思えるかもしれないが、これがあることで、大きな信頼を寄せられるコミュニティを築くことができ、困難な問題が起きたときに取り組みやすくなる。

B．身の安全を確保する。本書を通して、感情面の心地良さと身の安全を混同してはならないと説いてきた。しかし第6章で示したように、昨今は過激主義者がインターネットやSNSを用いて、学生や教授を脅し、嫌がらせをしでかす。特に標的とされるのが、歴史的に社会から排除されてきた集団に属する人たちだ。ときにその脅威は、インターネットの世界を飛び出し、キャンパスにやって来るため、大学は警備に十分にお金をかけて、積極的に対応すべきである。キャンパス警察、地域の警察、FBI、その他の当局と連携し、脅迫や暴力行為の実態を調査し、処罰することを、継続的に実施する必要がある。また、全米各地で有色人種の学生から、キャンパス警察や地域の警察からの対応について頻繁に寄せられる報告を踏まえると、警察は有色人種の学生を犯罪者予備軍のように扱わないよう、特段の注意を払う必要がある。さまざまな背景を持つ学生が、身体的な攻撃から安全で、キャンパス警察は自分たちを守ってくれる存在だと感じられることが極めて重要である。

C．党派を超えた市民イベントを学生向けに開催する。キャンパスに招請する講演者が、その思想の特性からではなく、人々に衝撃を与え、感情を害し、過剰反応を引き起こす力量によって選ばれれば、第6章で解説したような、激怒の応酬が繰り広げられる様相はさらにひどくなる。興味深く、多様な政治思想を持つ講演者のキャンパスへの招請を支援する組織はたくさんあり、

賢い大学を見分ける５つの質問

卒業生、親、大学カウンセラー、大学への進学志望者は、次の５つの質問を大学側にしてみよう。

1. 新入生の授業が開始する前に、大学として、学問の自由や自由な探求を教えていますか？　具体的にどんな方法を採っていますか？
2. 教授が記事やインタビューで表明した意見によって深く傷つく人が発生し、この教授の解雇を求める声が上がった場合、大学としてどう対処しますか？
3. 論争を起こしている講演者が来校して講演するにあたり、暴力的な大規模抗議が計画されていることがわかった場合、大学としてどう対処しますか？
4. 不安症やうつ病に苦しむ学生が増えていますが、大学として何か対策を採っていますか？
5. 大学としての一体感を強化するために、何か対策を採っていますか？

大学からの回答は、激しい意見対立を受け容れる高い度量を示すとともに、暴力や威嚇行為を許さない姿勢を示しているだろうか。学生の反脆弱性を前提としているとともに、最近は情緒面の成長にサポートを必要とする学生が増えている事態を認識した回答になっているだろうか。大学コミュニティに属するすべてのメンバーを取り囲む大きな円を描き、差異に対して生産的なアプローチを目指しているだろうか。

こうした講演者であれば、政治的多様性に触れる価値を実証してくれるだろう。学生であれば、自分の大学のカレッジ・リパブリカンやカレッジ・デモクラッツ（それぞれ共和党、民主党を支持する学生主体の組織）に協力を求め、イベント共催を働きかけることをおすすめする。また、成功するかどうかはともかく、建設的な政治議論を主催する学生主体のネットワーク〈Bridge USA〉の支部立ち上げを検討するのもよい。[*18]

近年、アメリカの多くの大学が難しい局面に陥っているが、本書で述べてきた諸問題は解決可能だと確信している。第12章の提言と併せて本章での提言を遂行すれば、真理という大学のテロスを探求する能力を強化することが可能だ。探求の自由を大学のアイデンティティの根幹と位置づけ、真理の探究者として前途有望な学生を選抜し、生産的な意見対立に順応させる。そして、コミュニティ全体を取り囲む大きな円を描き、その円の中にいる人すべてが身の安全を感じられ、コミュニティの一員との意識を抱ける――そんな大学であれば人々は入学を望み、そこで学べる喜びを味わい、社会に恵みをもたらすだろう。

結び――より賢い社会へ

これは、知恵とそうではないものについて書いた本だ。心理学の3つの原則、そして、親や教育者がこれらの原則と相反する方針を――善かれと思って――取り入れたときに若者に何が起きるのかについて書いた本だ。3つの心理学の原則、3つのエピグラフ、および3つの〈大いなるエセ真理〉を対比させると、本書の内容を要約できる。

第1部では、3つの心理学の原則を解説し、近年、多くのキャンパスで取られている実践および方針によって、学生に知恵よりも愚かさを受け容れさせている実態を解説した。第2部では、視点の多様性に欠け、上層部のリーダーシップが弱く、脅威（政治的二極化や、キャンパス外からの挑発行為の高まりなどにより引き起こされるもの）のレベルが高い大学にて、学生が3つの〈大いなるエセ真理〉を受け容れると何が起こるのかを示した。第3部では、近年の事態は単純に説明できるものではなく、

心理学の原則	知恵	大いなるエセ真理
若者は 反脆弱性である。	かわいい子には旅をさせ、 人生の厳しさを体験させよ。	困難な経験は 人を弱くする。
人間は誰しも、〈感情的決めつけ〉と〈確証バイアス〉をしがちだ。	油断すると、自らの思考が最大の敵以上の害となる。しかし、ひとたび思考を支配できるようになれば、その恩恵は計り知れず、父母の助けよりも大きなものとなる。	常に自分の感情を信じよ。
人間は誰しも、〈二分法の思考〉や〈トライバリズム〉をしがちだ。	善と悪を分け隔てる境界線は、すべての人間の中にある。	人生は善人と悪人の闘いである。

6つの論題——政治的二極化の高まり、10代の若者における不安症とうつ病の増加、中産階級および裕福な家庭の子育てが心配性で過保護で集約的なものへ移行したこと、iGen全般に見られる遊びやリスクを取る行為の欠如、キャンパス内の官僚的体質の高まりによる過保護な対策の増加、正義への情熱の高まりから「平等な結果」を目指す取り組みの広がり——に着目する必要があると論じた。第4部では、心理学の3つの原則に基づき、子育て、幼稚園から高校までの教育、そして大学環境を改善するための提言を行った。

本書で論じてきた近年の憂慮される風潮、とりわけアメリカの政治的二極化の高まりと、10代の若者の不安症、うつ病、そして自殺の増加は深刻な問題で、今後10年で状況が好転するとは思えない。しかし、認知心理学者のスティーブン・ピンカーは著書『21世紀の啓蒙：理性、科学、ヒューマニズム、進歩』（橘明美ほか訳、草思社）の中で、長い目で見れば、ほとんどの物事は世界的に迅速に改善に向かっていると説いており、この主張に励まされるとともに納得させられる。人々が将来について悲観するのには——常にそうだった——多くの心理学的理由が関わっている、とピンカーは指摘する。例えば、本書で考察してきた問題の一部は、序章で解説した「社会の発展に伴う問題」の実例といえる。安全性、快適さ、インクルージョンなどの分野で進歩が起きると、人々の期待はさらに高まる。進歩自体は現実に起きているが、いったん向上した状況に慣れると、多分にその進歩に気づけなくなる。

もちろん破局化（第2章および付録1参照）には陥りたくない。したがって、現状を評価する、それとは反対の根拠なりやり方なりを見つけ出すべきだ。悲観主義への強力な対応手段となる考え方がある——科学啓蒙家マット・リドレーの2010年の著書『繁栄：明日を切り拓くための人類10万年史』（大田直子ほか訳、早川書房）で引用されていて知ったものだ。

社会は転換期を迎えており、すでに古きよき時代は終わりを告げていると主張する人が絶対に間違っていると証明することはできない。しかし私たちの先人もみな同じことを言い、その理由は現在と同じく明白そのものだった……過去の方がよかったとしかとらえないのなら、この先に期待できるのは悪化だけ、それが原則だというのか？[*1]

これは、イギリスの歴史家で議員でもあったトーマス・バビントン・マコーリーが1830年に残した言葉で、イギリスの最良の日々はまだ過ぎ去っていないと唱えた。

ピンカーやリドリーの楽観主義は、問題が深刻になればなるほど、個人の尽力、市場の力、政治的圧力などに突き動かされて、人々、企業、政府は革新的な解決策を見つけるよう誘導される、との単純な見解に基づいている。

今後、状況はどう変化しうるのか？　ここからは、私たちがすでに確認している「改善の兆し」をもとに、想定される展望を描いてみたい。2018年5月時点の状況なので、読者が本書を読む時点ではすでに始まっている動きかもしれない。

1．SNS。

精神疾患の増加、政治的二極化の高まり、そのどちらにも大きな影響を及ぼしているのがSNSの存在だ。しかし、ここ2年の間に発生した論争、一般大衆からの怒り、政府規制の要請を受けて、主要企業はついにアルゴリズムの変更、一部アカウント情報の検証、ハラスメント防止対策などの対応を取り始めている。ケンブリッジ・アナリティカの大失態（データ分析を専門とする選挙コンサルティング会社。Facebook個人情報の不正収集疑惑を受け、2018年5月2日廃業）の影響もあり、今後、政府からの圧力は強まっていくだろう。私たちがジャンクフードとタバコに取り巻かれた（欠陥だらけの）生活に適応していったように、親、学校、学生も少しずつ、より良い実践を取り入れていくだろう。

改善の兆し：Facebook社[*2]（現在はMetaに社名変更）およびTwitter社では社会心理学者を採用し、「ユーザー同士のやりとりの総体的な健全性、開放性、市民性を高める」ための自社プラットフォームのあり方について研究をすすめている。[*3]今後数年以内に大きな変更がなされ、二極化、うつ病の誘発、ハラスメントを助長するSNSの影響力が低下することを期待する。また、コモンセンス・メディア（Common Sense Media）（子どものための安全なテクノロジーとメディアのあり方を促進する非営利団体）とセンター・フォー・ヒューメイン・テクノロジー（Center for Humane Technology）（Facebook社とGoogle社の初期従業員が連合を組んで設立した非営利団体）が提携し、ハイテク業界と共に、デバイス使用の特に子どもへの悪影響を軽減させる取り組みをすすめている。この推進事業「The Truth About Tech（テクノロジーの真実）」では、子ども、親、教師向けに情報を発信し、さまざまなテクノロジー機器の健康的な使い方を打ち出し、業界の改革を目指している。[*4]

2. 自由遊びと自由。 10代の若者の心の健康危機に、ようやく一般の人々が関心を寄せるようになっている。過保護にすることが子どもに害を与えていることを理解する親や教育者が増えるにつれ、犯罪のうねりが起きていた70〜80年代から時が経つにつれ、より多くの親が、子どもたちを大人の監視なく外で遊ばせるよう努力するようになるだろう。

改善の兆し： 2018年3月、ユタ州は全米で初めて、「放し飼いの子育て（free-range parenting）」法案を通過させた——超党派の支持を得て、全会一致だった。[*5] 第8章で述べたように、地域によっては、大人の監視なく子どもを外にいさせただけで親が逮捕されるリスクがあるのが現状だが、ユタ州の新しい法律は、大人の監視なしの時間を過ごす子どもの権利、ならびに子どもに監視なしの時間を与えても逮捕されない親の権利を認めている。こうした法律を成立させる州が増えれば、親や学校は、子どもに自主性や責任感を与える方針ならびに実践に、いっそう前向きに取り組めるだろう。

3. より望ましいアイデンティティ政治。 2016年以降のオルタナ右翼や白人至上主義の台頭を受けて、多くの学者が、人種アイデンティティの強調が多民族社会における悪い結果につながっていると指摘している。いっそう明らかになっているのが、アイデンティタリアン（特定の人種、民族集団のイデオロギーを擁護し、反グローバル、反イスラム主義、移民排斥などを掲げる人々）の過激派は、共通の敵を持つことで集団としての団結力を維持しているため、相手側の常軌を逸した行為を大きな力にしているということだ。この経過をたどるのは米国に限らないことが、ジュリア・エブナーの著書『The Rage: The Vicious Circle of Islamist and Far Right Extremism（激怒：イスラム教徒と極右勢力の悪循環）』に述べられている。ロンドン拠点のシンクタンク「戦略対話研究所（Institute for Strategic Dialogue）」（過激主義に関わるシンクタンク）所属のオーストリア人研究者であるエブナーは、ISIS（イスラム国）や、イングランド防衛同盟（English Defense League）などの極右集団メンバーと親しい存在になるという危険極まりない実地調査を行った。その結論を、インタビューでこう述べている。

極右派はイスラム過激派を、イスラム社会全体を象徴するものとして描き、イスラム過激派は極右派を、西側全体を象徴するものとして描いている。過激派が政治の中枢から多くの人々を引っ張り込むにつれ、こうした過激な思想が主流となり、その結果、文明の衝突の物語が自己充足的予言にかたちを変えるのです。[*6]

改善の兆し：さまざまな背景を持つ書き手が、アイデンティティ政治の再考を訴えている。トルコ系アメリカ人の政治学者ティムール・クラン[*7]、中国系アメリカ人の法学者エイミー・チュア[*8]、同性愛者の運動家ジョナサン・ラウシュ[*9]（その他大勢）が、極右と極左が繰り広げる〈共通の敵を持つアイデンティティ政治〉が、いかに互いを食い物にしているかについて警鐘を鳴らしている。この回路を断ち切り、共通の人間性を訴える視点にシフトさせられないかと模索する彼らは、大抵、本書で論じてきた社会心理学の基本原則に到達している。ラウシュは、チュアの新刊

『Political Tribes: Group Instinct and the Fate of Nations（政治的部族：集団の本能と国家の運命）』を考察し、次のように称賛している。

チームワーク、すなわち、個々人が対等な立場で共通の任務にあたるプロジェクトがあれば、トライバリズム（部族主義）に対抗し、克服できることが心理学研究から示されている。そうしたタスクを1つ遂行するだけで、トライバリズムを弱められることがわかっている。言い換えると、人は意識して取り組めば、部族的な悪循環から抜け出すことができ、実際に多くの人が試みている。「ケーブル放送のニュース番組やSNSでは決してわからないだろうが、国内のいたるところで、分断を乗り越え、政治的部族主義から抜け出そうと試みている人たちの兆しがある」とチュアも述べている。[*10]

ダライ・ラマが長年呼びかけているのも、これと同じ社会心理学に基づくアプローチだ。2018年5月、彼はこんなツイートをした。

私はチベット人で、仏教徒の、ダライ・ラマです。しかし、こうした点を強調すると、他者との差異が際立ち、障壁がつくられます。私たちは他者と何ら変わらない存在である、その事実にもっと意識を向けるべきです。[*11]

4．**大学は真理を探究する過程に尽力する。**長年、強烈な学問文化を打ち出し、際立った存在であり続けているのがシカゴ大学だ（非公式の標語「楽しみが死ぬ場所（Where fun goes to die）」を誇りを持って取り入れている）[*12]。アメリカの多くの一流大学に安全イズムが押し寄せている間も、シカゴ大学ではほぼ影響が見られなかった。表現の自由に関して、近年で最良といえる声明がこの大学で起草されたのも、決して偶然ではなかった（付録2を参照）。

改善の兆し：シカゴ大学の声明を取り入れ、忍び寄る安全イズムへの抵抗姿勢を見せる大学が増えている。こうした動きが大学にとってよい効果をもたらし、これらの大学がさまざまなランキングで上位に入るようになれば、さらに多くの大学がこれに追随していくだろう。

これらの動きを踏まえ、事態は改善すると私たちは予測している。その変化は、今後数年以内に突如として起こるかもしれない。個人的なやりとりから言えるのは、ほとんどの学長は安全イズムの文化を拒否し、学生にとっても、自由な探求にとっても有害だと認識しているが、そう公言することが政治的に憚られるようだ。また、学生とのやりとりから確信しているのは、ほとんどの高校生や大学生はコールアウト・カルチャーを軽蔑し、そんなものとは縁遠い学校に入りたいと考えていること。そして、大半の学生は脆弱ではなく、「スノーフレーク（雪の結晶）」（個性を過剰に大切にして育てられたため、感情的に脆く、傷つきやすい２０１０年代の若者を「スノーフレーク世代」と呼ぶ）でもなく、思想を恐れてもいないことだ。したがって、多くのキャンパスで逆効果を生んでいる敵対的な方法を排除し、すべてのアイデンティティ集団の学生が歓迎されていると感じられる方法を見いだすような種類の文化を発展させることが、ごく一部の大学でできさえすれば、後は入試市場の力に任せればよい。そうした大学には自ずと志願者および入学者が押し寄せ、卒業生からの寄付も増えるだろう。こうした大学に合格できる学生の教育に力を入れる高校が増えるだろう。こうした大学に照準を合わせて子育てをする親が増えるだろう。すなわち、テスト準備にばかり掛かりきりになるのではなく、過保護の手を緩め、自由遊びを増やし、自主性を高める子育てだ。町全体が、学区が、「放し飼いの子育て」を可能とし、推進していくだろう。その主目的は、生徒の大学入学を促すことではなく、子どもたちを苦しめているうつ病、不安症、自傷行為、自殺の蔓延を食い止めることにある。そうすれば、安全イズムは危険なもので、子どもの成長を妨げているとの認識が全米各地で高まっていくだろう。

イギリスがアメリカの植民地化をすすめていた当時の、初期の大学の中には、聖職者を養成するために創立されたものがあった。しかし、アメリカ独特の実践的な文化が発展するにつれ、高い自治能力を持ち合わせた市民社会に必要な能力および徳を若者に教え込むための大学が創立されていった。1750年、後にペンシルベニア大学となる学校の創立にあたり、ベンジャミン・フランクリンはサミュエル・ジョンソンに宛ててこう書いている。

公共の繁栄にとって、知恵と徳を身につけた若者を養成する以上に大切なことはない。聡明さと良識を持ち合わせた人々は国家の強みだと私は考える。それに引き換え、富や武力はともすれば、無知や邪悪さの下では、安全性を提供するどころか破壊をもたらす[*13]。

これは、教育と知恵について書いた本だ。より賢い教育を施せれば、もっとたくましく、豊かで、徳の高い、心配のない次世代を輩出できる社会となるだろう。

謝辞

思考とは社会的なもの、が本書の暗黙の前提である。私たち2人は、一個人として、いたく賢明というわけではない。というのも、人は誰しも認知の歪みや確証バイアスを犯す傾向があるからだ。しかし、人々をしかるべき集団やネットワークに置き、思考の共有、批判、改善を可能とすれば、より良いもの、より真実を突いたものが、かたちを現しうる。私たちの集団およびネットワークに属し、本書をより良いもの、より真実を突いたものにしてくれた多くの方々に感謝の意を述べたい。

まずは、FIREでグレッグのチーフ研究助手を務め、当プロジェクトの初期段階から加わってくれたパメラ・パレスキ。シカゴ大学人間開発委員会の学際的な博士号を有するパメラは、本書と似通ったテーマで執筆、教授、講演の豊富な実績を持っていた。『サイコロジー・トゥデイ』誌のオンライン版に定期寄稿している彼女は、本書の多くの研究分野について専門家としての知見を提供してくれた上に、本書全体の編集にも携わり、私たち2人の文体をうまくまとめてくれた。彼女の深い知識と専門性に大変感謝している。あえて反対意見を唱える立場を買って出て、論点を研ぎ澄まし、「安全イズム」という用語づくりなど、数々の重要なアイデアを与えてくれた。

FIREには他にも、このプロジェクトへの着手を認めてくれた理事会をはじめ、グレッグが感謝の意を伝えたい人がたくさんいる。とりわけ、現会長のダニエル・シュフマンは本書のいくつもの草稿に目を通し、助言を与え続けてくれた。驚くほど冷静沈着な秘書エリ・フェルドマンと、優秀な元研究助手ヘーリー・ハドラーにも大いに感謝している。2016年にイェール大学の心理学部を卒業したエリは、本書の素案段階から完成に至るまで、心理学、ならびに自身と同じｉＧｅｎについて鋭い洞察を与えてくれた。ヘーリーは、私たちの『アトランティック』誌の記事執筆、ならびに本書の提案書作成から数カ月間、本書に関する調査を実施した後にＦＩＲＥを去り、ジョージア法科大学に進学した。そして、編集作業の最後の数カ月に迅速かつ徹底的な調査を行ってくれたＦＩＲＥの弁護士アダム・ゴールドスタインはじめ、ＦＩＲＥのすべてのスタッフに感謝している。専務取締役ロバート・シブリー（彼の妻アラス・シブリーも複数の事例調査を助けてくれた）、上層部の従業員、私たちが最近立ち上げた学生の「協同組合」のメンバー（アリッサ・ベネット、ケリー・クシネル、マシュー・ウィリアムズ）も大いに力を貸してくれた。協力してくれたＦＩＲＥのメンバー全員の名前を挙げることはできないが、昨今のキャンパス事情について鋭い意見と洞察を与えてくれたサラ・マクローリンとライン・ワイス、原稿を細かく調整してくれたウィル・クリーリーには、あらためてお礼を申し上げたい。さらに、調査を助けてくれたローラ・ベルツとシンシア・マイヤーズバーグ、感想と助言を与えてくれたピーター・ボニラ、ニコ・ペリーノ、ボニー・スナイダー、最終段階に鋭い目で細部まで配慮を示してくれたＦＩＲＥの弁護士（かつＦＩＲＥの非公式の原稿編集長）サマンサ・ハリスの尽力も極めて貴重だった。

ジョンがまず初めに感謝の意を伝えたいのは、このプロジェクトが始まるずっと以前から彼の研究助手を務め、イェール大学とオックスフォード大学を卒業したばかりのカロライン・メルだ。数多くのアイデアやグラフを提供してくれた。さらに、いくつもの観点を考慮した方がよいとジョン・スチュアート・ミルが称賛したであろうやり方を提案し、昨今のキャンパス事象について私たちとは大きく異なる見解を持つ5人を見つけ出してくれた。建設的かつ微妙なニュアンスで批評する名手トラビス・ジダド、マデリン・ハイ、イタイ・オル、ダニエル・トムソン、匿名希望の1名に感謝している。原稿全体に詳細かつ貴重なコメントをくれた以下の読者にも感謝している。左派の立場から批判をくれたヘレン・クレイマー、シュリ・パッソウ、カリル・スミス、右派の立場から批判をくれたスティーブ・メッセンジャー、ウィリアム・モダール、不特定の立場から批判してくれたラリー・アムセル、ヘザー・ヘイン、ダニエル・シューマンだ。

　ジョンが特段の感謝を伝えたいのは、初稿に対して奥深い批評をし、プロジェクトの転換点をもたらしてくれたバレリー・パーディー‐グリーナウェイだ。また、ヘテロドックス・アカデミーのチーム、なかでも、すべての原稿に目を通してくれたラフィ・グリンベルク、ニック・フィリップス、ジェレミー・ウィリンガー、調査サポートのシーン・スティーブンス、より賢い大学づくりを目指した組織運営の立場で加わったデブ・マシェクに感謝している。

　本書の中核となる主張の根底をなす研究に従事する学者や専門家の幾人かにも、たびたび力を貸していただいた。エリカ・クリスタキス、ピーター・グレイ、スティーブン・ホランド、ロバート・レイフィー、ジュリー・リスコット・ヘイムズ、ハラ・エストロフ・マラノ、レノア・スケナジ、ジーン・トゥウェンジに感謝申し上げる。

　いくつもの章について、貴重なコメント、データ分析サポート、専門性の提供で協力してくれた多くの友人、同僚、知人に感謝している。ジェイソン・ベアー、アンドリュー・ベッカー、カレブ・バーナード、ポール・ブルーム、サマンサ・ボードマン、ブラッドリー・キャンベル、デニス・ダルトン、クラーク・フレッシュマン、ブライアン・ギャラガー、アンドリュー・ゲーツ、クリストファー・ゲイツ、ベンジャミン・ギンズバーグ、ジェシー・グラハム、ダン・グリスウォルド、ベンジャミン・ハイト、レベッカ・ハイト、テリー・ハートル、ラビ・イヤー、ロブ・ジョーンズ、クリスティナ・キング、スザン・クレスニツカ、カルバン・ライ、マルセラ・ラーセン、ハリー・ルイス、バネッサ・ロブ、ブライアン・ロー、ジェイソン・マニング、イアン・マクレディーフローラ、ジョン・マクホーター、ジョン・パルフレイ、マイク・パロス、ナンド・ペルシ、スティーブン・ピンカー、アン・ラスムッセン、ブラッドリー・リード、ファビオ・ロハス、キャスリーン・サントラ、サリー・サテル、スティーブ・シュルツ、マーク・シュルマン、ナディネ・ストロッセン、ジョシュア・サリバン、マリアンヌ・トルダラギ、ジョン・トマシ、トレーシー・トマソ、レベッカ・トゥベル、リー・タイナー、スティーブ・ベイジー、ロバート・ボン・ホールベルク、ザック・ウッド、ジャレド・ズカー。本書の公式サイト、TheCoddling.com の制作を引き受けてくれたオマル・マフムードにも感謝申し上げる。

２０１４年にこのプロジェクトに可能性を見いだし、２０１５年に新しいかたちで始動させてくれた『アトランティック』誌のドン・ペックにも感謝申し上げる。私たちの代理人となってくれたジョン・ブロックマンと、彼が率いるブロックマン有限会社のチームのおかげで、ペンギン・プレス社や素晴らしい編集者ヴァージニア・「ギニー」・スミスとつながることができた。ギニーは私たちの考えを洗練させ、私たちが守れなかった締め切りを埋め合わせるべく、懸命に働いてくれた。

最後に、家族への感謝を伝えたい。グレッグは、この大変な作業の間も、尽きることのない忍耐としなやかさで支えてくれた妻ミッシェル・ラブランクに感謝している——彼女は息子マックスウェルを出産し（2017年11月）、父親が執筆に忙殺されている間も、2歳のやんちゃな息子ベンジャミンの素晴らしい母でいてくれた。

ジョンは、彼の書きものを改良し、著述および生活全般において彼が見逃している多くのことに気がつき、マックスとフランチェスカの子育てという共通の冒険において、多大なる働きを見せてくれている妻ジェイン・リエフに心より感謝している。最後にジョンが感謝を伝えたいのは、本書執筆中の2017年5月に他界した母親のエレーン・ハイトだ。彼女は60年代に心理学者ハイム・ギノットの子育て講座を受講し、「何もするな、ただそこにいろ」という格言を教わった。ジョンと姉妹のレベッカとサマンサは、すべきこととそうでないことを心得た母親に育ててもらい、大変恵まれていた。

付録1　認知行動療法の実践方法

認知行動療法の実践には、セラピストから自分の思考の歪みの気づき方や思考パターンを変えるテクニックを教わる方法もあれば、認知行動療法の実践方法についての書籍をひたすら読む方法もある。うつ病の治療に関して、アメリカの精神疾患の専門家がよく推奨するのが、デビッド・バーンズのベストセラー本『いやな気分よ、さようなら　自分で学ぶ「抑うつ」克服法』（野村総一郎ほか訳、星和書店）だ。関連本を読むことで――そう、本を読むだけで――うつ病の有効な治療法になることが複数の研究で明らかになっている。[*1]不安症に焦点を当て、認知行動療法の最新テクニックを解説するロバート・レイフィー博士の良書『The Worry Cure: Seven Steps to Stop Worry from Stopping You（不安の治療：不安で行動を止めないための7つのステップ）』もおすすめしたい。

認知行動療法のよいところは、容易に習得できるところだ。用意するものは鉛筆と紙（またはノートパソコン、メモが取れるアプリが入ったデバイス）だけ。具体的な進め方は本やセラピストによって異なるが、基本的な流れは以下のとおりだ。

1. 不安、気分の落ち込み、心の痛みを感じたなら、今感じていることを書き出す。
2. 苦痛のレベルを判定する（1～100で点数をつけるなど）。
3. 実際に起きたことを書き出す。そして、激しい不安や絶望による痛みを感じたときに、どんな思考が湧き起こったかを書き出す（例えば、「いいなと思っていた人とのデートがキャンセルになったので、『いつもこうなるのよ。誰も私となんかデートしたくない。私はとことん負け犬だわ』と心の中でつぶやいた」)。

4．後述の〈歪んだ自動思考パターン〉を参照し、自分の思考は認知の歪みなのかを自問し、もしそうであればどのパターンに当てはまるかを書き出す（例えば、手順3の自動思考なら、「個人化、過度な一般化、レッテル貼り、破局化」が当てはまるだろう）。

5．自分の思考について、賛否両方の根拠に注目する。

6．この思考に反対する人ならどんな意見を言いそうか考える。その意見に褒めるべき点はあるだろうか？

7．もう一度、実際に起きたことを考え、認知の歪みをなくして状況を再評価する。

8．新しく湧き起こる考えや気持ちを書き出す（例えば、「楽しみにしていたデートがキャンセルになり、悲しくてがっかりだ」）。

9．手順2と同じ尺度で、不安、気分の落ち込み、心の痛みの度合いを判定する。おそらく点数は──大幅に──下がるだろう。

認知行動療法を身につけるには、規律を持って本気で取り組む必要がある。多くのセラピストが、この種の練習を少なくとも1日に1、2回行うことを推奨している。時間をかけて練習を重ねれば、歪んだマイナス思考にとらわれにくくなるだろう（最初の自動思考に歪みがない場合もあり、ときにまったくもって合理的だと判明する）。

本書でも主張してきたように、認知行動療法の実践およびその原則は、うつ病や不安症ではない人にも役立つため、読者の皆さんにも認知行動療法について知ってもらいたい。セラピストにかかりたいなら、行動・

認知療法協会（http://www.findcbt.org）や認知セラピーアカデミー（http://www.academyofct.org）で、近くの医師を見つけられる。

無論、重度の心理的苦痛に襲われている方は専門家の助けを得るべきだ。

以下に、ロバート・レイフィー博士、スティーブン・J・F・ホランド、ラタ・K・マギンの共著『Treatment Plans and Interventions for Depression and Anxiety Disorders（うつ病と不安障害のための治療計画と介入）』の第2版から、認知の歪みの全パターンを掲載する（掲載の許諾は取得済み）。

歪んだ自動思考パターン

1. **心の読みすぎ（Mind Reading）：**十分な根拠もないのに、他者が考えていることを自分はわかっていると思い込む。「彼は私を負け犬と思っている」
2. **運命の先読み（Fortunate Telling）：**状況はさらに悪くなる、危険が待ち受けていると未来を否定的に予想する。「試験に落ちるだろう」「あの仕事には就けないだろう」
3. **破局化（Catastrophizing）：**起きたこと、またはこれから起きることは、最悪かつ自分には耐えがたいと考える。「これに失敗したら恐ろしいことになるだろう」
4. **レッテル貼り（Labeling）：**自分や他者に対して否定的な特性を与える。「私は望ましくない」「彼は卑しいやつだ」
5. **よいことの無効化（Discounting Positives）：**自分や他者が経験したポジティブなことを大したものではないと主張する。「妻はそうするものだ——だから妻が私に親切にしても意味がない」「あんな成功は簡単に達成できるもので、意味がない」

6．**否定的フィルター**（**Negative Filtering**）**：**ネガティブな面にばかり目を向け、ポジティブな面を見ようとしない。「ほら、あの人たちは皆私を嫌っている」

7．**過度な一般化**（**Overgeneralizing**）**：**1回起きただけの出来事から、それが毎回起こると悲観的に考える。「私がするといつもこうなってしまう。何度やってもだめだろう」

8．**二分法的思考**（**Dichotomous Thinking**）**：**出来事または人々について白か黒かで考える。「全員に拒否された」または「すべて時間の無駄だった」

9．**すべき思考**（**Shoulds**）**：**物事のあるがままを見るのではなく、こうあるべきとの理想像のようなものを持って解釈する。「私がよい結果を出さないと。でないと、出来損ないと思われる」

10．**個人化**（**Personalizing**）**：**うまくいかなかった出来事の責任を必要以上に自分のせいととらえ、他者にも原因があると考えない。「結婚生活がうまくいかなかったのは、私のせい」

11．**非難**（**Blaming**）**：**自分が否定的な感情を抱いている原因は他者にあるとばかり考え、自分を変えようとはしない。「私がこんなふうに感じるのは彼女のせい」「私が抱えている問題はすべて両親のせい」

12．**不当な比較**（**Unfair Comparisons**）**：**非現実的な基準で状況を解釈する。例えば、自分より優秀な人とばかり比較し、自分は劣っていると決めつける。「彼女は私よりずっと成功している」「みんな、私よりテストでよい点を取った」

13．**後悔志向**（**Regret Orientation**）**：**これからよりよくできることよりも、過去によりよくできたことばかりを考える。「あのときに挑戦していたら、もっとよい仕事ができていただろう」「あんなこと言うんじゃなかった」

14. **仮定（What If?）：**「もしも」の状況についてあらゆる質問をし、どの答えにも満足できない。「わかるよ、でも不安を感じたらどうするの？」「呼吸ができなくなったらどうするの？」

15. **感情的決めつけ（Emotional Reasoning）：**自分の感情に任せて現実を解釈する。「気分が沈む。だから、結婚生活もうまくいかないのだ」

16. **反証の欠如（Inability to Disconfirm）：**自分の否定的な考えと相反する根拠や主張を拒否する。例えば、「私は好感度が低い」と思っていれば、他者があなたを好ましく思っている根拠があっても関係ないとはねつけ、自分の考えに対する反証を許さない。「それが真の問題なのではなく、問題はもっと深く、他の要因がある」

17. **感情に基づいた判断（Judgment Focus）：**自分、他者、状況をありのままに説明する、受け容れる、理解するのではなく、よいか悪いか、優れているか劣っているかの視点でとらえる。自分や他者を常に恣意的な基準で評価し、自分は他者に到底及ばないと考える。自分自身の評価だけでなく、他者からの評価も非常に気にする。「大学生活はうまくいかなかった」「テニスをやったとしても、うまくならないだろう」「うまくやってる彼女に比べて、私はまったくだめだ」

付録2　表現の自由の原則に関するシカゴ大学の声明

表現の自由の原則に関するシカゴ大学の声明（「シカゴ声明」）は、シカゴ大学エドワード・H・レヴィ特別功労法学教授ジェフリー・ストーンが率いる委員会によって、2015年1月に作成された。委員会は「大学コミュニティのすべての構成員が、自由で、活気ある、制約されない議論および協議ができることを、大学として包括的に誓約することを明確に表現する」声明の作成を課せられた。[*1] FIREでは、他大学がシカゴ声明の考え方を取り入れやすいよう、シカゴ声明の簡略版を作成した。2018年初めまでに、40を超える大学が導入している。キャンパス環境を改善するには、ご自身が関わりのある大学に、シカゴ声明の独自版を取り入れるよう促すことが比較的容易な取り組みとなろう。

（大学名）は、すべての事柄において自由で開かれた探求を約束するため、（大学名）コミュニティのすべての構成員に、話す、書く、聞く、挑む、学ぶことに関して可能な限り広範囲の裁量権を与える。（大学名）を機能させる上でその自由の制約が必要である場合を除き、（大学名）は、（大学名）コミュニティのすべての構成員が「提起されるすべての問題を議論する」自由を完全に尊重し、支持する。

（大学名）コミュニティの構成員間で考えが対立することは、当然ながらよく起こり、ごく自然なことだろう。しかし、構成員を、彼らが受け容れたくない、不愉快、ひどく攻撃的と感じる思想や意見から守ろうとすることは、（大学名）の役割として適切ではない。（大学名）が大きな価値を置くのは礼儀正しさで、

（大学名）コミュニティのすべての構成員は、互いを尊重する環境維持において責任を共有するが、思想の議論を閉ざすことの正当化に、礼儀正しさおよび互いの尊重への懸念を用いてはならない。たとえ、その思想を一部の構成員が攻撃的または不愉快に感じたとしても、である。

対立する思想の利点を討論または議論する自由があるからといって、各人が思いのままに、場所を問わず発言できるわけではない。（大学名）は、法を侵害したり、特定の個人を不当に中傷したり、真の脅威やハラスメントとなったり、実質的なプライバシーや秘密保持の権利を不当に侵害したり、（大学名）の機能と直接的に相容れなかったりする表現に関しては、制約を課す可能性がある。さらに、（大学名）は、（大学名）の通常の活動を混乱させないよう、時間、場所、表現方法を合理的に規制する可能性がある。しかしこれらは、表現の自由の大原則に対する限られた例外であって、これらの例外措置が、思想に関する完全に自由で開かれた議論への（大学名）の約束に一致しないやり方で用いられることは決してないことは極めて重要な点である。

要するに、（大学名）は、提示される思想を（大学名）のコミュニティの一部または大半の構成員が、攻撃的、思慮が足りない、不道徳、見当違いとみなすからといって、議論や審議を阻止しないとの基本原則に則っている。そのような判断を自分たちで下し、その判断に基づいて、言論を抑えつけようとするのではなく、自分たちに反する思想に率直かつ堂々と異議を唱えることは、組織としての（大学名）のためではなく、（大学名）のコミュニティの各構成員のためである。実際、（大学名）コミュニティの構成員が、そのような議論や審議に効果的かつ責任ある方法で関与する能力を強化することは、（大学名）の教育上の使命の本質をなす。

（大学名）が表現の自由の保護および促進を約束していることの当然の結果として、（大学名）コミュニティの構成員も、表現の自由の原則に従って行動しなければならない。（大学名）コミュニティの構成員は、キャンパスで表明される見解を批判または反論すること、およびキャンパスで見解を表明するために招請された講演者を批判または反論するのは自由だが、自分たちが認めない、または忌み嫌う見解を表明する他者の自由を遮断または妨害してはならない。この目的に向けて、（大学名）は活発かつ勇敢な議論および審議を行う自由を促進するだけでなく、他者がそれを制限しようとする際にその自由を守り抜く上でも、厳粛な責任を有する。

この決議は、２０１５年シカゴ大学の表現の自由に関する委員会の報告書から一部抜粋し、編集したもの。完全版はこちらから参照できる。

http://freeexpression.uchicago.edu/page/report-committee-freedom-expression

厳しい道の準備に最善を尽くしてくれた母たちへ

ジョアンナ・ダルトン・ルキアノフ

エレーン・ハイト（1931～2017年没）

原注

書籍および学術論文に関して、ここで引用されているすべての情報は、著者の姓と出版年のみ記載する。詳しくは参考文献を参照すること。記載されているオンライン情報にアクセスしやすいよう、原注情報はすべて、公式サイトTheCoddling.com にも掲載する。

エピグラフ

1. Byrom (1993)の3章40–43節。Mascaro (1973)の3章42–43節には、同じ意味合いで、より逐語的な描写がされているが、優雅さに欠ける:「敵は敵を傷つけられる。嫌う者は他者を傷つけられる。しかし、誤って導かれた自分自身の心によって、はるかに大きく傷つけられる。父や母や親類は、この男のためになることをしてくれるが、正しく導かれた彼自身の心が、それよりもはるかに大きな善行をする」
2. Solzhenitsyn (1975), p. 168.

はじめに

1. Nietzsche (1889/1997). Maxim number 8.
2. ポノス(Ponos)はギリシャの苦労、苦痛、困難を司る小さな神。「ミソ(Miso)」は「憎しみ(「ミソジニー(女性憎悪)」のように)」を意味するため、古代ギリシャの語ミソポノスは、痛みを伴う苦労や困難を嫌う人を意味する。この名前を提案してくれたバージニア大学のギリシャ哲学専門家イアン・マクリーディー・フローラに感謝する。私たちはミソポノスをコアレモスの神託と位置づけた。コアレモスは、アリストパネスの喜劇『鳥』の中で、愚かさの神として簡潔に描かれている。
3. アメリカ以外の読者のために、いくつかの用語とアメリカ特有の習慣について明確にしておきたい。本書では、イギリスやカナダでは「大学(university)」と呼ばれるものを指して、「カレッジ」や「大学」という語をほぼ同じ意味で使用する。大学の構内、環境、文化を指して、「キャンパス」という語を用いる。「高校」は9〜12学年、およそ14〜18歳を指す。アメリカでは左派を指して「リベラル」という語が一般的に用いられるが、本書では、左派と右派、進歩主義と保守主義という用語を使う。
4. 詳しくは http://www.theFIRE.org を参照。
5. Jarvie, J. (2014, March 3). Trigger happy. *The New Republic*. https://newrepublic.com/article/116842/trigger-warnings-have-spread-blogs-college-classes-thats-bad より取得。
6. Medina, J. (2014, May 17). Warning: The Literary Canon Could Make Students Squirm. *The New York Times*. https://www.nytimes.com/2014/05/18/us/warning-the-literary-canon-could-make-students-squirm.htmlより取得。
7. Columbia College. (n.d.). The Core curriculum: Literature Humanities. https://www.college.columbia.edu/core/lithumより取得。
8. Johnson, K., Lynch, T., Monroe, E., & Wang, T. (2015, April 30). Our identities matter in Core classrooms. *Columbia Daily Spectator*. http://spc.columbiaspectator.com/opinion/2015/04/30/our-identities-matter-core-classroomsより取得。
9. アラン・ブルームの*The Closing of the American Mind*(1987)(『アメリカン・マインドの終焉:文化と

教育の危機』(1987年、翻訳版は1988年)の出版後に起きた「カノンの戦い」は、教員を中心とする闘いだったが、学生たちは往々にして、より多くの女性や有色人種を含めるべきと考える教員たちに味方した。例えば、1987年にスタンフォード大学でそうした多様性を祝う集会にて、学生たちは「ヘイヘイホーホー、西洋文化は消え失せろ」と唱和した。参照:Bernstein, R. (1988, January 19). In dispute on bias, Stanford is likely to alter Western culture program. *The New York Times*. http://www.nytimes.com/1988/01/19/us/in-dispute-on-bias-stanford-is-likely-to-alter-western-culture-program.htmlより取得。

10. Pinker (2016), p. 110.
11. Haidt (2006).
12. Nelson, L. (2015, September 14). Obama on liberal college students who want to be "coddled": "That's not the way we learn." *Vox*. https://www.vox.com/2015/9/14/9326965/obama-political-correctnessより取得。
13. イギリスでは2014年より徴候が見られた。参照:O'Neill, B. (2014, November 22). Free speech is so last century. Today's students want the "right to be comfortable." *Spectator*. https://www.spectator.co.uk/2014/11/free-speech-is-so-last-century-todays-students-want-the-right-to-be-comfortable より取得。しかし、「セーフスペース」や関連する現象をめぐる報道が増えたのは、2015年秋にアメリカで注目が高まって以降のことだ。参照: Gosden, E. (2016, April 3). Student accused of violating university "safe space" by raising her hand. *The Telegraph*. http://www.telegraph.co.uk/news/2016/04/03/student-accused-of-violating-university-safe-space-by-raising-heより取得。
14. 複数の国々の研究およびニュース報道の概要は以下を参照: https://heterodoxacademy.org/international
15. 多くの事例が起き、エリック・ガーナー、マイク・ブラウン、タミル・ライス、フレディ・グレイなどが犠牲となった。また、あまり知られていないが、警察の暴行により、ミシェル・クソー、タニシャ・アンダーソン、アウラ・ロッサー、メーガン・ホッカデイなど黒人女性が犠牲者となった事例もある。警官の発砲に関する詳しい情報は次を参照。Kelly, K., et al. (2016, December 30). Fatal shootings by police remain relatively unchanged after two years. *The Washington Post*. https://www.washingtonpost.com/investigations/fatal-shootings-by-police-remain-relatively-unchanged-after-two-years/2016/12/30/fc807596-c3ca-11e6-9578-0054287507db_story.htmlより取得。
16. Dorell, O. (2016, June 29). 2016 already marred by nearly daily terror attacks. *USA Today*. https://www.usatoday.com/story/news/world/2016/06/29/major-terrorist-attacks-year/86492692より取得。
17. Parvini, S., Branson-Potts, H., & Esquivel, P. (2017, February 1). For victims of San Bernardino terrorist attack, conflicting views about Trump policy in their name. *Los Angeles Times*. http://www.latimes.com/local/lanow/la-me-san-bernardino-trump-20170131-story.htmlより取得。
18. Ellis, R., Fantz, A., Karimi, F., & McLaughlin, E. (2016, June 13). Orlando shooting: 49 killed, shooter pledged ISIS allegiance. *CNN*. https://www.cnn.com/2016/06/12/us/orlando-nightclub-shooting/index.html より取得。
19. Branch, J., Kovaleski, S, & Tavernise, S. (2017, October 4). Stephen Paddock chased

gambling's payouts and perks. *The New York Times*. https://www.nytimes.com/2017/10/04/us/stephen-paddock-gambling.html より取得。 AP. (2018, January 19). The latest: Timeline offers look at Vegas shooter's moves. *U.S. News & World Report*も参照。 https://www.usnews.com/news/us/articles/2018-01-19/the-latest-no-motive-uncovered-for-las-vegas-mass-shooting より取得。
20. Coddle [Def. 2]. (n.d.). *Merriam-Webster Dictionary*(11th ed.). https://www.merriam-webster.com/dictionary/coddlingより取得。
21. この傾向に関する包括的データは、humanprogress.org より入手できる。

第1章

1. *The Book of Mencius*, in Chan (1963), p. 78.
2. Hendrick, B. (2010, May 14). Peanut allergies in kids on the rise. *WebMD*. http://www.webmd.com/allergies/news/20100514/peanut-allergies-in-kids-on-the-riseより取得。
3. Du Toit, Katz et al. (2008).
4. Christakis (2008).
5. Du Toit, Roberts et al. (2015).
6. LEAP Study Results (2015). http://www.leapstudy.com/leap-study-resultsより取得。
7. LEAP Study Results (2015); n. 6も参照。
8. Chan, S. (2001). Complex adaptive systems. http://web.mit.edu/esd.83/www/notebook/Complex%20Adaptive%20Systems.pdf より取得。Holland (1992)も参照。
9. Okada, Kuhn, Feillet, & Bach (2010).
10. Gopnik, A. (2016, August 31). Should we let toddlers play with saws and knives? *The Wall Street Journal*. http://www.wsj.com/articles/should-we-let-toddlers-play-with-saws-and-knives-1472654945より取得。
11. Taleb (2012), p. 5.
12. Taleb (2012), p. 3.
13. Child Trends Databank. (2016, November). Infant, child, and teen mortality. https://www.childtrends.org/indicators/infant-child-and-teen-mortalityより取得。
14. Gopnik (2016); n. 10も参照。
15. Office of Equity Concerns. (2014). Support resources for faculty. *Oberlin College & Conservatory* [via Wayback Machine internet Archive]. http://web.archive.org/web/20131222174936より取得。
16. Haslam (2016).
17. American Psychiatric Association. (n.d.). DSM history. https://www.psychiatry.org/psychiatrists/practice/dsm/history-of-the-dsmより取得。
18. Friedman, M. J. (2007, January 31). PTSD: National Center for PTSD. *U.S. Department of Veterans Affairs*. https://www.ptsd.va.gov/professional/ptsd-overview/ptsd-overview.aspより取得。Haslam (2016), p. 6 も参照。
19. Bonanno, Westphal, & Mancini (2011).
20. 「トラウマ体験を乗り越えたほとんどの人たちは、かなり生命力があり、社会支援の利用など適

切な対処戦略を練って、トラウマの余波や影響に対処している。多くの人が時間とともに回復し、主な生活分野および発展段階において、ほぼ苦悩することなく、実際にうまく生活している」Center for Substance Abuse Treatment (U.S.). (2014). Trauma-informed care in behavioral health services, chapter 3, Understanding the impact of trauma. Rockville, MD: Substance Abuse and Mental Health Services Administration (U.S.). https://www.ncbi.nlm.nih.gov/books/NBK207191より取得。

21. Trauma. (n.d.). *SAMHSA-HRSA Center for Integrated Health Solutions*. https://www.integration.samhsa.gov/clinical-practice/trauma より取得。注: ここでは「トラウマ」という語が同語反復的に用いられているが、トラウマが起きたかどうかを「経験」で判断すると定義されている。
22. 「トラウマ」の定義に当事者への影響(主観)が含まれるのは、厄介な問題だ。なぜなら、当事者がいったん「心的外傷後成長」と呼ばれるものを経験すると、過去に起きたことは、それがどれほど通常の体験から逸脱したことであっても、トラウマとみなされなくなるから。当事者が今現在苦しんでいないなら、そもそもの出来事は「トラウマ的」とみなされなくなるということで、そうなると人々が心的外傷後成長する能力を削ぐことになるだろう。参照: Collier (2016).
23. Shulevitz, J. (2015, March 21). In college and hiding from scary ideas. *The New York Times* https://www.nytimes.com/2015/03/22/opinion/sunday/judith-shulevitz-hiding-from-scary-ideas.htmlより取得。
24. Rape culture. (n.d.). *Oxford Living Dictionaries*. https://en.oxforddictionaries.com/definition/rape_cultureより取得。
25. McElroy, W. (2015, September 7). Debate with Jessica Valenti on "rape culture." https://wendymcelroy.liberty.me/debate-with-jessica-valenti-on-rape-cultureより取得。
26. Shulevitz (2015); n. 23も参照。
27. 同じ頃、ブラウン大学のある学生が言論の自由に関する非公開のFacebookグループをつくり、意見交換の場としていた。参照：Morey, A. (2015, December 28). FIRE Q& A: Reason@Brown's Christopher Robotham. *FIRE*. https://www.thefire.org/fire-qa-reasonbrowns-christopher-robothamより取得。以下も参照: Nordlinger, J. (2015, November 30). Underground at Brown. *National Review*. http://www.nationalreview.com/article/427713/underground-brown-jay-nordlingerより取得。
28. これは、イェール大学の元教授ウィリアム・デレズウィッツが、名門のリベラルアーツ大学が、さまざまな問題について、保守的な総意をもたらす独断的な対話を好み、複雑かつ挑戦的な対話を避ける傾向があると批判しているものの好例である。参照：Deresiewicz, W. (2017, March 6). On political correctness. *The American Scholar*. https://theamericanscholar.org/on-political-correctnessより取得。
29. Shulevitz (2015); n. 23も参照。
30. この研究概要については、Haidt (2006), chapter 7と合わせて、以下も参照: work by Lawrence Calhoun & Richard Tedeschi. Posttraumatic Growth Research Group, UNC Charlotte. (n.d.). https://ptgi.uncc.eduより取得。
31. Foa & Kozak (1986).
32. McNally, R. (2016, September 13). If you need a trigger warning, you need PTSD. treatment. *The New York Times*. https://www.nytimes.com/roomfordebate/2016/09/13/do-trigger-warnings-work/if-you-need-a-trigger-warning-you-need-ptsd-treatmentより取得。

33. R. Leahy (personal communication, December 29, 2017). McNally (2016); n. 32も参照。
34. アリストテレスは*Nichomachean ethics*（『ニコマコス倫理学』）でそう述べている。この原則の唯一の例外として私たちが思いつくのは知恵だ。
35. Twenge (2017), p. 3.
36. Twenge (2017), p. 154.
37. キャンパスでの講演と検閲をめぐる、変わりゆく力学についての議論と根拠について、以下を参照：Stevens, S., & Haidt, J. (2018, April 11). The skeptics are wrong part 2: Speech culture on campus is changing. https://heterodoxacademy.org/blog/the-skeptics-are-wrong-part-2/より取得。

第2章

1. From the *Enchiridion*. Epictetus & Lebell (1st–2nd century/1995), p. 7.
2. Mascaro (1995), chapter 1, verse 1.
3. Shakespeare, W. *Hamlet*. II.ii, ll. 268–270.
4. Milton (1667/2017), bk. I, ll. 241–255.
5. Boethius (ca. 524 CE/2011). 精神分析医のヴィクトール・フランクルは、強制収容所での日々を熟考し、同じ結論に達している。「人間からすべてを奪い尽くそうとしても尽くしえないものが1つある。それは、与えられたどのような環境の中でも、自分の態度を選ぶ、自分自身の生きざまを選ぶという人間の最後の自由だ」参照: Frankl (1959/2006), Part I, p. 66.
6. ノーベル賞受賞者でもある心理学者ダニエル・カーネマンは、ベストセラーとなった著書*Thinking Fast and Slow* (Kahneman 2011)（『ファスト&スロー：あなたの意思はどのように決まるか？』(2011年、翻訳版は2012年)）の中で、高速な自動的処理を＜システム1＞、ゆったりした制御処理を＜システム2＞と表現している。
7. 今や、うつ病や不安障害の治療への認知行動療法（CBT）の有効性を確認した何千もの研究や、数百のメタ分析がある。最近の調査に利用できる文献は、Hollon & DeRubeis (in press)を参照。イギリスの精神医学学会（Royal College of Psychiatrists）のウェブサイトにある以下の文章を、私たちの見解と共通するものとしてとらえる。CBTは「不安やうつが主な問題となる状態への最も有効な治療法の1つである……中度から重度のうつ症状への最も有効な心理療法であり、（かつ）さまざまな種類のうつ病への抗うつ作用として有効である」Blenkiron, P. (2013, July). Cognitive behavioral therapy. *Royal College of Psychiatrists*. https://www.rcpsych.ac.uk/mentalhealthinformation/therapies/cognitivebehaviouraltherapy.aspxより取得。
8. 「認知療法は抗うつ治療として効果がある……薬物療法と違い、そのメリットは治療が終わった後も持続する……認知療法は少なくとも、［全般性不安障害］への他の手法と同じくらい効果があり、おそらく、効果はより長期的に続く」Hollon & DeRubeis (in press).
9. Blenkiron (2013); n. 7も参照。以下も参照: CBT outcome studies. (2016, November 25). *Academy of Cognitive Therapy*. http://www.academyofct.org/page/OutcomeStudiesより取得。
10. 私たちは、CBTはすべての精神的障害に対してより効果的だと主張はしていない。だが、容易に実践でき、最も研究された心理療法であるため、薬物療法など他の治療法が比較されるべき基準として考えられることが多い。参照：Butler, Chapman, Forman, & Beck (2006).
11. 最もよく見られる認知の歪みのうち9つは、以下を参照：Robert L. Leahy, Stephen J. F. Holland,

& Lata K. McGinn's book *Treatment Plans and Interventions for Depression and Anxiety Disorders*, 2nd ed. (New York, NY: Guilford Press, 2012).

12. 「クリティカル・シンキング」のさまざまな定義は、以下を参照: Defining critical thinking. (n.d.). *The Foundation for Critical Thinking*. https://www.criticalthinking.org/pages/defining-critical-thinking/766 より取得。
13. Sue et al. (2007). 引用した定義はp. 271を参照。用語を最初につくり、考察したのはPierce (1970).
14. 無意識または暗黙の連想と、差別的言動との関係性は複雑で、社会心理学者たちが議論をすすめているところだが、非常に生々しいものである。参照: Rubinstein, Jussim, & Stevens (2018). 差別的言動を引き起こす上での、暗黙の偏見が果たす役割の擁護については Greenwald, Banaji, & Nosek (2015)を参照。
15. 偏見を持った狭量な人と関わる際に味わう苦しみの量や可能性を減らす上でも、CBTが役に立つ。
16. Hamid, S. (2018, February 17). Bari Weiss, outrage mobs, and identity politics. *The Atlantic*. https://www.theatlantic.com/politics/archive/2018/02/bari-weiss-immigrants/553550より取得。
17. Miller, G. (2017, July 18). The neurodiversity case for free speech. *Quillette*. http://quillette.com/2017/07/18/neurodiversity-case-free-speechより取得。
18. FIRE. (2017). Bias Response Team Report. [Blog post]. https://www.thefire.org/first-amendment-library/special-collections/fire-guides/report-on-bias-reporting-systems-2017より取得。
19. マイクロアグレッションに関する評価および研究批判は、Lilienfeld (2017)を参照。
20. 例えば、Heider (1958)を参照。この原則の1つの例外はとても幼い子どもで、善意からの行為がたまたま危害をもたらした場合に、悪いものと判断することが多い。参照: Piaget (1932/1965).
21. Utt, J. (2013, July 30). Intent vs. impact: Why your intentions don't really matter. *Everyday Feminism*. https://everydayfeminism.com/2013/07/intentions-dont-really-matterより取得。
22. カリスはC.A.R.E.モデル(意識的共感、能動的傾聴、責任ある反応、環境への意識)を編み出し、ワークショップやプレゼンテーションのかたちで教えている。
23. K. Foster (personal communication, February 17, 2018).
24. Zimmerman, J. (2016, June 16). Two kinds of PC. *Inside Higher Ed*. https://www.insidehighered.com/views/2016/06/16/examination-two-kinds-political-correctness-essayより取得。
25. Rotter (1966).
26. 評価はCobb-Clark (2015)を参照。
27. Buddelmeyer & Powdthavee (2015).
28. 例えば、ミドルベリー大学でのチャールズ・マレーの講演中止、クレアモント・マッケナ大学でのヘザー・マクドナルドの講演中止を参照。詳しくは4章で解説する。FIREでは、講演キャンセルの取り組みをデータベース化している: Disinvitation Database. (n.d.). https://www.thefire.org/resources/disinvitation-databaseより取得。
29. Bauer-Wolf, J. (2017, October 6). Free speech advocate silenced. *Inside Higher Ed*. https://www.insidehighered.com/news/2017/10/06/william-mary-students-who-shut-down-aclu-event-broke-conduct-codeより取得。

30. 事例の約3分の1は、キャンパス外の右派から起こされ、これらの事例の半数は、中絶や避妊に関する問題について誰かが講演することに反対する宗教団体が関与していた。左派からの講演キャンセルの取り組みのうち、キャンパス外からは5%以下だった。データ確認はこちらから https://www.thefire.org/resources/disinvitation-database
31. Yiannopoulos, M. (2016, August 20). Trolls will save the world. *Breitbart*. http://www.breitbart.com/milo/2016/08/20/trolls-will-save-worldより取得。
32. Stevens, S. (2017, February 7). Campus speaker disinvitations: Recent trends (Part 2 of 2) [Blog post]. https://heterodoxacademy.org/2017/02/07/campus-speaker-disinvitations-recent-trends-part-2-of-2より取得。
33. 調査によればキャンパスでの講演に対する姿勢の最近の変化を示していないと主張する批評家への反応も含め、こうした風潮のさらなる分析については、Stevens, S., & Haidt, J. (2018, April 11)を参照。以下も参照：The skeptics are wrong part 2: Speech culture on campus is changing. https://heterodoxacademy.org/blog/the-skeptics-are-wrong-part-2より取得。
34. Naughton, K. (2017, October). Speaking freely—What students think about expression at American colleges. *FIRE*. https://www.thefire.org/publications/student-attitudes-free-speech-surveyより取得。
35. ソクラテスの同胞たちは結局、彼を不信心とアテネの若者を堕落させていると非難した。ソクラテスは有罪を宣告され、毒を飲まされた。今日の私たちは、「不信心」に対してより寛容でいられると考えたい。
36. Venker, S. (2015, October 20). Williams College's "Uncomfortable Learning" speaker series dropped me. Why? *FIRE*. http://www.foxnews.com/opinion/2015/10/20/williams-college-dropped-me-from-its-uncomfortable-learning-speaker-series-why.htmlより取得。
37. Paris, F. (2015, October 21). Organizers cancel Venker lecture. The Williams Record. http://williamsrecord.com/2015/10/21/organizers-cancel-venker-lectureより取得。
38. Wood, Z. (2015, October 18). Breaking through a ring of motivated ignorance. *Williams Alternative*. http://williamsalternative.com/2015/10/breaking-through-a-ring-of-motivated-ignorance-zach-woodより取得。以下も参照：Wood's 2018 TED Talk: Why it's worth listening to people you disagree with. http://www.ted.com/talks/zachary_r_wood_why_it_s_worth_listening_to_people_we_disagree_withより取得。
39. Wood (2015); n. 38も参照。
40. Gray, (2012), p. 86.
41. Falk, A. (2016, February 18). John Derbyshire's scheduled appearance at Williams. Williams College Office of the President. https://president.williams.edu/letters-from-the-president/john-derbyshires-scheduled-appearance-at-williamsより取得。

第3章

1. Sacks (2015), p. 51.
2. プライバシー保護のため、学生の名前は仮名を用いた。
3. 定義は以下をもとに改変。Adapted from the definition here: Cisnormativity. (2017). *The Queer Dictionary*. http://queerdictionary.blogspot.com/2014/09/definition-of-cisnormativity.

htmlより取得。

4. 学生の名前変更と、元の表記「DOS」を「学生部長」と変えた以外、メールは本文そのままである。
5. 動画の48分あたりで、スペルマン自身が説明している。 The CMC Forum (Producer). (2015, November 11). CMCers of color lead protest of lack of support from administration [Video file]. https://youtu.be/OlB7Vy-lZZ8?t=48m1sより取得。
6. Miller, S. (2015, November 18). VIDEO: CMCers of color lead protest of dean of students, administration. *The Forum*. http://cmcforum.com/news/11112015-video-cmcers-of-color-protest-dean-of-students-administrationより取得。
7. Tidmarsh, K. (2015, November 11). CMC students of color protest for institutional support, call for dean of students to resign. *The Student Life*. http://tsl.news/news/5265より取得。
8. 動画全編: The CMC Forum (Producer). (2015, November 11). CMCers of color lead protest of lack of support from administration [Video file]. https://youtu.be/OlB7Vy-lZZ8?t=3sより取得。
9. Tidmarsh, K. (2015, November 11); n. 7も参照。
10. その瞬間の様子は、注5にある動画の41分33秒にとらえられている。
11. 私たちは、公然と支持表明する声明を見つけられなかったため、スペルマンにメールで何か知っているか尋ねたが、知らないと回答があった。Spellman, M. (personal communication, February 8, 2018).
12. Watanabe, T., & Rivera, C. (2015, November 13). Amid racial bias protests, Claremont McKenna dean resigns. Los Angeles Times. http://www.latimes.com/local/lanow/la-me-ln-claremont-marches-20151112-story.htmlより取得。
13. FIRE (2015, October 30). Email from Erika Christakis: "Dressing yourselves," email to Silliman College (Yale) students on Halloween costumes [Blog post]. https://www.thefire.org/email-from-erika-christakis-dressing-yourselves-email-to-silliman-college-yale-students-on-halloween-costumesより取得。
14. FIRE. (2015, October 27). Email from the Intercultural Affairs Committee [Blog post]. https://www.thefire.org/email-from-intercultural-affairsより取得。異文化対策委員会は、学生事務局の一部である。
15. Christakis, E. (2016, October 28). My Halloween email led to a campus firestorm—and a troubling lesson about self-censorship. *The Washington Post*. https://www.washingtonpost.com/opinions/my-halloween-email-led-to-a-campus-firestorm--and-a-troubling-lesson-about-self-censorship/2016/10/28/70e55 732-9b97-11e6-a0ed-ab0774c1eaa5_story.htmlより取得。エリカ・クリスタキスからのメールは、注13を参照。
16. Wilson, R. (2015, October 31). Open letter to Associate Master Christakis. *Down Magazine*. http://downatyale.com/post.php?id=430より取得。
17. まったく偶然だが、グレッグはその日、イェール大学のキャンパスで起きた衝突の現場に居合わせた。グレッグが撮影した動画は以下の記事内で参照できる：Shibley, R. (2015, September 13). New video of last year's Yale halloween costume confrontation emerges [Blog post]. https://www.thefire.org/new-video-of-last-years-yale-halloween-costume-confrontation-emergesより取得。
18. Kirchick, J. (2016, September 12). New videos show how Yale betrayed itself by favoring cry-

bullies. *Tablet Magazine*. http://www.tabletmag.com/jewish-news-and-politics/213212/yale-favoring-cry-bulliesより取得。

19. FIRE (Producer). (2015, November 7). Yale University students protest Halloween costume email (VIDEO 3). https://youtu.be/9IEFD_JVYd0?t=1m17sより取得。
20. 校長がつくるのは知的空間か自宅かの問いに対しての答えは、校長は全寮制における親のような役割と、知的空間の創造の両方の役割を果たす、というものだ。ジョンは1985年にイェール大学を卒業しているが、ダベンポートカレッジ(学生寮)の校長の自宅で開催された多くの学術イベントや講演会に参加した。
21. President and Yale College dean underscore commitment to a "better Yale." (2015, November 6). *YaleNews*. https://news.yale.edu/2015/11/06/president-and-yale-college-dean-underscore-commitment-better-yaleより取得。
22. Stanley-Becker, I. (2015, November 13). Minority students at Yale give list of demands to university president. *The Washington Post*. https://www.washingtonpost.com/news/grade-point/wp/2015/11/13/minority-students-at-yale-give-list-of-demands-to-university-presidentより取得。以下も参照: Next Yale. (2015, November 18). Next Yale demands for the Administration. https://www.thefire.org/next-yale-demands-for-the-administrationより取得。
23. Schick, F. (2015, December 7). Erika Christakis leaves teaching role. *Yale Daily News*. https://yaledailynews.com/blog/2015/12/07/erika-christakis-to-end-teachingより取得。
24. 物理学教授ダグラス・ストーンは先陣を切ってクリスタキスを擁護する公開書簡を出し、何週間もの間に、理学部および医学部を主とする90名の教授たちが署名した。以下も参照: Christakis, E. (2016, October 28). My Halloween email led to a campus firestorm—and a troubling lesson about self-censorship. *The Washington Post*. https://www.washingtonpost.com/opinions/my-halloween-email-led-to-a-campus-firestorm—and-a-troubling-lesson-about-self-censorship/2016/10/28/70e55732-9b97-11e6-a0ed-ab0774c1eaa5_ story.htmlより取得。
25. クレアモント・マッケナ大学については、以下を参照：Watanabe, T., & Rivera, C. (2015, November 13). Amid racial protests, Claremont McKenna dean resigns. *Los Angeles Times*. http://www.latimes.com/local/lanow/la-me-ln-claremont-marches-20151112-story.htmlより取得。イェール大学については、以下を参照：Stanley-Becker, I. (2015, November 5). A confrontation over race at Yale: Hundreds of students demand answers from the school's first black dean. *The Washington Post*. https://www.washingtonpost.com/news/grade-point/wp/2015/11/05/a-confrontation-over-race-at-yale-hundreds-of-students-demand-answers-from-the-schools-first-black-deanより取得。
26. Tajfel (1970).
27. 全体的な評価はBerreby (2005)、社会アイデンティティ理論の評価はHogg (2016)、当分野での神経科学の評価はCikara & Van Bavel (2014) を参照。
28. Vaughn, Savjani, Cohen, & Eagleman (原稿は審査中). この研究に関して、詳しくは以下を参照: iqsquared (Producer). (2012, June 22). David Eagleman: What makes us empathetic? IQ2 Talks [Video file]. https://youtu.be/TDjWryXdVd0?t=7m42sより取得。
29. 人類の物語において、個体淘汰に加えて「群淘汰」が役割を果たしてきたのかどうかをめぐる議論など、この文献の評価に関しては、Haidt (2012), chapter 9を参照。反対の見解については、以下を参照: Pinker, S. (2012, June 18). The false allure of group selection. *Edge*. https://

www.edge.org/conversation/steven_pinker-the-false-allure-of-group-selectionより取得。
30. *The Righteous Mind* (Haidt, 2012)(『社会はなぜ左と右にわかれるのか：対立を超えるための道徳心理学』(2012年、翻訳版は2014年))の10章では、自己利益の感覚がなくなり、集団の利益が優先され、集団の中で自分を見失う心理的反射作用を「ミツバチスイッチ (hive switch)」と表現している。ミツバチスイッチが作動しなくても、人は部族的になりうる。特に、複数の感覚に訴えて人を引き込む儀式によって部族意識が強く作用するときに、この集団的反応が起きる。
31. これは、*The Righteous Mind*(『社会はなぜ左と右にわかれるのか：対立を超えるための道徳心理学』(2012年、翻訳版は2014年))にある3つの基本原則の3番目にあたる。
32. 私たちは、現実の部族の閉鎖性や対立の程度を誇張して、「トライバリズム」という語を用いている。現実の部族がしばしば互いの実践を参考にし、同盟をつくり、対立を減らしている方法についての記述は、以下を参照：Rosen, L. (2018, January 16). A liberal defense of tribalism. *Foreign Policy*. http://foreignpolicy.com/2018/01/16/a-liberal-defense-of-tribalism-american-politicsより取得。
33. 本書で述べるキャンパスの風潮が高校にまでいかなる影響を及ぼしているのか、および、よりオープンで知的多様性のある大学文化に関して、高校生向けのリソースは、heterodoxacademy.org/highschoolを参照。
34. Rauch, J. (2017, November 9). Speaking as a . . . *The New York Review of Books*. http://www.nybooks.com/articles/2017/11/09/mark-lilla-liberal-speakingより取得。
35. King (1963/1981), p. 52.〔訳文は、コレッタ・スコッタ・キング編、梶原寿・石井美恵子訳、『キング牧師の言葉』、日本基督教団出版局、1993年より引用〕
36. King (1963/1981), p. 51.
37. Mascaro (1995), p. 2.〔訳文は、中村元訳、『ブッダの真理のことば 感興のことば』、岩波書店、1984年を参照した〕
38. Bellah (1967).
39. King, M. L. (1963, August 28). "I have a dream . . ." https://www.archives.gov/files/press/exhibits/dream-speech.pdfより取得。
40. King (1963); see n. 38. スピーチ録音は以下から視聴できる：http://www.americanrhetoric.com/speeches/mlkihaveadream.htm〔訳文はコレッタ・スコッタ・キング編、梶原寿・石井美恵子訳、『キング牧師の言葉』、日本基督教団出版局、1993年より引用〕
41. 当時、多くの白人はこんなふうにとらえていなかった。キング牧師は1963年のスピーチ「私には夢がある」の時点でかなり人気を集めていたが、暗殺される数カ月前に米世論調査会社ハリス・ポールが行った調査では、アメリカ人の約75%が彼への不支持を表明していた。現在では大人気で、支持率は90%を超える。時間はかかったが、1963年に行ったスピーチの思想が、アメリカという国を変えたといえよう。参照：Cobb, J. C. (2018, April 4). When Martin Luther King Jr. was killed, he was less popular than Donald Trump is today. *USA Today*. https://www.usatoday.com/story/opinion/2018/04/04/martin-luther-king-jr-50-years-assassination-donald-trump-disapproval-column/482242002より取得。
42. Pauli Murray College. (n.d.). About Pauli Murray. https://paulimurray.yalecollege.yale.edu/subpage-2より取得。
43. Murray (1945), p. 24.
44. MainersUnited (Producer). (2012, November 2). Yes on 1: Mainers United for Marriage—

Will & Arlene Brewster [Video file]. https://www.youtube.com/watch?v=rizfhtN6UVcより取得。

45. *The Righteous Mind* (Haidt, 2012)(『社会はなぜ左と右にわかれるのか：対立を超えるための道徳心理学』(2012年、翻訳版は2014年))の2〜4章では、この主張を支持する文献批評を行っている。
46. 引用したのはHaji (2011), p. 185 のバージョン。
47. このエッセイは削除されているが、スクリーンショットは以下より参照可: Coyne, J. (n.d.). Texas college newspaper publishes op-ed calling white DNA an "abomination" [Blog post]. https://whyevolutionistrue.wordpress.com/2017/11/30/texas-college-newspaper-publishes-op-ed-calling-white-dna-an-abominationより取得。(1行目は、ヒンドゥー教の聖典の1つ、『the Bhagavad Gita(バガヴァッド・ギーター)』の文言 "Now I am become white, destroyer of worlds." を変えたもの)
48. Cohn, A. (2017, December 13). Students, faculty, and administrators launch attack on Texas State University newspaper. *FIRE*. https://www.thefire.org/students-faculty-and-administrators-launch-attack-on-texas-state-university-newspaperより取得。
49. Defund the racist University Star. (2017, November 30). https://www.change.org/p/bobcat-liberty-council-defund-the-racist-starより取得。
50. Cervantes, D. (2017, November 28). Editor's note. *The University Star*. https://star.txstate.edu/2017/11/28/letter-from-the-editor-3より取得。
51. 詳しくはCohn (2017); n. 48も参照。以下も参照: Trauth, D. (2017, November 28). Message from the president regarding University Star column. *Texas State University–Office of Media Relations* http://www.txstate.edu/news/news_releases/news_archive/2017/November-2017/Statement112917.htmlより取得。
52. マルクーゼは論文に1968年に追加された後書きの中で、「左派は平等な声、マスメディアへの平等なアクセス、公共施設を持っていない。それは陰謀によって排除されているからではなく、古きよき資本主義のためだ。必要な購買力も持っていない」と述べている。Wolff, Moore, & Marcuse (1965/1969), p. 119.
53. マルクーゼは「右派および左派、攻撃の運動および平和の運動、憎しみの党および人間性の党に与えられた正式な寛容」と言った。Wolff, Moore, & Marcuse (1965/1969), p. 85.
54. Wolff, Moore, & Marcuse (1965/1969), p. 109.
55. Wolff, Moore, & Marcuse (1965/1969), pp. 100–101.
56. Wolff, Moore, & Marcuse (1965/1969), p. 110.
57. Columbia Law School. (2011, October 12). Center for Intersectionality and Social Policy Studies established. http://www.law.columbia.edu/media_inquiries/news_events/2011/october2011/Intersectionalityより取得。
58. Crenshaw (1989).
59. Degraffenreid v. General Motors Assembly Division, 413 F. Supp. 142 (E.D. Mo. 1976).
60. Collins & Bilge (2016), p. 7.
61. TED (Producer). (2016, October). The urgency of intersectionality [Video file]. https://www.ted.com/talks/kimberle_crenshaw_the_urgency_of_intersectionalityより取得。
62. Morgan (1996), p. 107.

63. Morgan (1996), p. 106.
64. Morgan (1996), p. 106.
65. 衝突の模様はドキュメンタリー『Silence U（黙らせられる大学）』に組み込まれている。(7:53から始まる場面)：We the Internet (Producer). (2016, July 14). Silence U: Is the university killing free speech and open debate? We the Internet Documentary [Video file]. https://youtu.be/x5uaVFfX3AQ?t=7m55sより取得。
66. TED (2016); n. 61を参照。
67. 例えば、クレイトン大学は「特権と不利益の概念に関して、集団を特定の結論に導くよう考案」された演習をウェブサイトに掲載している。さまざまな問いに対し、人々が前に進み出るか、後ろに下がる。最初の問いは「アメリカ史上、有色人種を殺した罪で有罪宣告を受けて絞首刑にされた白人はほとんどいない。すべての白人は、1歩前進せよ」。次の問い。「ラティーノ、ネイティブ・アメリカン、アフリカン・アメリカンの高校中退率は55%以上である。ラティーノ、アフリカン・アメリカン、ネイティブ・アメリカンは1歩下がれ」。演習の最後に、部屋の一番前にいる人が最も「特権」があり、一番後ろにいる人がその反対とされる。そこで講師が言う。「どの集団の人が前にいるか、どの集団の人が教室の後ろにいるかに注目しなさい」。参照: Privilege exercise (race focus). (n.d.). https://people.creighton.edu/~idc24708/Genes/Diversity/Privilege%20Exercise.htmより取得。
68. クレアモント・マッケナ大学のオリエンテーションにインターセクショナリティの思想が含まれていたかどうかはわからない。授業や、他の学生から入ってきた思想かもしれない。しかし、スペルマンと相まみえた場面の動画では、インターセクショナリティに関する表現が頻出している。The CMC Forum (Producer) (2015, November 11). CMCers of color lead protest of lack of support from administration [Video file]. https://www.youtube.com/watch?v=OlB7Vy-lZZ8より取得。
69. Friedersdorf, C. (2017, May 8). The destructiveness of call-out culture on campus. *The Atlantic*. https://www.theatlantic.com/politics/archive/2017/05/call-out-culture-is-stressing-out-college-students/524679より取得。
70. Barrett, K. (2016, September 22). Walking on eggshells—How political correctness is changing the campus dynamic. *The Sophian*. http://www.thesmithsophian.com/walking-on-eggshells-how-political-correctness-is-changing-the-campus-dynamicより取得。
71. 講演に関するキャンパスにおける力学がこの数年で変化したことを示す調査データの大がかりな分析は、以下を参照：Stevens, S., & Haidt, J. (2018, April 11), The skeptics are wrong part 2: Speech culture on campus is changing. https://heterodoxacademy.org/the-skeptics-are-wrong-part-2より取得。
72. Friedersdorf (2017); n. 69も参照。
73. Zimbardo (2007).
74. Eady, T. (2014, November 24). “Everything is problematic”: My journey into the centre of a dark political world, and how I escaped. *The McGill Daily*. https://www.mcgilldaily.com/2014/11/everything-problematicより取得。
75. 政治活動が真理を見いだす学者の能力を妨げるとの広範囲にわたる主張は、Van der Vossen (2014)を参照。
76. Alexander (2010).
77. Balko (2013).

78. Silverglate (2009).
79. Right on Crime. (n.d.). The conservative case for reform. http://rightoncrime.com/the-conservative-case-for-reformより取得。
80. Hirsh, M. (2015, March/April). Charles Koch, liberal crusader? *Politico*. https://www.politico.com/magazine/story/2015/03/charles-koch-overcriminalization-115512より取得。
81. Lilla (2017), p. 9.〔訳文は、マーク・リラ著、夏目大訳、『リベラル再生宣言』、早川書房、2018年より引用〕
82. 異例の発展を見せた対話の現場をとらえた動画（編集版）は、以下を参照: Now This Politics (Producer). (2017, September 8). ブラック・ライヴズ・マター（BLM）運動家たちが、トランプ支持派の集会のステージに呼ばれたときに、予期せぬ展開が起きた。[Video file]. https://www.facebook.com/NowThisNews/videos/1709220972442719より取得。
83. Hains, T. (2017, September 20). "Black Lives Matter" leader wins over Trump supporters: "If we really want America great, we do it together." *Real Clear Politics*. https://www.realclearpolitics.com/video/2017/09/20/black_lives_matter_leader_wins_over_trump_supporters_if_we_really_want_america_great_we_do_it_together.htmlより取得。

第4章

1. Mandela (2003), p. 545.
2. Warzel, C. (2016, July 19). Twitter permanently suspends Conservative writer Milo Yiannopoulos. *Buzz-Feed*. https://www.buzzfeed.com/charliewarzel/twitter-just-permanently-suspended-conservative-writer-miloより取得。
3. マイロ・ヤノプルスの言葉を借りれば、「荒らしはとても重要……俺は自分を徳の高い荒らしと考えている。わかるか? 神のなせる業をしているんだ」Moran, T., Taguchi, E., & Pedersen, C. (2016, September 1). Leslie Jones' Twitter Troll Has No Regrets Over Attacking the 'Ghostbusters' Actress. *ABC News*. https://abcnews.go.com/Entertainment/leslie-jones-twitter-troll-regrets-attacking-ghostbusters-actress/story?id=41808886より取得。ヤノプルスの次の発言も参照：「真の荒らしは当然、挑発を意図するもの。穏やかな激怒をもたらそうとするもの。悪ふざけをし、煽り、怒らせる……だから煽り屋たちよ。選挙が終わったら、パソコンを放り出し、近くのキャンパスに向かえ。それが今日、おまえたちに伝えたいことだ」Yiannopoulos, M. (2016, August 20). Trolls will save the world. *Breitbart*. http://www.breitbart.com/milo/2016/08/20/trolls-will-save-worldより取得。
4. アンティファの元主催者スコット・クロウは説明する。「われわれは彼ら（右派）が行くところに向かう。ヘイトスピーチは言論の自由ではない。あなたの発言や行動で人々を危険にさらしているなら、あなたにはそうする権利がない。だから、われわれは対立をもたらしに行く。彼らを妨げに行く。それがアンティファの思想だ」参照：Suerth, J. (2017, August 17). What is Antifa? *CNN*. https://www.cnn.com/2017/08/14/us/what-is-antifa-trnd/index.htmlより取得。
5. Kell, G. (2017, February 2). Campus investigates, assesses damage from Feb. 1 violence. *Berkeley News*. http://news.berkeley.edu/2017/02/02/campus-investigates-assesses-damage-from-feb-1-violenceより取得。
6. Lochner, T. (2017, February 1). UC Berkeley: Protesters shut down Milo Yiannopoulos event,

clash with police. *East Bay Times*. http://www.eastbaytimes.com/2017/02/01/uc-berkeley-cancels-breitbart-provocateur-milo-yiannopoulos-eventより取得。
7. Park, M., & Lah, K. (2017, February 2). Berkeley protests of Yiannopoulos caused $100,000 in damage. *CNN*. http://www.cnn.com/2017/02/01/us/milo-yiannopoulos-berkeley/index.htmlより取得。
8. Riot forces cancellation of Yiannopoulos talk at UC Berkeley. (2017, February 1). *CBS SF Bay Area*. http://sanfrancisco.cbslocal.com/2017/02/01/berkeley-braces-for-protests-at-yiannopoulos-talkより取得。
9. Park & Lah (2017); n. 7も参照。
10. Arnold, C. (2017, February 1). Violence and chaos erupt at UC–Berkeley in protest against Milo Yiannopoulos. *USA Today College*. http://college.usatoday.com/2017/02/01/violence-and-chaos-erupt-at-uc-berkeley-in-protest-against-milo-yiannopoulosより取得。
11. Riot forces cancellation (2017); n. 8も参照。
12. Rioters break windows, set fire to force cancellation of Breitbart editor's UC–Berkeley talk. (2017, February 1). *Fox News*. http://www.foxnews.com/us/2017/02/01/rioters-break-windows-set-fire-to-force-cancellation-breitbart-editors-uc-berkeley-talk.htmlより取得。
13. RTQuestionsMore (Producer). (2017, February 1). Kiara Robles talks to RT International [Video file]. https://www.youtube.com/watch?v=SUQdlc8Gc-g&feature=youtu.beより取得。
14. Park & Lah (2017); n. 7も参照。
15. CNBC with Reuters and AP. (2017, February 1). Trump threatens UC Berkeley with funds cut after Breitbart editor's speech is canceled following riot. *CNBC*. https://www.cnbc.com/2017/02/01/uc-berkeley-on-lockdown-amid-protest-over-milo-yiannopoulos.htmlより取得。
16. 「デモ隊が大学構内にもたらした被害額は推定10万ドルと大学側は述べたが、ダウンタウン・バークレー協会代表ジョン・カナーは、その他も含めるとさらに40〜50万ドルの被害総額になると述べた」Kutner, M. (2017, February 1). Inside the black bloc protest strategy that shut down Berkeley. *Newsweek*. http://www.newsweek.com/2017/02/24/berkeley-protest-milo-yiannopoulos-black-bloc-556264.htmlより取得。
17. Freedman, W. (2017, February 1). VIDEO: Trump supporter pepper sprayed at Milo protest. ABC 7 News. http://abc7news.com/news/video-trump-supporter-pepper-sprayed-at-milo-protest/1733004より取得。
18. Mackey, R. (2017, February 4). Amid the chaos in Berkeley, a grinning face, covered in blood. *The Intercept*. https://theintercept.com/2017/02/04/amid-chaos-berkeley-grinning-face-covered-bloodより取得。
19. Freedman (2017); n. 17も参照。
20. K. Redelsheimer & J. Jennings (personal communication, March 1, 2017). 以下も参照: Fabian, P. (Producer). (2017, February 2). Protestors beating people at Milo Yiannopoulos event @ U.C. Berkeley [Video file].https://www.youtube.com/watch?v=GSMKGRyWKasより取得。
21. K. Redelsheimer (personal communication, March 1, 2017).
22. Gale, J. (2017, February). EXCLUSIVE FOOTAGE: Anarchists smash windows and riot at UC Berkeley after Milo Yiannopoulos's talk is canceled. *The Tab*. http://thetab.com/us/

uc-berkeley/2017/02/02/exclusive-footage-anarchist-group-smashes-windows-sets-fire-sproul-riots-uc-berkeley-milo-yiannopouloss-talk-cancelled-3244より取得。

23. P. Jandhyala (personal communication, July 11, 2017).
24. UC Berkeley Campus Police tweeted: @UCBerkeley Milo event cancelled. Shelter in place if on campus. All campus buildings on lockdown. #miloatcal. https://twitter.com/ucpd_cal/status/826978649341440000?lang=enより取得。
25. Riot forces cancellation (2017); n. 8も参照。
26. Zoppo, A., Proença Santos, A., & Hudgins, J. (2017, February 14). Here's the full list of Donald Trump's executive orders. *NBC News*. https://www.nbcnews.com/politics/white-house/here-s-full-list-donald-trump-s-executive-orders-n720796より取得。
27. Helsel, P. (2017, February 2). Protests, violence prompt UC Berkeley to cancel Milo Yiannopoulos event. *NBC News*. https://www.nbcnews.com/news/us-news/protests-violence-prompts-uc-berkeley-cancel-milo-yiannopoulos-event-n715711より取得。
28. Lawrence, N. (2017, February 7). Black bloc did what campus should have. *The Daily Californian*. http://www.dailycal.org/2017/02/07/black-bloc-campusより取得。同様の主張は、以下も参照: Meagley, D. (2017, February 7). Condemning protesters same as condoning hate speech. *The Daily Californian*. http://www.dailycal.org/2017/02/07/condemning-protesters-condoning-hate-speechより取得。
29. UCバークレー広報課に問い合わせたところ、連邦プライバシー法を理由に、抗議活動に関して大学が学生に処罰を与えたかどうかの公表を拒んだ。後に判明したのは、2月に学生2人が逮捕されていたこと。1人は破壊行為、もう1人はデモ隊を退散させられなかった罪。私たちの把握する限りでは、大学側から処分を受けた学生は1人もおらず、今後の暴力デモに抑止効果をもたらす罰は一切なかったこととなる。
30. Bodley, M. (2017, February 2). At Berkeley Yiannopoulos protest, $100,000 in damage, 1 arrest. *SFGate*. http://www.sfgate.com/crime/article/At-Berkeley-Yiannopoulos-protest-100-000-in-10905217.phpより取得。以下も参照: Berkeley free speech protests: Arrests, injuries, damages since February. (2017, April 25). *Fox News*. http://www.foxnews.com/politics/2017/04/25/berkeley-free-speech-protests-arrests-injuries-damages-since-february.htmlより取得。
31. 2016年、ロサンゼルスのカリフォルニア州立大学の学長は、保守派の論客ベン・シャピーロによる多様性に関する講演をキャンセルし、「多様性に関して異なる見解を持つ講演者グループの一員として登壇」することを要求した（近年の他の講演者にはされたことのない要求だった）。最終的に学長は譲歩したが、講演会場では学生たちが腕を交互に組み、人々が中に入れないよう妨げた。強引に入ろうとして、地面に押し倒された者たちもいた。2017年2月のUCバークレーでの暴動後、その年の後半にベン・シャピーロの講演が予定されていた。彼の登壇に対して暴力の脅迫が寄せられ、セキュリティ対策には約60万ドルを要した。少なくとも9人が逮捕され、うち3人が「禁止された武器」（特大サイズの看板など）を所持していたと伝えられたが、それ以外では、シャピーロはつつがなく講演を敢行した。（2016年、シャピーロは大きな抗議なくバークレーでの講演を実施）参照：Logue, J. (2016, February 24). Another Speaker Blocked. *Inside Higher Ed*. https://www.insidehighered.com/news/2016/02/24/cal-state-los-angeles-cancels-conservative-speakers-appearanceより取得。以下も参照: Steinbaugh, A. (2016, February 26). CSU Los

Angeles President Fails to Prevent Shapiro Talk, But Protesters Try Their Hardest Anyway. *FIRE*. https://www.thefire.org/csu-los-angeles-president-fails-to-prevent-shapiro-talk-but-protesters-try-their-hardest-anywayより取得。Gomez, M. (2017, September 15). Nine people arrested at Ben Shapiro event at UC Berkeley. *The Mercury News*. https://www.mercurynews.com/2017/09/15/nine-people-arrested-at-ben-shapiro-event-at-uc-berkeleyより取得。Alliance Defending Freedom. (2017, February 28). Cal State L.A. agrees to drop discriminatory speech policies, settles lawsuit. https://adflegal.org/detailspages/press-release-details/cal-state-l.a.-agrees-to-drop-discriminatory-speech-policies-settles-lawsuitより取得。UC Berkeley declares itself unsafe for Ann Coulter. (2017, April 20). *The Atlantic*. https://www.theatlantic.com/politics/archive/2017/04/uc-berkeley-declares-itself-unsafe-for-ann-coulter/523668より取得。Fehely, D. (2017, April 11). Conservative writer David Horowitz's talk at UC Berkeley cancelled. *CBS SF Bay Area*. http://sanfrancisco.cbslocal.com/2017/04/11/uc-berkeley-presses-campus-republicans-to-cancel-another-conservative-speakerより取得。McPhate, M. (2017, September 15). California today: Price tag to protect speech at Berkeley: $600,000. *The New York Times*. https://www.nytimes.com/2017/09/15/us/california-today-price-tag-to-protect-speech-at-berkeley-600000.htmlより取得。

32. Cohen, R. (2017, February 7). What might Mario Savio have said about the Milo protest at Berkeley? *The Nation*. https://www.thenation.com/article/what-might-mario-savio-have-said-about-the-milo-protest-at-berkeleyより取得。
33. Ashenmiller, J. (2013). Mario Savio. *Encyclopaedia Britannica Online*. https://www.britannica.com/biography/Mario-Savioより取得。
34. Senju, H. (2017, February 7). Violence as self-defense. *The Daily Californian*. http://www.dailycal.org/2017/02/07/violence-self-defenseより取得。
35. Meagley, D. (2017, February 7). Condemning protesters same as condoning hate speech. *The Daily Californian*. http://www.dailycal.org/2017/02/07/condemning-protesters-condoning-hate-speechより取得。
36. Dang, N. (2017, February 7). Check your privilege when speaking of protests. *The Daily Californian*. http://www.dailycal.org/2017/02/07/check-privilege-speaking-protestsより取得。
37. Overpass Light Brigade. (2016, December 14). Hate's insidious face: UW–Milwaukee and the "alt-right." http://overpasslightbrigade.org/hates-insidious-face-uw-milwaukee-and-the-alt-rightより取得。
38. Lawrence (2017); n. 28を参照。
39. Villasenor, J. (2017, September 18). Views among college students regarding the First Amendment: Results from a new survey. https://www.brookings.edu/blog/fixgov/2017/09/18/views-among-college-students-regarding-the-first-amendment-results-from-a-new-surveyより取得。批判側の意見については、以下を参照: Beckett, L. (2017, September 22). "Junk science": Experts cast doubt on widely cited college free speech survey. *The Guardian*. https://www.theguardian.com/us-news/2017/sep/22/college-free-speech-violence-survey-junk-scienceより取得。ジョン・ビジャセナーの対応については、以下を参照: Volokh, E. (2017, October 23). Freedom of expression on campus: An overview of some recent surveys. *The Washington Post*. https://www.washingtonpost.com/news/volokh-

conspiracy/wp/2017/10/23/freedom-of-expression-on-campus-an-overview-of-some-recent-surveysより取得。

40. McLaughlin, J., & Schmidt, R. (2017, September 28). National Undergraduate Study. *McLaughlin & Associates*. http://c8.nrostatic.com/sites/default/files/NATL%20Undergrad%209-27-17%20Presentation%20%281%29.pdfより取得。

41. McWhorter, J. (2017, June 30). A Columbia professor's critique of campus politics. *The Atlantic*. https://www.theatlantic.com/politics/archive/2017/06/a-columbia-professors-critique-of-campus-politics/532335より取得。

42. 「要するに、一般通念に逆らえば、それは意見を異にするだけでなく、白人が物事を取り仕切り、有色人種は黙って座っていることを依然望んでいると解釈されるのだ」参照: McWhorter, J. (2016, November 29). The difference between racial bias and white supremacy. *Time*. http://time.com/4584161/white-supremacyより取得。

43. Stack, L. (2017, January 21). Attack on alt-right leader has internet asking: Is it O.K. to punch a Nazi? *The New York Times*. https://www.nytimes.com/2017/01/21/us/politics/richard-spencer-punched-attack.htmlより取得。

44. 実際、本書執筆中の2017年現在、私たちは今後の展開を予測できる。本書に対する否定的な批評および反応のほとんどはどこかで私たちの人種やジェンダーを取り上げ、それから、直接的、または、それとなくほのめかすかたちで、自分たちの特権を守りたいだけの人種差別主義または性差別主義だと主張するだろう。そのとき、私たちはアイデンティティ政治を批評した*The Once and Future Liberal*.(『リベラル再生宣言』)の著者マーク・リラの精神で反応する。進歩主義を自認し、民主党が選挙で勝つための著書をまとめたリラは、繰り返される中傷に対し、「それは非難であって、議論ではない。議論をせよ、そうすれば私は反応しよう」と述べている。例えば以下を参照：Goldstein, E. R. (2016, December 15). Campus identity politics is dooming liberal causes, a professor charges. *Chronicle of Higher Education*. https://www.chronicle.com/article/Campus-Identity-Politics-Is/238694より取得。

45. 例えば、同じようなテーマを扱ったJ・D・ヴァンスの2016年の著書*Hillbilly Elegy*(『ヒルビリー・エレジー：アメリカの繁栄から取り残された白人たち』)や、アーリー・ラッセル・ホックシールドの2016年の著書*Strangers in Their Own Land*(『壁の向こうの住人たち：アメリカの右派を覆う怒りと嘆き』)が大きな成功をおさめた。

46. Goodnow, N., & Pethokoukis, J. (2014, October 16). "The Bell Curve" 20 years later: A Q&A with Charles Murray. American Enterprise Institute. http://www.aei.org/publication/bell-curve-20-years-later-qa-charles-murrayより取得。

47. Stanger, A. (2017, March 13). Understanding the angry mob at Middlebury that gave me a concussion. *The New York Times*. https://www.nytimes.com/2017/03/13/opinion/understanding-the-angry-mob-that-gave-me-a-concussion.htmlより取得。

48. Independent, A. (2017, March 6). Middlebury College professor injured by protesters as she escorted controversial speaker. *Addison County Independent*. http://www.addisonindependent.com/201703middlebury-college-professor-injured-protesters-she-escorted-controversial-speakerより取得。

49. Seelye, K. (2017, March 3). Protesters disrupt speech by "Bell Curve" author at Vermont College. *The New York Times*. https://www.nytimes.com/2017/03/03/us/middlebury-college-

charles-murray-bell-curve-protest.htmlより取得。
50. Independent (2017); n. 48も参照。
51. Murray, C. (2017, March 5). Reflections on the revolution in Middlebury. *American Enterprise Institute*. http://www.aei.org/publication/reflections-on-the-revolution-in-middleburyより取得。
52. A. Stanger (personal communication, January 5, 2018). ミドルベリー大学の暴徒は、主に同大学の学生たちだった。計74人の学生が処罰を受けた。うち48人が講演中の事態に対して、26人が講演会での騒動後に起きた事態への関与で処分を受けた。参照: Middlebury College completes sanctioning process for March 2 disruptions. (2017, May 23). http://www.middlebury.edu/newsroom/archive/2017-news/node/547896より取得。
53. Stanger (2017); n. 47を参照。
54. Blume, H. (2017, April 9). Protesters disrupt talk by pro-police author, sparking free-speech debate at Claremont McKenna College. *Los Angeles Times*. http://www.latimes.com/local/lanow/la-me-ln-macdonald-claremont-speech-disrupted-20170408-story.htmlより取得。
55. Wootson, C. R., Jr. (2017, April 10). She wanted to criticize Black Lives Matter in a college speech. A protest shuts her down. *The Washington Post*. https://www.washingtonpost.com/news/grade-point/wp/2017/04/10/she-wanted-to-criticize-black-lives-matter-in-a-college-speech-a-protest-shut-her-downより取得。
56. Gross, N. (2016, September 30). Is there a "Ferguson Effect"? *The New York Times*. https://www.nytimes.com/2016/10/02/opinion/sunday/is-there-a-ferguson-effect.htmlより取得。
57. ShutDown Anti-Black Fascists. (2017, April). SHUT DOWN anti-black fascist Heather Mac Donald [on Facebook] [via archive.is webpage capture]. http://archive.fo/qpbtWより取得。
58. ジョンは1年後にクレアモント・マッケナ大学の同じ会場で講演を行ったときに、教員たちから、抗議者の大半は同大学の学生たちではなく、ポモナ大学、ピッツァー大学、スクリップ大学の学生たちが主体だったと聞かされた。これらの大学は、5つの大学から構成されるコンソーシアムに属し、各大学の学生は他大学の授業履修やイベントに自由に参加できる。
59. ポモナ大学の学長デイヴィッド・オクストビーが2017年4月7日に送信した「学問の自由と言論の自由」のメールに対する反応。We, Few of the Black Students Here at Pomona College and the Claremont Colleges. (n.d.). Archive of Pomona Student Petition [Online document]. https://docs.google.com/document/d/1_y6NmxoIBLcZJxYkN9V1YfaPYzVSMKCA17PgBzz10wk/editより取得。
60. Harris, S. (2017, November 17). The spurious move to stifle speech on campus because it is "dehumanizing." *Reason*. http://reason.com/archives/2017/11/17/the-move-to-stifle-speech-on-campus-becaより取得。
61. 言語学者ジョン・マクウォーターは、これらの言葉は「辞書的な用語であるだけでなく、危害を与える手段」と述べる。McWhorter, J. (2016, November 29). The difference between racial bias and white supremacy. *Time*. http://time.com/4584161/white-supremacyより取得。
62. Levenson, E., & Watts, A. (2017, October 13). Man beaten by white supremacists in Charlottesville is arrested. *CNN*. http://www.cnn.com/2017/10/12/us/charlottesville-deandre-harris-arrest/index.htmlより取得。
63. Jackman, T. (2017, August 27). Three men charged in Charlottesville attacks on

counterprotesters. *The Washington Post*. https://www.washingtonpost.com/local/public-safety/three-men-charged-in-charlottesville-attacks-on-counterprotesters/2017/08/27/f08930a4-8b5a-11e7-84c0-02cc069f2c37_story.htmlより取得。

64. Raymond, A. K. (2017, December 15). Man who rammed crowd at Charlottesville rally charged with first-degree murder. *New York*. http://nymag.com/daily/intelligencer/2017/12/first-degree-murder-charge-for-man-who-killed-heather-heyer.htmlより取得。

65. Caron, C. (2017, August 13). Heather Heyer, Charlottesville victim, is recalled as "a strong woman." *The New York Times*. https://www.nytimes.com/2017/08/13/us/heather-heyer-charlottesville-victim.htmlより取得。

66. Buncombe, A. (2017, December 15). Heather Heyer was buried in secret grave to protect it from neo-Nazis after Charlottesville, reveals mother. *The Independent*. http://www.independent.co.uk/news/world/americas/heather-heyer-grave-secret-hide-nazis-charlottesville-attack-mother-reveals-a8113056.htmlより取得。

67. Nelson, L., & Swanson, K. (2017, August 15). Full transcript: Donald Trump's press conference defending the Charlottesville rally. *Vox*. https://www.vox.com/2017/8/15/16154028/trump-press-conference-transcript-charlottesvilleより取得。

68. See Jon's narration and interpretation of these events as an example of sacrilege and taboo violation: Haidt, J. (2017, August 21). Trump breaks a taboo—and pays the price. *The Atlantic*. https://www.theatlantic.com/politics/archive/2017/08/what-happens-when-the-president-commits-sacrilege/537519より取得。

69. See, for example, Phillip, A. (2017, August 17). Trump's isolation grows in the wake of Charlottesvile. *The Washington Post*. https://www.washingtonpost.com/politics/trumps-isolation-grows-in-the-wake-of-charlottesville/2017/08/17/5bf83952-81ec-11e7-82a4-920da1aeb507_story.htmlより取得。

70. 一部の宗教集団はまさにこれを行った。シャーロッツビルでのデモ行進の日から、宗教リーダーたちの大きな連合が腕を交互に組み、重武装した人種差別主義者に立ち向かい、愛について歌った。　参照：See: Jenkins, J. (2017, August 16). Meet the clergy who stared down white supremacists in Charlottesville. https://archive.thinkprogress.org/clergy-in-charlottesville-e95752415c3e/より取得。

71. Stevens, S. (2017, February 7). Campus speaker disinvitations: Recent trends (Part 2 of 2) [Blog post]. https://heterodoxacademy.org/blog/campus-speaker-disinvitations-recent-trends-part-2-of-2/より取得。

72. Bauer-Wolf, J. (2017, October 5). ACLU speaker shouted down at William & Mary. *Inside Higher Ed*. https://www.insidehighered.com/quicktakes/2017/10/05/aclu-speaker-shouted-down-william-maryより取得。

73. Sullivan, S. (2017, October 19). Jane Doe wants an abortion but the government is hell bent on stopping her [Blog post]. https://www.aclu.org/blog/immigrants-rights/immigrants-rights-and-detention/jane-doe-wants-abortion-government-hell-bentより取得。

74. Stern, M. J. (2014, September 3). Translating terrorism: Is publishing radical Islamic texts on the internet a crime? *Slate*. http://www.slate.com/articles/technology/future_tense/2014/09/mehanna_at_the_supreme_court_is_translating_jihad_texts_a_crime.htmlより取得。

75. Glasser, I. (2017, August 22). Thinking constitutionally about Charlottesville. *HuffPost*. https://www.huffingtonpost.com/entry/aclu-charlottesville-free-speech_us_599c9bcae4b0d8dde99 98c36より取得。
76. Truitt, F. (2017, October 2). Black Lives Matter protests American Civil Liberties Union. *The Flat Hat*. http://flathatnews.com/2017/10/02/black-lives-matter-protests-american-civil-liberties-unionより取得。
77. Carey, E. (2017, October 6). President Schill speech suspended by protesting students. *Daily Emerald*. https://www.dailyemerald.com/2017/10/06/president-schill-speech-suspended-protesting-studentsより取得。
78. Schill, M. (2017, October 3). The misguided student crusade against "fascism." *The New York Times*. https://www.nytimes.com/2017/10/23/opinion/fascism-protest-university-oregon.htmlより取得。
79. Leou, R. (2017, October 17). Panelists discuss constitutional rights in first Free Speech 101 event. *Daily Bruin*. http://dailybruin.com/2017/10/17/panelists-discuss-constitutional-rights-in-first-free-speech-101-eventより取得。
80. Kolman, J. (2017, October 13). Class struggle: How identity politics divided a campus. *Spiked*. http://www.spiked-online.com/newsite/article/how-identity-politics-divided-reed-college-black-lives-matter-free-speech/20417より取得。
81. Mendelsohn, D. (2015, March 16). Girl, interrupted: Who was Sappho? *The New Yorker*. https://www.newyorker.com/magazine/2015/03/16/girl-interruptedより取得。
82. Reedies Against Racism. (2016, November 2). An open letter to Lucia [on Facebook]. https://www.facebook.com/reediesagainstr4cism/posts/1186608438084694より取得。
83. Martínez Valdivia, L. (2017, October 27). Professors like me can't stay silent about this extremist moment on campuses. *The Washington Post*. https://www.washingtonpost.com/opinions/professors-like-me-cant-stay-silent-about-this-extremist-moment-on-campuses/2017/10/27/fd7aded2-b9b0-11e7-9e58-e6288544af98_story.htmlより取得。リード大学での脅迫行為に関して、詳しくは以下を参照：Soave, R. (2016, December 13). Reed College professor on social justice left: "I am a gay mixed-race woman. I am intimidated by these students" [Blog post]. http://reason.com/blog/2016/12/13/reed-college-professor-on-social-justiceより取得。また、マルティネス・バルディヴィアが抗議の初め、2016年12月8日にした次のコメントにも注目した。「私はリード大学で教えている。私は学生たちに脅迫されている。人種、ジェンダー、セクシュアリティ、または何らかの方法でこれらの問題を取り上げたテキストですらも、授業内で教えることが怖い。そして私は、同性愛者の混血女性だ。ここや他の（リベラルアーツ）大学にある問題は深刻で、私はどうやってこの問題に対処すればよいのかわからず、途方に暮れている。学生たちの多くが史実性や客観的事実を信じていないのだから、なおさらである。（彼らは客観的事実を、白人のシスヘテロ家父長制の手段となっているものだと非難する）」Martínez Valdivia, L. [Blog comment, December 8, 2016] Re: Halberstam, J. (2016, December 7). Hiding the tears in my eyes—BOYS DON'T CRY—A legacy. [Blog post]. https://bullybloggers.wordpress.com/2016/12/07/hiding-the-tears-in-my-eyes-boys-dont-cry-a-legacy-by-jack-halberstam/#comment-13710より取得。
84. Kerr, E. (2018, February 1). "White supremacists are targeting college campuses like never

before." *The Chronicle of Higher Education*. https://www.chronicle.com/article/White-Supremacists-Are/242403より取得。

85. Naughton, K. (2017, October). Speaking freely—What students think about expression at American colleges. *FIRE*. https://www.thefire.org/publications/student-attitudes-free-speech-survey/student-attitudes-free-speech-survey-full-text/#executiveSummaryより取得。
86. De Botton, A. (n.d.). Political correctness vs. politeness. *The School of Life*. http://www.thebookoflife.org/political-correctness-vs-politenessより取得。
87. Barrett, L. (2017, July 14). When is speech violence? *The New York Times*. https://www.nytimes.com/2017/07/14/opinion/sunday/when-is-speech-violence.htmlより取得。
88. Haidt, J., & Lukianoff, G. (2017, July 18). Why it's a bad idea to tell students words are violence. *The Atlantic*. https://www.theatlantic.com/education/archive/2017/07/why-its-a-bad-idea-to-tell-students-words-are-violence/533970より取得。
89. Aurelius. *Meditations*, IV:7.
90. Haidt, J. (2017, March 2). Van Jones' excellent metaphors about the dangers of ideological safety [Blog post]. *Heterodox Academy*. https://heterodoxacademy.org/blog/van-jones-excellent-metaphors/より取得。

第5章

1. Hoffer (1951/2010), p. 19.
2. Pavlac (2009).
3. Pavlac (2009).
4. Norton (2007), Introduction.
5. Norton (2007), Introduction.
6. Durkheim (1915/1965). 集団行動や集団儀式の喜びに関する最新の分析は、以下も参照: Ehrenreich (2006).
7. Bergesen (1978).
8. 文化大革命のあらましについては、MacFarquhar & Schoenhals (2006)を参照。13歳で紅衛兵に加わった女性のインタビューも参照: Xiangzhen, Y. (2016, May 15). Confessions of a Red Guard, 50 years after China's Cultural Revolution. http://www.cnn.com/2016/05/15/asia/china-cultural-revolution-red-guard-confession/index.htmlより取得。
9. Song, Y. (2011, August 25). Chronology of mass killings during the Chinese Cultural Revolution (1966–1976). *SciencesPo*. http://www.sciencespo.fr/mass-violence-war-massacre-resistance/en/document/chronology-mass-killings-during-chinese-cultural-revolution-1966-1976より取得。
10. Bergesen (1978), p. 20.
11. Bergesen (1978), p. 20.
12. Bergesen (1978), p. 21.
13. 例えば、2015年のイェール大学での抗議から数週間以内に立ち上がったウェブサイト、TheDemands.orgを参照。80の大学の学生たちが、自分たちの要求を投稿した。
14. 第3章を参照。以下も参照: Friedersdorf, C. (2016, May 26). The perils of writing a provocative

email at Yale. *The Atlantic*. https://www.theatlantic.com/politics/archive/2016/05/the-peril-of-writing-a-provocative-email-at-yale/484418より取得。

15. 第3章を参照。以下も参照: Haidt, J. (2015, November 18). True diversity requires generosity of spirit [Blog post]. https://heterodoxacademy.org/blog/true-diversity-requires-generosity-of-spirit/より取得。
16. DiGravio, W. (Publisher). (2017, March 2). Students protest lecture by Dr. Charles Murray at Middlebury College [Video file]. https://www.youtube.com/watch?v=a6EASuhefeIより取得。
17. Wiltermuth & Heath (2009). 以下も参照: Cohen, Ejsmond-Frey, Knight, & Dunbar (2009).
18. Woodard (2011)を参照。安全イズムの文化、および、最も精力的な抗議や講演者を黙らす取り組みのほとんどは、ウッダードが定義する11の「国」のうち、ヤンキーの国（ニューイングランドから北中西部）とレフト・コーストと呼ばれる太平洋岸地域（米西海岸沿いの3つの州からなる細長い地域）の2つのみで発生していると考えられる。
19. Tuvel (2017).
20. Johnson, K., Pérez-Peña, R., & Eligon, J. (2015, June 16). Rachel Dolezal, in center of storm, is defiant: "I identify as black." *The New York Times*. https://www.nytimes.com/2015/06/17/us/rachel-dolezal-nbc-today-show.html
21. https://www.rhodes.edu/bio/tuvelrを参照。
22. Open letter to Hypatia. (n.d.). https://archive.is/lUeR4#selection-71.0-71.22より取得。
23. 注記：公開書簡には、2017年5月1日におよそ520番目の署名がなされたときに、新たな段落「論文によってもたらされるさまざまな危害をすべて網羅するものではない」が追記された。参照: Open letter to Hypatia. (n.d.). https://docs.google.com/forms/d/1efp9C0MHch_6Kfgtlm0PZ76nirWtcEsqWHcvgidl2mU/viewform?ts=59066d20&edit_requested=trueより取得。
24. テュベルはケイトリン・ジェンナーを「ケイトリン（以前はブルース）・ジェンナー」と表記した。「デッドネーミング」とは、トランスジェンダーの人々を以前の「使っていない」名前で呼ぶことを嘲笑う際に使われる用語。当該記事のオンライン版は、掲載後の2017年5月4日に編集され、訂正理由として「著者からの要望により、補足されていたジェンナーの出生時の名前を削除」とあった。参照: Tuvel (2017). しかし、ケイトリン・ジェンナー自身が、「私も自分が適切だと思うときは、ブルースという名前を使うだろう」と主張しているのは、注目に値する。参照: Oliver, K. (2017, May 8). If this is feminism …*The Philosophical Salon*. http://thephilosophicalsalon.com/if-this-is-feminism-its-been-hijacked-by-the-thought-policeより取得。以下も参照: Berenstain, N. (2017, April 29). Nora Berenstain on Rebecca Tuvel and Hypatia. *GenderTrender*. https://gendertrender.wordpress.com/nora-berenstain-on-rebecca-tuvel-and-hypatiaより取得。
25. Bergesen (1978), p. 21.
26. Singal, J. (2017, May 2). This is what a modern-day witch hunt looks like. *New York*.http://nymag.com/daily/intelligencer/2017/05/transracialism-article-controversy.htmlより取得。
27. 公開書簡の宛先となった編集者のサリー・ショルツは、テュベルの論文発表を擁護する力強い声明を出した。「編集者にとって、掲載を承認した論文を否定するなど（盗作やデータ改ざんの問題を除き）、まったくもって不適切なことと固く信じており、この信念は揺るがない。この点において、編集者一同は受理した論文の著者を支持すべきである。これが私の方針だ。テュベル教授の論文は査読を経て、査読者ならびに私に受理されたものだ」。参照: Weinberg, J. (2017, May 6).

Hypatia's editor and its board president defend publication of Tuvel article. *Daily Nous*. http://dailynous.com/2017/05/06/hypatias-editor-board-president-defend-publication-tuvel-articleより取得。

28. Oliver (2017); n. 24も参照。
29. フェミニスト哲学の外、より広範な哲学コミュニティにおいては、多くの教授がテュベルに味方し、論文撤回の取り組みに反対した。デュルケームの観点からすると、論文撤回に関与したのはフェミニスト哲学者の一部だった。
30. 公開書簡による非難と論文撤回の要求の別の事例で標的となったのは、オレゴン州ポートランド州立大学の政治学者ブルース・ギレイ。植民地主義は植民地化された国々にそれなりの恩恵を与えたと主張する論文を書いたためだった。論文が掲載された学術誌の編集者が殺害の脅迫を受けたため、この論文は撤回された。参照：Patel, V. (2018, March 21). Last fall, this scholar defended colonialism. Now he's defending himself. *The Chronicle of Higher Education*. https://www.chronicle.com/article/Last-Fall-This-Scholar/242880より取得。
31. Wax, A., & Alexander, L. (2017, August 9). Paying the price for breakdown of the country's bourgeois culture. *The Inquirer*. http://www.philly.com/philly/opinion/commentary/paying-the-price-for-breakdown-of-the-countrys-bourgeois-culture-20170809.htmlより取得。
32. Shweder (1996).
33. 書簡には、人種的優越性についての憎き思想に反対する人たちは皆、ワックスのような思想を「白人至上主義の基盤」として扱い、「白人至上主義に加担し、支持する教員を糾弾すべき」と述べられていた。参照: Guest column by 54 Penn students & alumni—Statement on Amy Wax and Charlottesville. (2017, August 21). *The Daily Pennsylvanian*. https://www.thedp.com/article/2017/08/guest-column-by-54-penn-students-alumni-statement-on-amy-wax-and-charlottesville
34. ジョンはこの事例の概要、およびワックスを擁護する旨を書いた。参照: Haidt, J. (2017, September 2). In defense of Amy Wax's defense of bourgeois values [Blog post]. *Heterodox Academy*. https://heterodoxacademy.org/blog/in-defense-of-amy-waxs-defense-of-bourgeois-values/より取得。数週間後、公開書簡で教員たちの旗振り役を務めたジョナ・ゲルバッハは、ワックスとアレキサンダーの論文に応戦する長文のエッセイを書いた。参照: Haidt, J. (2017, September 21). Jonah Gelbach responds to Amy Wax & Jon Haidt [Blog post]. *Heterodox Academy*. https://heterodoxacademy.org/blog/jonah-gelbach-responds-to-amy-wax-and-jon-haidtより取得。
35. Thucydides (431 BCE/1972). Book III, chapter 82, section 4.
36. 参照: Haidt (2012), chapters 2 and 4.
37. Eggertson (2010).
38. ジョンは、貧困の専門家からなる超党派の作業部会を主宰し、込み入った研究文献から党派心を取り除き、真に機能するプログラムを確認したことを、学者としてのキャリアにおいて最高の体験の1つととらえている。参照: American Enterprise Institute/Brookings Working Group on Poverty and Opportunity. (2015, December 3). Opportunity, Responsibility, and Security. http://www.aei.org/publication/opportunity-responsibility-and-securityより取得。5章で幼少期の介入について評価。
39. Duarte et al. (2015). 特に、Abramowitz, Gomes, & Abramowitz (1975)を参照。以下も参照:

Crawford & Jussim (2018).

40. 寛大さについての、個性や、政治的態度、行動的態度との相関性は、McCrae (1996)を参照。以下も参照: Carney, Jost, Gosling, & Potter (2008).
41. Gosling (2008).
42. McClintock, Spaulding, & Turner (1965).
43. Higher Education Research Instituteの調査について、詳しくは https://heri.ucla.eduを参照。
44. 2014年以前の関連研究の分析は、Duarte et al. (2015)を参照。直近のデータでは、17対1だった。参照: Langbert, Quain, & Klein (2016).
45. Langbert et al. (2016).
46. Langbert et al. (2016)では、ニューイングランドに関する初期の研究結果を、サミュエル・エイブラムスによるHERIデータを用いて確認。参照: Abrams, S. J. (2016, July 1). There are conservative professors, just not in these states. *The New York Times*. https://www.nytimes.com/2016/07/03/opinion/sunday/there-are-conservative-professors-just-not-in-these-states.htmlより取得。
47. Duarte et al. (2015).
48. もちろん、進歩主義の教授が保守的な思想を提示することもできるが、ジョン・スチュアート・ミルが書いているように、「自分たちの教師が提示する敵対者の意見を聞いただけで反論してはだめだ。それらの意見を実際に信奉している者たちから聞くべきである……敵対者の意見を、最も信頼でき、説得力あるかたちで知るべきである」参照: Mill (1859/2003), chapter 2, p. 72.
49. The Crimson Editorial Board. (2016, November 11). Elephant and man at Harvard. *The Harvard Crimson*. http://www.thecrimson.com/article/2016/11/11/ideological-diversityより取得。
50. Eagen, K., Stolzenberg, E. B., Zimmerman, H. B., Aragon, M. C., Sayson, H. W., & Rios-Aguilar, C. (2018, February 15). The American freshman: National norms fall 2016. *Higher Education Research Institute*. https://www.heri.ucla.edu/monographs/TheAmericanFreshman2016.pdfより取得。
51. 興味深いことに、2012年以降のこの動きはすべて、女子学生の間に見られる変化に起因する。男子学生の間では、左派への移行は見られない。女子が男子より左派寄りというジェンダー格差は、2011年の約6ポイントから、2016年には約12ポイントにまで広がっている。Rempel, C. (2017, May 2). Political polarization among college freshmen is at a record high, as is the share identifying as "far left." *The Washington Post*. https://www.washingtonpost.com/news/rampage/wp/2017/05/02/political-polarization-among-college-freshmen-is-at-a-record-high-as-is-the-share-identifying-as-far-leftより取得。
52. 2018年3月、言論の自由に関して、キャンパスでは何も変化していないと主張するエッセイが立て続けに発表された。例えば以下を参照：Yglesias, M. (2018, March 12) Everything we think about the political correctness debate is wrong. *Vox*. https://www.vox.com/policy-and-politics/2018/3/12/17100496/political-correctness-dataより取得。しかし、ジョンとヘテロドックス・アカデミーの同僚たちがデータをより詳しく検証したところ、論争を呼ぶ講演、および、そうした講演を妨げるために反自由主義の手法を用いようとする高い意欲など、標準的な姿勢に多くの変化が起きていることが示された。参照: Stevens, S., & Haidt, J. (2018, March 19). The skeptics are wrong: Attitudes about free speech on campus are changing. *Heterodox Academy*.

https://heterodoxacademy.org/blog/skeptics-are-wrong-about-campus-speech/より取得。

53. Bestcolleges.com. (n.d.). The 10 most liberal colleges in America. http://www.bestcolleges.com/features/most-liberal-collegesより取得。
54. Paros, M. (2018, February 22). The Evergreen Meltdown. *Quillette*. http://quillette.com/2018/02/22/the-evergreen-meltdownより取得。エバーグリーン州立大学の理念は、http://www.evergreen.edu/about/missionを参照。
55. Weiss, B. (2017, June 1). When the left turns on its own. *The New York Times*. https://www.nytimes.com/2017/06/01/opinion/when-the-left-turns-on-its-own.htmlより取得。
56. The Evergreen State College. (n.d.). Day of Absence & Day of Presence. https://evergreen.edu/multicultural/day-of-absence-day-of-presenceより2018年1月24日に取得。
57. Ward (1994). オンライン版は以下を参照: Ward, D. T. (1965). Day of absence—A satirical fantasy. *National Humanities Center*. http://nationalhumanitiescenter.org/pds/maai3/protest/text12/warddayofabsence.pdfより取得。
58. Weiss (2017); n. 55も参照。
59. Jaschik, S. (2017, May 30). Who defines what is racist? *Inside Higher Ed*. https://www.insidehighered.com/news/2017/05/30/escalating-debate-race-evergreen-state-students-demand-firing-professorより取得。
60. Volokh, E. (2017, May 26). "Professor told he's not safe on campus after college protests" at Evergreen State College (Washington). *The Washington Post*. https://www.washingtonpost.com/news/volokh-conspiracy/wp/2017/05/26/professor-told-hes-not-safe-on-campus-after-college-protests-at-evergreen-state-university-washingtonより取得。
61. Long, K. (2017, June 10). Long-simmering discord led to The Evergreen State College's viral moment. *The Seattle Times*. https://www.seattletimes.com/seattle-news/education/discord-at-evergreen-state-simmered-for-a-year-before-it-boiled-overより取得。
62. 前年度のイベントに関する情報提供はParos, M. (personal communication, January 10, 2018.) 架空のカヌーに乗る場面は、以下の動画の1:06から始まる: The Evergreen State College Productions (Producer). (2016, November 18). Equity and inclusion council community report back [Video file]. https://youtube.com/watch?v-wPZT7CASvCs&feature-youtu.be&より取得。
63. Weinstein, B. (2017, May 30). The campus mob came for me—and you, professor, could be next. *The Wall Street Journal*. https://www.wsj.com/articles/the-campus-mob-came-for-meand-you-professor-could-be-next-1496187482より取得。
64. Haidt, J. (2017, May 27). The blasphemy case against Bret Weinstein, and its four lessons for professors [Blog post]. https://heterodoxacademy.org/blog/this-weeks-witch-hunt/より取得。
65. Caruso, J., & Gockowski, A. (2017, May 25). VIDEO: White prof harassed for questioning diversity event. *Campus Reform*. https://www.campusreform.org/?ID=9233より取得。
66. Kaufman, E. (2017, May 26). Another professor, another mob. *National Review*. http://www.nationalreview.com/article/448034/evergreen-state-pc-mob-accosts-liberal-professorより取得。
67. 抗議学生たちが後にこのことを「ワインスタインと話をする有色人種の学生を囲む保護の輪」をつくっていると表現したのは、安全イズムと＜味方か敵かのエセ真理＞が組み合わさった、全体主

義的な事例である。Kozak-Gilroy, J. (2017, May 31). A year of events, a time line of protests. *Cooper Point Journal*. http://www.cooperpointjournal.com/2017/05/31/a-year-of-events-a-time-line-of-protestsより取得。対峙後のワインスタインと抗議学生の礼儀にかなったやりとりについては、以下を参照：Lavelle, C. (2017, May 23). This is what a discussion looks like [on*Facebook*]. https://www.facebook.com/celeste.lavelle/videos/10203256021397424より取得。

68. 匿名希望 (personal communication, August 23, 2017).
69. Andy Archive (Producer). (2017, May 28). Black Power activist students demand white professor resigns over "racism" [Video file]. https://youtu.be/ERd-2HvCOHI?t=4m2sより取得。
70. Boyce, B. (Producer). (2017, June 20). Is Evergreen a cult? [Video file]. https://youtu.be/VfVRaExw1lI?t=4m24sより取得。以下も参照: Heying, H. (2017, October 2). First, they came for the biologists. The Wall Street Journal. https://www.wsj.com/articles/first-they-came-for-the-biologists-1506984033より取得。
71. 匿名希望 (personal communication, August 23, 2017).
72. Loury, G., & Weinstein, B. (Producer). (2017, June 30). Glenn Loury & Bret Weinstein—Bloggingheads.tv. [Video file]. https://bloggingheads.tv/videos/46681より取得。
73. 「抗議学生たちはブレットを去らせたが、彼と彼の学生に『見張り』をつけた」Heying & Weinstein (2017, December 12). Bonfire of the academies: Two professors on how leftist intolerance is killing higher education. *Washington Examiner*. https://www.washingtonexaminer.com/bonfire-of-the-academies-two-professors-on-how-leftist-intolerance-is-killing-higher-educationより取得。
74. li5up6 (Producer). (2017, May 31). [MIRROR] Student takeover of Evergreen State College. [Video file]. https://www.youtube.com/watch?v=ynnNArPi8GMより取得。
75. VICE (Producer). (2017, June 16). Evergreen State College controversy (HBO) [Video file]. https://youtu.be/2cMYfxOFBBM?t=2m19sより取得。
76. Heying & Weinstein (2017, December 12); n. 78も参照。以下も参照：Boyce, B.A. (2017, July 29). Social Network Justice at Evergreen [Video File]. https://youtu.be/Jye2C5r-QA0?t=8m23sより取得。
77. Sexton, J. (Publisher). (2017, July 13). Evergreen student: "I've been told several times that I'm not allowed to speak because I'm white" [Video file]. https://www.youtube.com/watch?v=OQ8WQnsm14Yより取得。
78. best of evergreen (Publisher). (2017, May 27). Student takeover of Evergreen State College [Video file]. https://youtu.be/bO1agIlLlhg?t=6m14sより取得。
79. 尋ねられた抗議学生は「ある人物」を探しているとだけ言い、具体的に誰かは言わなかった。しかし、キャンパス警察はブレット・ワインスタインを探していると判断した。匿名希望 (personal communication, August 23, 2017).
80. Heying & Weinstein (2017, December 12); n. 73も参照。
81. Kozak-Gilroy (2017); n. 67も参照。
82. Kozak-Gilroy (2017); n. 67も参照。
83. I Hypocrite Too (Producer). (2017, May 29). Ableist students demand no homework

Evergreen College [Video file]. https://www.youtube.com/watch?v=nh1wGFFsItsより取得。
84. CampusReform (Producer). (2017, June 1). Student protesters at Evergreen hold administrators hostage over demands [Video file]. https://youtu.be/Msfsp5Ofz4gより取得。
85. 後日、VICEニュースのドキュメンタリーでインタビュアーのマイケル・モイニハンがブリッジス学長に「ある学生から、あなたが白人至上主義者だと聞きました」と言うと、学長は「私はそうだとは信じていない」と答えた。驚いたモイニハンが「そうは信じていないけど、そうかもしれないことは受け容れるのですか?」と訊くと、学長は「いいや……どういう意味合いで白人至上主義者と言ってるのか次第です。どういう意味合いですか? 私は特権を有する立場にある白人です」と返している。VICE (2017); n. 75も参照。
86. The Liberty Hound (Producer). (2017, May 26). "All white people leave campus OR ELSE!!" Tucker covers INSANE Evergreen State College story [Video file]. https://youtu.be/n3SdJhJ2lps?t=4m10sより取得。警察署長はワインスタインに「直ちにキャンパスを離れ、今後ずっと自転車に乗らないように。自転車に乗っていると狙われやすい。警察は彼を守れないかもしれない。警官たちは警戒態勢を解くよう命令されているからだ」と言った。Heying & Weinstein (2017, December 12).
87. 匿名希望 (personal communication, August 23, 2017).
88. Loury & Weinstein (2017); n. 72も参照。以下も参照: Zimmerman, M. (2017, July 10). The Evergreen State College: Is speaking with Tucker Carlson a punishable offense? *HuffPost*. https://www.huffingtonpost.com/entry/the-evergreen-state-college-is-speaking-with-tucker_us_596318a5e4b0cf3c8e8d59fcより取得。以下も参照: Heying & Weinstein (2017); n. 73も参照。以下も参照:Kanzenkankaku. (2017, June 1) Protesters lockdown Evergreen State College, situation spirals out of control [Online forum comment]. http://forums.fstdt.net/index.php?topic=7607.0より取得。以下も参照: Jaschik (2017); n. 58も参照。
89. The Liberty Hound (Producer). (2017, June 12). "It's not safe to go back": Tucker follows up with Evergreen prof Bret Weinstein [Video file]. https://www.youtube.com/watch?v=SNdNF93H3OUより取得。
90. 名誉教授は含まない。
91. Haidt, J. (2017, June 7). A second Evergreen professor speaks out [Blog post]. https://heterodoxacademy.org/blog/a-second-evergreen-professor-speaks-out/より取得。
92. 「多くの教員たちは内々では支持をしたが、声を上げることを恐れ、教授会で良心に従って投票することすらも恐れた」Weinstein, B. (personal communication, February 19, 2018).
93. The Liberty Hound (Producer). (2017, May 26). "All white people leave campus OR ELSE!!" Tucker covers INSANE Evergreen State College story [Video file]. https://www.youtube.com/watch?v=n3SdJhJ2lpsより取得。
94. Jennings, R. (2017, July 6). N.J. man accused of threat to "execute" college students out of jail. *NJ.com*. http://www.nj.com/morris/index.ssf/2017/07/morris_man_accused_of_threatening_college_3000_mil.htmlより取得。
95. Svrluga, S., & Heim, J. (2017, June 1). Threat shuts down college embroiled in racial dispute. *The Washington Post*. https://www.washingtonpost.com/news/grade-point/wp/2017/06/01/threats-shut-down-college-embroiled-in-racial-disputeより取得。以下も参照: Svrluga, S. (2017, June 5). Evergreen State College closes again after threat and protests over race. *The*

Washington Post. https://www.washingtonpost.com/news/grade-point/wp/2017/06/05/college-closed-for-third-day-concerned-about-threat-after-protests-over-raceより取得。 以下も参照: Jennings (2017); n. 94も参照。

96. エバーグリーン大学のある学生が教授に以下のメールを送っている。「数週間前にキャンパスで起きた抗議を批判したところ、多くの学生から標的とされ、嫌がらせを受けている。最近では、多くの学生が野球のバットやテーザー銃などの武器を持って、キャンパスをパトロールしている。彼らはキャンパスを安全にするためと言い張っているが、実際はキャンパスをより敵対的な場にしている 」Kabbany, J. (2017, June 5). Evergreen official asks student vigilantes to stop patrolling campus with bats, batons. *The College Fix*. https://www.thecollegefix.com/post/33027より取得。
97. The College Fix Staff. (2017, June 2). Evergreen State faculty demand punishment of white professor who refused to leave on anti-white day. *The College Fix*. https://www.thecollegefix.com/post/32946より取得。以下も参照: The Liberty Hound (2017, June 12); n. 89も参照。
98. Thomason, A. (2017, September 16). Evergreen State will pay $500,000 to settle with professor who criticized handling of protests. *The Chronicle of Higher Education*. http://www.chronicle.com/blogs/ticker/evergreen-state-will-pay-500000-to-settle-with-professor-who-criticized-handling-of-protests/120110より取得。
99. (2018, March 7). Former Evergreen chief of police alleges hostile work environment. *The Cooper Point Journal*. https://www.cooperpointjournal.com/2018/03/07/former-evergreen-chief-of-police-alleges-hostile-work-environmentstacy-brown-makes-moves-towards-a-legal-claim-of-discrimination-based-on-race-and-genderより取得。
100. Chasmar, J. (2016, September 2). Evergreen State College president slams Chicago's "tone deaf" approach to safe spaces. *The Washington Times*. http://www.washingtontimes.com/news/2016/sep/2/george-bridges-wash-college-president-slams-chicagより取得。
101. Jaschik (2017); n. 59も参照。
102. Richardson, B. (2017, May 29). Evergreen State College president expresses "gratitude" for students who took over campus. *The Washington Times*. http://www.washingtontimes.com/news/2017/may/29/evergreen-state-college-president-expresses-gratitより取得。
103. Zimmerman, M. (2017, July 25). A "Through the Looking Glass" perspective on The Evergreen State College. *HuffPost*. http://www.huffingtonpost.com/entry/a-through-the-looking-glass-perspective-on-the-evergreen_us_5971bd7ae4b06b511b02c271より取得。
104. Parke, C. (2017, December 14). Evergreen professor who made anti-white comments resigns, gets $240G settlement. *Fox News*. http://www.foxnews.com/us/2017/12/14/evergreen-professor-who-made-anti-white-comments-resigns-gets-240g-settlement.htmlより取得。
105. best of evergreen (Publisher) (2017, May 27). Student takeover of Evergreen State College [Video file]. https://youtu.be/bO1agIlLlhg?t=53sより取得。
106. Badger Pundit (Producer). (2017, July 12). Evergreen student: Campus unsafe for white students who want to focus on education [Video file]. *Fox News* https://www.youtube.com/watch?v=pNwVWq8EjSsより取得。

第6章

1. Reeves, R.V., & Joo, N. (2017, October 4). White, still: The American upper middle class. *Brookings*. https://www.brookings.edu/blog/social-mobility-memos/2017/10/04/white-still-the-american-upper-middle-classより取得。
2. 言論の自由と相反するかたちでインクルージョンが提示された場合に、インクルージョンを志向する傾向が高まっていることのエビデンスは、以下を参照: Stevens, S., & Haidt, J (2018, March 19). The skeptics are wrong: Attitudes about free speech are changing on campus. *Heterodox Academy*. https://heterodoxacademy.org/blog/skeptics-are-wrong-about-campus-speech/より取得。
3. Stanger, A. (2017, March 13). Understanding the angry mob at Middlebury that gave me a concussion. *The New York Times*. https://www.nytimes.com/2017/03/13/opinion/understanding-the-angry-mob-that-gave-me-a-concussion.htmlより取得。
4. Pew Research Center. (2017, October 5). The partisan divide on political values grows even wider. http://www.people-press.org/2017/10/05/1-partisan-divides-over-political-values-widenより取得。
5. 例外的に、共和党員による自分たちの党への評価が2016年に低下した。
6. データはhttp://www.electionstudies.org からダウンロードできる。
7. とりわけ60年代と70年代は数多くの文化的衝突が起きたが、議会内での政治的二極化の程度は低く、党派を超えた協力度が高かった。Hare & Poole (2014).
8. 社会資本に関してはPutnam (2000) を参照。
9. Greenblatt, A. (2016, November 18). Political segregation is growing and "We're living with the consequences." *Governing*. http://www.governing.com/topics/politics/gov-bill-bishop-interview.htmlより取得。
10. 例えば、2017年9月に18〜34歳を対象に実施された調査では、共和党に対して、非常に、または、やや好意的な見方を持っている人は、アフリカ系アメリカ人の11%、アジア系アメリカ人の18%、ラテン系アメリカ人の20%のみだった。対照的に、民主党に好意的な見方を持っている人は、それぞれ61%、68%、52%だった。参照: NBC News & GenForward Survey: September 2017 Toplines, p. 4. http://genforwardsurvey.com/assets/uploads/2017/09/NBC-GenForward-Toplines-September-2017-Final.pdfより取得。
11. Iyengar & Krupenkin (2018).
12. Pariser (2011).「フィルターバブル」とは、ウェブサイトが人が読むものや見るものの習慣に基づいて何に関心があるのかを予測するアルゴリズムが働き、他の視点を提示しなくなったときに起こるもの。参照: El-Bermawy, M. (2016, November 18). Your filter bubble is destroying democracy. *Wired*. https://www.wired.com/2016/11/filter-bubble-destroying-democracyより取得。
13. Mann & Ornstein (2012).
14. Levitsky, S., & Ziblatt, D. (2018, January 27). How wobbly is our democracy? *The New York Times*. https://www.nytimes.com/2018/01/27/opinion/sunday/democracy-polarization.htmlより取得。

15. 他には、教育の高まり(教育を受けた人々は党派心を高めやすい)、移民や多様性の高まり、選挙運動の資金の重要性の高まりがある。Haidt, J., & Abrams, S. (2015, January 7)にあるリストを参照。The top 10 reasons American politics are so broken. *The Washington Post*. https://www.washingtonpost.com/news/wonk/wp/2015/01/07/the-top-10-reasons-american-politics-are-worse-than-everより取得。
16. Iyengar & Krupenkin (2018), p. 202.
17. Berry & Sobieraj (2014).
18. Cillizza, C. (2014, May 14). Just 7 percent of journalists are Republicans. That's far fewer than even a decade ago. *The Washington Post*. https://www.washingtonpost.com/news/the-fix/wp/2014/05/06/just-7-percent-of-journalists-are-republicans-thats-far-less-than-even-a-decade-agoより取得。
19. Littleton, J. (2017, May 29). The truth about the Evergreen protests. *Medium*. https://medium.com/@princessofthefaeries666/the-truth-about-the-evergreen-protests-444c86ee6307より取得。
20. Littleton, J. (2017, June 16). The media brought the alt-right to my campus. *The New York Times*. https://www.nytimes.com/2017/06/16/opinion/media-alt-right-evergreen-college.html?_r=0より取得。以下も参照: Pemberton, L. (2017, July 13). Evergreen students, faculty, and alumni hold discussion after unrest. *The Chronicle*. http://www.chronline.com/news/evergreen-students-faculty-and-alumni-hold-discussion-after-unrest/article_c9d9f5f8-67ef-11e7-8b53-5ff0ef03700b.htmlより取得。
21. Long, K. (2017, June 5). Evergreen State College reopens; threat deemed not credible. *The Seattle Times*. https://www.seattletimes.com/seattle-news/education/no-imminent-threat-at-evergreen-state-college-after-classes-canceled-for-third-dayより取得。
22. Atomwaffen division visits Evergreen State College. (n.d.). https://www.bitchute.com/video/bZMiTj2TC5bfより取得。
23. TheFIREorg [Producer]. (2018, February 8). Lisa Durden on her famous Fox News interview [Video file]. https://www.youtube.com/watch?time_continue=310&v=PfmdlqdC3mEより取得。
24. L. Durden (personal communication, March 24, 2018).
25. 新任の学長は声明文の中で、大学には「大学の従業員が表明した見解」について、「直ちに、学生、教員、入学志望者とその家族から、失望、懸念、恐怖までをも示す意見が殺到した」と主張し、大学は「それらの懸念を調査する責任」を有すると述べた。学長は、大学は「言論の自由の権利、独自の視点、教職員がそうした視点を表明することを支持し、認め」、「経営陣は、寛容の力強い手本を示す義務がある」とも言明した。Statement from Essex County College president Anthony E. Munroe. (2017, June 23). http://www.essex.edu/pr/2017/06/23/statement-from-essex-county-college-president-anthony-e-munroe-3より取得。
26. 大学に「殺到」したという意見は何だったのか? 公式の記録によると、ダーデンのテレビ出演後13日間で、ダーデンに関する苦情を大学に寄せたのは1人だけだった——その人物が大学に連絡してくるまでに、経営陣はすでにダーデンの停職につながる処理を取り始めていた。テレビ出演から2週間後、ウェブサイト NJ.com がダーデンの停職処分を発表。その直後、経営陣は、「言論の自由でごまかされたヘイトスピーチをまき散らす教師」を停職処分とする大学側を支持するメール

29通、Facebookメッセージ2件、不明な数の電話、1件のボイスメールを受け取った。ボイスメール全体は以下より聴くことができる: TheFIREorg [Producer]. (2017, January 21). Essex County College voicemail about Lisa Durden [Audio file]. https://youtu.be/pTYM30Q4NsEより取得。参照: Steinbaugh, A. (2018, January 23). After FIRE lawsuit, Essex County College finally turns over documents about firing of Black Lives Matter advocate. *FIRE*. https://www.thefire.org/after-fire-lawsuit-essex-county-college-finally-turns-over-documents-about-firing-of-black-lives-matter-advocateより取得。以下も参照: Carter, B. (2017, June 20). Going on Fox News cost me my job, professor claims. *NJ.com*. http://www.nj.com/essex/index.ssf/2017/06/essex_county_college_professor_suspended_after_fox.htmlより取得。

27. Flaherty, C. (2017, June 21). Suspended for standing up to Fox News? Inside Higher Ed. https://www.insidehighered.com/news/2017/06/21/college-allegedly-suspends-communications-adjunct-comments-about-race-fox-newsより取得。以下も参照: Adely, H. (2017, October 27). For speaking out, N.J. professors are punished. *North Jersey*. https://www.northjersey.com/story/news/2017/10/27/professors-punished-for-speaking-out/777819001より取得。Steinbaugh, A. (2018, January 23). After FIRE lawsuit, Essex County College finally turns over documents about firing of Black Lives Matter advocate. *FIRE*. https://www.thefire.org/after-fire-lawsuit-essex-county-college-finally-turns-over-documents-about-firing-of-black-lives-matter-advocateより取得。
28. Steinbaugh, A. (2017, October 20). Russia-linked Twitter account helped Drexel professor's "White Genocide" tweet go viral, prompting university investigation. *FIRE*. https://www.thefire.org/russia-linked-twitter-account-helped-drexel-professors-white-genocide-tweet-go-viral-prompting-university-investigationより取得。
29. Saffron, I. (2017, December 27). How a Drexel prof's Christmas "wish" stirred a Twitter tempest. *Philly.com*. https://www.inquirer.com/philly/news/20161227_How_a_Drexel_prof_s_Christmas__wish__stirred_a_Twitter_tempest.htmlより取得。
30. McLaughlin, S. (2017, December 29). Drexel professor resigns after months-long investigation, exile from campus. *FIRE*. https://www.thefire.org/drexel-professor-resigns-after-months-long-investigation-exile-from-campusより取得。
31. Thomason, A. (2017, December 28). Drexel professor whose charged tweets drew fire from the right will leave the university. *The Chronicle of Higher Education*. https://www.chronicle.com/article/Drexel-Professor-Whose-Charged/242124より取得。
32. Cornwell, P. (2017, June 1). Princeton professor cancels Seattle talk after Fox News segment, death threats. *The Seattle Times*. (Updated June 2, 2017). https://www.seattletimes.com/seattle-news/princeton-professor-cancels-seattle-talk-after-fox-news-segment-death-threatsより取得。以下も参照: Trump a "racist, sexist megalomaniac," Princeton prof says in commencement speech. (2017, May 28). *Fox News*. http://www.foxnews.com/us/2017/05/28/trump-racist-sexist-megalomaniac-princeton-prof-says-in-commencement-speech.htmlより取得。
33. Haymarket Books. (2017, May 31). A statement from Keeanga-Yamahtta Taylor [Facebook post]. https://www.facebook.com/haymarketbooks/posts/1494045207312386より取得。
34. Bond, S.E. (2017, June 7). Why we need to start seeing the classical world in color.

Hyperallergic. https://hyperallergic.com/383776/why-we-need-to-start-seeing-the-classical-world-in-colorより取得。
35. Gurewitsch, M. (2008, July). True colors: Archaeologist Vinzenz Brinkmann insists his eye-popping reproductions of ancient Greek sculptures are right on target. *Smithsonian Magazine*. https://www.smithsonianmag.com/arts-culture/true-colors-17888より取得。
36. 例えば、アメリカの白人至上主義者集団アイデンティティ・エルロパは、大理石の彫像に「遺産を守れ(PROTECT YOUR HERITAGE)」の文字が入ったポスターをツイートした。@IdentityEvropa. (2016, November 3). Seattle has never looked better. #FashTheCity [Tweet]. http://web.archive.org/web/20171115062648/https://twitter.com/IdentityEvropa/status/794368750346588160より取得。Bond (2017)で引用。n. 34も参照。
37. もちろん、ボンドはそのどちらの発言もしていない。Hoft, J. (2017, July 18). University prof: Using white marble in sculptures is racist and creates "white supremacy." *Gateway Pundit*. http://www.thegatewaypundit.com/2017/07/university-prof-using-white-marble-sculptures-racist-creates-white-supremacyより取得。以下も参照: Jackson, D. (2017, June 8). Prof: "White marble" in artwork contributes to white supremacy. *Campus Reform*. https://www.campusreform.org/?ID=9285より取得。Krayden, D. (2017, June 10). Professor equates white marble statues with white supremacy. *The Daily Caller*. http://dailycaller.com/2017/06/10/professor-equates-white-marble-statues-with-white-supremacyより取得。
38. Mikelionis, L. (2017, June 9). Iowa university professor says "white marble" actually influences "white supremacist" ideas. *Education News*. http://www.educationviews.org/iowa-university-professor-white-marble-influences-white-supremacist-ideasより取得。
39. Osgerby, P. (2017, June 19). UI professor receives death threats over article on classical art. *Little Village*. http://littlevillagemag.com/ui-professor-receives-death-threats-over-article-on-classical-artより取得。
40. Charis-Carlson, J. (2017, June 19). UI prof's post on ancient statues, white supremacists elicits death threats. *Iowa City Press-Citizen*. https://www.press-citizen.com/story/news/2017/06/16/ui-classics-professor-receives-threats-after-online-essay-statuary-race/403275001より取得。以下も参照: Quintana, C. (2017, June 16). For one scholar, an online stoning tests the limits of public scholarship. *The Chronicle of Higher Education*. https://www.chronicle.com/article/For-One-Scholar-an-Online/240384より取得。
41. Allen, C. (2017, June 26). Liberal professors say bizarre things—and then blame the conservative media for reporting on them. *Independent Women's Forum*. http://iwf.org/blog/2804174/Liberal-Professors-Say-Bizarre-Things--and-Then-Blame-the-Conservative-Media-for-Reporting-on-Themより取得。
42. 参照: Haidt. J. (2017, June 28). Professors must now fear intimidation from both sides. *Heterodox Academy*. https://heterodoxacademy.org/blog/professors-must-now-fear-intimidation-from-both-sides/より取得。
43. Schmidt, P. (2017, June 22). Professors' growing risk: Harassment for things they never really said. *The Chronicle of Higher Education*. https://www.chronicle.com/article/Professors-Growing-Risk-/240424?cid=rclinkより取得。
44. Haidt, J. (2017, April 26). Intimidation is the new normal on campus. *The Chronicle of Higher*

Education. https://www.chronicle.com/article/Intimidation-Is-the-New-Normal/239890より取得。

45. Flaherty, C. (2016, November 22). Being watched. *Inside Higher Ed*. https://www.insidehighered.com/news/2016/11/22/new-website-seeks-register-professors-accused-liberal-bias-and-anti-american-valuesより取得。
46. Heterodox Academy condemned the Professor Watchlist. 参照: HxA Executive Team. (2016, November 24). Heterodox Academy condemns Professor Watchlist. https://heterodoxacademy.org/blog/heterodox-academy-condemns-professor-watchlist/より取得。
47. Middlebrook, H. (2017, November 14). The fascinating, if unreliable, history of hate crime tracking in the US. *CNN*. https://www.cnn.com/2017/01/05/health/hate-crimes-tracking-history-fbi/index.htmlより取得。ミドルブルックは、ヘイトクライムは歴史的に、実際より少なく報告されていると指摘する。しかし、長い間減少していた後に、2015年に突然増加したのは、件数のカウント方法が変わったことだけが原因ではないだろう。
48. FBI: US hate crimes rise for second straight year. (2017, November 13). *BBC News*. http://www.bbc.com/news/world-us-canada-41975573より取得。
49. Farivar, M. (2017, September 19). Hate crimes rise in major US cities in 2017. *Voice of America*. https://www.voanews.com/a/hate-crimes-rising-in-us/4034719.htmlより取得。
50. Alfonseca, K. (2017, August 21). When hate meets hoax. *ProPublica*. https://www.propublica.org/article/when-hate-meets-hoaxより取得。以下も参照: Soave, R. (2018, January 19). Another hate crime at the University of Maryland turns out to be a hoax. *Reason*. http://reason.com/blog/2018/01/19/a-second-hate-crime-at-the-university-ofより取得。 Gose, B. (1999, January 8). Hate-crime hoaxes unsettle campuses. *The Chronicle of Higher Education*. https://www.chronicle.com/article/Hate-Crime-Hoaxes-Unsettle/2836より取得。
51. Suspect in Mizzou threats identified as Lake St. Louis teen. (2015, November 11). *NBC12*. http://www.nbc12.com/story/30489913/um-police-arrest-suspect-who-made-racist-threats-on-social-mediaより取得。
52. Bui, L. (2017, October 17). U-Md. student to face hate-crime charge in fatal stabbing on campus. *The Washington Post*. https://www.washingtonpost.com/local/public-safety/u-md-student-to-face-hate-crime-charge-in-fatal-stabbing-on-campus/2017/10/17/a17bfa1c-b35c-11e7-be94-fabb0f1e9ffb_story.htmlより取得。
53. 容疑の1つは後に従犯に下げられた。参照: Smithson, D. (2017, November 9). Cases continue in shooting after Spencer protest. *Ocala Star-Banner*. http://www.ocala.com/news/20171109/cases-continue-in-shooting-after-spencer-protestより取得。以下も参照: Rozsa, L., & Svrluga, S. (2017, October 20). 3 men charged in shooting after white nationalist Richard Spencer's speech in Florida. *Chicago Tribune*. http://www.chicagotribune.com/news/nationworld/ct-shooting-richard-spencer-speech-20171020-story.htmlより取得。
54. Student in Trump shirt detained after brandishing knife, saying "Kill all illegals." (2018, February 16). *The Daily Beast*. https://www.thedailybeast.com/student-in-trump-shirt-who-brandished-knife-and-said-kill-all-illegals-detainedより取得。
55. McWhorter, J. (2008, December 30). Racism in America is over. *Forbes*. https://www.forbes.com/2008/12/30/end-of-racism-oped-cx_jm_1230mcwhorter.htmlより取得。

56. 2015年以降、大学で見られる共和党員への信頼度の急激な落ち込みは、Pew Research Center (2017, July 10)を参照。Sharp partisan divisions in views of national institutions. http://www.people-press.org/2017/07/10/sharp-partisan-divisions-in-views-of-national-institutionsより取得。

第7章

1. Solomon (2014), p. 110.
2. Novotney (2014).
3. 2015年になると、大学生の22%がメンタルヘルスのサービスを求めていた（一部のキャンパスでは10%、他キャンパスでは最大50%）。そして「すべての大学生の54%が圧倒的な不安感を感じていると報告し、2010年の46.4%から増えていた。」参照：Estroff Marano, H. (2015, September 1). Crisis U. *Psychology Today*. https://www.psychologytoday.com/articles/201509/crisis-uより取得。
4. Levinson-King, R. (2017, March 13). Teen suicide on the rise among Canadian girls. *BBC News*. http://www.bbc.com/news/world-us-canada-39210463より取得。以下も参照: Canadian Institute for Health Information. (n.d.). Intentional self-harm among youth in Canada. https://www.cihi.ca/sites/default/files/info_child_harm_en.pdfより取得。
5. Sanghani, R. (2017, March 16). Why are so many of Britain's teen girls struggling with mental health problems? *The Telegraph*. http://www.telegraph.co.uk/health-fitness/body/why-are-so-many-of-britains-teen-girls-struggling-with-mental-heより取得。この記事は以下より取得できる、大規模かつ長期的なイギリスの研究を参照している。https://www.gov.uk/government/uploads/system/uploads/attachment_data/file/599871/LSYPE2_w2-research_report.pdf. 以下も参照: Pells, R. (2017, July 9). Number of university students claiming special circumstances for mental health problems "soars." *The Independent*. http://www.independent.co.uk/news/education/education-news/number-of-university-students-mental-health-problems-illness-claiming-special-circumstances-a7831791.htmlより取得。
6. 2018年と2019年に収集されたイギリスおよびカナダの動向に関するデータは、アメリカと同じ問題が起きているかどうかを判断する上で、極めて重要となるだろう。
7. Allen, M. (2017, November 9). Sean Parker unloads on Facebook: "God only knows what it's doing to our children's brains." *Axios*. https://www.axios.com/sean-parker-unloads-on-facebook-god-only-knows-what-its-doing-to-our-childrens-brains-1513306792-f855e7b4-4e99-4d60-8d51-2775559c2671.htmlより取得。
8. Twenge (2017), chapter 2.
9. Twenge (2017), p. 3
10. Twenge (2017)の付録B、図B1とB2を参照。付録のオンライン版は以下より取得できる。http://www.jeantwenge.com/wp-content/uploads/2017/08/igen-appendix.pdf
11. Twenge (2017), chapter 4. 以下も参照: Twenge, Joiner, Rogers, & Martin (2017).
12. 1994年、Nolen-Hoeksema & Girgus (1994)は「思春期前の子どもには、うつ病罹患率に男女差は見られないが、15歳以降になると、女子や女性は、男子や男性よりも約2倍うつ病になりやすい」と示した。Salk, Hyde, & Abramson (2017)は2017年の論文で、男女差が現れるのは、こ

れまで考えられていたよりも早い12歳だと示した。

13. Hunter & Tice (2016)にある9つの症状のうち、少なくとも5つを2週間ほぼ毎日訴えることが基準となる。https://www.samhsa.gov/data/sites/default/files/NSDUH-MethodSummDefsHTML-2015/NSDUH-MethodSummDefsHTML-2015/NSDUH-MethodSummDefs-2015.htm#b4-8より取得。
14. Haslam (2016)で述べられているとおり、Hacking (1991)。
15. データおよび報告書はhttps://www.CDC.gov/injury/wisqars/fatal.htmlからダウンロードできる。
16. Levinson-King, R. (2017, March 13). Teen suicide on the rise among Canadian girls. http://www.bbc.com/news/world-us-canada-39210463より取得。
17. Office for National Statistics (UK). (2017, December 18). Suicides in the UK: 2016 registrations (point 6: Suicides in the UK by age). https://www.ons.gov.uk/peoplepopulationandcommunity/birthsdeathsandmarriages/deaths/bulletins/suicidesintheunitedkingdom/2016registrations#suicides-in-the-uk-by-ageより取得。
18. Mercado, Holland, Leemis, Stone, & Wang (2017).
19. Twenge, Joiner, Rogers, & Martin (2018).
20. Vigen, T. (n.d.). Spurious correlations. http://www.tylervigen.com/spurious-correlationsより取得。
21. 子どもが紙に書く、または、コンピューターの使用を要する他の宿題があるなら、その時間とうつ病との相関関係はないようだ。
22. Twenge (2017), pp. 82 and 84. より詳しい分析は、Twenge et al. (2018)を参照。
23. トゥウェンジは逆向きの因果関係の問題(すなわち、10代が多くの時間を画面を向かって過ごすのはうつ病が原因である)を論じ、それが関連性の原因ではないことを示唆する複数の研究へのリンクを貼っている。その研究の1つでは、実生活の環境においてランダムな割り当てを行った。1週間Facebookを使わないようにと指示された人々は、研究が終わった時点で、うつ症状が少ないことを報告した。参照: Twenge, J. (2017, November 14). With teen mental health deteriorating over five years, there's a likely culprit. https://theconversation.com/with-teen-mental-health-deteriorating-over-five-years-theres-a-likely-culprit-86996より取得。
24. Haidt (2012)の9章にある真社会性と超社会性の議論を参照。
25. Twenge, Joiner, Rogers, & Martin (2018), p. 4.
26. Twenge (2017).
27. Twenge (2017).
28. Maccoby (1998).
29. Wood Rudulph, H. (2017, October 11). How women talk: Heather Wood Rudulph interviews Deborah Tannen. *Los Angeles Review* of Books. https://lareviewofbooks.org/article/how-women-talk-heather-wood-rudulph-interviews-deborah-tannenより取得。トゥウェンジは、「女子はソーシャルメディアをより頻繁に使うため、自分のいないところで友人や同級生が集まっているのを目にし、疎外感や孤独を感じる機会が多い」と述べ、タネンの懸念に同調する。Twenge (2017, September). Have smartphones destroyed a generation? *The Atlantic*. https://www.theatlantic.com/magazine/archive/2017/09/has-the-smartphone-destroyed-a-generation/534198より取得。
30. Twenge (2017), 付録Fの図F1。付録のオンライン版はhttp://www.jeantwenge.com/

wp-content/uploads/2017/08/igen-appendix.pdfより取得できる。
31. Arata, E. (2016, August 1). The unexpected reason Snapchat's "pretty" filters hurt your self-esteem. *Elite Daily*. https://www.elitedaily.com/wellness/snapchat-filters-self-esteem/1570236より取得。
32. Jowett, V. (2017, July 10). Inside the Snapchat filter surgery boom. *Cosmopolitan*. http://www.cosmopolitan.com/uk/beauty-hair/a9617028/celebrity-cosmetic-surgery-snapchat-filter-boomより取得。
33. Crick & Grotpeter (1995).
34. 例えば、Thielking, M. (2017, February 8). Surging demand for mental health care jams college services. *Scientific American*. https://www.scientificamerican.com/article/surging-demand-for-mental-health-care-jams-college-servicesより取得。以下も参照 Peterson, A. (2016, October 10). Students flood college mental-health centers. *The Wall Street Journal*. http://www.wsj.com/articles/students-flood-college-mental-health-centers-1476120902より取得。Tugend, A. (2017, June 7). Colleges get proactive in addressing depression on campus. *The New York Times*. https://www.nytimes.com/2017/06/07/education/colleges-get-proactive-in-addressing-depression-on-campus.htmlより取得。
35. Center for Collegiate Mental Health, Pennsylvania State University. (2016). 2016 annual report. https://sites.psu.edu/ccmh/files/2017/01/2016-Annual-Report-FINAL_2016_01_09-1gc2hj6.pdfより取得。
36. 高等教育研究機関(HERI)。この問いが追加されたのは2010年で、1年おきに質問した。正確な文言は「以下のいずれかの障害や病状がありますか?(各項目ごとに、「はい」または「いいえ」を選べ)」で、「心理的障害(うつ病など)」など7つの障害や症状が挙げられ、「はい」または「いいえ」で回答する。調査方法およびデータは、https://heri.ucla.edu/heri-data-archiveよりアクセスできる。
37. Reetz, D. R., Bershad, C., LeViness, P., & Whitlock, M. (2017). The Association for University and College Counseling Center Directors annual survey. https://www.aucccd.org/assets/documents/aucccd%202016%20monograph%20-%20public.pdfより取得。概要やグラフは以下を参照: Tate, E. (2017, March 29). Anxiety on the rise. *Inside Higher Ed*. https://www.insidehighered.com/news/2017/03/29/anxiety-and-depression-are-primary-concerns-students-seeking-counseling-servicesより取得。
38. ペンシルベニア州立大学の大学メンタルヘルスセンターが、100以上の大学のカウンセリングセンターから集めたデータを使って毎年行っている調査によると、2010年から2017年の間に、メンタルヘルスケアを求めてきた学生のうち自傷行為を報告した人が21.8%から27%に増加し、真剣に自殺を考えている人は24%から34.2%に増加したことがわかった。さらなるデータはhttps://sites.psu.edu/ccmh/files/2018/02/2017_CCMH_Report-1r4m88x.pdfより閲覧できる。Twenge (2017)のオンライン版付録の付録Fも参照。トゥウェンジは、2つの大規模データセットから得たメンタルヘルスの結果に関する別のグラフも示す。付録はhttp://www.jeantwenge.com/wp-content/uploads/2017/08/igen-appendix.pdfより取得できる。
39. Zhiguo & Fang (2014).
40. Shin & Liberzon (2010).
41. Gotlib & Joormann (2010).

42. Prociuk, Breen, & Lussier. (1976). 以下も参照: Costello (1982).
43. Peterson, Maier, & Seligman (1993). 以下も参照: Seligman (1990).
44. Chen, Coccaro, & Jacobson (2012).
45. Clark, Algoe, & Green (2018).

第8章

1. Denizet-Lewis, B. (2017, October 11). Why are more American teenagers than ever suffering from severe anxiety? *The New York Times*. https://www.nytimes.com/2017/10/11/magazine/why-are-more-american-teenagers-than-ever-suffering-from-severe-anxiety.htmlより取得。
2. Skenazy, L. (2008, April 1). Why I let my 9-year-old ride the subway alone. *The New York Sun*. http://www.nysun.com/opinion/why-i-let-my-9-year-old-ride-subway-alone/73976より取得。
3. Skenazy, L. (2015, January 16). I let my 9-year-old ride the subway alone. I got labeled the "World's Worst Mom." *The Washington Post*. https://www.washingtonpost.com/posteverything/wp/2015/01/16/i-let-my-9-year-old-ride-the-subway-alone-i-got-labeled-the-worlds-worst-mom/?utm_term=.7cbce60ca0e0より取得。
4. この事件の主犯格は、2017年になってようやく有罪判決を受けた。概要は、McKinley, J. C. (2017, April 18)を参照。Pedro Hernandez gets 25 years to life in murder of Etan Patz. *The New York Times* https://www.nytimes.com/2017/04/18/nyregion/pedro-hernandez-etan-patz-sentencing.htmlより取得。
5. Lafrance, A. (2017, February 14). When bad news was printed on milk cartons. *The Atlantic*. https://www.theatlantic.com/technology/archive/2017/02/when-bad-news-was-printed-on-milk-cartons/516675より取得。
6. National Crime Information Center. (n.d.) 2016 NCIC missing person and unidentified person statistics. https://www.fbi.gov/file-repository/2016-ncic-missing-person-and-unidentified-person-statistics.pdf/viewより取得。
7. Polly Klaas Foundation. (n.d.). National child kidnapping facts. http://www.pollyklaas.org/about/national-child-kidnapping.htmlより取得。
8. ChildStats.gov. (n.d.). POP1 Child population: Number of children (in millions) ages 0–17 in the United States by age, 1950–2016 and projected 2017–2050. https://www.childstats.gov/americaschildren/tables/pop1.aspより取得。
9. Simpson, K. (2010, November 27). Dispelled kidnap myths do little to allay parents' fears. *The Denver Post*. http://www.denverpost.com/2010/11/27/dispelled-kidnap-myths-do-little-to-allay-parents-fearsより取得。
10. 誘拐事件の動向について、詳しくは以下を参照: U.S. Department of Justice. (2016, June 14). Number of child abductions by strangers unchanged over past decade and a half; Fewer end in homicide. http://www.unh.edu/ccrc/Presspacket/Stereotypical%20Kidnapping%20.pdfより取得。興味深い点が3つある:(1)誘拐された子どもが無事家族のもとに戻ってきたのは、1997年には57%のみだったが、2011年は92%だった(スマートフォンの追跡機能などのテクノロジーが、警察の捜査に非常に役立っている)。(2)2011年に見ず知らずの人から誘拐された子どもの5人に4人が、親2人(実の親または養親)がいる家で生活していなかった。(3)誘拐された子どもの3

人に1人が、行方不明の通報がなされていなかった。養育に責任を負っている親がおらず、ほったらかしにされていた子どもたちだった。参照: Flores, J. R. (2002, October). Nonfamily abducted children: National estimates and characteristics. http://unh.edu/ccrc/pdf/MC19.pdfより取得。
11. FBI Criminal Justice Information Services Division. (n.d.). Preliminary semiannual uniform crime report, January–June, 2015. https://ucr.fbi.gov/crime-in-the-u.s/2015/preliminary-semiannual-uniform-crime-report-januaryjune-2015より取得。
12. Kurutz, S. (2004, October 24). The age of the mugger. *The New York Times*. http://www.nytimes.com/2004/10/24/nyregion/thecity/the-age-of-the-mugger.htmlより取得。
13. 少なくとも、行方不明になった白人の子どもたちについては報道がされていた。1979〜1981年にかけて起きたアトランタ児童殺人事件では25人以上の黒人の子どもが誘拐および殺害されたが、同時期に発生したパッツやウォルシュの殺害事件ほど全米の注目を集めなかった。
14. 全米で犯罪が急激に減少した理由について、犯罪学者の間でも共通の見解はない。ジョンは、70年代後半から80年代初めに有鉛ガソリンが段階的に禁止されたことが1つの主要因だと考えている。参照: Drum, K. (2016, February 11). Lead: America's real criminal element. *Mother Jones*. http://www.motherjones.com/environment/2016/02/lead-exposure-gasoline-crime-increase-children-healthより取得。
15. Infoplease. (n.d.) Homicide rate per 100,000, 1950–2015. https://www.infoplease.com/us/crime/homicide-rate-1950-2014より取得。
16. Stapleton, A. C. (2015, February 6). Police: 6-year-old boy "kidnapped" for being too nice to strangers. *CNN*. http://www.cnn.com/2015/02/05/us/missouri-fake-kidnapping/index.htmlより取得。
17. Berchelmann, K. (2017, May 4). When can my child use the public restroom alone? *HealthyChildren.org*. https://www.healthychildren.org/English/tips-tools/ask-the-pediatrician/Pages/Whencan-my-child-use-the-public-restroom-alone.aspxより取得。
18. Lowbrow, Y. (2014, June 9). 8 reasons children of the 1970s should all be dead. https://flashbak.com/8-reasons-children-of-the-1970s-should-all-be-dead-323より取得。
19. YOURS News. (2012, February 20). Seatbelts—Saving thousands of lives around the world everyday . . . [Blog post]. http://www.youthforroadsafety.org/news-blog/news-blog-item/t/seatbelts_saving_thousands_of_lives_around_the_world_everydayより取得。
20. Ganti et al. (2013).
21. DeNoon, D. J. (2003, May 13). Quit smoking so your kids won't start. *Web MD*. https://www.webmd.com/smoking-cessation/news/20030513/quit-smoking-so-your-kids-wont-startより取得。
22. National Institute for Occupational Safety and Health. (n.d.). LEAD: Information for workers—Health problems caused by lead. https://www.cdc.gov/niosh/topics/lead/health.htmlより取得。
23. Christakis (2016), p. 131.
24. Taleb (2007).
25. この逆効果について詳しくは、グレッグ・イップの著書*Foolproof: Why Safety Can Be Dangerous and How Danger Makes Us Safe*（絶対確実：なぜ安全性が危険で、危険性こそが安全なのか）を

参照。Ip (2015).
26. Skenazy (2008); n. 2も参照。
27. J. Lythcott-Haims (personal communication May 26, 2017).
28. Estroff Marano, H. (2004, November 1). A nation of wimps. *Psychology Today*. https://www.psychologytoday.com/articles/200411/nation-wimpsより取得。
29. J. Lythcott-Haims (personal communication May 26, 2017).
30. これは人口転換と呼ばれる。参照: Grover, D. (2014, October 13). What is the Demographic Transition Model? *PopEd Blog*. https://www.populationeducation.org/content/what-demographic-transition-modelより取得。
31. Parker, K., & Wang, W. (2013, March 14). Modern parenthood: Roles of moms and dads converge as they balance work and family. *Pew Research Center*. http://www.pewsocialtrends.org/2013/03/14/modern-parenthood-roles-of-moms-and-dads-converge-as-they-balance-work-and-familyより取得。
32. L. Skenazy (personal communication, May 4, 2017).
33. Skenazy, L. (2015, June 11). 11-year-old boy played in his yard. CPS took him, felony charge for parents. *Reason*. http://reason.com/blog/2015/06/11/11-year-old-boy-played-in-his-yard-cps-tより取得。
34. WFSB Staff. (2014, July 9). Bristol mother charged with leaving child unattended in car. *Eyewitness News 3*. http://wfsb.com/story/25982048/bristol-mother-charged-with-leaving-child-unattended-in-carより取得。(同様のストーリーは以下を参照: https://letgrow.org/blog)
35. Skenazy, L. (2016, June 17) "16 is the appropriate age to allow children to be outside by themselves"—New Albany, Ohio, police chief. *Free-Range Kids*. http://www.freerangekids.com/16-is-the-appropriate-age-to-allow-children-to-be-outside-by-themselves-new-albany-ohio-police-chiefより取得。
36. Lareau (2011), p. 3.
37. Putnam (2015), p. 117.
38. Putnam (2015), p. 117.
39. DeLoache et al. (2010).
40. この研究プロジェクトのウェブサイトは、アメリカ疾病予防管理センターが運用している：http://www.cdc.gov/violenceprevention/acestudy
41. Putnam (2015), p. 112.
42. Chetty, Friedman, Saez, Turner, & Yagen (2017). その論文の概要は以下のインフォグラフを参照: Some colleges have more students from the top 1 percent than the bottom 60. Find yours. (2017, January 18). *The New York Times*. https://www.nytimes.com/interactive/2017/01/18/upshot/some-colleges-have-more-students-from-the-top-1-percent-than-the-bottom-60.htmlより取得。
43. L. Skenazy (personal communication, May 4, 2017).

第9章

1. LaFreniere (2011).
2. LaFreniere (2011), p. 479, では、「追いかけっこなどのゲームでは、子どもたちは逃げる側になりたがり（例えば、鬼ごっこやそれを真似たような遊びでは、追いかけられる側になりたがる）、そのような遊びは、ヒトの捕食者としてよりも餌食として受け継いできたものと関係していることを示唆する」と主張されている。
3. LaFreniere (2011), p. 465. 以下も参照: Sandseter & Kennair (2011). Gray, P. (2014, April 7). Risky play: Why children love it and need it. *Psychology Today*. https://www.psychologytoday.com/blog/freedom-learn/201404/risky-play-why-children-love-it-and-need-itより取得。
4. Einon, Morgan, & Kibbler (1978). ネズミの子どもを使った別の実験については、Hol, Berg, Ree, & Spruijt (1999) も参照。マーモセットを使った相関的研究は、Mustoe, Taylor, Birnie, Huffman, & French (2014) を参照。Gray (in press)の本書レビューも参照。
5. Black, Jones, Nelson, & Greenough (1998).
6. Johnson & Newport (1989). 隔離児「ジーニー」の有名事例の評価は、Curtiss (1977)を参照。耳が聞こえない子どもでも、手話で同じことが起きる。絶対不可欠なのは、話し言葉ではなく、他者とのコミュニケーションなのだ。
7. これは、Gray (in press)、LaFreniere (2011)、Sandseter & Kennair (2011)など、遊びを研究する数多くの研究者が主張している点である。子ども時代の遊びの不足が大人になってからの個性を変える、との主張を強力に実証できる直接的証拠はない。本章で解説したネズミの子どもを使った制御実験は、人間ではまだ行われていない。私たちがなぜこの主張がもっともらしく、真実と考えうるかについては、本章の残りの部分で示す。
8. Gray (2011). 以下も参照: Gray (in press).
9. Sandseter & Kennair (2011), p. 275.
10. Gray (2011), p. 444.
11. Singer, Singer, D'Agostino, & DeLong (2009), cited in Gray (2011).
12. Hirsh-Pasek, Golinkoff, Berk, & Singer (2009).
13. Gray (2011), p. 456.
14. Hofferth & Sandberg (2001), cited in Gray (2011).
15. Twenge et al. (2018)での媒介分析では、あらゆる形態の画面を使う時間は、メンタルヘルスのマイナスの影響と関連があることが示された。しかし、ピーター・グレイは、画面が介在する社会的交流について、より肯定的な見方をしている。それも真の社会的交流で、マルチプレイヤーによるビデオゲームも1つの遊びのかたちだとグレイは考える。また、オンライン上での社会的交流は概して、大人の監視がない状況で行われるという意味でも利点があると指摘する。しかし、オンラインの交流には身体を使った活気的な遊びの利点はなく、中にはメンタルヘルスに害を及ぼすものがあることには同意している。P. Gray (personal communication, February 8, 2018).
16. Hofferth & Sandberg (2001).
17. 以下の評価を参照: Shumaker, H. (2016, March 5). Homework is wrecking our kids: The research is clear, let's ban elementary homework. *Salon*. https://www.salon.com/2016/03/05/homework_is_wrecking_our_kids_the_research_is_clear_lets_ban_elementary_homeworkより

取得。以下も参照: Marzano, R., & Pickering, D. (2007, March). Special topic: The case for and against homework. *Educational Leadership*, 64(6), 74–79. https://www.lincnet.org/cms/lib05/MA01001239/Centricity/Domain/108/Homework.pdfより取得。Cooper, Lindsay, Nye, & Greathouse (1998). Cooper, Civey Robinson, & Patall (2006). Cooper, Steenbergen-Hu, & Dent (2012).

18. 「過去20年、宿題が増えたのは低学年のみで、宿題が増えたことの子どもたちの成績への効果ははっきりわかっていない」National Education Association. (n.d.). Research spotlight on homework. http://www.nea.org/tools/16938.htmより取得。
19. L. Skenazy (personal communication, January 23, 2018).
20. Clements (2004), cited in Gray (2011).
21. Whitley, C. (2011, August 1). Is your child ready for first grade: 1979 edition. *ChicagoNow*. http://www.chicagonow.com/little-kids-big-city/2011/08/is-your-child-ready-for-first-grade-1979-editionより取得。(この点を指摘してくれたエリカ・クリスタキスに感謝する)
22. Whitley (2011); n. 21も参照。
23. St. Theresa's Catholic School (Austin, TX). (2012, January). Expectations for incoming first graders. https://www.st-theresa.org/wp-content/uploads/2012/02/1st_Expectations.pdfより取得。
24. E. Christakis (personal communication, October 21, 2017).
25. Christakis (2016).
26. Gopnik, A. (2011, March 16). Why preschool shouldn't be like school: New research shows that teaching kids more and more, at ever-younger ages, may backfire. *Slate*. http://www.slate.com/articles/double_x/doublex/2011/03/why_preschool_shouldnt_be_like_school.htmlより取得。以下も参照: Gray, P. (2015, May 5). Early academic training produces long-term harm. *Psychology Today* https://www.psychologytoday.com/blog/freedom-learn/201505/early-academic-training-produces-long-term-harmより取得。
27. Bassok, Latham, & Rorem (2016).
28. Common Core State Standards Initiative. (n.d.). Introduction to Common Core. http://www.corestandards.org/Math/Content/introductionより取得。
29. Common Core State Standards Initiative. (n.d.). English language arts standards » Reading: Foundational skills » Kindergarten. http://www.corestandards.org/ELA-Literacy/RF/Kより取得。
30. E. Christakis (personal communication, June 2, 2017).
31. 「皮肉にも、幼稚園および1年生の現役教師に、プリスクールの子どもたちが小学校入学前に習得すべき最も重要なスキルは何かと問うと、必ず挙がるのは、数字や文字の識別といった学問的な準備スキルよりも、順番を交代できるか、友だちの話を聞くことができるかといった社会的および情緒的スキルだ。しかし、親たちがまったく異なる見方をしている場合が多い」Christakis (2016), p. 7.
32. Pew Research Center. (2015, December 17). Parenting in America: Children's extracurricular activities. http://www.pewsocialtrends.org/2015/12/17/5-childrens-extracurricular-activitiesより取得。
33. Mose (2016).

34. Scholarship America. (2011, August 25). Make your extracurricular activities pay off. *U.S. News & World Report*. https://www.usnews.com/education/blogs/the-scholarship-coach/2011/08/25/make-your-extracurricular-activities-pay-offより取得。
35. *Princeton Review*. (n.d.). 14 summer activities to boost your college application. https://www.princetonreview.com/college-advice/summer-activities-for-college-applicationsより取得。
36. Yale University Office of Institutional Research. (2016, November 30). Summary of Yale College admissions class of 1986 to class of 2020. https://oir.yale.edu/sites/default/files/w033_fresh_admissions.pdfより取得。
37. Deresiewicz (2015), p. 39.
38. J. Lythcott-Haims (personal communication, May 26, 2017). こうした親たちは「子どもたちが誘拐されるかも……と、ハーバード大に入れないかも、の2つの恐怖にとらわれている」とレノア・スケナジは語った。L. Skenazy (personal communication, January 23, 2018).
39. Morrison, P. (2015, October 28). How "helicopter parenting" is ruining America's children. *Los Angeles Times*. http://www.latimes.com/opinion/op-ed/la-oe-morrison-lythcott-haims-20151028-column.htmlより取得。
40. A. Duckworth (personal communication, March 19, 2018).
41. Bruni, F. (2016, January 19). Rethinking college admissions. *The New York Times*. https://www.nytimes.com/2016/01/20/opinion/rethinking-college-admissions.htmlより取得。
42. Rosin, H. (2015, November 20). The Silicon Valley suicides. *The Atlantic*. https://www.theatlantic.com/magazine/archive/2015/12/the-silicon-valley-suicides/413140より取得。
43. Spencer, K. (2017, April 5). It takes a suburb: A town struggles to ease student stress. *The New York Times*. https://www.nytimes.com/2017/04/05/education/edlife/overachievers-student-stress-in-high-school-.html?_r=0より取得。
44. Farrell, A., McDevitt, J., & Austin, R. (2015). Youth risk behavior survey Lexington High School—2015 results: Executive summary. https://lps.lexingtonma.org/cms/lib2/MA01001631/Centricity/Domain/547/YRBSLHSExecSummary08Mar16.pdfより取得。以下も参照: Luthar & Latendresse (2005). Chawla, I., & Njoo, L. (2016, July 21). CDC releases preliminary findings on Palo Alto suicide clusters. *The Stanford Daily*. https://www.stanforddaily.com/2016/07/21/cdc-releases-preliminary-findings-on-palo-alto-suicide-clustersより取得。
45. Chetty, Friedman, Saez, Turner, & Yagen (2017). 論文概要は以下のインフォグラフを参照: Some colleges have more students from the top 1 percent than the bottom 60. Find yours. (2017, January 18). *The New York Times*. https://www.nytimes.com/interactive/2017/01/18/upshot/some-colleges-have-more-students-from-the-top-1-percent-than-the-bottom-60.htmlより取得。
46. 以下に引用: Brody, J. E. (2015, January 19). Parenting advice from "America's worst mom." *The New York Times*. https://well.blogs.nytimes.com/2015/01/19/advice-from-americas-worst-momより取得。
47. Horwitz (2015).
48. Ostrom, E. (1990).
49. Ostrom, V. (1997).

50. Horwitz (2015), p. 10.
51. Iyengar & Krupenkin (2018).
52. Ortiz-Ospina, E., & Roser, M. (2017). Trust. https://ourworldindata.org/trustより取得。
53. Horwitz (2015), p. 3.
54. この助言は、恵まれない家庭環境に育ち、普段の生活の中で不公正や「不運」を経験しがちな生徒たちには、それほど必要とされないことに留意したい。
55. Reilly, K. (2017, July 5). "I wish you bad luck." Read Supreme Court Justice John Roberts's unconventional speech to his son's graduating class. *Time*. http://time.com/4845150/chief-justice-john-roberts-commencement-speech-transcriptより取得。

第10章

1. De Tocqueville (1839/2012), book 4, chapter 6.
2. FIRE letter to Northern Michigan University, August 25, 2016. (2016, September 19). https://www.thefire.org/fire-letter-to-northern-michigan-university-august-25-2016より取得。
3. THE "I CARE PROJECT": Revise NMU Student Self-Destructive Behavior Policy. (n.d.). *Change.org* [Petition]. https://www.change.org/p/northern-michigan-university-the-i-care-project-revise-nmu-student-self-destructive-behavior-policyより取得。
4. Singal, J. (2016, September 22). A university threatened to punish students who discussed their suicidal thoughts with friends (Updated). *The Cut*. https://www.thecut.com/2016/09/a-school-is-threatening-to-punish-its-suicidal-students.htmlより取得。その後、ノーザン・ミシガン大学は行動規範を見直し、このような書簡は送らなくなった。2016年1月には、学生同士で自傷行為について話し合うことの禁止も削除された。参照: Northern Michigan University. (2016). Northern Michigan University practice concerning self-destructive students changed January 2016. http://www.nmu.edu/mc/current-mental-health-communicationより取得。
5. National Center for Educational Statistics (1993), p. 64.
6. Fast Facts: Back to School Statistics. (n.d.). National Center for Education Statistics. https://nces.ed.gov/fastfacts/display.asp?id=372より取得。
7. Digest of Education Statistics. (2016). Tables 333.10 (Revenues of public institutions) and (333.40) (Revenues of private institutions). National Center for Education Statistics. https://nces.ed.gov/programs/digest/current_tables.aspより取得。
8. Gross Domestic Product 2016. (2017, December 15). World Bank Development Indicators Database. https://databank.worldbank.org/data/download/GDP.pdfより取得。
9. Digest of Education Statistics. (2016). Table 333.90 (Endowments). National Center for Education Statistics. https://nces.ed.gov/programs/digest/d16/tables/dt16_333.90.asp?current=yesより取得。
10. 以下に挙がっているトップ25大学における海外からの留学生の割合は、ミシガン大学の16%からカーネギーメロン大学の45%まで幅がある。World University Rankings 2018. *Times Higher Education*. https://www.timeshighereducation.com/world-university-rankings/2018/world-ranking#!/page/0/length/25/sort_by/rank/sort_order/asc/cols/statsより取得。
11. World University Rankings 2018; n. 10を参照。もしくは、トップ25大学のうち19大学。以下も参

照: Best Global Universities Rankings. (2018). *U.S. News & World Report*. https://www.usnews.com/education/best-global-universities/rankingsより取得。

12. Kerr (1963).
13. 「景気後退下で予算削減され、授業料は高くなる中、諸大学の執行部、管理事務の人員は15%増えた」Marcus, J. (2016, October 6). The reason behind colleges' ballooning bureaucracies. *The Atlantic*. https://www.theatlantic.com/education/archive/2016/10/ballooning-bureaucracies-shrinking-checkbooks/503066より取得。
14. 例えば、以下を参照: Catropa, D., & Andrews, M. (2013, February 8). Bemoaning the corporatization of higher education. *Inside Higher Ed*. https://www.insidehighered.com/blogs/stratedgy/bemoaning-corporatization-higher-educationより取得。
15. 「米国大学教授協会(American Association of University Professors)の2014年度報告書によると、1975年以降、常勤の管理事務職は369%増加した一方、常勤の終身在職権のある教員は23%の増加、非常勤の教員は286%の増加だった」Braswell, S. (2016, April 24). The fightin' administrators: The birth of a college bureaucracy. *Point Taken*. http://www.pbs.org/wgbh/point-taken/blog/ozy-fightin-administrators-birth-college-bureaucracyより取得。以下も参照: Christensen, K. (2015, October 17). Is UC spending too little on teaching, too much on administration? *Los Angeles Times*. http://www.latimes.com/local/education/la-me-uc-spending-20151011-story.htmlより取得。
16. Campos, P. F. (2015, April 4). The real reason college tuition costs so much. *The New York Times*. https://www.nytimes.com/2015/04/05/opinion/sunday/the-real-reason-college-tuition-costs-so-much.htmlより取得。
17. Catropa & Andrews (2013); n. 15も参照。以下も参照: Lewis (2007), pp. 4–5. McArdle, M. (2015, August 13). Sheltered students go to college, avoid education. *Bloomberg View*. https://www.bloomberg.com/view/articles/2015-08-13/sheltered-students-go-to-college-avoid-educationより取得。
18. Ginsberg (2011). Chapter 1, section "Shared Governance?" paragraphs 2–6.
19. Ginsberg (2011). Chapter 1, section "Professors and Administrators?" paragraph 16.
20. 私たちが把握しているごく一部の例外の1つが、オーバリン大学学長マーヴィン・クリスロフによる、「交渉の余地のない」要望リストの受け容れ拒否である。参照: Jaschik, S. (2016, January 21). Oberlin's president says no. *Inside Higher Ed*. https://www.insidehighered.com/news/2016/01/21/oberlins-president-refuses-negotiate-student-list-demandsより取得。
21. Adler, E. (2018, March 15). Students think they can suppress speech because colleges treat them like customers. *The Washington Post*. http://wapo.st/2phMwCB?tid=ss_tw&utm_term=.75b5e44fa1d0より取得。
22. 以下の11ページにある図5を参照: Desrochers, D. M., & Hurlburt, S. (2016, January)Trends in college spending: 2003–2013. American Institutes for Research. *Delta Cost Project*. https://www.deltacostproject.org/sites/default/files/products/15-4626%20Final01%20Delta%20Cost%20Project%20College%20Spending%2011131.406.P0.02.001%20....pdfより取得。
23. Carlson, S. (2013, January 28). What's the payoff for the "country club" college? *The Chronicle of Higher Education*. https://www.chronicle.com/blogs/buildings/whats-the-payoff-for-the-country-club-college/32477より取得。以下も参照: College Ranker. (n.d.). Colleges as country

clubs: Today's pampered college students. http://www.collegeranker.com/features/colleges-as-country-clubsより取得。Jacob, B., McCall, B. & Stange, K. M. (2013, January). College as country club: Do colleges cater to students' preferences for consumption? National Bureau of Economic Research. http://www.nber.org/papers/w18745.pdfより取得。*Forbes*は、大学やカントリークラブと、「クラブフェッド」とも揶揄される軽警備の矯正施設を比較することで、この事象をからかった記事を掲載した。Pierce, K. (2014, July 29). College, country club or prison? *Forbes*. https://www.forbes.com/special-report/2014/country-college-prion.htmlより取得。

24. 全米学内対抗レクリエーショナル・スポーツ協会(NIRSA)の2013年調査によると、92の大学でレクリエーション施設事業が検討されており、その総額は17億ドルに及んだ。参照：Rubin, C. (2014, September 19). Making a splash: College recreation now includes pool parties and river rides. *The New York Times*. https://www.nytimes.com/2014/09/21/fashion/college-recreation-now-includes-pool-parties-and-river-rides.htmlより取得。以下も参照: Koch, J. V. (2018, January 9). Opinion: No college kid needs a water park to study. *The New York Times*. https://www.nytimes.com/2018/01/09/opinion/trustees-tuition-lazy-rivers.htmlより取得。
25. Stripling, J. (2017, October 15). The lure of the lazy river. *The Chronicle of Higher Education*. https://www.chronicle.com/article/The-Lure-of-the-Lazy-River/241434より取得。
26. Papish v. Bd. of Curators of the Univ. of Missouri et al., 410 U.S. 667 (1973) (攻撃的な漫画および大見出しがついた学部生向け新聞の配布で除籍された学生の復帰); Texas v. Johnson, 491 U.S. 397 (1989) (国旗の焼却).
27. 簡潔にするため、本書では、大学を運営する人たち、および、学生生活に関わるすべての学部長や職員を含めて「職員」という用語を使う。これには、教員以外のキャンパスにいる専門スタッフのほとんど(すべてではない)——学生が大学の「職員」と言う場合に一般的に指す人々——が含まれる。
28. グレッグの最初の著書『Unlearning Liberty(自由の学習棄却)』(Lukianoff 2014)では、2001年から2012年のキャンパス事情を対象に、大学職員が示した過剰反応の事例を多数取り上げている。
29. 教授に休暇を取らせ、精神鑑定を受けさせた後、大学側は最終的にこの処分を撤回した。参照: Victory: College backtracks after punishing professor for "Game of Thrones" picture. (2014, October 28). *FIRE*. https://www.thefire.org/victory-college-backtracks-punishing-professor-game-thrones-pictureより取得。
30. College declares Haymarket Riot reference a violent threat to college president. (2015, June 8). *FIRE*. https://www.thefire.org/college-declares-haymarket-riot-reference-a-violent-threat-to-college-presidentより取得。 FIREはオークトン・コミュニティ大学に2通の書簡を送ったが、これ以上のことは何も起こらなかった。大学側は停止通告書を撤回しなかったが、教授に対する正式な措置は何も取られなかった。
31. Harris, S. (2016, September 1). Speech code of the month: Drexel University. *FIRE*. https://www.thefire.org/speech-code-of-the-month-drexel-universityより取得。
32. FIRE では、諸大学のスピーチコードを「赤信号」「黄信号」「青信号」で評価している。(FIREのスピーチコード評価について詳しくは以下を参照: https://www.thefire.org/spotlight/using-the-spotlight-database.) ウェストアラバマ大学の、辛辣なテキストメッセージや侮辱の禁止など、「赤信号」がついている方針は、現在も効力がある。ジャクソンビル州立大学のスピーチコードは長年

にわたり変更され続け、直近では2017年にも変更されたが、全体として黄信号の評価がついている。各大学の評価状況は以下より確認できる: https://www.thefire.org/spotlight. 以下も参照: (n.d.). Spotlight: Jacksonville State University. https://www.thefire.org/schools/jacksonville-state-universityより取得。(n.d.). Spotlight: University of West Alabama. https://www.thefire.org/schools/university-of-west-alabamaより取得。

33. Harris, S. (2009, May 29). McNeese State revises "public forum" policy but still prohibits "derogatory" speech. *FIRE*. https://www.thefire.org/mcneese-state-revises-public-forum-policy-but-still-prohibits-derogatory-speechより取得。
34. Univ. of Cincinnati Chapter of Young Americans for Liberty v. Williams, 2012 U.S. Dist. LEXIS 80967 (S.D. Ohio June 12, 2012).
35. さまざまなキャンパスコードは、以下より参照できる: Spotlight Database and Activism Portal. (2018). *FIRE*. https://www.thefire.org/spotlightより取得。
36. 2001年9月12日〜2016年12月31日の15年間で、アメリカで発生した「暴力的な過激派」の攻撃は85件。平均すると、1年あたり6件以下だ。Valverde, M. (2017, August 16). A look at the data on domestic terrorism and who's behind it. PolitiFact. http://www.politifact.com/truth-o-meter/article/2017/aug/16/look-data-domestic-terrorism-and-whos-behind-itより取得。
37. 貼り紙に掲載されていたウェブページには、「ニューヨーク大学の偏見通報ラインは、コミュニティの構成員が、コミュニティ内で起こり得る偏見、差別、ハラスメントの体験や悩みについて、共有または報告できる仕組みを提供する」と説明されている。NYU Bias Response Line. (n.d.). http://www.nyu.edu/about/policies-guidelines-compliance/equal-opportunity/bias-response.htmlより取得。
38. FIRE. (2017). 2017 Report on Bias Reporting Systems. [Blog post]. https://www.thefire.org/first-amendment-library/special-collections/fire-guides/report-on-bias-reporting-systems-2017より取得。
39. このような偏見の評価は、Haidt (2006)の2章を参照。
40. 参照: Pappano, L. (2017, October 31). In a volatile climate on campus, professors teach on tenterhooks. *The New York Times*. https://www.nytimes.com/2017/10/31/education/edlife/liberal-teaching-amid-partisan-divide.htmlより取得。以下も参照: Belkin, D. (2017, February 27). College faculty's new focus: Don't offend. *The Wall Street Journal*. https://www.wsj.com/articles/college-facultys-new-focus-dont-offend-1488200404より取得。
41. Suk Gersen, J. (2014, December 15). The trouble with teaching rape law. *The New Yorker*. https://www.newyorker.com/news/news-desk/trouble-teaching-rape-lawより取得。
42. Steinbaugh, A. (2016, July 7). University of Northern Colorado defends, modifies "Bias Response Team" as criticism mounts and recording emerges. https://www.thefire.org/university-of-northern-colorado-bias-response-team-recording-emergesより取得。
43. Melchior, J.K. (2016, July 5). Exclusive: Transcript of bias response team conversation with censored professor. *Heat Street* (via Archive.org). https://web.archive.org/web/20160805130848/https://heatst.com/culture-wars/exclusive-transcript-of-bias-response-team-conversation-with-censored-professorより取得。
44. これは、カナダのウィルフリッド・ローリエ大学の指導助手リンゼイ・シェパードに起きた事例と非常によく似ている。シェパードは、テレビ討論の動画を、討論のどちらか一方を非難することなく見

せた。討論のどちらか一方が正しいと確信している学生がいる場合、教室で討論の模様を見せるのは、危険を伴う。参照: Grinberg, R. (2017, November 23). Lindsay Shepherd and the potential for heterodoxy at Wilfrid Laurier University. *Heterodox Academy*. https://heterodoxacademy.org/blog/lindsay-shepherd-and-the-potential-for-heterodoxy-at-wilfrid-laurier-university/より取得。

45. FIREのアダム・スタインバウが指摘するように、「学問の自由は、丁重に冷水を浴びせられるものであろうとも、それは学問の自由である」参照: Steinbaugh, A. (2016, July 7); 注42も参照。
46. ときとして、善意からの取り組みでない場合もある。4章や5章で解説した、多くのキャンパスで見られる政治的力学を考慮すると、偏見対応ツールは簡単に悪用されうる。これらの制度が導入された当初、2009年にカリフォルニア・ポリテクニック州立大学の偏見対応チームで働いた学生の1人は、制度の標的の1つは、「ポリティカル・コレクトでない、または人を傷つける言動を取る教師だ」と取材で認めた。ジョン・キャロル大学の事例では、複数の学生が大学の偏見への対応方法を利用して、ただの悪ふざけと考えられることをした1人の学生を標的とした。参照: Cal Poly suspends reporting on "politically incorrect" faculty and students. (2009, June 1). *FIRE*. https://www.thefire.org/cal-poly-suspends-reporting-on-politically-incorrect-faculty-and-students-2より取得。以下も参照: John Carroll University. (2015, December). Bias reports 2014–2015. http://webmedia.jcu.edu/diversity/files/2015/12/2014-2015-Bias-Report-web-version.pdfより取得。
47. 20 U.S.C. § 1681 et seq. (1972).
48. 参照: Davis v. Monroe County Board of Education, 526 U.S. 629, 633 (1999); Bryant v. Indep. Sch. Dist. No. I–38, 334 F.3d 928, 934 (10th Cir. 2003).
49. Civil Rights Act of 1964 § 7, 42 U.S.C. § 2000e-2 (a)(1) & (2) (1964) (「人種、肌の色、宗教、性別、国籍」に基づく、雇用または職場における差別の禁止) ; Education Amendments of 1972 § 9, 20 U.S.C. § 1681(a) (1972) (教育において「性別に基づく」差別の禁止)。
50. Student wins Facebook.com case at University of Central Florida. (2006, March 6). *FIRE*. https://www.thefire.org/student-wins-facebookcom-case-at-university-of-central-floridaより取得。
51. 大学は、ハラスメントを受けたと感じた誰もが支援やカウンセリングサービスを利用できるよう、基準を非常に低く設定することができ、またそうすべきだ。ハラスメントにあたる発言をしたかどで講演者を罰する基準は、もっと高く設定すべきだ。例えばタイトルナインの下では、通報する被害者は、被疑者による悪行の確定前、および、それがなくても、改善措置を受ける権利がある。その2つをまとめてしまうことは誤りだと私たちは考える。例えば、1人が一度限りの発話行為で傷つけられたと感じていれば、もう1人はハラスメントで告発されるべきとされるなど。そのような捉え方をする大学は、<感情的決めつけのエセ真理>を体系化して教え、道徳的依存を促しているといえよう。
52. 管理人をしていた学生キース・ジョン・サンプソンは書簡を受け取り、「歴史的かつ人種的に許しがたい主題に関する本をおおっぴらに読んでいた」ことは人種的嫌がらせにあたり、有罪とされた旨を知らされた。Lukianoff, G. (2008, May 2). Judging a book by its cover—literally. https://www.thefire.org/judging-a-book-by-its-cover-literally-3より取得。
53. 例えば、以下を参照 : Gluckman, N., Read B., Mangan, K. & Qulantan, B. (2017, November 3). Sexual harassment and assault in higher ed: What's happened since Weinstein. *The Chronicle*

of Higher Education. https://www.chronicle.com/article/Sexual-HarassmentAssault/241757より取得。Anderson, M.D. (2017, October 19). How campus racism could affect black students' college enrollment. *The Atlantic*. https://www.theatlantic.com/education/archive/2017/10/how-racism-could-affect-black-students-college-enrollment/543360/より取得。Berteaux, A. (2016, September 15). In the safe spaces on campus, no Jews allowed. *The Washington Post*. https://www.washingtonpost.com/news/acts-of-faith/wp/2016/09/15/in-the-safe-spaces-on-campus-no-jews-allowed/?utm_term=.2bb76389a248より取得。

54. Silverglate, H. A. (1999, January 26). Memorandum to free speech advocates, University of Wisconsin. https://www.thefire.org/memorandum-to-free-speech-advocates-university-of-wisconsinより取得。
55. Doe v. University of Michigan, 721 F.Supp. 852, 865 (E.D. Mich. 1989).
56. Corry v. Leland Stanford Junior University, No. 740309 (Cal. Super. Ct. Feb. 27, 1995) (slip op.).
57. Bhargava, A., & Jackson, G. (2013, May 9). Letter to President Royce Engstrom and University Counsel Lucy France, Esq., University of Montana. U.S. Department of Justice, Civil Rights Division, & U.S. Department of Education, Office for Civil Rights. https://www.justice.gov/sites/default/files/opa/legacy/2013/05/09/um-ltr-findings.pdfより取得。
58. Kipnis, L. (2015, February 27). Sexual paranoia strikes academe. *The Chronicle of Higher Education*. https://www.chronicle.com/article/Sexual-Paranoia-Strikes/190351より取得。
59. 調査中、キプニスは弁護士を巻き込んではならない、調査者との会合を録画してはならないと言われた。さらに当初は、会合に出席するまで、告訴内容すらも教えられないと言われていた。Cooke, R. (2017, April 2). Sexual paranoia on campus—and the professor at the eye of the storm. *The Guardian*. https://www.theguardian.com/world/2017/apr/02/unwanted-advances-on-campus-us-university-professor-laura-kipnis-interviewより取得。
60. Title IX Coordinating Committee response to online petition and ASG resolution. (2014, March 4). *Northwestern Now*. https://news.northwestern.edu/stories/2014/03/title-ix-coordinating-committee-response-to-online-petition-and-asg-resolutionより取得。
61. Suk Gersen, J. (2017, September 20). Laura Kipnis's endless trial by Title IX. *The New Yorker*. https://www.newyorker.com/news/news-desk/laura-kipniss-endless-trial-by-title-ixより取得。
62. 学生がキプニスを相手取って起こした名誉毀損訴訟は続いている。Meisel, H. (2018, March 7). HarperCollins can't escape suit over prof's assault book. *Law360*. https://www.law360.com/articles/1019571/harpercollins-can-t-escape-suit-over-prof-s-assault-bookより取得。
63. FIRE (Producer). (2016, April 6). In her own words: Laura Kipnis's "Title IX inquisition" at Northwestern [Video file]. https://youtu.be/vVGOp0IffOQ?t=8m58sより取得。
64. Campbell & Manning (2014). この研究の展開については、Campbell & Manning (2018)を参照。
65. Campbell & Manning (2014), p. 695.
66. Campbell & Manning (2014), p. 697.
67. エリカ・クリスタキスからのメールは以下を参照: FIRE (2015, October 30). Email from Erika Christakis: "Dressing Yourselves," email to Silliman College (Yale) students on Halloween costumes. *FIRE*. https://www.thefire.org/email-from-erika-christakis-dressing-yourselves-email-to-silliman-college-yale-students-on-halloween-costumesより取得。

第11章

1. Rawls (1971), p. 3. ロールズは、20世紀を代表する政治哲学者の1人で、人々が社会で果たす役割について「無知のヴェール」を被らなければならないなら、われわれはどんな社会を設計するかを問うたことで知られる。
2. Ghitza & Gelman (2014) のデータをインタラクティブにしたものは、以下を参照: Cox, A. (2014, July 7). How birth year influences political views. *The New York Times*. https://www.nytimes.com/interactive/2014/07/08/upshot/how-the-year-you-were-born-influences-your-politics.html?_r=0より取得。
3. 1965年は投票権法の成立、ワッツ暴動、血の日曜日事件、アメリカの関与が強まる中で高まるベトナム反戦運動があった。1972年は、リチャード・ニクソンが「平和候補」ジョージ・マクガヴァンに圧勝して大統領に再選され、カウンターカルチャーの多くの人々に強烈な打撃を与えた。1954年生まれのアメリカ人の大半はこの選挙で投票できたが、1955年生まれのアメリカ人は誰も選挙権がなかった。
4. Ghitza & Gelman (2014). この論文では、その年に発生した政治的な出来事を容易に代理できるものとして、大統領の支持率を用いている——(その人が白人だった場合に限られるが) 10代後半の頃に、ときの大統領が広く人気があるならば、人生の残りの期間も、その大統領が属する党に投票する可能性が高い。しかし、論文の著者たちは、さまざまな「政治的衝撃」、例えば暗殺、暴動など、が影響するであろうことも認めている。このモデルは、黒人やヒスパニックの有権者よりも、白人の有権者についてより詳しく述べている。
5. Pyramid Film Producers (Producer). (1969). The World of '68 [Video file]. https://archive.org/details/worldof68より取得。
6. Sloane, Baillargeon, and Premack (2012) では、月齢21カ月の幼児たちは、働いた者だけが褒美をもらった場面よりも、均衡が侵害される場面をより長く見ることを示した。幼児期の公正性の出現に関する文献評価は、Bloom (2014)を参照。
7. Damon (1979); Kanngiesser & Warneken (2012).
8. Almas, Cappelen, Sorensen, & Tungodden (2010).
9. Starmans, Sheskin, & Bloom (2017).
10. 以下を参照: Adams (1963); Adams (1965); Huseman, Hatfield & Miles (1987); Walster, Walster, & Berscheid (1978).
11. Walster, Walster, & Berscheid (1978).
12. Ross & Sicoly (1979). 平等性や均衡の重要度が、相手との関係性や文脈によってどう変化するかについての議論は、Fiske (1992) を参照。
13. Adams & Rosenbaum (1962).
14. Lind & Tyler (1988). 以下も参照: Tyler & Blader (2014). Thibaut and Walker (1975)の初期の研究も参照。
15. Tyler & Huo (2002).
16. 因果関係が逆に作用することがあると主張する一連の研究が存在する。多くの人は現状を正当化したがり、その欲求があることで、既存の不当性をも合理化しようとする。参照: this accessible and recent overview: Jost, J. T. (2017). A theory of system justification. *American Psychological*

Association. http://www.apa.org/science/about/psa/2017/06/system-justification.aspxより取得。

17. Hayek (1976); Nozick (1974).
18. 現在は、この定義は全米ソーシャルワーカー協会のウェブサイトに掲載されていないが、少なくとも2017年8月11日までは使用されていた。以下より参照できる: NASW. (2017, August 11). Social justice [via web.archive.org]. https://web.archive.org/web/20170811231830/https://www.socialworkers.org/pressroom/features/issue/peace.aspより取得。
19. Putnam (2015), pp. 31–32では、「もしどちらかを選ぶことを強いられたなら、あらゆる収入レベルのアメリカ人が、だいたい3対1の割合で、アメリカにとってより重要なのは……この国の不平等を減らすことよりも、万人が経済的地位を改善できる公正な機会を得られるようにすることと答えるだろう」と指摘している。パットナムが用いた調査質問は、ピュー・エコノミック・モビリティ・プロジェクトが2011年に実施した調査から取っている。
20. システム正当化理論に関する研究は、Jost, Banaji, & Nosek (2004)などを参照。
21. 3章の議論を参照。および、クレンショーのTEDトークを参照: TED (Producer). (2016, October). Kimberlé Crenshaw at TEDWomen 2016—The urgency of intersectionality [Video file]. https://www.ted.com/talks/kimberle_crenshaw_the_urgency_of_intersectionalityより取得。
22. マイノリティ集団のメンバーがこれらの不正義を否定しようとする場合もある。システム正当化理論に関する研究は、Jost, Banaji, & Nosek (2004)などを参照。
23. Guinier (1994).
24. Bolick, C. (1993, April 30). Clinton's quota queens. *The Wall Street Journal*.
25. Lewis, N. A. (1993, June 4). Clinton abandons his nominee for rights post amid opposition. *The New York Times*. http://www.nytimes.com/1993/06/04/us/clinton-abandons-his-nominee-for-rights-post-amid-opposition.htmlより取得。
26. U.S. Dept. of Education, Office for Civil Rights. (1979, December 11). A policy interpretation: Title IX and intercollegiate athletics. https://www2.ed.gov/about/offices/list/ocr/docs/t9interp.htmlより取得。
27. 1993年に連邦控訴裁判所がコーエン対ブラウン大学訴訟に下した決定は、3年後に教育省が打ち出した公式な立場の前兆となった。このコーエン訴訟では、女子の体操チームとバレーボールチームのメンバーが、自分たちのチームが財政的な理由から削減されたために、大学側を訴えた。裁判所は、女子が代表チームに入る機会の割合は女子の入学者数の割合よりも低いため、ブラウン大学はタイトルナインを侵害したとみなされること、スポーツをすることへの女子の関心が大幅に満たされていないこと、そして、ブラウン大学はタイトルナインを遵守すべく、数が少ない性別に十分な便宜をはかる、または、入学者数の割合と等しい機会を提供する必要がある、との判決を下した。参照: 991 F.2d 888, 899 (1st Cir. 1993). つまり、数が少ない性別の関心に十分な便宜がはかられない場合、数が多すぎる性別の機会を減らして、両者の割合を一致させなければならない。
28. 事実上、国内の5つの大学を除くすべての大学。「親愛なる同僚」の書簡について詳しくは、以下を参照: Admin. (2013, May 28). Frequently asked questions regarding the federal "blueprint" for sexual harassment policies on campus. *FIRE*. https://www.thefire.org/frequently-asked-questions-regarding-the-federal-blueprint-for-sexual-harassment-policies-

on-campus/#whatisdclより取得。

29. Cantú, N. V. (1996, January 16). Clarification of intercollegiate athletics policy guidance: The three-part test [Dear Colleague letters]. *U.S. Department of Education*. https://www2.ed.gov/about/offices/list/ocr/docs/clarific.htmlより取得。
30. 遵守方法の2つ目は、大学が第1の基準に達するために「進歩」したことを示すことだった。遵守方法の3つ目は、数が少ない性別の関心に「完全かつ有効に便宜がはかられている」——実際に、スポーツをしたいのに取り残されている女性がいないようにする——ことだった。これら2つの方法を用いれば、大学側が<平等な結果>を達成するために難局を切り抜けられるようにも見えるが、実際にこれらの基準を満たすには、公民権事務局による厳重な検査を受けなければならなかった。大学側で遵守対応に携わった者たちは、この政府当局の検査を回避することを優先した。調査を免れる唯一の方法は、第1の基準を満たすことで、ほぼすべての大学がこの方法を選んだ。
31. 最高水準に達していた大学のエビデンスは、以下を参照: Thomas, K. (2011, April 25). College teams, relying on deception, undermine gender equity. *The New York Times*. http://www.nytimes.com/2011/04/26/sports/26titleix.htmlより取得。
32. Thomas, K. (2011, May 1). Colleges cut men's programs to satisfy Title IX. *The New York Times*. http://www.nytimes.com/2011/05/02/sports/02gender.htmlより取得。
33. Deaner, Balish & Lombardo (2016). 彼らは、女子が出生前にテストステロンにさらされることと、その後のスポーツ、とりわけ男らしいスポーツの典型とされるものへの関心との相関関係についても、さまざまなエビデンスを報告している。
34. Deaner et al. (2012).
35. もちろん懐疑論者たちは、こうした差異は幼少期の社会化における違いによってもたらされると主張するだろう。例えば玩具店で、女の子向けのおもちゃと男の子向けのおもちゃの置かれる通路が大きく異なり、女の子向けにはスポーツ系のおもちゃがあまりないなど。しかし、子どもの男女差に基づいた遊び行動を変えようと、性的に中立、または、反対の性で子どもを扱っても、あまり芳しい結果は得られていない。デイヴィッド・ライマーの悲しい事例を参照: Burkeman, O., & Younge, G. (2004, May 12). Being Brenda. *The Guardian*. https://www.theguardian.com/books/2004/may/12/scienceandnature.genderより取得。玩具店も、男女差による好みを強調しないよう、新たな対応を見せ始めているようだ。スポーツの好みにおける男女差の原因が、出生前のホルモンではなく、幼少期の社会化によるものだとしても、それが小学校に多少の影響を及ぼすにせよ、大学が<平等な結果>を強要する正当な理由とはならない。
36. Thomas (2011, April 25); n. 31も参照。
37. Chang (2018).
38. Rivlin-Nadler, M. (2013, August 17). More buck for your bang: People who have more sex make the most money. *Gawker*. http://gawker.com/more-bang-for-your-buck-people-who-have-more-sex-make-1159315115より取得。
39. 実際の研究では、「性行為は、健康、生活の質、幸福、満足度のバロメーターとされ」、また、「健康、認知および認知と関連しないスキル、個性は、賃金水準に影響する重要な要因である」ため、「この相関関係(性行為と収入)に因果関係があるかどうかは不確かである」と指摘されている。Drydakis, N. (2013). The effect of sexual activity on wages. IZA Discussion Paper No. 7529. http://ftp.iza.org/dp7529.pdfより取得。
40. Sue et al. (2007), p. 274では、マイクロ説得力減殺を「有色人種の心理的思考、感情、経験によ

る現実を、排除、否定、無効にするコミュニケーション」と定義している。

41. 一般的に、認知能力における男女差は小さいか存在しない。人が興味深い、または楽しいと感じるものに関する男女差は大きく、文化を超えてばらつきがなく、出生前のホルモン暴露と関係があることが多い。職業選択に関する男女差の研究概要は、以下を参照: Stevens, S., & Haidt, J. (2017). The Google memo: What does the research say about gender differences? *Heterodox Academy*. https://heterodoxacademy.org/blog/the-google-memo-what-does-the-research-say-about-gender-differences/より取得。
42. Tetlock, Kristel, Elson, Green, & Lerner (2000).
43. 参　照：Nordhaus, T., & Shellenberger, M. (2013, Winter). Wicked polarization: How prosperity, democracy, and experts divided America. *The Breakthrough Institute*. https://thebreakthrough.org/index.php/journal/past-issues/issue-3/wicked-polarizationより取得。

第12章

1. Stevens, S., & Haidt, J. (2018, March 19). The skeptics are wrong: Attitudes about free speech are changing on campus. *Heterodox Academy*. https://heterodoxacademy.org/blog/skeptics-are-wrong-about-campus-speech/より取得。
2. Diamond, A. (2016, November 17). South Korea's testing fixation. *The Atlantic*. https://www.theatlantic.com/education/archive/2016/11/south-korean-seniors-have-been-preparing-for-today-since-kindergarten/508031より取得。
3. Diebelius, G. (2018, February 27). Head teacher bans children from touching snow for "health and safety" reasons. *Metro News*. http://metro.co.uk/2018/02/27/head-teacher-bans-children-touching-snow-health-safety-reasons-7345840より取得。
4. 一部には、本当のいじめの標的にされている子どもたちがいることは私たちも認識している。大人はいじめの定義にあたる行為を無視すべきでも、過小評価すべきでもない。「いじめについて広く受け容れられている定義には、3つの基準がある。1）再発性: 子どもが攻撃的行動パターンの標的となる、または、子どもが他者に対する攻撃的行動パターンに関わる。2）関わっている子どもたちの間に、力の不均衡が存在する（より大きな力を持つ子どもは、力の弱い子どもに対して攻撃的である）。3）攻撃的な子どもは、他の子どもたちに危害を与えようとする」Paresky, P. (2016). We're giving bullying a bad name. *Psychology Today*. https://www.psychologytoday.com/blog/happiness-and-the-pursuit-leadership/201604/we-re-giving-bullying-bad-nameより取得。
5. Play:groundNYC: built for children, by children. (n.d.). https://play-ground.nycより取得。冒険的な遊び場の大まかな歴史は、https://play-ground.nyc/historyを参照。この種の遊び場に関する動画は、以下を参照: https://www.youtube.com/watch?time_continue=1&v=74vOpkEin_A
6. ダニエル・シュフマンはFIREの取締役会長も務めている。
7. 「LetGrow（放し飼いの子育て）ライセンス」は、www.LetGrow.org/LetGrowLicenseより入手できる。
8. もちろん、「権力の乱用」の本質とは、法的に認められているものを超えること。そのため、子どもを引き止める者がいないとは、私たちも保証できない。同じ考えを持つ親たちで推進グループをつくり、事前に地域の警察に掛け合い、啓発するのも、争いを避ける上では役に立つだろう。さ

らに、これは法的助言ではなく、あくまで子育ての助言だ。お住まいの州／県／区の弁護士に相談し、法的助言をもらうのもよいだろう。

9. E. Christakis (personal communication, February 18, 2018).
10. Grant, A. (2017, November 4). Kids, would you please start fighting? *The New York Times*. https://www.nytimes.com/2017/11/04/opinion/sunday/kids-would-you-please-start-fighting.htmlより取得。
11. The American Institute for Cognitive Therapy: https://www.cognitivetherapynyc.com
12. R. Leahy (personal communication, January 23, 2017).
13. Chansky (2004).
14. Beck Institute: https://beckinstitute.org. 認知行動療法のその他のリソースは David Burns (1980) 、David Burns (1999)など。
15. Leahy, R. (n.d.). Anxiety files. *Psychology Today*. https://www.psychologytoday.com/blog/anxiety-filesより取得。
16. PTSD: National Center for PTSD. (n.d.). U.S. Department of Veterans Affairs. https://www.ptsd.va.govより取得。
17. AnxietyCoach. (n.d.). *Mayo Clinic*. https://itunes.apple.com/us/app/anxietycoach/id565943257?mt=8より取得。認知行動療法のアプリに関して、詳しくは以下を参照: ADAA-reviewed mental health apps https://adaa.org/finding-help/mobile-apps
18. Mindful Staff (2017, January 11). Jon Kabat-Zinn: Defining mindfulness. *Mindful*. https://www.mindful.org/jon-kabat-zinn-defining-mindfulnessより取得。
19. Mindful Schools. (n.d.). Research on mindfulness. https://www.mindfulschools.org/about-mindfulness/researchより取得。学校ベースで行うマインドフルネスのプログラムも有益である。参照: Ohio Mental Health Network, Project Aware Information Brief. (n.d.). School-based mindfulness interventions. http://resources.oberlinkconsulting.com/uploads/infobriefs/Final_Mindfulness_Brief_No_3.pdfより取得。
20. Rempel, K. (2012).
21. Gelles, D. (n.d.). Mindfulness for children. *The New York Times*. https://www.nytimes.com/guides/well/mindfulness-for-childrenより取得。
22. Emory-Tibet Partnership (n.d.). CBCT. https://tibet.emory.edu/cognitively-based-compassion-trainingより取得。マサチューセッツ・メディカル・スクール大学の、認知行動療法とマインドフルネスを組み合わせたプログラム (Mindfulness-Based Cognitive Therapy) については、以下を参照: Center for Mindfulness. (n.d.). A mindful way through depression. MBCT: Mindfulness-based cognitive therapy. https://www.umassmed.edu/cfm/mindfulness-based-programs/mbct-coursesより取得。
23. Solzhenitsyn (1975).
24. TED (Producer). (2011, April 26). On being wrong—Kathryn Schulz [Video file]. https://www.youtube.com/watch?v=QleRgTBMX88より取得。
25. 本書の内容に誤りが含まれる可能性を踏まえ、公式サイトTheCoddling.comで随時、修正情報を更新する。批評くださる方々に感謝の意を表する。
26. H. Cooper (personal communication, February 27, 2018). 以下も参照: Cooper, Civey Robinson, & Patall (2006).

27. SBS Dateline (Producer). (2014, October 21). No rules school [Video File]. https://www.youtube.com/watch?v=r1Y0cuufVGIより取得。
28. この取り組みは、始業前の朝に実施することもできる。より詳しくは、以下を参照: Let Grow. (2017, March 4). Let Grow Play Club Final [Video file]. https://youtu.be/JX2ZG0b9I-Uより取得。ニューヨーク州ロングアイランドのパッチョーグ=メッドフォード学区にある7つの学校では、この遊びクラブを、大人の介入ほぼなしで試験的に実施している。トレモント小学校の校長ロリ・ケルナーは、「教育に携わって28年、これは最も目を見張る体験かもしれません」と語る。「いじめが一切起きないのです……口論にもほぼならないのです。間に入って、問題を解決する人がいないとわかっているので、自分たちでうまくやっていくしかないのです」とも語った。参照: News Desk. (2018, January 25). Pat-Med debuts before school play program. *Patchogue Patch*. https://patch.com/new-york/patchogue/pat-med-debuts-school-play-programより取得。
29. 1つの選択肢は、子どもたちにスマートフォンを鍵がかかる袋へ入れさせることだ。コメディアンのデイヴ・シャペルなどのパフォーミング・アーティストの公演でも、始まる前に同様のことが求められる。入場時に配布される袋にスマホを入れてロックをかける。全員、自分のスマホを携帯してはいるが、専用のロック解除デバイスを使って袋から取り出さないことには、スマホを使用することができない。例えば、以下を参照: Yondr. (n.d.). How it works. https://www.overyondr.com/howitworksより取得。
30. American Academy of Pediatrics Policy Statement. (2013). The crucial role of recess in school. http://pediatrics.aappublications.org/content/pediatrics/early/2012/12/25/peds.2012-2993.full.pdfより取得。
31. Intellectual Virtues Academy: http://www.ivalongbeach.org
32. ベール教授の著作に関する書評、記事、一部の章は、本人のウェブサイトで読むことができる: https://jasonbaehr.wordpress.com/research. 同ページにて、知的な美徳の入門ガイドもダウンロードできる: Educating for Intellectual Virtues: An Introductory Guide for College and University Instructors: https://jasonbaehr.files.wordpress.com/2013/12/e4iv_baehr.pdf
33. 国際ディベート教育協会(International Debate Education Association): https://idebate.org/start-debate-club
34. インテリジェンス・スクエアードの討論会は以下を参照:https://www.intelligencesquaredus.org/debates
35. Reeves, Haidt, & Cicirelli (2018). 題名は『All Minus One: John Stuart Mill's Ideas on Free Speech Illustrated(オールマイナスワン: 図解で読み解く、言論の自由に関するジョン・スチュアート・ミルの思想)』。電子版はHeterodoxAcademy.org/millより無料でダウンロードできる。
36. OpenMindPlatform.org より利用できる。
37. コモンセンス・メディアの研究は https://www.commonsensemedia.org/researchより参照できる。
38. Clark, Algoe, & Green (2018).
39. 非営利団体のコモンセンス・メディアとセンター・フォー・ヒューメイン・テクノロジーは提携し、テクノロジーの精神への影響の調査をすすめている。スマートフォンの使用がもたらす悪影響を減らす方法については、以下の提言を参照:http://humanetech.com/take-control
40. 私たちは概して、子どもを過剰に管理・監視することには反対の立場だが、この場合は、ソーシャルメディア企業による高度なユーザー操作、10代の若者がデバイス中毒を自己申告する率の高さ、および、うつ病や自殺とのつながりを踏まえ、外的な制約を設けること、または、親の監視は適

切だと考える。
41. モバイル機器があるときには、対話の相手に共感できるレベルが下がると訴える人々が多い。参照: Misra, Cheng, Genevie, & Yuan, M. (2014). 以下も参照: Nauert, R. (2017, May 25). Parents' digital distractions linked to kids' behavioral issues. *Psych Central*. https://psychcentral.com/news/2017/05/25/parents-digital-distractions-linked-to-kids-behavioral-issues/121061.htmlより取得。
42.「普段から、推奨されているよりも睡眠時間が少ないと、注意、行動、学習問題と関連してくる。睡眠が不十分だと、事故、ケガ、高血圧、肥満、糖尿病、うつ病のリスクも高まる。10代で睡眠が不十分だと、自傷行為、自殺願望、自殺未遂のリスク上昇と関連する」Paruthi, S., et al. (2016). Recommended amount of sleep for pediatric populations: A consensus statement of the American Academy of Sleep Medicine. *Journal of Clinical Sleep Medicine*, 12(6): 785–786. https://aasm.org/resources/pdf/pediatricsleepdurationconsensus.pdfより取得。
43. Stanford Medicine News Center. (2015, October 8). Among teens, sleep deprivation an epidemic. https://med.stanford.edu/news/all-news/2015/10/among-teens-sleep-deprivation-an-epidemic.htmlより取得。以下も参照: Twenge (2017), chapter 4.
44. Twenge (2017). また、マサチューセッツ工科大学の教授シェリー・タークルは2015年の著書 *Reclaiming Conversation*(『一緒にいてもスマホ：SNSとFTF』)の中で、ある中学校の学生部長から、「12歳が遊び場で遊ぶ様子はまるで8歳のよう」と言われたと述べている(p. 3)。子どもは他者の感情を読み取る能力で後れをとり、友だち関係は表面的になり、大学生の間でも全般的な共感レベルが低下している、とタークルは指摘する。以下も参照: Turkle, S. (2015, September 26). Stop Googling. Let's talk. *The New York Times*. https://www.nytimes.com/2015/09/27/opinion/sunday/stop-googling-lets-talk.htmlより取得。
45. Arnett (2004) は「emerging adulthood(新たに出現した大人)」を、戦後、結婚や親になる時期がどんどん遅くなる中で出現した、10代後半から20代初めの新たな世代を指す、と解説している。
46. Dunn, L. (2017, April 24). Why your brain would love it if you took a gap year. *Forbes*. https://www.forbes.com/sites/noodleeducation/2017/04/24/why-your-brain-would-love-it-if-you-took-a-gap-year/#7d59496e41e2より取得。以下も参照: Southwick, N. (2014, December 2). What do college admissions really think of your gap year? https://www.gooverseas.com/blog/what-do-college-admissions-really-think-of-your-gap-yearより取得。
47. Aspen Ideas. (n.d.). A civic rite of passage: The case for national service. https://www.aspenideas.org/session/civic-rite-passage-case-national-serviceより取得。
48. Service Year Alliance. (n.d.). What we do. http://about.serviceyear.org/what_we_doより取得。
49. McChrystal, S. (2014, November 14). How a national service year can repair America. *The Washington Post*. https://www.washingtonpost.com/opinions/mcchrystal-americans-face-a-gap-of -shared-experience-and-common-purpose/2014/11/14/a51ad4fa-6b6a-11e4-a31c-77759fc1eacc_story.htmlより取得。
50. ギャップイヤーについて、詳しくは以下を参照: https://www.GapYearAssociation.org.
51. Varadarajan, T. (2018, February 16). The free-speech university. *The Wall Street Journal*. https://www.wsj.com/articles/the-free-speech-university-1518824261より取得。

第13章

1. 他にも、モットーに「真理」を掲げる大学を一部挙げる（英語訳のみ）: ブランダイス大学: 「Truth, even unto its innermost parts（最も奥深くに真理を持て）」; カリフォルニア工科大学とジョンズ・ホプキンス大学: 「The truth shall make you free（真理がわれわれを自由にする）」; コルゲート大学: 「For God and Truth（神と真理のために）」; ハワード大学: 「Truth and Service（真理と奉仕）」; ノースウェスタン大学: 「Whatsoever things are true（すべての真実なこと）」; ミシガン大学: 「Art, Science, Truth（アート、科学、真理）」
2. Pew Research Center. (2017, July 10). Sharp partisan divisions in views of national institutions: Republicans increasingly say colleges have negative impact on U.S. *U.S. Politics and Policy*. http://www.people-press.org/2017/07/10/sharp-partisan-divisions-in-views-of-national-institutionsより取得。
3. マルクスは、Engels (1888/1976)の付録として1845年に発表したメモ集「フォイエルバッハに関するテーゼ」の中でこれを書いている。引用したくだりはp.65にあり、ロンドンにある彼の墓にも、この一文が英語で彫られている。
4. 5章で示したように、エバーグリーン州立大学は2011年に理念を変更し、「エバーグリーン大学は、社会正義……に対する地域ならびに国際的な取り組みを支持して、恩恵を受けている」との文言を加えた。ブラウン大学も、以下のドキュメンタリーにあるように、同じような措置を検討した: Montz, R. (2016). Silence U: Is the university killing free speech and open debate? We the internet documentary. https://www.youtube.com/watch?v=x5uaVFfX3AQより取得。学長がブラウン大学の「社会正義および公正への基礎をなす取り組み」について語った後、教員グループは、「私たちは社会正義に関する大学のアジェンダに団結すべしとの学長からの呼びかけに拍手喝采を送り、大いに期待している」と書いた。Brown Faculty Members (2015, November 13). Brown faculty members: Supporting students of color in changing Brown. *The Brown Daily Herald*. http://www.browndailyherald.com/2015/11/13/brown-faculty-members-supporting-students-of-color-in-changing-brownより取得。
5. Dreger (2015), p. 262.
6. Dreger (2015), p. 262.
7. この解説の大部分は、キャンパスでの学問の自由を目指して1915年に創設されたアメリカ大学教員協会（American Association of University Professors: AAUP）の解説を参照している。AAUPの1915～1940年の声明はよく考え抜かれたもので、学問の自由、および、自由の探求への取り組みを触発している。学生の講演および「学外の」講演（教授がキャンパス外で講演する場合）に関して後年に定められた声明も、素晴らしい仕事をしている。参照: AAUP. (1940). Statement of principles on academic freedom and tenure. https://www.aaup.org/report/1940-statement-principles-academic-freedom-and-tenureより取得。AAUP. (1915). Declaration of principles on academic freedom and tenure. https://www.aaup.org/NR/rdonlyres/A6520A9D-0A9A-47B3-B550-C006B5B224E7/0/1915Declaration.pdfより取得。
8. FIRE. (n.d.). Adopting the Chicago Statement. https://www.thefire.org/student-network/take-action/adopting-the-chicago-statementより取得。
9. 大学450校以上の方針は以下より確認できる: www.thefire.org。FIREによる評価で「青信号」を

獲得する大学が増えており、通常、そうした大学は世間一般にも肯定的な評判を得ている。本書執筆の最終段階で、青信号を獲得している大学は40校ある。各大学の赤信号・黄信号・青信号の状況は以下より確認できる: https://www.thefire.org/spotlight/using-the-spotlight-database

10. 近年の講演をめぐる混乱への対応など、各大学の視点の多様性への開放性については、ヘテロドックス・アカデミーの大学ガイドが参考になる: http://heterodoxacademy.org/guide-to-colleges
11. Arnett, J. J. (2004).
12. 教授や学生部長は、ヘテロドックス・アカデミーが提供する無料ツール<キャンパス表現調査>を用いて、キャンパスの講演環境を評価できる。http://heterodoxacademy.org/campus-expression-surveyより入手できる。
13. Simmons, R. J. (2014, May 18). Commencement address, Smith College. https://www.smith.edu/about-smith/smith-history/commencement-speakers/2014より取得。シモンズは、国際通貨基金の元専務理事クリスティーヌ・ラガルドが、学生の抗議を受けて退いた後、代理で学位授与式の講演者に選ばれた。
14. この区別は、2016年に学生部長ジェイ・エリソンがシカゴ大学の新入生宛てに出し、話題となった書簡ににおいて、より明確にされた。その書簡には「個々人が自分のものと相容れない思想や視点から避難できる、知的な「セーフスペース」の設置を許さない」とある。学生部長の書簡全文は以下より読むことができる: https://news.uchicago.edu/sites/default/files/attachments/Dear_Class_of_2020_Students.pdf
15. Haidt, J. (2017, March 2). Van Jones' excellent metaphors about the dangers of ideological safety [Blog post]. *Heterodox Academy*. https://heterodoxacademy.org/blog/van-jones-excellent-metaphors/より取得。
16. 例えば、Sidanius, Van Laar, Levin, & Sinclair (2004)を参照。大学で「民族的な少数集団」に加わることのさまざまな悪影響(共通のアイデンティティ感覚の低下、民族的被害感覚の高まりなど)を示している。悪影響は、マイノリティの学生にも、男子学生の社交クラブに属する白人学生にも、同じように働く。
17. Murray, P. (1945). An American Credo. *CommonGround*, 5 no.2 (1945): 24. http://www.unz2.com/print/CommonGround-1945q4-00022より取得。
18. BridgeUSA.orgを参照。以下の集団プロフィールを参照: Khadaroo, S. T. (2017, October 26). The anti-Washington: College group offers a model for debating politely. *The Christian Science Monitor*. https://www.csmonitor.com/EqualEd/2017/1026/The-anti-Washington-College-group-offers-a-model-for-debating-politelyより取得。

結び

1. Thomas Babington Macauley. From his book review on Southey's Colloquies on Society, published in the *Edinburgh Review* in January 1830.http://www.econlib.org/library/Essays/macS1.htmlより取得。
2. Facebookは、より「有意義な対話」の強化に努めている、と述べる。参照: Vogelstein, F. (2018, January 11). Facebook Tweaks Newsfeed to Favor Content From Friends, Family. *Wired*. https://www.wired.com/story/facebook-tweaks-newsfeed-to-favor-content-from-friends-familyより取得。

3. Tsukayama, H. (2018, March 1). Twitter's asking for help on how to be less toxic. *The Washington Post*. https://www.washingtonpost.com/news/the-switch/wp/2018/03/01/twitters-asking-for-help-on-how-to-be-less-toxic/?utm_term=.4b28ef8a631bより取得。とりわけ、Twitter社に協力している研究者たちの以下の投稿を参照: Measuring the health of our public conversations. (2018, March 1). *Cortico*. https://www.cortico.ai/blog/2018/2/29/public-sphere-health-indicatorsより取得。
4. Common Sense Media. (2018, February 5). Common Sense partners with the Center for Humane Technology; Announces "Truth About Tech" Campaign in response to escalating concerns about digital addiction. https://www.commonsensemedia.org/about-us/news/press-releases/common-sense-partners-with-the-center-for-humane-technology-announcesより取得。
5. De la Cruz, D. (2018, March 29). Utah passes "free-range" parenting law. *The New York Times*. https://www.nytimes.com/2018/03/29/well/family/utah-passes-free-range-parenting-law.htmlより取得。
6. Illing, S. (2017, December 19). Reciprocal rage: Why Islamist extremists and the far right. *Vox*. https://www.vox.com/world/2017/12/19/16764046/islam-terrorism-far-right-extremism-isisより取得。
7. Illing, S. (2017, October 13). 20 of America's top political scientists gathered to discuss our democracy. They're scared. https://www.vox.com/2017/10/13/16431502/america-democracy-decline-liberalismより取得。
8. Chua (2018).
9. Rauch, J. (2017, November 9). Speaking as a . . . *The New York Review of Books*. http://www.nybooks.com/articles/2017/11/09/mark-lilla-liberal-speakingより取得。
10. Rauch, J. (2018, February 16). Have our tribes become more important than our country? *The Washington Post*. https://www.washingtonpost.com/outlook/have-our-tribes-become-more-important-than-our-country/2018/02/16/2f8ef9b2-083a-11e8-b48c-b07fea957bd5_story.htmlより取得。
11. @DalaiLama. (2018, May 21). [Tweet]. https://twitter.com/DalaiLama/status/998497410199437312より取得。
12. Klein, A. (2010, April 26). Not cool: The U of C tops HuffPo's anti-party list. *The Chicago Maroon*. https://www.chicagomaroon.com/2010/04/26/not-cool-the-u-of-c-tops-huffpo-s-anti-party-listより取得。
13. Franklin, B. (1750). https://founders.archives.gov/documents/Franklin/01-04-02-0009 より参照できる。

付録1: 認知行動療法の実践方法

1. うつ病に関する自己啓発本の評価は、Anderson et al. (2005)を参照。

付録2: 表現の自由の原則に関するシカゴ大学の声明

1. 委員会の報告書は、以下より読むことができる。https://freeexpression.uchicago.edu/sites/freeexpression.uchicago.edu/files/FOECommitteeReport.pdf

参考文献

ここでは、本文または原注で参照したすべての書籍および学術論文を記載する。新聞、雑誌記事、レポート、ブログ記事、オンライン動画の引用については、原注にて記載する。

Abramowitz, S. I., Gomes, B., & Abramowitz, C. V. (1975). Publish or politic: Referee bias in manuscript review. *Journal of Applied Social Psychology*, 5(3), 187–200.

Adams, J. S. (1963). Towards an understanding of inequity. *The Journal of Abnormal and Social Psychology*, 67(5), 422–436.Harrison, & S. Eth (Eds.), *Handbook of child and adolescent psychiatry* (Vol. 6, pp. 31–53). New York, NY: John Wiley &

Adams, J. S. (1965). Inequity in social exchange. In L. Berkowitz (Ed.), *Advances in experimental social psychology* (Vol. 2, pp. 267–299). New York, NY: Academic Press.

Adams, J. S., & Rosenbaum, W. B. (1962). The relationship of worker productivity to cognitive dissonance about wage inequities. *Journal of Applied Psychology*, 69, 161–164.

Alexander, M. (2010). *The new Jim Crow: Mass incarceration in the age of colorblindness*. New York, NY: The New Press.

Almas, I., Cappelen, A. W., Sorensen, E. O., & Tungodden, B. (2010). Fairness and the development of inequality acceptance. *Science*, 328, 1176–1178.

Anderson, L., Lewis, G., Araya, R., Elgie, R., Harrison, G., Proudfoot, J., . . . Williams, C. (2005). Self- help books for depression: How can practitioners and patients make the right choice? *British Journal of General Practice*, 55(514), 387–392.

Aristotle. (1941). *Nichomachean ethics*(W. D. Ross, Trans.). New York, NY: Random House.『ニコマコス倫理学』アリストテレス著、渡辺邦夫、立花幸司訳、光文社、2015年　など

Arnett, J. J. (2004). *Emerging adulthood: The winding road from the late teens through the twenties*. New York, NY: Oxford University Press.

Aurelius, M. (2nd century CE/ 1964). *Meditations* (M. Staniforth, Trans.). London: Penguin Books.『自省録』マルクス・アウレーリウス著、神谷美恵子訳、岩波書店、1982年　など

Balko, R. (2013). *Rise of the warrior cop: The militarization of America's police forces*. New York, NY: Public Affairs.

Bassok, D., Latham, S., & Rorem, A. (2016). Is kindergarten the new first grade? *AERA Open*, 1(4), 1–31.

Bellah, R. N. (1967). Civil religion in America. *Journal of the American Academy of Arts and Sciences*, 96(1), 1–21.

Bergesen, A. J. (1978). A Durkheimian theory of " witch-hunts" with the Chinese Cultural Revolution of 1966–1969 as an example. *Journal for the Scientific Study of Religion*, 17(1), 19.

Berreby, D. (2005). *Us and them: Understanding your tribal mind*. New York, NY: Little, Brown.

Berry, J. M., & Sobieraj, S. (2014). *The outrage industry: Public opinion media and the new incivility*. New York, NY: Oxford University Press.

Bishop, B. (2008). *The big sort: Why the clustering of like-minded America is tearing us apart*. Boston, MA: Houghton Mifflin Harcourt.

Black, J. E., Jones, T. A., Nelson, C. A., & Greenough, W. T. (1998). Neuronal plasticity and the

developing brain. In N. E. Alessi, J. T. Coyle, S. I. Harrison, & S. Eth (Eds.), *Handbook of child and adolescent psychiatry* (Vol. 6, pp. 31–53). New York, NY: John Wiley & Sons.

Bloom, P. (2014). *Just babies: The origins of good and evil*. New York, NY: Penguin Random House. 『ジャスト・ベイビー：赤ちゃんが教えてくれる善悪の起源』ポール・ブルーム著、竹田円訳、NTT出版、2015年

Boethius. (ca. 524 CE/ 2011). *The consolation of philosophy* (R. H. Green, Trans.). Mansfield Centre, CT: Martino.『哲学の慰め』ボエティウス著、畠中尚志訳、岩波書店、1950年　など

Bonanno, G. A., Westphal, M., & Mancini, A. D. (2011). Resilience to loss and potential trauma. *Annual Review of Clinical Psychology*, 7, 511–535.

Buddelmeyer, H., & Powdthavee, N. (2015). Can having internal locus of control insure against negative shocks? Psychological evidence from panel data. *Journal of Economic Behavior and Organization*, 122, 88–109.

Burns, D. D. (1980). *Feeling good: The new mood therapy*. New York, NY: Avon Books.『いやな気分よ、さようなら　自分で学ぶ「抑うつ」克服法』デビッド・バーンズ著、野村総一郎、夏苅郁子、山岡功一、小池梨花、佐藤美奈子、林建郎訳、星和書店、2004年

Burns, D. D. (1999). *The feeling good handbook*. New York, NY: Plume.『フィーリングGood ハンドブック』デビッド・バーンズ著、野村総一郎、関沢 洋一訳、星和書店、2005年

Butler, A. C., Chapman, J. E., Forman, E. M., & Beck, A. T. (2006). The empirical status of cognitive- behavioral therapy: A review of meta- analyses. *Clinical Psychology Review*, 26(1), 17–31.

Byrom, T. (Ed. and Trans.). (1993). *Dhammapada: The sayings of the Buddha*. Boston, MA: Shambhala.

Campbell, B., & Manning, J. (2014). Microaggression and moral cultures. *Comparative sociology*, 13, 692–726.

Campbell, B., & Manning, J. (2018). *The rise of victimhood culture: Microaggressions, safe spaces, and the new culture wars*. [No city]: Palgrave Macmillan.

Carney, D. R., Jost, J. T., Gosling, S. D., & Potter, J. (2008). The secret lives of liberals and conservatives: Personality profiles, interaction styles, and the things they leave behind. *Political Psychology*, 29(6), 807–840.

Chan, W. T. (Ed. and Trans.). (1963). *A source book in Chinese philosophy*. Princeton, NJ: Princeton University Press.

Chang, E. (2018). *Brotopia: Breaking up the boys' club of Silicon Valley*. New York, NY: Portfolio/ Penguin.

Chansky T. (2004). *Freeing your child from anxiety: Powerful, practical solutions to overcome your child's fears, worries, and phobias*. New York, NY: Random House.

Chen, P., Coccaro, E. F., & Jacobson, K. C. (2012). Hostile attributional bias, negative emotional responding, and aggression in adults: Moderating effects of gender and impulsivity. *Aggressive Behavior*, 38(1), 47–63.

Chetty, R., Friedman, J. N., Saez, E., Turner, N., & Yagen, D. (2017). Mobility report cards: The role of colleges in intergenerational mobility. Unpublished manuscript http://www.equality-of-opportunity.org/papers/coll_mrc_paper.pdfより取得。

Christakis, E. (2016). *The importance of being little: What young children really need from grownups*. New York, NY: Viking.

Christakis, N. A. (2008, December 10). This allergies hysteria is just nuts. *BMJ*, 337.

Chua, A. (2018). *Political tribes: Group instinct and the fate of nations*. New York, NY: Penguin Press.

Cikara, M., & Van Bavel, J. J. (2014). The neuroscience of intergroup relations: An integrative review. *Perspectives on Psychological Science*, 9(245).

Clark, J. L., Algoe, S. B., & Green, M. C. (2018). Social network sites and well-being: The role of social connection. *Current Directions in Psychological Science*, 27(1), 32–37.

Clements, R. (2004). An investigation of the status of outdoor play. *Contemporary Issues in Early Childhood*, 5(1), 68–80.

Cohen, E. E., Ejsmond-Frey, R., Knight, N., & Dunbar, R. I. (2009). Rowers high: Behavioural synchrony is correlated with elevated pain thresholds. *Biology Letters*, 6(1), 106–108.

Collier, L. (2016). Growth after trauma. *APA Monitor*, 47, 48.

Collins, P. H., & Bilge, S. (2016). *Intersectionality*. Cambridge, UK: Polity Press.

Cooper, H., Civey Robinson, J., & Patall, E. (2006). Does homework improve academic achievement? A synthesis of research, 1987–2003. *Review of Educational Research*, Spring 2006, 76(1), 1–62.

Cooper, H., Lindsay, J. J., Nye, B., & Greathouse, S. (1998). Relationships among attitudes about homework, amount of homework assigned and completed, and student achievement. *Journal of Educational Psychology*, 90(1), 70–83.

Cooper, H., Steenbergen-Hu, S., & Dent, A. (2012). Homework. In K. R. Harris, S. Graham, T. Urdan, A. G. Bus, S. Major, & H. L. Swanson (Eds.), *APA educational psychology handbook*, Vol. 3. Application to learning and teaching (pp. 475–495). Washington, DC: American Psychological Association.

Costello, E. J. (1982). Locus of control and depression in students and psychiatric outpatients. *Journal of Clinical Psychology* 38(2), 340–343.

Crawford, J. T., & Jussim, L. J. (2018). *The politics of social psychology*. New York, NY: Routledge.

Crenshaw, K. M. (1989). Demarginalizing the intersection of race and sex: A black feminist critique of antidiscrimination doctrine, feminist theory and antiracist politics. *University of Chicago Legal Forum*, 1989(1).

Crick, N. R., & Grotpeter, J. K. (1995). Relational aggression, gender, and social-psychological adjustment. *Child Development*, 66(3), 710–722.

Curtiss, S. (1977). *Genie: A psycholinguistic study of a modern-day "wild child"* .Boston, MA: Academic Press.

Damon, W. (1979). *The social world of the child*. San Francisco, CA: Jossey-Bass.

de Tocqueville, A. (1839/2012). *Democracy in America* (E. Nolla, Ed.; J. T. Schleifer, Trans.) Indianapolis: Liberty Fund.『アメリカのデモクラシー』トクヴィル著、松本 礼二訳、岩波書店、2005年など

Deaner, R. O., Balish, S. M., & Lombardo, M. P. (2016). Sex differences in sports interest and motivation: An evolutionary perspective. *Evolutionary Behavioral Sciences*, 10(2), 73–97.

Deaner, R. O., Geary, D. C., Puts, D. A., Ham, S. A., Kruger, J., Fles, E., . . . Grandis, T. (2012). A

sex difference in the predisposition for physical competition: Males play sports much more than females even in the contemporary *U.S. PLoS ONE*, 7, e49168.

DeLoache, J. S., Chiong, C., Sherman, K., Islam, N., Vanderborght, M., Troseth, G. L., Strouse, G. A., & O'Doherty, K. (2010). Do babies learn from baby media? *Psychological Science*, 21(11), 1570–1574.

Deresiewicz, W. (2015). *Excellent sheep: The miseducation of the American elite and the way to a meaningful life*. New York, NY: Free Press.『優秀なる羊たち：米国エリート教育の失敗に学ぶ』ウィリアム・デレズウィッツ著、米山裕子訳、三省堂 、2016年

Dreger, A. (2015). *Galileo's middle finger: Heretics, activists, and one scholar's search for justice*. New York, NY: Penguin Books.『ガリレオの中指：科学的研究とポリティクスが衝突するとき』アリス・ドレガー著、鈴木光太郎訳、みすず書房、2022年

Duarte, J. L., Crawford, J. T., Stern, C., Haidt, J., Jussim, L., & Tetlock, P. E. (2015). Political diversity will improve social psychological science. *Behavioral and Brain Sciences*, 38, 1–13.

Durkheim, E. (1915/1965). *The elementary forms of the religious life* (J. W. Swain, Trans.). New York, NY: Free Press.『宗教生活の原初形態』デュルケム著、古野清人訳、岩波書店、1975年

Du Toit, G. D., Katz, Y., Sasieni, P., Mesher, D., Maleki, S. J., Fisher, H. R., . . . Lack, G. (2008). Early consumption of peanuts in infancy is associated with a low prevalence of peanut allergy. *Journal of Allergy and Clinical Immunology*, 122(5), 984–991.

Du Toit, G. D., Roberts, G., Sayre, P. H., Bahnson, H. T., Radulovic, S., Santos, A. F., . . . Lack, G. (2015). Randomized trial of peanut consumption in infants at risk for peanut allergy. *New England Journal of Medicine*, 372(9), 803–813.

Ebner, J. (2017). The rage: *The vicious circle of Islamist and far right extremism*. New York, NY: Tauris.

Eggertson, L. (2010, March 9). Lancet retracts 12-year-old article linking autism to MMR vaccines. *CMAJ: Canadian Medical Association Journal*, 182(4), E199–E200. http://doi.org/10.1503/cmaj.109-3179

Ehrenreich, B. (2006). *Dancing in the streets: A history of collective joy*. New York, NY: Metropolitan Books.

Einon, D., Morgan, M. J., & Kibbler, C. C. (1978). Brief periods of socialization and later behavior in the rat. *Developmental Psychobiology*, 11, 213–225.

Engels, F. (1888/1976). *Ludwig Feuerbach and the end of classical German philosophy*. Peking: Foreign Languages Press.『フォイエルバッハ論：ルードヴィヒ・フォイエルバッハとドイツ古典哲学の終結』エンゲルス著、野田弥三郎訳、彰考書院、1948年

Epictetus & Lebell, S. (1st–2nd century/1995). *Art of living: The classical manual on virtue, happiness, and effectiveness*. New York, NY: HarperOne.

Fiske, A. P. (1992). The four elementary forms of sociality: Framework for a unified theory of social relations. *Psychological Review*, 99(4), 689–723.

Foa, E. B., & Kozak, M. J. (1986). Emotional processing of fear: Exposure to corrective information. *Psychological Bulletin*, 99, 20–35.

Frankl, E. (1959/2006). *Man's search for meaning*. Boston, MA: Beacon Press.『夜と霧』ヴィクトール・E・フランクル著、池田香代子訳、みすず書房、2002年　など

Ganti, L., Bodhit, A. N., Daneshvar, Y., Patel, P. S., Pulvino, C., Hatchitt, K., . . . Tyndall, J. A. (2013). Impact of helmet use in traumatic brain injuries associated with recreational vehicles. *Advances in Preventive Medicine*, 2013, 1–6.

Ghitza, Y., & Gelman, A. (2014, July 7). The Great Society, Reagan's revolution, and generations of presidential voting. Working paper. https://static01.nyt.com/newsgraphics/2014/07/06/generations2/assets/cohort_voting_20140707.pdfより取得。

Ginsberg, B. (2011). *The fall of the faculty: The rise of the all-administrative university and why it matters. New York*, NY: Oxford University Press.

Gosling, S. (2008). *Snoop: What your stuff says about you*. New York, NY: Basic Books.『スヌープ！：あの人の心ののぞき方』サム・ゴズリング著、篠森ゆりこ訳、講談社、2008年

Gotlib, I. H., & Joormann, J. (2010). Cognition and depression: Current status and future directions. *Annual Review of Clinical Psychology*, 6, 285–312.

Gratz, K. L., Conrad, S. D., & Roemer, L. (2002). Risk factors for deliberate self-harm among college students. *American Journal of Orthopsychiatry* 1, 128–140.

Gray, H. H. (2012). *Searching for utopia: Universities and their histories*. Berkeley: University of California Press.

Gray, P. (2011). The decline of play and the rise of psychopathology in children and adolescents. *American Journal of Play*, 3(4), 443–463.

Gray, P. (In press). Evolutionary functions of play: Practice, resilience, innovation, and cooperation. In P. Smith & J. Roopnarine (Eds.), *The Cambridge handbook of play: Developmental and disciplinary perspectives*. New York, NY: Cambridge University Press.

Greenwald, A. G., Banaji, M. R., & Nosek, B. A. (2015). Statistically small effects of the Implicit Association Test can have societally large effects. *Journal of Personality and Social Psychology*, 108(4), 553–561.

Guinier, L. (1994). *The tyranny of the majority: Fundamental fairness in representative democracy*. New York, NY: Free Press. 『多数派の専制：黒人のエンパワーメントと小選挙区』ラニ・グイニア著、森田成也訳、新評論、1997年

Hacking, I. (1991). The making and molding of child abuse. *Critical Inquiry*, 17, 253–288.

Haidt, J. (2006). *The happiness hypothesis: Finding modern truth in ancient wisdom*. New York, NY: Basic Books.『しあわせ仮説：古代の知恵と現代科学の知恵』ジョナサン・ハイト著、藤澤隆史、藤澤玲子訳、新曜社、2011年

Haidt, J. (2012). *The righteous mind: Why good people are divided by politics and religion*. New York, NY: Pantheon Books.『社会はなぜ左と右にわかれるのか：対立を超えるための道徳心理学』ジョナサン・ハイト著、高橋洋訳、紀伊國屋書店、2014年

Haji, N. (2011). *The sweetness of tears*. New York, NY: William Morrow.

Hare, C., & Poole, K. T. (2014). The polarization of contemporary American politics. *Polity*, 46, 411–429.

Haslam, N. (2016). Concept creep: Psychology's expanding concepts of harm and pathology. *Psychological Inquiry*, 27(1), 1–17.

Hayek, F. A. (1976). *The mirage of social justice, Vol. 2 of Law, legislation, and liberty*. Chicago, IL: University of Chicago Press.

Heider, F. (1958). *The psychology of interpersonal relationships*. New York, NY: John Wiley & Sons. 『対人関係の心理学』フリッツ・ハイダー著、大橋正夫訳、誠信書房、1978年

Hirsh-Pasek, K. Golinkoff, R. M., Berk, L. E., & Singer. D. G. (2009). *A mandate for playful learning in preschool: Presenting the evidence*. New York, NY: Oxford University Press.

Hoffer, E. (1951/2010). *The true believer: Thoughts on the nature of mass movements*. New York, NY: Harper Perennial Modern Classics. 『大衆運動』エリック・ホッファー著、高根正昭訳、紀伊國屋書店、2003年

Hofferth, S. L., & Sandberg, J. F. (2001). Changes in American children's time, 1981–1997. In S. L. Hofferth & T. J. Owens (Eds.), *Children at the millennium: Where have we come from? Where are we going?* (pp. 193–229). Amsterdam: Elsevier.

Hogg, M. A. (2016). Social identity theory. *Encyclopedia of Identity*, 3–17.

Hol, T., Berg, C. V., Ree, J. V., & Spruijt, B. (1999). Isolation during the play period in infancy decreases adult social interactions in rats. *Behavioural Brain Research*, 100(1–2), 91–97.

Holland, J. H. (1992). Complex adaptive systems. *Daedalus*, 121, 17–30.

Hollon, S. D., & DeRubeis, R. J. (In press). Outcome studies in cognitive therapy. In R. L. Leahy (Ed.), *Contemporary cognitive therapy: Theory, research, and practice* (2nd ed.). New York, NY: Guilford Press.

Horwitz, S. (2015). Cooperation over coercion: The importance of unsupervised childhood play for democracy and liberalism. *Cosmos+Taxis*, 3–16.

Hunter, D., & Tice, P. (2016, September). 2015 national survey on drug use and health: Methodological summary and definitions: B.4.8 Major depressive episode (depression). Rockville, MD: Substance Abuse and Mental Health Services Administration.

Huseman, R. C., Hatfield, J. D., & Miles, E. W. (1987). A new perspective on equity theory: The equity sensitivity construct. *Academy of Management Review*, 12, 222–234.

Ip, G. (2015). *Foolproof: Why safety can be dangerous and how danger makes us safe*. New York, NY: Little, Brown.

Iyengar, S., & Krupenkin, M. (2018). The strengthening of partisan affect. *Advances in Political Psychology*, 39, Suppl. 1, 2018, 201–218.

Johnson, J. S., & Newport, E. L. (1989). Critical period effects in second language learning: The influence of maturational state on the acquisition of English as a second language. *Cognitive Psychology*, 21(1), 60–99.

Jost, J. T., Banaji, M. R., & Nosek, B. A. (2004). A decade of system justification theory: Accumulated evidence of conscious and unconscious bolstering of the status quo. *Political Psychology*, 25(6), 881–919.

Kahneman, D. (2011). *Thinking fast and slow*. New York, NY: Farrar, Straus and Giroux. 『ファスト&スロー：あなたの意思はどのように決まるか？』ダニエル・カーネマン著、村井章子訳、早川書房、2012年

Kanngiesser, P., & Warneken, F. (2012). Young children consider merit when sharing resources with others. *PLOS ONE* 7, e43979. https://doi.org/10.1371/journal.pone.0043979

Kerr, C. (1963). *The uses of the university*. Cambridge, MA: Harvard University Press. 『大学経営と社会環境：大学の効用』クラーク・カー著、箕輪成男、鈴木一郎訳、玉川大学出版部、1994年

King, M. L. (1963/ 1981). *Strength to love*. Philadelphia, PA: Fortress Press.

LaFreniere, P. (2011). Evolutionary functions of social play: Life histories, sex differences, and emotion regulation. *American Journal of Play*, 3(4), 464–488.

Langbert, M., Quain, A. J., & Klein, D. B. (2016). Faculty voter registration in economics, history, journalism, law, and psychology. *Econ Journal Watch*, 13(3), 422–451.

Lareau, A. (2011). *Unequal childhoods: Class, race, and family life. 2nd edition*. Berkeley: University of California Press.

Leahy, R. L., Holland, S. F. J., & McGuinn, L. K. (2011). *Treatment plans and interventions for depression and anxiety disorders. 2nd edition*. New York, NY: Guilford Press.

Lewis, H. R. (2007). *Excellence without a soul: Does liberal education have a future?* New York, NY: PublicAffairs.

Lilienfeld, S. O. (2017). Microaggressions. *Perspectives on Psychological Science*, 12(1), 138–169.

Lilla, M. (2017). *The once and future liberal: After identity politics*. New York, NY: Harper.『リベラル再生宣言』マーク・リラ著、夏目大訳、早川書房、2018年

Lind, E. A., & Tyler, T. R. (1988). *The social psychology of procedural justice*. New York, NY: Plenum Press.

Lukianoff, G. (2014). *Unlearning liberty: Campus censorship and the end of American debate*. New York, NY: Encounter Books.

Luthar, S., & Latendresse, S. (2005). Children of the affluent: Challenges to well-being. *Current Directions in Psychological Science*, 14, 49–53.

Maccoby, E. E. (1998). *The two sexes: Growing up apart, coming together*. Cambridge, MA: Harvard University Press.

MacFarquhar, R., & Schoenhals, M. (2006). *Mao's last revolution*. Cambridge, MA: Harvard University Press.『毛沢東最後の革命』ロデリック・マクファーカー、マイケル・シェーンハルス著、朝倉和子訳、青灯社、2010年

Mandela, N. (2003). *In his own words*. New York, NY: Little, Brown.

Mann, T. E., & Ornstein, N. J. (2012). *It's even worse than it looks: How the American constitutional system collided with the new politics of extremism*. New York, NY: Basic Books.

Marano, H. E. (2008). *A nation of wimps*. New York, NY: Crown Archetype.

Mascaro, J. (Ed. and Trans.). (1995). *Buddha's teachings*. New York, NY: Penguin Classics.

McClintock, C. G., Spaulding, C. B., & Turner, H. A. (1965). Political orientations of academically affiliated psychologists. *American Psychologist*, 20(3), 211–221.

McCrae, R. R. (1996). Social consequences of experiential openness. *Psychological Bulletin*, 120(3), 323–337.

Mercado, M. C., Holland, K., Leemis, R. W., Stone, D. M., & Wang, J. (2017). Trends in emergency department visits for nonfatal self-inflicted injuries among youth aged 10 to 24 years in the United States, 2001–2015. *JAMA*, 318(19), 1931.

Mill, J. S. (1859/2003). *On liberty*. New Haven, CT: Yale University Press.『自由論』J・S・ミル著、関口正司訳、岩波書店、2020年　など

Milton, J., & Blake, W. (2017). *Paradise lost*. London: Sirius Publishing.『失楽園』ミルトン著、平井正穂訳、岩波書店、1981年　など

Misra, S., Cheng, L., Genevie, J., & Yuan, M. (2014). The iPhone effect: The quality of in-person social interactions in the presence of mobile devices. *Environment and Behavior*, 48(2), 275–298.

Morgan, K. P. (1996). Describing the emperor's new clothes: Three myths of educational (in-) equity. In A. Diller et al., *The gender question in education: Theory, pedagogy, and politics* (pp. 105–122). Boulder, CO: West-view Press.

Mose, T. R. (2016). *The playdate: Parents, children, and the new expectations of play*. New York, NY: New York University Press.

Murray, P. (1945). An American credo. *Common Ground*, 1945(4), 22–24.

Mustoe, A. C., Taylor, J. H., Birnie, A. K., Huffman, M. C., & French, J. A. (2014). Gestational cortisol and social play shapes development of marmosets' HPA functioning and behavioral responses to stressors. *Developmental Psychobiology*, 56, 1229–1243.

National Center for Education Statistics. (1993, January). 120 years of American education: A statistical portrait. https://nces.ed.gov/pubs93/93442.pdfより取得。

Nietzsche, F. W. (1889/ 1997). *Twilight of the idols* (R. Polt, Trans.). Indianapolis, IN: Hackett Publishing.『偶像の黄昏』フリードリヒ・ニーチェ著、村井則夫訳、河出書房新社、2019年

Nolen-Hoeksema, S., & Girgus, J. S. (1994, May). The emergence of gender differences in depression during adolescence. *Psychological Bulletin*, 115(3), 424–443.

Norton, M. B. (2007). *In the devil's snare: The Salem witchcraft crisis of 1693*. New York, NY: Random House.

Novotney, A. (2014). Students under pressure: College and university counseling centers are examining how best to serve the growing number of students seeking their services. *Monitor on Psychology*, 45, 36.

Nozick, R. (1974). *Anarchy, state, and utopia*. New York, NY: Basic Books.『アナーキー・国家・ユートピア：国家の正当性とその限界』ロバート・ノージック著、嶋津格訳、木鐸社、1992年

Okada, H., Kuhn, C., Feillet, H., & Bach, J. (2010). The "hygiene hypothesis" for autoimmune and allergic diseases: An update. *Clinical & Experimental Immunology*, 160, 1–9.

Ostrom, E. (1990). *Governing the commons: The evolution of institutions for collective action*. New York, NY: Cambridge University Press.

Ostrom, V. (1997). *The meaning of democracy and the vulnerability of democracies*. Ann Arbor: University of Michigan Press.

Pariser, E. (2011). *The filter bubble: How the new personalized web is changing what we read and how we think*. New York, NY: Penguin Press.

Pavlac, B. A. (2009). *Witch hunts in the Western world: Persecution and punishment from the Inquisition through the Salem trials*. Westport, CT: Greenwood Press.

Peterson, C., Maier, S. F., & Seligman, M. E. P. (1993). *Learned helplessness: A theory for the age of personal control*. New York, NY: Oxford University Press.『学習性無力感：パーソナル・コントロールの時代をひらく理論』クリストファー・ピーターソン、スティーヴン・F・マイヤー、マーティン・E・P・セリグマン著、津田彰監訳、二瓶社、2000年

Piaget, J. (1932/1965). *The moral judgement of the child* (M. Gabain, Trans.). New York, NY: Macmillan.『子供の道徳觀』ジアン・ピアジェ著、霜田静志, 竹田浩一郎著、東宛書房、1936年

Pierce, C. M. (1970). Offensive mechanisms. In F. B. Barbour (Ed.), *The black seventies* (pp. 265–282). Boston, MA: Porter Sargent.

Pinker, S. (2016). *The blank slate: The modern denial of human nature*. New York, NY: Penguin Books.『人間の本性を考える：心は「空白の石版」か』スティーブン・ピンカー著、山下篤子訳、日本放送出版協会、2004年

Pinker, S. (2017). *Enlightenment now: The case for reason, science, humanism, and progress*. New York, NY: Viking.『21世紀の啓蒙：理性、科学、ヒューマニズム、進歩』スティーブン・ピンカー著、橘明美、坂田雪子訳、草思社、2019年

Prociuk, T. J., Breen, L. J., & Lussier, R. J. (1976). Hopelessness, internal- external locus of control, and depression. *Journal of Clinical Psychology* 32(2), 299–300.

Putnam, R. D. (2000). *Bowling alone: The collapse and revival of American community*. New York, NY: Simon & Schuster.『孤独なボウリング：米国コミュニティの崩壊と再生』ロバート・D・パットナム著、柴内康文訳、柏書房、2006年

Putnam, R. D. (2015). *Our kids: The American dream in crisis*. New York, NY: Simon & Schuster.『われらの子ども: 米国における機会格差の拡大』ロバート・D・パットナム著、柴内康文訳、創元社、2017年

Rawls, J. (1971). *A theory of justice*. Cambridge, MA: Harvard University Press.『正義論』ジョン・ロールズ著、川本隆史、福間聡、神島裕子訳、紀伊國屋書店、2010年

Reeves, R. V., Haidt, J., & Cicirelli, D. (2018). *All minus one: John Stuart Mill's ideas on free speech illustrated*. New York, NY: Heterodox Academy.

Rempel K. (2012). *Mindfulness for children and youth: A review of the literature with an argument for school-based implementation*. Canadian Journal of Counselling and Psychotherapy, 46(3), 201–220.

Ridley, M. (2010). *The rational optimist: How prosperity evolves*. New York, NY: Harper.『繁栄：明日を切り拓くための人類10万年史』マット・リドレー著、大田直子、鍛原多惠子、柴田裕之訳、早川書房、2010年

Ross, M., & Sicoly, F. (1979). Egocentric biases in availability and attribution. *Journal of Personality & Social Psychology*, 37, 322–336.

Rubinstein, R., Jussim, L., Stevens, S. (2018). Reliance on individuating information and stereotypes in implicit and explicit person perception. *Journal of Experimental Social Psychology*, 75, 54–70.

Sacks, J. (2015). *Not in God's name*. New York, NY: Random House.

Salk, R., Hyde, J., Abramson, L. (2017). Gender differences in depression in representative national samples: Meta-analyses of diagnoses and symptoms. *Psychological Bulletin*, 143(8), r783–822.

Sandseter, E., & Kennair, L. (2011). Children's risky play from an evolutionary perspective: The anti-phobic effects of thrilling experiences. *Evolutionary Psychology*, 9, 257–284.

Seligman, M. (1990). *Learned optimism: How to change your mind and your life*. New York, NY: Vintage Books.『オプティミストはなぜ成功するか』マーティン・セリグマン著、山村宜子訳、講談社、1993年

Shakespeare, W. (ca. 1600/2008). *Hamlet* (G. R. Hibbard, Ed.). Oxford, UK: Oxford University

Press.『ハムレット』シェイクスピア著、野島秀勝訳、岩波書店、2002年など

Shin, L. M., & Liberzon, I. (2010). The neurocircuitry of fear, stress, and anxiety disorders. *Neuropsychopharmacology*, 35(1), 169–191.

Shweder, R. A. (1996). True ethnography: The lore, the law, and the lure. In R. Jessor, A. Colby, & R. A. Shweder (Eds.), *Ethnography and human development* (pp. 15–52). Chicago, IL: University of Chicago Press.

Sidanius, J., Van Laar, C., Levin, S., & Sinclair, S. (2004). Ethnic enclaves and the dynamics of social identity on the college campus: The good, the bad, and the ugly. *Journal of Personality and Social Psychology*, 87, 96–110.

Silverglate, H. A. (2009). *Three felonies a day: How the Feds target the innocent*. New York, NY: Encounter Books.

Singer, D. G., Singer, J. L., D'Agostino, H., & DeLong, R. (2009). Children's pastimes and play in sixteen nations: Is free-play declining? *American Journal of Play*, 1(3), 283–312.

Sloane, S., Baillargeon, R., & Premack, D. (2012). Do infants have a sense of fairness? *Psychological Science*, 23(2), 196–204.

Solomon, A. (2014). *The noonday demon: An atlas of depression*. New York, NY: Scribner Classics.『真昼の悪魔：うつの解剖学』アンドリュー・ソロモン著、堤理華訳、原書房、2003年

Solzhenitsyn, A. I. (1975). *The Gulag Archipelago, 1918–1956: An experiment in literary investigation* (Vol. 2) (T. P. Whitney, Trans.) New York, NY: Harper Perennial.『収容所群島』アレクサンドル・ソルジェニーツィン著、木村浩訳、ブッキング、2006年など

Starmans, C., Sheskin, M., & Bloom, P. (2017). Why people prefer unequal societies. *Nature Human Behaviour*, 1(4), 0082.

Sue, D. W., Capodilupo, C. M., Torino, G. C., Bucceri, J. M., Holder, A. M., Nadal, K. L., & Esquilin, M. (2007). Racial microaggressions in everyday life: Implications for clinical practice. *American Psychologist*, 62(4), 271–286.

Tajfel, H. (1970). Experiments in intergroup discrimination. *Scientific American*, 223(5), 96–102.

Taleb, N. N. (2007). *The black swan: The impact of the highly improbable*. New York, NY: Random House.『ブラック・スワン：不確実性とリスクの本質』ナシーム・ニコラス・タレブ著、望月衛訳、ダイヤモンド社、2009年

Taleb, N. N. (2012). *Antifragile: Things that gain from disorder*. New York, NY: Random House.『反脆弱性：不確実な世界を生き延びる唯一の考え方』ナシーム・ニコラス・タレブ著、望月衛監訳、千葉敏生訳、ダイヤモンド社、2017年

Tetlock, P. E., Kristel, O. V., Elson, B., Green, M., & Lerner, J. (2000). The psychology of the unthinkable: Taboo trade-offs, forbidden base rates, and heretical counterfactuals. *Journal of Personality and Social Psychology*, 78, 853–870.

Thibaut, J. W., & Walker, L. (1975). *Procedural justice: A psychological analysis*. Hillsdale, NJ: L. Erlbaum Associates.

Thucydides (1972). *History of the Peloponnesian War*. (R. Warner, Trans.). London: Penguin Classics.『戦史』トゥキュディデス著、久保正彰訳、中公クラシックス、2013年　など

Tuvel, R. (2017). In defense of transracialism. *Hypatia*, 32(2), 263–278.

Twenge, J. M. (2017). *iGen: Why today's super-connected kids are growing up less rebellious, more*

tolerant, less happy—and completely unprepared for adulthood—and what that means for the rest of us. New York, NY: Atria Books.

Twenge, J. M., Joiner, T. E., Rogers, M. L., & Martin, G. N. (2018). Increases in depressive symptoms, suiciderelated outcomes, and suicide rates among U.S. adolescents after 2010 and links to increased new media screen time. *Clinical Psychological Science*, 6(1), 3–17.

Tyler, T. R., & Blader, S. L. (2014). *Cooperation in groups: Procedural justice, social identity, and behavioral engagement*. New York, NY: Psychology Press.

Tyler, T. R., & Huo, Y. J. (2002). *Trust in the law: Encouraging public cooperation with the police and courts*. New York, NY: Russell Sage Foundation.

van der Vossen, B. (2014). In defense of the ivory tower: Why philosophers should stay out of politics. *Philosophical Psychology*, 28(7), 1045–1063. doi:10.1080/09515089.2014.972353

Vaughn, D., Savjani, R. R., Cohen, M., & Eagleman, D. M. (under review). Empathy is modulated by religious affiliation of the other.

Walster, E. H., Walster, G. W., & Berscheid, E. (1978). *Equity: Theory and research*. Boston, MA: Allyn & Bacon.

Ward, D. T. (1994). *Happy ending and day of absence: Two plays*. New York, NY: Dramatists Play Service.

Wiltermuth, S. S., & Heath, C. (2009). Synchrony and cooperation. *Psychological Science*, 20(1), 1–5.

Wolff, R. P., Moore, B., & Marcuse, H. (1965/1969). *A critique of pure tolerance*. Boston, MA: Beacon Press.

Woodard, C. (2011). *American nations: A history of the eleven rival regional cultures of North America*. New York, NY: Viking.『11の国のアメリカ史：分断と相克の400年』コリン・ウッダード著、肥後本芳男、金井光太朗、野口久美子、田宮晴彦訳、岩波書店、2017年

Zhiguo, W., & Fang, Y. (2014). Comorbidity of depressive and anxiety disorders: Challenges in diagnosis and assessment. *Shanghai Archives of Psychiatry*, 26(4), 227–231.

Zimbardo, P. G. (2007). *The Lucifer effect: Understanding how good people turn evil*. New York, NY: Random House.『ルシファー・エフェクト：ふつうの人が悪魔に変わるとき』フィリップ・ジンバルドー著、鬼澤忍、中山宥訳、海と月社、2015年

・本書は *The Coddling of the American Mind: How Good Intentions and Bad Ideas Are Setting Up a Generation for Failure* by Greg Lukianoff and Jonathan Haidt (Penguin Press, 2018) の全訳である。

・本文中の引用部分は、特記されていない限り、本書訳者による訳である。

著者略歴――――
グレッグ・ルキアノフ *Greg Lukianoff*
教育における個人の権利のための財団（FIRE）の会長兼CEO。アメリカン大学とスタンフォード大学ロースクールを卒業し、高等教育における言論の自由と憲法修正第1条の問題を専門としている。著書にUnlearning Liberty: Campus Censorship and the End of American Debate and Freedom from Speech（自由の学習棄却：キャンパスでの検閲とアメリカの議論と言論の自由の終焉）がある。

ジョナサン・ハイト *Jonathan Haidt*
ニューヨーク大学スターン・スクール・オブ・ビジネス教授（倫理的リーダーシップ論）。1992年にペンシルベニア大学で社会心理学の博士号を取得後、バージニア大学で16年間教鞭をとる。著書に『社会はなぜ左と右にわかれるのか：対立を超えるための道徳心理学』（紀伊國屋書店）、『しあわせ仮説：古代の知恵と現代科学の知恵』（新曜社）がある。

訳者略歴――――
西川由紀子 にしかわ・ゆきこ
大阪府生まれ。神戸女学院大学文学部英文学科卒業。立教大学大学院異文化コミュニケーション研究科修了。ITエンジニア、青年海外協力隊（ベリーズ）を経て翻訳家に。訳書に『理系アタマがぐんぐん育つ 科学の実験大図鑑』（新星出版社）、『人に聞けない⁉ ヘンテコ疑問に科学でこたえる！ どうしてオナラはくさいのかな？』（評論社）など。

本文デザイン　Malpu Design（佐野佳子）

傷つきやすいアメリカの大学生たち

——大学と若者をダメにする「善意」と「誤った信念」の正体

2022年12月5日 第1刷発行
2024年7月31日 第3刷発行

著　者　グレッグ・ルキアノフ
　　　　ジョナサン・ハイト
訳　者　西川由紀子
装幀者　Malpu Design(清水良洋)
発行者　碇　高明
発行所　株式会社 草思社
〒160-0022　東京都新宿区新宿1-10-1
電話　営業 03(4580)7676　編集 03(4580)7680

本文組版　株式会社キャップス
本文印刷　株式会社三陽社
付物印刷　株式会社平河工業社
製本所　大口製本印刷株式会社
翻訳協力　株式会社トランネット

ISBN978-4-7942-2615-0 Printed in Japan　検印省略

草思社刊

運動しても痩せないのはなぜか
——代謝の最新科学が示す「それでも運動すべき理由」

ポンツァー 著
小巻靖子 訳

1日の総消費カロリーは運動しても増えないことが、測定技術の革命的進歩で明らかに。人類進化と代謝の最新研究が、ダイエット論争に決定的データを突きつける。

本体 2,700円

【文庫】経済政策で人は死ぬか？
——公衆衛生学から見た不況対策

スタックラー他 著
橘明美他 訳

緊縮財政は国の死者数を増加させる！ 世界恐慌からソ連崩壊後の不況、サブプライム危機後の大不況まで、世界各国の統計を公衆衛生学者が比較分析した最新研究。

本体 1,300円

真説 老子
——世界最古の処世・謀略の書

高橋健太郎 著

『孫子』『韓非子』など後の中国思想に決定的影響を与えた『老子』には本当は何が書かれているのか。日本人だけが知らない、伝統的な読み解き方を伝授する。

本体 1,600円

私が陥った中国バブルの罠 レッド・ルーレット
——中国の富・権力・腐敗・報復の内幕

シャム 著
神月謙一 訳

現代中国の新興企業家の運命は。上海の貧しい家に生まれた著者が超富裕層に上り詰めた果てに待っていたのは、元妻の突然の拘束だった。中国の政治と経済の暗い闇。

本体 2,600円

＊定価は本体価格に消費税を加えた金額です。